세계 · 지방화시대의 한국학 3

국내외 학문의 만남

세계 · 지방화시대의 한국학 3

국내외 학문의 만남

조 동 일

계명대학교 출판부

머 리 말

또 한 학기의 농사가 끝났다. 강의하는 곳으로 와서, 또한 멀리서 글을 읽으면서 참여한 많은 동학과 함께 추수의 기쁨을 누리고자 한다. 거두어들인 곡식을 여기 쌓아두고 가져갈 사람들을 찾는다.

"세계 · 지방화 시대의 한국학"에 관해 2004년 2학기부터 2009년 1학기까지 5년 10학기 동안 하는 계명대학교 한국학연구원 공개강의 삼차분이 이 책을 이룬다. 처음에는 "길을 찾으면서", 두 번째는 "경계 넘어서기"를 다루었다. 그 다음 작업으로 "국내외 학문의 만남"에 관해 논의한다. 전체 계획을 제시하면 다음과 같다.

1 길을 찾으면서 (2004년 2학기 강의, 2005년 3월 출간)
2 경계 넘어서기 (2005년 1학기 강의, 2005년 9월 출간)
3 국내외 학문의 만남 (2005년 2학기 강의, 2006년 3월 출간)
4 고금학문의 합동작전 (2006년 1학기 강의, 2006년 9월 출간)
5 표면에서 내면으로 (2006년 2학기 강의, 2007년 3월 출간)
6 비교연구의 방법 (2007년 1학기 강의, 2007년 9월 출간)
7 일반이론 정립 (2007년 2학기 강의, 2008년 3월 출간)

8 학자의 생애 (2008년 1학기 강의, 2008년 9월 출간)

9 학문의 정책과 제도 (2008년 2학기 강의, 2009년 3월 출간)

10 학문하는 보람 (2009년 1학기 강의, 2009년 9월 출간)

"국내외 학문의 만남"은 국내외 한국학의 만남이면서 한국학문과 외국학문의 만남이기도 하다. 국제학술회의에 참가해 외국학자들과 함께 발표하고 토론한 경험을 총괄하고 특히 긴요한 것들을 가려내 자세하게 고찰한다. 한국학의 세계화를 어떻게 해야 하며, 세계적으로 평가되는 학문을 창조하려면 어떤 노력이 필요한지 논의한다.

강의 원고를 홈페이지(chodongil.x-y.net)에 올리고, 강의를 한 다음 수정해 다시 올리는 것을 앞의 두 강의와 같이 했으며, 앞으로도 계속 이렇게 할 예정이다. 토론을 붙이는 것도 일관된 방식이다. 이번 강의에서는 국내외 학문이 만나는 기회에 발표한 논문을 전문 수록한다. 외국어 인용문을 제시하기도 한다. 자료를 들어야 앞뒤의 논의가 근거 있게 이루어지기 때문이다.

분량이 너무 늘어나고, 읽기 번다하게 되어 미안하다. 수록한 논문 내용이 긴요하지는 않으므로 다 읽을 필요는 없다. 세계화 시대의 한국학을 어떻게 해야 하는지 남들과 부딪히고 따지고 해서 깨달은 바에 관심을 가지고 각자 자기 소견에 따라 토론을 확대해주기 바란다. 내가 하다 만 일을 크고 훌륭하게 이룩할 인재가 나타나는 것이 더욱 간절한 소망이다.

2005년 12월 15일 셋째 학기를 마치면서

조 동 일

제1강 국내외 학문이 만난 경과

시작하는 말

이 강의는 방송용 특강을 겸해서 했다. 그 점에 관해 말하면서 강의를 시작했다. 지금부터 하는 강의는 "세계화시대 우리 학문의 미래"를 주제로 한 한국방송라디오 특강이다. 강의를 하고 있는 곳은 대구에 있는 계명대학교이다. 라디오 특강을 왜 계명대학교에서 하는지 의아하게 생각할 수 있다.

라디오 특강을 계명대학교에서 하는 것은 아니다. 계명대학교에서 하는 강의 하나를 녹음해 라디오 특강으로 방송한다. 별도로 준비한 강의가 아니다. 계명대학교에서 하는 강의에 방송을 듣는 여러분이 동참하고 있다.

이번 학기에 계명대학교에서 하는 강의의 제목은 "국내외 학문의 만남"이다. 내가 계명대학교 석좌교수가 되어 2004년 2학기부터 2009년 1학기까지 5년 10학기 동안 하는 "세계 · 지방화 시대의 한국학"을 주제로 한 강의 세 번째 학기에 "국내외 학문의 만남"을 다룬다. 오늘의 강의가 첫 시간이다. 강의를 시작하면서 총론에 해당하는 말을 하고자 한다.

"국내외 학문의 만남"은 국내외 한국학의 만남이면서 한국학문과 외국학문의 만남이다. 국제학술회의에 참가해 외국학자들과 함께 발표하고 토론한 42회에 이르는 경험을 오늘 총괄하고 특히 긴요한 것들 열셋을 가려내 자세하게 고찰하는 것이 이번 학기에 할 강의 내용이다. 한국학의 세계화를 어떻게 해야 하며, 세계적으로 평가되는 학문을 창조하려면 어떤 노력이 필요한지 논의하려고 한다.

그것이 바로 "세계화시대 우리 학문의 미래"이다. 오늘 하는 강의 제목을 따로 붙인 것이 "세계화시대 우리 학문의 미래"이다. 국내외 학문의 만남을 들어 세계화시대 우리 학문의 미래에 관해서 살피는 것이 한 학기 동안 열네 번에 걸쳐 강의할 내용이다. 오늘 말하는 것은 그 서론이다.

이 강의는 공개강의이다. 아무 수속을 거치지 않고 누구나 수강할 수 있다. 방송에서 이 강의를 듣고 관심을 가진 분들은 계명대학교까지 오지 않아도 인터넷 내 홈 페이지 찾아와서 계속 수강할 수 있다.

강의를 진행하는 구체적인 방법은 국제학술회의에 참가해 발표하고 토론한 경과를 되돌아보는 것이다. 현장감 있는 생생한 자료를 이용해 한국학의 세계화를 어떻게 해야 하고, 세계적인 범위에서 새로운 학문을 하려면 어떤 노력이 필요한지 고찰한다. 국제학술회의에 참가하는 후진을 위해 구체적으로 도움이 되는 정보를 제공한다.

외국학자들과 만나 또는 외국에 가서 발표하고 토론할 기회가 아주 많았다. 대강 정리한 다음 한 시간에 하나씩 고찰하기로 하고 열셋을 고른다. 토론이 많았던 것이 선택 기준이다. 최근 것은 기억이 생생한 편이어서 여럿 넣었다. 학기가 진행되는 동안에 두 차례 다녀오고자 하는 모임의 참가 보고도 한다.

열세 번의 모임에서 발표한 논문 전문을, 어떤 발표를 했는지 구체적으로 알리기 위해 필요한 자료이므로 번다함을 무릅쓰고 수록한다. 외국어로 쓴 것을 번역하지 않고 그대로 내놓는다. 읽기 어렵다고 생각하면 거들떠보지 않아도 된다. 발표 내용을 알리려는 것은 아니다. 모임의 성격, 토론에서 벌어진 논의, 전반적인 문제점 등에 관한 검토가 더욱 긴요하다.

한국학은 국내에서나 하는 학문이다. 외국으로 진출하려면 한국학이 아닌 외국학을 해야 한다고 한다. 지금은 세계화시대이니 우리 것에 매달리지 말고 세계에 널리 통하는 공부를 해야 한다고 한다. 이렇게 생각하는 사람들이 아직도 적지 않다. 그것은 심각한 오해이다.

세계화 시대가 왔으니 이제 국산품은 없어도 된다. 국산품에 집착하는 것은 낡은 시대의 잘못된 기풍이다. 이제는 문을 활짝 열어야 한다. 국산품을 만들려고 하지 말고 외국 물건을 수입해다 쓰는 것이 세계화에 동참하는 길이다. 이렇게 말할 멍청한 사람은 아무도 없다.

국산품은 만들지 않고 수입품만 쓴다면, 수입품을 살 돈은 어떻게 마련하는가? 이런 초보적인 질문을 누구나 한다. 국산품을 잘 만들어 수출해서 벌어들이는 돈으로 수입품을 사야 한다. 이 정도의 계산은 아무나 한다.

국산품을 잘 만들어 수출에 힘써야 한다. 세계적인 경쟁력을 가진 수출품을 개발해야 한다. 목표를 이렇게 정하고 열심히 뛴다. 그런데 상품은 수출하자면서 학문은 수입하자고 한다. 세계적인 경쟁력을 가진 학문을 수입하면 학문을 선진화할 수 있다고 착각한다. 상품은 수출하고 학문을 수입한다면, 수출품을 무슨 능력으로 만들 수 있는가? 수입한 학문으로 세계적인 경쟁력을 가진 수출상품을 만들 수 있는 것은 아니다.

학문 연구에서는 남들을 뒤따르면서 세계적인 경쟁력을 가진 새로운 상품을 앞서서 만들 수는 없다. 물건을 만드는 데 직접적으로 소용되는 공학만 그런 것이 아니다. 공학의 기초나 근거가 되는 학문이 모두 그렇다. 응용학문을 육성하기 위해 기초학문은 상대적으로 약화하는 것이 현명한 정책일 수 없다. 세계는 지금 학문 발전을 위해서도 피나는 경쟁을 하고 있다.

경제적인 이해관계를 떠나서, 새로운 학문을 스스로 창조해 인류에게 널리 기여하는 나라가 선진국이다. 우리도 선진국이 되어야 하는 것이 당연한 목표이다. 세계화 시대에는 보호막이 없어지고 경쟁이 더욱 치열해졌다. 중진국의 적당한 자리에 안주하는 것이 허용되지 않는다. 선진으로 나서지 못하면 후진으로 떨어져 밀려난다. 선진을 모방하면 선진이 되는 것은 아니다. 경쟁해서 이겨야 선진이 된다.

세계에 널리 진출할 수 있는 학문은 한국학이다. 외국학은 수입학이고, 수출학이 아니다. 수출학은 한국학이다. 외국학 전공자는 전공으로 택한 나라에 유학하고 돌아와서 국내에서 활동하는 것이 목표로 삼는다. 평생토록 수입업에 종사하면서 수입하는 제품이 좋다는 것으로 자부심을 삼고자 한다.

한국학은 수출학이다. 국내의 수요를 충족시키는 데 그치지 않고 밖으로 나가야 한다. 우리가 만든 물건을 내다 팔듯이, 우리 학문에서 이룬 성과를 세계 도처에 나다니면서 알려야 한다. 우리 자료를 남들과 비교연구해 동아시아 또는 세계 전체의 학문을 새롭게 하는 제품을 만들어 파는 것은 더욱 보람 있는 일이다.

물건을 팔려면 스스로 밖으로 나가지만, 학문을 수출할 때에는 필요로 하는 쪽에서 와 달라고 초청한다. 여비와 체재비를 대주면서 논문을 발표하고 강연을 해달라고 요청하기도 한다. 우리를 위해서 그렇게 하는 것은 아니고, 자기네에게 도움이 되기 때문이다. 외국학 전공자는 얻기 어려운 기회이고, 누리지 못할 영광이다.

한국학에서 이룬 바를 수출하려면 필요로 하는 쪽에서 이해할 수 있는 언어를 사용해야 한다. 통역이나 번역을 거칠 수도 있지만, 연구한 사람이 스스로 외국어를 구사하는 것이 더욱 바람직하다. 여러 외국어에 능통한 것은 이루기 어려운 꿈이다. 긴요하게 쓰이는 외국어 가운데 한둘이라도 글 쓰고 말해야 한다.

한국학을 전공하면서 그런 능력을 가지려면 각별한 노력이 필요하다. 한국학과 외국학을 둘 다 전공하는 과정을 거치는 것이 좋은 방안이다. 요즈음은 복수전공 제도가 있어 한꺼번에 둘 다 할 수 있다. 외국에 가서 얼마 동안 머무르고 연구하면서 언어 수련을 거칠 필요도 있다.

할 말이 있는 사람은 말하지 못하고, 말하는 사람은 할 말이 없다. 이것이 현실이다. 할 말이 있는 사람이 말하도록 노력해야 한다. 말하는 사람이 할 말을 만드는 것보다 쉬운 일이다.

한국학의 세계화

계명대학교 한국학연구원에서 영문잡지(*Acta Koreana*)를 내고 있다. 2005년 7월에 간행된 8권 6호에 영국인 학자 미카엘 핀츠 교수가 묻고 내가 대답한 인터뷰 기사(An Interview with Cho Dong-il, conducted and translated by Michael Finch)가 있다. 영어를 한국어로 옮겨 소개한다. 처음 질문은 내가 학문을 해온 경력에 관한 것이어서 생략한다. 두 번째 이후의 문답을 들면 다음과 같다.

❑ 문 : 비교연구의 방법을 즐겨 사용하는데, 오늘날의 학문에서 비교연구가 어떤 의의를 가지는가?

❑ 답 : 어떤 대상을 다른 것과 비교하지 않고 단독으로 고찰하면 학문을 한다고 할 수 없다. 비교연구를 해야 그 대상이 지닌 특수성과 보편성이 함께 드러난다. 한국문학은 동아시아 다른 나라 중국・일본・월남문학과 비교해 연구해야 학문적으로 타당하고 유용한 결과를 얻을 수 있다. 동아시아문학의 전반적 양상을 알고 각국 문학에 대한 이해도 분명하게 할 수 있다. 또한 동아시아문학을 유럽을 다른 여러 문명권의 문학과 비교연구를 해야 그 자체의 특징을 알고 세계문학 전체에 대해서 근거 있는 말을 할 수 있다.

비교연구는 또한 자기중심주의를 벗어나 남들을 이해하는 필수적인 과정이다. 오늘날 세계화가 필연적인 추세라고 하면서 자기 쪽의 경제적 이익이나 가치관을 다른 쪽에 이식하려고 하는 것은 크게 잘못되었다. 그런 잘못을 시정하기 위해 대등한 위치에서 이루어지고 다면적인 시야를 가진 진정한 비교연구가 필요하다.

지금까지의 비교문학은 미시적인 관점에서 영향관계 논증하는 데 몰두했다. 거시적인 비교로 방향을 돌려, 각기 독자적으로 이룩한 문학이나 문화의 공통점과 차이점을 찾는 데 힘써야 한다. 유럽 문명권중심주의 편견에서 벗어나 대등의 관점에서 수많은 문학을 연구해 세계문학의 보편적인 양상과 가치를 밝히는 것이 비교문학의 가장 큰 과제이고 목표이다.

그렇게 하려면 많은 언어를 알고, 세계를 도처의 문학을 널리 읽고 이해해야 한다. 그것은 쉬운 일이 아니지만 노력하면 가능하다. 영어에만 의존하지 말고 다른 외국어 여럿 구사하는 훈련을 일찍부터 하는 것이 바람직하다. 나는 불문과에 다니면서 독일어도 공부하고, 국문학을 전공하기로 하고 중국어와 일본어를 조금 익힌 밑천을 활용하고 있으나 많이 모자란다. 외국어를 더 넓게 공부한 후진들이 나오기 바란다.

❑ 문 : 한국의 한국학자가 외국인 한국학 전공자와 효과적인 협력을 하는 방안은 무엇인가?

❑ 답 : 오랜 기간에 걸쳐 공동연구를 하는 것이 가장 바람직한 협력이다. 『한국문학통사』를 불어로 옮겨 축약하고 재집필하는 작업을 프랑스 학자 다니엘 부셰(Daniel Bouchez)와 함께 15년 동안이나 계속해서 불어판 한국문학사(*Histoire de la littérature coréenne des origines à 1919, Paris: Fayard*, 2002)를 냈다. 프랑스를 오고가 한국에서도 만나 오랫동안 검토하고 토론하면서, 단순한 번역이 아닌 공저를 만들었다. 프랑스 독자에게 필요한 내용뿐만 아니라 공저자의 견해도 들어갔다. 그 책을 냈다고 2003년에 우리 두 사람이 한불문화상을 공동으

로 수상했다. 파리에서 거행된 시상식에서 다음과 같은 말을 불어로 했다.

> 다니엘 부셰 선생과 나는 이 책의 공저이면서 공역자이다. 우리 둘의 협력으로 한국문학사가 프랑스 시민권을 얻게 되었다. 한 문화를 다른 문화로 정착시키는 것은 쉬운 일이 아니다. 우리가 15년 동안 함께 일하는 동안 상반된 견해가 계속 나타나, 끈기 있고 우호적인 토론으로 해결해야 했다. 우리 작업이 한국과 프랑스 두 나라 우호의 역사의 새로운 장을 열었다고 평가되기를 기대한다.

영어판을 위한 작업은 미국인 학자 마샬 필(Marshal Pihl)과 함께 하다가 그 분이 세상을 떠나 중단되었다. 서울대학교 박사과정에서 한국문학을 공부하는 미국인 학생 찰스 라 슈르(Charles La Shure, 한국명 나수호)와 함께 다시 하는데, 이번에는 상대방의 견해가 적극적으로 들어가지 않아 공저라기보다 공역이다.

공통된 관심사를 주제로 삼아 함께 연구하는 것이 더욱 바람직한 방법이다. 공동연구를 하는 외국 학자가 한국학 전공자라야 하는 것은 아니다. 각기 자국문학을 전공하면서 비교연구를 하는 학자들끼리 공동 작업을 하면 더욱 진전된 성과를 얻을 수 있을 것이다. 동아시아문학사 또는 세계문학사에 관한 연구를 이런 방식으로 하기를 희망한다. 문학사를 통괄해서 서술하는 것은 더 큰 목표이다.

❑ 문 : 과학, 기술, 산업 등에 더욱 치중하는 실용주의적인 교육환

경에서 인문학문이 살아남고 자라날 수 있는가?

□ 답 : 과학과 기술, 경제나 정치의 경쟁 때문에 갈등이 커진다. 그런 갈등을 넘어서서 인류는 하나이고 같은 이상을 지니면서 살아가야 마땅하다고 일깨워주는 사명을 인문학문이 맡고 있다. 문명의 충돌을 넘어서서 문명의 화합을 이룩한다고 한다고 해도 좋다.

기술과 경제 발달의 긍정적인 기여 덕분에 계급모순이 어느 정도 완화되면서 그것과는 이질적인 또 하나의 심각한 모순, 민족모순이 더욱 격심해진 것이 지금의 상황이다. 북아일랜드, 팔레스타인, 체첸, 스리랑카, 티베트 등지를 포함한 세계 많은 곳에서 민족모순 때문에 피를 흘리고 있다. 말썽을 일으키는 종교, 언어, 풍속, 역사 등을 실상대로 연구해 민족모순을 진단하고 해결하는 통찰력을 제시하는 것이 인문학문의 사명이고 과제이다. 인문학문의 유용성을 의심하면 세계사의 미래는 암담하다.

물질생활의 향상이나 사회적인 평등은 계속 추구해야 하지만, 그런 것들이 제공해주지 못하는 삶의 보람, 내면정신의 충족 같은 것들을 인문학문에서 제공해야 한다. "사람은 빵만 가지고 살 수 없다"고 한 말이 적절하다. 빵 이상의 것이 무엇이며 어떻게 만들어 제공해야 하는지 연구하는 임무를 인문학문이 맡는다.

고대에서 중세까지는 인문학문이 학문을 지배했다. 그러다가 근대에는 사회과학이 인문학문에서 분리되어 독자적인 성장을 자랑하고 자연과학이 출현해 위력을 발휘하면서 인문학문은 뒤로 밀렸다. 이제 근대를 넘어서 다음 시대를 창조하기 위해 인문학이 다시 일어나 두 학문과 대등해져야 하고, 한 걸음 더 나아가 다른 두 학문을 이끄는 위치에 서서 학문의 사명과 과제에 대한 총괄론을 다시 마련해야 한다.

❏ 문 : 세계문명의 건전할 발전을 위해 한국의 전통문화가 어떤 기여를 할 수 있다고 생각하는가?

❏ 답 : 이질적인 것들을 융합해 새로운 가치를 가지도록 하는 창조 활동이 한국문화 전통의 가장 값진 부분이다. 갈등을 인정하면서 화합을 이룩하고, 상극을 배격하지 않고 상생을 만들어내는 지혜가 오늘날의 수많은 문제를 해결하는 최상의 방안이다. 그 근저에 놓인 원리는 싸움이 화해이고 화해가 싸움이며, 상극이 상생이고 상생이 상극이라고 하는 생극론이다. 생극론은 영어로 "becoming-overcoming theory"이라고 할 수밖에 없다. 생극론은 변증법이 상극(overcoming)에 치우치는 편향성을 상생(becoming)으로 시정한다.

崔致遠이 이 나라에 玄妙한 道가 있어 儒佛仙을 함께 지녔다고 한 데서 그 연원이 확인된다. 유불선과 고유문화를 합쳐서 재창조한 과정이나 양상이 예사롭지 않아 현묘하다고 했다. 元曉, 一然, 崔濟愚 등이 시대마다 새로운 사상을 이룩하면서 여러 계통의 외래문화를 함께 받아들여 고유문화와 융합해 재창조했다.

부부, 부모와 자식, 형제들이 서로 다른 종교를 믿고 논쟁을 하면서도 파탄을 일으키지 않고 서로 화합하면서 산다. 그것은 멀리서는 이해하기 어려운 놀라운 일인데, 한국인은 당연하다고 여긴다. 인류 역사에 처음 나타나고, 미래의 지혜가 되어야 할 방식을 한국에서 시험하고 있다.

한국의 탈춤은 등장인물들끼리, 등장인물과 관중 사이에서 싸움이 화해이고 화해가 싸움인 양상을 역동적으로 보여준다. 다른 형태의 공연예술도 긴장을 격화하면서도 마음을 편안하게 하는 매력을 갖추었다. 그런 것들이 아시아 여러 나라에서 환영을 받아 韓流를 이루고 있다.

한국의 특징을 보이는 음식 비빔밥을 보자. 다양한 재료가 각기 살아 있으면서 혼연일체를 이루어, 상극이 상생이고 상생이 상극이게 한다. 새로운 형태의 전자제품 예컨대 이동전화 같은 것을 그런 방식으로 만들어 세계에 내놓는다.

❑ 문 : 업적 가운데 가장 큰 비중을 차지하는 한국문학사 서술에서 무엇을 하려고 했는가?

❑ 답 : 한국문학사에 대한 그릇된 인식을 시정해 민족문화를 올바르게 이해하고 계승할 수 있게 해야 했다. 창작과 비평을 위해 올바른 지침을 제공하는 문학사가 절실하게 필요했다. 서양문학을 따르는 것이 한국문학의 마땅한 진로라는 주장을 시정해야 했다.

독자적인 전통의 고전문학과 유럽문명권의 영향을 많이 받았다고 하는 근대문학이 동질성을 가지고 연속되어 있는 사실을 알려야 했다. 고전문학은 국문문학만이 아니고 구비문학과 한문학을 함께 지닌 복합체임을 밝혀, 셋을 함께 소중하게 여기도록 해야 했다. 한국문학의 여러 영역의 작품, 자료, 연구 등을 이해하기 쉬운 방식으로 정리해 널리 알려야 했다.

한국문학사에서 문학사 이해의 새로운 이론을 마련해 학문수입국에서 수출국으로 전환하는 데 적극 기여해야 했다. 구비문학, 한문학 같은 공동문어문학, 그리고 민족어기록문학, 이 세 가지 문학의 상관관계에서 문학사가 형성되었다는 사실을 한국에서 밝혀 얻은 원리를 다른 나라 문학에도 널리 적용하고 세계문학사의 새로운 이해를 위한 기본설계로 삼고자 했다.

❑ 문 : 한국은 인접국의 도전에 직면하고 있다. 중국이 고구려 역사를 차지하겠다고 하고 일본은 독도의 영유권을 주장하고 교과서에서 역사를 왜곡한다. 남북이 분단되고, 북한이 핵무기를 만든다. 이런 상황을 타개하는 데 학문이 어떤 기여를 할 수 있는가?

❑ 답 : 한국을 둘러싸고 있는 군사적 긴장을 생각하면 암담하다. 관여하고 있는 여러 나라 사이의 정치적인 대립에는 해결의 실마리가 보이지 않는다. 그럴수록 문화의 독자적인 의의를 믿고 의지해 희망을 찾아야 한다. 문화를 연구하는 학문이 지고 있는 큰 임무는 스스로 감당하고 해결할 수 있다. 문화가 정치에 휘둘려 왜곡되고 것을 나무라기만 하지 말고 설득력 있는 대안을 내놓는 연구를 넓고 깊게 해야 한다.

민족의 오랜 역사와 빛나는 전통이 남북의 분단을 넘어설 수 있게 하는 힘의 원천임을 풍부한 연구 성과를 축적해 입증하고 널리 알려야 한다. 동아시아문명의 동질성을 재인식해 여러 나라가 다시 가까워지게 하고, 민족적인 차이나 특성이 동질성을 다채롭게 하는 데 계속 기여한다는 사실을 밝혀 논해야 한다. 세계 평화를 이룩하고 세계사의 바람직한 발전을 찾는 데 한국이, 동아시아가 어떤 기여를 할 것인가 이상주의의 관점에서 말해 비관주의를 넘어서야 한다.

한국이 동아시아의 균형자가 되어야 한다는 주장이 제기되어 시비가 일어난 적 있다. 군사면에서는 생각할 수도 없는 일이다. 정치에서도 난점이 많아 의견이 모아질 수 없다. 최근의 사태는 더 많은 우려를 자아내는 쪽으로 치닫고 있다. 그러나 문화에서는 사리가 명백하다. 그렇게 하는 것이 가능할 뿐만 아니라 당연히 요망된다.

동아시아문명에서 중국은 중심부이고, 일본은 주변부이며, 한국은 월남과 함께 중간부였다. 월남은 중심부 중국과의 관계만 가지고, 주변부의 자리에 다른 문명권이 있었다. 한국은 중심부와 주변부 양쪽과 늘 밀접한 관계를 가지는 중간부이기에 문명권 전체의 판도와 구조를 잘 이해하고 극단으로 치닫지 않는 중도 노선을 제시할 수 있었다. 그런 내력을 제대로 연구해 양쪽에 알리면서 동아시아가 다시 하나가 되는 데 적극 기여를 할 수 있고, 또한 해야 한다.

중간부라는 것은 위치를 두고 하는 정태적인 용어이다. 중간부가 균형자로 나서서 능동적인 작용을 하는 것이 마땅하다. 문명의 내력과 향방에 대한 학문 연구가 사고 혁신에서 주도적인 구실을 해야 그럴 수 있다. 정치가 달라지고 군사적인 관계까지 정상화되려면 시간이 필요하다. 시간을 이용하고 앞당기는 것이 학문의 사명이다.

❑ 문 : 계명대학교에서 무엇을 강의하는가? 세분화된 분야를 넘어서서 한국학을 총체적으로 다루는 것이 어떤 의의가 있는가?

❑ 답 : 한국문화의 역량이 한국학의 바람직한 방향에서 발휘되기를 바라고 하는 강의이다. 학과에 소속되지 않고 전공 분야를

넘어서야 할 수 있는 일을 이제 계명대학에서 한다. 대학이 개편되어 학문의 방향과 방법에 대한 포괄적인 성찰을 하는 공유영역이 있기를 바란다. 주어진 교과과정에 의해 같은 내용의 강의를 되풀이하지 말고, 새롭게 탐구하는 바를 강의에 올려 강의와 연구를 일치시켜 함께 발전시키는 작업도 오래 염원하다가 이제야 실현한다.

❑ 문 : 포스트모더니즘이 성행해 삶이 무의미하다고 하는 상황에 21세기 인문학문이 어떻게 대처해야 하는가?

❑ 답 : 21세기에도 희망이 있고, 의미가 있어야 한다. 역사의 종말은 잘못된 생각이다. 지금의 갈등을 넘어서서 다음 시대를 바람직하게 창조해야 한다. 포스트모더니즘이란 근대의 결함이나 한계는 알면서 그 대안을 제시하지 못해 사고의 파탄을 내보이는 증후이다. 역사, 논리, 가치 등 인류가 지금까지 소중하게 여겨 온 것들을 모두 야유해 무효로 만드니 그대로 두고 볼 수 없다. 역사의 종말이란 어불성설이다. 근대를 넘어서서 다음 시대로 나아가는 역사 창조를 타당한 논리와 바람직한 가치관을 갖추어 모색하는 학문을 해야 한다. 제1세계의 선도적인 구실이 끝나고, 제2세계의 반론이 효력을 잃어, 이제 제3세계가 선두에 나서야 할 때이다.

로마제국이 망하자 게르만민족의 시대가 시작된 것 같은 전환이 거대한 규모로 나타나고 있다. 게르만민족은 로마보다 뒤떨어지고 거칠었기 때문에 다음 시대를 맡을 수 있었다. 고대의 문명을 누리지 못해 무지몽매한 곳인 아라비아에서 일어난 이슬람이 바빌로니아, 페르시아, 이집트 등지의 선진문명이 더 지속되지 못하게 하고 필요한 것을 가져다 이용한 것이 지금의 사태를 인식하는 데 도움이 되는 또 하나의 소중한 선례이다. 선진이 후진이고 후진이 선진인 것이 생극론의 기본 명제 가운데 하나이다.

그런 전환을 예견하고 준비하고 일부 실행하기까지 하는 것이 내 학문의 사명이고 과제이다. 『소설의 사회사 비교론』(지식산업사, 2001)에서 한 작업이 구체적인 내용을 갖추었다. 유럽소설은 해체되고 있으나 제3세계 특히 아프리카의 소설은 세계 전체의 문제를 새로운 시각에서 다루어 인류의 희망을 찾고 있는 것을 전환의 증거로 들었다.

❑ 문 : 한국학이 서양에서 중국학이나 일본학보다 뒤떨어져 있는 상황을 타개하는 방안이 무엇인가?

❑ 답 : 중국과 일본을 상대로 국력을 다투고 민족주의 경쟁을 벌이는 것은 어리석다. 한국학은 그 두 나라의 자국학과 다른 방향으로 나아가야 한다. 중국의 대국주의와 일본의 제국주의가 학문을 방해하고 있는 것을 일깨워주면서, 중간부가 지닌 장점을 활용해 동아시아문명권의 보편성과 각국의 특수성을 연구하는 데 더욱 힘써야 한다. 중국과 일본 양쪽을 함께 잘 알아야 그럴 수 있다. 월남까지 포함해 비교연구를 하는 작업이 한국학의 필수적인 작업임을 명심해야 한다. 거기서 더 나아가 비교연구의 영역을 확대하고 세계적인 범위의 일반이론을 수립해, 민족주의를 넘어서서 보편주의로 나아가면서 인류 전체가 다음 시대로 나아가는 지침을 제공하는 작업을 해야 한다. 한국학은 한국학이 아니어야 한국학이다.

만남의 내력

국내에서 열린 국제학술회의에 참가해 발표한 것이 모두 11회이다. 외국에 연구 발표, 강연, 강의 등을 하거나 공동연구를 하러 간 것이 모두 31회이다. 이번 학기에 하기로 예정된 것까지 포함해서 헤아린 것이다. 양쪽을 합치면 42회이다.

외국에 한 번 가서 몇 나라를 들린 것까지 합치면 31회라고 한 것이 38로 늘어난다. 자주 간 나라부터 들면 일본 8, 중국 6, 프랑스 5, 네덜란드 4, 영국 2, 독일 2, 미국 2, 인도 2, 대만 1, 카자크스탄 1, 러시아 1, 스웨덴 1, 스위스 1, 오스트랄리어 1, 이집트 1, 남아프리카 1이다. 모두 16개국이다. 남미만 빼고 모든 대륙에 다 갔다.

일본과 중국에 자주 간 것은 당연한 일이다. 대만을 중국에 보태면, 일본 8, 중국 7이어서 거의 같다. 아시아의 다른 나라는 인도 2, 카자크스탄 1뿐이므로 더 많은 곳과 교류를 해야 한다. 프랑스 5, 네덜란드 4, 영국 2, 독일 2, 스웨덴 1, 스위스 1이어서 유럽 쪽이 많고 미국 2에 지나지 않는 것이 특이하게 보일 수 있다. 국제적인 모임은 유럽에서 자주 열리고, 미국은 그렇지 않다. 유럽은 가기 쉽고, 미국은 그렇지 못하다. 아프리카의 북쪽과 남쪽 끝을 다녀와 이집트 1, 남아프리카 1인 것을 자랑스럽게 생각한다.

국내외 학문에 참여한 42회의 경험을 정리해 제시한다. 헤아리기 좋도록 번호를 붙인다. 별도로 다루는 열 셋에 포함되지 않지만, 특별히 소개할 만한 논의가 있었던 경우는 설명을 붙이기로 한다.

(1) 1985년 12월부터 1986년 2월까지 파리에 가 있었다. (2004년에 정년퇴임을 하면서 낸 회고록『학문에 바친 나날 되돌아보며』에서 1982년 12월부터 1983년 3월까지라고 한 것은 착오이다.) 당시에 재직하고 있던

한국정신문화연구원(현재의 한국학중앙연구원)에서 교수들에게 한 해 동안 외국에 나가 연구할 수 있게 하는 제도를 마련하고 나더러 이용하라고 했다. 프랑스에 가기로 했다. 프랑스에서 얻을 것이 많아 공부에 도움이 된다고 여겼다. 고등학교 때에는 그림을 그리면서, 대학에 들어가서는 불문학을 공부하면서 간직한 프랑스에 대한 동경을 실현하고자 했다.

그런데 한국정신문화연구원 한국학대학원 국문학 전공에 의욕이 대단한 수재들을 모아놓고 나 외에 다른 교수는 없어 오래 자리를 비울 수 없었다. 1년 동안 허용된 기간을 3개월로 단축했다. 겨울 방학 동안 다녀오기로 했다. 초행이어서 어려움을 겪다가, 파리7대학 한국학과 이옥 교수의 도움으로 자리 잡았다.

파리에서 두 차례 특강을 했다. 고등연구대학원(École des hautes études) 한국학 전공에 초청되어 한국학의 방법에 관한 특강을 했다. 듣는 사람들이 모두 동포여서 우리말을 사용했다. 한국문화원에서는 한국문학사의 전개에 관한 강연을 불어 원고를 읽는 방식으로 했다. 한국한문학은 한국문학이라고 한 것이 문제가 되었다. 국내에서 하는 논의만 가지고는 동의를 얻을 수 없었다. 중국 고전문학을 전공하는 프랑스인 학자가 나서서 한국한시가 중국의 것과 많이 다르다는 것을 실제로 연구해서 밝힌 바 있다고 했다. 국토 예찬, 해학, 인칭대명사의 빈번한 등장이 한국 한시의 특징이라고 했다. 그런 비교연구를 우리가 힘써 해야 남들을 납득시킬 수 있다고 깨달았다.

런던대학에 가서 처음으로 영어로 강연을 했다. 통할까 염려했는데, 다행히 질문을 알아듣고 대답하기도 했다. 중국학과 일본학 전공교수들이 여럿 와서 많은 질문을 했다. 그 뒤에 다시 스위스 쮜리히, 독일의 튀빙겐과 보쿰, 네덜란드 레이덴 등 여러 대학에서 강연을 했다. 모두 영어를 사용했다. 런던대학에서 통과의례를 거치고 나니 영어로 말하는 데 어느 정도 자신이 생겼다.

(2) 1987년 9월 인하대학교 한국학연구소에서 개최한 국내외 한국학의 현재와 미래에 관한 국제학술회의에 참가해 한국 설화연구에 관해 발표하고 토론했다. 설화를 연구하는 일본 학자들과 많은 이야기를 나누면서 피차의 관심사를 교환했다. 당시에 내가 주도해 진행하고 있는 『한국구비문학대계』를 위한 조사와 간행 사업에 관해 일본 설화 조사와 출판을 주도한 福田(후쿠다) 교수와 많은 논의를 했다. 일본 구주대학 한국학과의 松原(마쓰바라)가 공식・비공식의 통역을 맡아 수고했다.

(3) 1990년 12월부터 1991년 2월까지에는, 프랑스 파리7대학 한국학과에서 집중강의를 했다. 동양학부 다니엘 부셰 학장과 한국학과 이옥 교수가 초청하고, 많은 도움을 주었다. 석사과정과 학사과정 학생들은 교실에 모아놓고 불어로 강의하고, 박사과정 학생들은 한사람씩 한국어를 사용하면서 개인지도를 했다. 월남학자들과 만나 한・월 비교문학에 관해 논의하기도 했다. 독일 보쿰대학, 네덜란드 레이덴대학, 영국 런던대학에 가서 영어로 특강을 했다.

(4) 1991년 8월 중국 연변대학에서 열린 국제학술회의에서 문학사의 시대구분에 관한 논문을 발표했다. 많은 분의 환대를 받고, 서운한 마음으로 떠나왔다. 조용한 시간을 내서 다시 가겠다고 하고, 1993년에 약속을 지켰다. 다음 일정이 바빠 북경을 거쳐 바로 동경으로 직행했다.

(5) 1991년 8월 일본 동경에서 열린 제13차 국제비교문학학술회에서 전통적 서사문학과 근대소설의 관계에 관한 영어 논문을 발표했다. 며칠 동안 여러 장소에서 계속되는 발표를 부지런히 찾아다니면서 듣고 많은 토론을 했다. 이에 관해 제10강에서 고찰한다.

(6) 1991년 10월 다시 일본에 갔다. 동국대학 일본문화연구소 주최로 일본 京都에서 열린 비교문학연구 모임에서 한・일 18세기 문학의 비교에 관한 논문을 발표했다. 중세에서 근대로의 이행기가 서로 같고 다른 점을 말했다.

(7) 1992년 6・7월 임진왜란 4백주년 기념 문화통신사의 일원으로 일본을 방문하고, <한・일문학 특질론 비교>라는 논문을 발표했다. 일본문학 연구는 일본문학의 예외적인 가치를 옹호하고, 한국에서는 문학사에 대한 보편적인 이해를 지향한다고 했다. 그 논문이 『우리 학문의 길』(지식산업사, 1993)에 수록되어 있다. 그 모임에서 한・일 학자들 사이에 많은 논란거리가 있음을 확인했다. 학술회의가 끝난 뒤에는 조선통신사의 행로를 역행하면서 고인들의 자취를 더듬었다.

(8) 1992년 7・8월 미국 하와이대학에서 열린 제1회 환태평양한국학국제학술회에서 근대문학으로의 이행의 두 가지 양상에 관한 논문을 발표했다. 오하우 섬을 일주하면서 구경했다. 하와이 원주민 구비문학의 자료 영역본을 구해 와서 연구의 소중한 자료로 삼았다.

(9) 1993년 6・7월 중국 연변대학 겸직교수가 되어 12회의 집중강의를 했다. 한 번에 내 책을 한 권씩 다루었다. 정판룡 교수를 비롯해 많은 교수와 학자들이 경청해주었다. 연구를 하고 책을 쓴 최대의 보람을 느낀다고 했다. 외국인이 겸직교수가 되어 연변대학에서 특

강을 하는 것이 처음 있는 일이라면서 기자들이 찾아와 인터뷰하고, 『길림신문』 7월 8일자, 『연변일보』 7월 13일자에 실었다.

강의를 마치면서 남쪽에서 연변으로 와서 특강을 한 최초의 교수라는 영광을 얻게 해서 고맙다고 한 다음 소망을 말했다. 연변에 오니 평양까지 반은 온 것 같다고 하면서 평양에서 처음 특강을 하는 남쪽 교수가 되는 영광도 얻고 싶다고 했다. 정판룡 교수는 "날이 개이고, 우리가 힘쓰면 그렇게 될 것입니다"고 했다. 아직 그 날이 오지 않았다.

강의가 계속되는 도중에 고구려의 옛 도읍 즙안, 발해의 옛 도읍 동경성을 찾았다. 강의를 마치고 장춘을 거쳐 북경으로 가고, 다시 서안을 구경하고 상해를 거쳐 귀국했다. 북경에 가 있던 전북대학교 이종주 교수의 안내를 받고, 사회과학원 문학연구소 敏澤 교수를 만나 많은 이야기를 나누었다.

(10) 1993년 8월 프랑스 국립과학연구센터(CNRS) 초청으로 파리에 가서 다니엘 부셰 교수와 함께 『한국문학통사』 불어판에 관한 공동작업을 했다. 한국과학재단에서 한 다니엘 부셰 교수 초청 대한 교환 초청이었다. 그 기회에 독일, 오스트리아, 스위스 등지도 여행했다.

(11) 1994년 1·2월 일본 동경대학 비교문학과에 가서 머물면서 두 차례 특강을 했다. 芳賀(하가) 교수의 초청을 받고 경도의 국제일본문화연구센터에 가서, 동아시아 사회사와 소설의 관계에 관해 발표를 했다. 발표 요지는 한문으로 쓰고, 주요 용어는 일본어 음독으로 읽으면서 설명은 영어로 하는 방식을 택했다.

『日本文藝史』의 저자인 小西甚一(고니시 진이찌)도 함께 발표했으며 일본어를 사용했음은 물론이다. 토론을 할 때에는 통역을 거치지 않도록 하려고 모두 영어를 썼다. 청중 가운데 누가 질문을 했다. 小西甚一는 일본의 고대는 일본 고유문화의 시대, 중세는 중국화한 시대, 근대는 서양화한 시대라고 하는데, 한국의 경우는 그렇지 않는지 묻고, 나는 다른 소리를 하는 것이 무슨 까닭인가 했다. 내가 말했다. 그렇다면 중국의 중세도 중국화된 시대이고, 서양의 근대도 서양화된 시대인가? 나는 한국, 일본, 중국, 서양 등 그 어느 곳에서든지 함께 통용되는 시대구분을 한다. 고대는 공동문어 이전의 시대, 중세는 공동문어의 시대, 근대는 공동문어 대신 민족구어를 공용어로 삼은 시대라고 하는 것이 보편적인 이론이다.

(12) 1994년 3・4월 미국 뉴욕에서 사회과학협의회 주최로 열린 학술회의에서 한국 고전소설을 위한 남녀의 경쟁과 협동에 관한 논문을 발표했다. 미국과 유럽 한국학 전공자들이 모여 한국의 여성생활을 공동 주제로 삼아 발표하고 토론했다. 그 기회에 뉴욕이 어떤 곳인지 둘러보았다. 필요한 책을 사려고 서점을 뒤지고 다녔다.

(13) 1994년 7월 일본 동경 동경외국어대학에서 열린 제2회 환태평양한국학제학술회의에 참가했다. 민족문학과 세계문학의 관계에 관한 논문을 발표하고 한국문학 연구의 시야 확대를 제안했다. 김윤식 교수를 비롯한 현대문학 전공자 여러 사람과 동행했다.

(14) 1994년 9월부터 1995년 8월까지 일본 동경대학 문학부에서 두 학기 강의했다. <한국문학사와 동아시아문학사>를 주제로 한 공개강의였다. 한국문학을 전공하는 일본인 학자와 학생, 그리고 한국인 유학생들이 찾아와서 청강했다.

동경대학에서 일본의 安藤昌益(안도 쇼에키)과 한국의 朴趾源의 비교연구에 관한 연구발표도 했다. 安藤昌益의 사상이 독창적이라고만 하지 말고 동아시아 氣철학의 흐름 속에서 이해해야 하고, 비교연구에 힘써야 한다고 했다. 논문을 吉田(요시다) 교수가 일본어로 번역해준 것을 당일 배부하고 나중에 그 쪽 논문집에 실었다.

동경에서 열리는 국제 동양학회에서 한국고전소설에 관한 논문을 영어로 발표했다. 센다이 동북대학에 가서 한국문학의 전반적 이해에 관한 강연을 하기도 했다. 成澤(나리사와) 교수가 불러주고 환대를 했다. 동북지방에 남아 있는 아이누문화 유적지 현지답사를 안내한 것을 잊을 수 없다.

(15) 1995년 12월 멀리 이집트까지 갔다. 활동 무대가 더 넓어지기 시작했다. 이집트 카이로대학에서 열린 아랍세계의 비교문학에 관한 학술회의에 참가해 세계문학사의 시대구분에 대한 논문을 발표했다. 김용직 교수와 동행했다. 비슷한 생각을 가진 발표를 한 것이 계시가 되어 이탈리아 로마대학 그니시(Gnisci)와 친하게 되었다. 그니시 교수는 내 논문을 이탈리아 비교문학회 잡지에서 이탈리아어로 번역해 내도록 했다. 이에 관해 제13강에서 고찰한다.

(16) 1996년 7월 오스트랄리어 시드니대학에서 열린 제3회 환태평양한국학국제학술회의에 참가해 한국과 인접민족의 무속서사시에 관한 논문을 한국어와 영어 두 가지 말로 발표했다. 가는 길에 싱가포르에 며칠 머물면서 구경하고 책을 샀다.

(17) 1996년 11월 안동대학교에서 열린 제1회 한국학국제학술회의 국학이론의 발전과 세계학문에 관한 발표를 했다. 국제학술회의를 국내에서 여는 것이 새로운 풍속이 되어 참가할 기회가 많아졌다.

(18) 1996년 11월 카자크스탄 카자크스탄국립대학 한국학과 창설 2주년 기념 학술회의에서 한국문학의 특질에 관한 강연을 하고, 크질오르다대학에서도 같은 강연을 다시 했다. 크질오르다대학 명예교수가 되었다. 크질오르다대학은 블라디호스토크에 있던 우리 동포 고려인들의 대학이 1937년에 옮겨간 대학이다. 그 곳을 찾아 강연을 하고 명예교수가 된 감회가 특별했다. 카자크스탄 국립대학의 김필영 교수가 모든 것을 돌보아주었다.

(19) 1997년 6월 한국비교문학회 주최로 서울 국민대학교에서 열린 제1회 동아시아비교문학 국제학술회의에서 동아시아 학계의 서사시 인식에 관한 발표를 했다.

(20) 1997년 8월 네덜란드 레이덴대학에서 열린 제15차 국제비교문학학술회의에서 중국문학을 한국·일본·월남에서 번역한 양상의 역사적 변화에 관한 비교연구에 관한 논문을 발표했다. 이에 관해 제11강에서 고찰한다.

(21) 1998년 10월 중국 북경대학에서 열린 제3회 동아비교문화연구국제회의에서 발표했다. <東亞文化史上華·夷與詩·歌之相關>라는 한문으로 쓴 논문을 배부하고 한국어로 설명했다. 한문을 동아시아 학문의 공동문어로 다시 사용하자는 제안을 해서 많은 관심을 끌었다.

논문 내용은 '華·夷'와 '詩·歌'를 기본 개념으로 삼아 동아시아 문학사를 이해하자는 것이다. 보편주의를 공동문어로 '華詩', 보편주의를 민족어로 나타낸 '華歌', 민족주의를 공동문어로 나타낸 '夷詩', 민족주의를 민족어로 나타낸 '夷詩', 이 넷의 대립과 교체를 거치면서 동아시아문학사가 전개되어왔다고 했다. 중국, 한국, 일본,

월남, 유구 등의 경우를 두루 거론하고 작품의 실례를 들었다. 뛰어난 발상으로 동아시아가 다시 하나가 되게 한다는 찬사를 받았다. 『문명권의 동질성과 이질성』(지식산업사, 1999) 말미에 논문이 실려 있다.

(22) 1998년 10월 안동대학교에서 열린 제3회 한국학 국제학술회의에서 세계화에 대응하는 국학이론에 관한 발표를 했다.

(23) 1998년 11월 경주힐튼호텔에서 열린 '98 세계문화엑스포 국제학술회의에서, 여러 문명권의 상이한 성자전에 나타난 동일한 이상에 관한 발표를 했다. 한국어와 영어 두 말로 원고를 작성해서, 나는 한국어본을 읽고, 동시통역 담당자는 영어본을 읽도록 했다. 그 때 발표한 논문 영어본을 대폭 수정하고 보완해서 아래의 (42)번 모임에서 다시 이용한다.

(24) 1998년 11월 한국외국어대학교에서 열린 비교문학 및 번역학 국제학술회의 공동문어문학의 세계사 이해를 위한 서설을 발표했다. 나는 한국어를, 다른 참가자들은 각기 영어 · 불어 · 스페인어 · 중국어를 사용하고, 상호 동시통역을 했다.

프랑스에서 온 파죄(Daniel Pageux) 교수가 첫 발표자로 나서서 이제 유럽중심주의를 버리고 탈식민시대의 다원적인 관점을 가진 문학이론을 이룩할 때가 되었다고 역설했다. 발표가 끝나고 질문시간이 되어 한 마디 하려고 하는데, 지명질문자만 발언을 하고 다음 발표로 넘어갔다. 쪽지에 질문을 적어 보내니, 답을 적은 것이 되돌아왔다. 정확한 전달을 위해 불어를 사용한 질문과 대답을 그대로 옮기고 번역한다.

J'ai une question à professeur Daniel Pageux. Pour developer les systhèmes polythéistes de la théorie littérature, je pense qu'il est très important que les savants de cette domaine doivent comprendre beaucoup des langues non-européens. Quelle est votre perspective de changement de l'éducation des langues étrangères pour les étudiants de la littérature comparée de la France ou des autres pays européens ?

Un changement... radicale. Car des l'ensignement des langues étrangères est très instisfaisant, médiocre, peu ouvert, et de plus en plus réduit à un certain *basic English.* C'est un problème d'éducation qui a des consequences graves sur la recherche universitaire.

나는 다니엘 파죄 교수에게 질문이 있다. 다면적인 문학이론을 개발하려면 그 분야 학자들이 유럽 밖의 여러 언어를 이해하는 것이 아주 중요하다고 생각한다. 프랑스나 다른 유럽 국가 비교문학 전공 학생들을 위해 외국어 교육을 바꾸는 데 대한 귀하의 전망은 어떤가?

변화… 근본적인. 왜냐하면 외국어 교육이 아주 불충분하고, 저열하고, 개방적이지 않다. 점차 축소되어 기초영어만 하는 지경에 이르고 있다. 대학에서 하는 연구에 심각한 영향을 끼치는 문제이다.

세 번째로 내가 발표하는 순서가 되었을 때, 이 질문과 대답을 읽고 번역한 다음 말했다. 유럽문명권에서 많은 일을 해주리라는 기대는 버리자. 우리가 분발할 때가 되었다. 여러 문명권 많은 언어의 문학을 대등한 과점에서 함께 다루는 작업은 우리가 감당해야 한다. 한국외국어대학교의 임무가 크다. 여러 언어를 함께 공부하는 학생들이 있어 장차 큰일을 해야 한다.

중국에서 온 高國藩 교수가 한・중 문화교류에 관해서 발표하면서, 송나라 문인들이 남긴 기록에 의하면 접부채가 고려에서 중국으로 전래되었다고 했다. 중국의 접부채가 유럽으로 갔다고 오늘날 중국학자들이 말한다고 했다. 우리는 모르고 있던 사실이다.

(25) 2000년 4월 한국외국어대학교 일본학연구소에서 개최한 한・일문학의 가족에 관한 국제학술회의에서 한국 고전소설에 나타난 부자 관계에 관해 발표했다. 이에 관해서 제5강에서 고찰한다.

(26) 2000년 8월 남아프리카 프레토리아에서 열린 제17차 국제비교문학학술회의에서 구비서사시 비교연구에 관한 논문을 발표했다. 돌아오는 길에 말레이시아 쿠알라 룸푸르에서 며칠 머무르면서 구경하고 책을 샀다. 영어를 공용어로 하는 나라의 실태를 살핀 것이 소득이어서 『영어를 공용어로 하자는 망상』(나남출판사, 2001)을 쓰는 데 도움이 되었다. 이에 관해 제12강에서 고찰한다.

(27) 2001년 10월 12일과 13일에 한국비교문학회 주최로 서울에서 개최되는 비교문학 국제학술회의에서 기조발표를 했다. 영어로 쓰고 말한 논문에서, 동아시아의 '전'과 유럽의 '고백록'은 유교와 기독교에서 각기 사람의 행실을 궁극적인 평가가 이루어질 수 있게 서술하는 방식이어서, 동아시아소설은 '가짜 전'이고, 유럽소설은

'가짜 고백록'으로 시작되었다고 했다. 유럽소설은 가짜라도 '고백록'이므로 1인칭 서술자가 자기의 내면심리를 편지를 쓰거나 독백을 하는 방식으로 드러내는 편향성이 극도에 이르러 유럽에서는 소설이 해체되는 위기가 도래했으나, 동아시아소설은 3인칭 시점으로 개인의 삶을 가족이나 사회와 관련시켜 다룬다고 했다. 일본인 학자가 일본의 경우를 잘못 취급했는가 하는 의문을 가지고 거듭 질문을 했다.

(28) 2002년 5월 파리 한국문화원에서 『한국문학통사』 불어판 출판 기념 학술회의에서 한국문학사의 개요에 관한 강연을 했다. 파리의 사회과학고등연구대학원에서는 한국 구비서사시의 세 갈래, 서사무가 · 서사민요 · 판소리를 비교하는 강연했다.

그 뒤에 곧 이어서 네덜란드 레이덴대학에 가서 (27)에서 든 동아시아의 전 소설과 유럽의 고백록 소설을 비교하는 논문을 다시 발표했다. 네덜란드인인 그 대학의 일본학 교수가 질문을 길게 했다. 이론 전개의 보편적인 내용은 젖혀두고 일본의 경우에만 관심을 가지는 경향을 거듭 확인할 수 있었다.

(29) 2002년 9 · 10월 중국 산동대학과 중앙민족대학에서는 몇 회에 걸친 특강을, 산동사범대학과 북경외국어대학에서는 한 차례의 강연을 했다. 한국문학과 동아시아문학의 관계를 다루면서 문학사의 이론을 전개했다. 북경외국어대학에서는 동아시아의 通文과 通語를 제목으로 삼았다.

(30) 2003년 6월 러시아 모스크바 고르키세계문학연구소, 페테르부르크대학 한국학과에서 강연을 했다. 한국문학사가 세계문학사에서 차지하는 위치를 주제로 했다. 한국어 원고와 러시아어 번역본

을 함께 배부하고, 한국어로 말한 다음 통역하도록 했다.

발표한 내용을 갖추려보자. 한국문학에 세계문학사 전개를 새롭게 이해하는 데 필요한 소중한 증거가 있다고 하고 그 이유를 셋으로 들었다. 다른 여러 곳에서도 널리 갖추고 있다가 중간에 상실한 유산을 한국에서는 비교적 잘 보존하고 있다. 구비서사시는 이에 해당한다. 문명권의 중심부나 주변부에서는 없는 특징을 중간부에서 지녀 문명권의 구조와 변천을 잘 이해할 수 있게 한다. 공동문어문학과 민족어문학의 관계는 이에 해당한다. 식민지 통치를 겪으면서 당한 격심한 불행이 보람 있는 창조의 원천이 되었다. 근대문학은 이에 해당한다.

고르키세계문학연구소는 문학에 관한 연구서로서는 세계 최대 규모이고, 『세계문학사』(1987-1994)를 10권으로 기획하고 8권까지 냈다. 나는 『세계문학사의 허실』(지식산업사, 1996)에서 지금까지 나온 세계문학사를 총괄해서 고찰하면서 그 책에 가장 큰 비중을 두었다. 그런 사실을 알려주니 깊은 관심을 가지고 경청했다. 그 곳에서 일하는 동포학자 김여호 교수가 통역을 하고 보충설명을 해주었다.

나는 그 곳에서 낸 세계문학사가 대단한 노력을 기울여 많은 것을 포괄했지만, 유럽 여러 나라의 선행 작업에서 그리 멀리 나가지 못해 유럽 밖의 문학에 대한 정당한 인식을 결여하고 있다고 비판했다. 시대구분에 관해서도 평가할 만한 진전이 없다고 했다. 내가 발표한 논문이 비판에 대한 대안의 일부일 수 있었다.

페테르부르크대학 한국학과는 백년이 넘는 역사를 자랑한다. 우리 국내까지 포함해 세계 최초로 생긴 한국학과이다. 교수진이 갖추어져 있고, 학생의 수준도 높다. 페테르부르크에 동양학연구소가 있어 지원을 받는다. 그 쪽 사정을 자세하게 알고 긴밀하게 교류할 필요가 있다.

(31) 2003년 10월 파리 동양어대학에서 열린 한국어문학 연속강연에 참가해 한국 근대문학의 특성을 동아시아 다른 나라와 비교해 밝히는 논문을 불어로 써서 발표했다. 프랑스 상징주의를 한국·일본·월남에서 받아들인 방식이 천여 년 전에 한시를 받아들인 방식과 각기 유사하다는 내용이 거기 포함되었다. 그 논문을 첫 학기 강의에서 소개하고 『세계·지방화시대의 한국학 (1) 길을 찾으면서』에 수록했다.

(32) 2004년 10월 이화여자대학교 인문학연구원 주체로 열린 "문화와 권력의 관점에서 본 상상력과 세계화"에 관한 국제학술회의에서 논문을 발표하고, 외국학자들과 토론했다. 권력에 의해 문화가 왜곡되는 대표적인 사례가 서사시임을 밝혔다. 서사시 이해의 유럽문명권중심주의를 바로잡는 데 동아시아의 유산이 어떤 기여를 하는지 고찰했다.

(33) 2004년 6월 일본 동경대학 비교문학과에서 한국문학에서 제기된 正典 문제에 관해 발표했다. 원고를 한국어와 영어 두 말로 써서 배부하고, 한국어로 발표하고 일본어 로 통역하게 했다. 이에 관해 제5강에서 고찰한다.

(34) 2004년 7월 중국 심양에서 남북의 학자들이 만나 우리 민요에 관한 학술회의를 했다. 이에 관해 제2강에서 고찰한다.

(35) 2004년 8월에 스웨덴 외테보리대학에서 개최되는 스칸디나비아 일본 및 한국 학회에 초청되어 가서 한국·동아시아·세계문학사의 중세를 주제로 기조발표를 영어로 했다. 이에 관해 제9강에

서 고찰한다.

(36) 2004년 9월 대구대학교에서 열린 한국어문학회 국제학술회의에서 아시아의 한국문학 연구에 관해 발표했다. 이에 관해 제3강에서 고찰한다.

(37) 2004년 10월에는 대만 중국문화대학에서 열린 제7회 환태평양한국학국제학술회의에서 한문학사의 하한선 문제를 발표했다. 이에 관해 제7강에서 고찰한다.

(38) 2004년 12월 일본 경도 同志社대학에서 열린 한국문학 학술회의에서 동아시아 시의 전통이 한·일문학에 나타난 양상에 관한 발표를 했다. 이에 관해 제6강에서 고찰한다.

(39) 2005년 2월 인도 델리대학에서 개최한 동아시아문학 국제학술회의에서 동아시아의 맥락에서 본 한국문학사에 관한 논문을 발표했다. 2005년 10월에 한국학 학술회의가 열려 다시 가서 두 차례 발표를 했다. 이에 관해 제9강에서 고찰한다.

(40) 2005년 2원 한국우언문학회 주최로 한국정신문화연구원에서 열린 동아시아 우언 국제학술회의에서 우언의 시대적 성격 비교에 관한 논문을 발표했다. 이에 관해 제4강에서 고찰한다.

(41) 2005년 10월 인도 네루대학 한국학전공 개설 10주년 기념학술회의에 참가해 15세기 한국의 민족어 서사시 두 편에 관한 논문을 영어로 발표한다. 이에 관해 제9에서 고찰한다.

(42) 2005년 11월 중국 북경대학에서 열리는 北京論壇(Beijing Forum)에 참가해 聖者傳 전통의 상호 이해에 관한 논문을 영어로 발표한다. 이에 관해 제14강에서 고찰한다.

토 론

❑ 문 : 한국학을 공부하는 기초를 어떻게 닦아야 하는가?

❑ 답 : 처음에는 한국학의 범위를 넘어서서 광범위한 공부를 하고, 외국어를 익히는 데 힘써야 한다. 한국학의 어느 분야를 전공하는 공부는 대학원에서 시작하는 것이 마땅하다. 공부를 처음부터 좁히면 크게 뻗어날 수 없다.

❑ 문 : 한국문학의 해외소개에 대한 견해를 듣고 싶다.

❑ 답 : 부지런히 하고 있지만 기대하는 성과에 미치지 못한다. 개선점을 둘 들고자 한다. 우리 쪽에서 주도하려고 하지 말고 현지의 한국학 전공 학자들이 스스로 번역하고 소개하고 연구하도록 도와주는 것이 바람직하다. 공부하고 생활하는 데 어려움이 없도록 지원해야 한다는 말이다. 작품만 소개하지 말고 문학 또는 문화에 대한 전반적인 이해를 넓혀야 한다. 한국학의 세계화가 이루어지면서 한국문학이 세계문학으로 진출해야 한다.

❑ 문 : 인문학의 위기에 대한 진단과 대책이 미흡하다.

❑ 답 : 더 많은 논의를 이미 하고, 앞으로 다시 할 것이다. 한 가지 중요한 사실만 강조해서 말하겠다. 나는 인문학을 인문학문이라고 한다. 인문학문의 위기는 세계적인 현상이다. 우리가 가장 심각하게 겪는 듯이 말하는 것은 증세가 가볍기 때문이다. 다른 많은 곳에서는 위기라는 말도 하지 않는다.

프랑스와 일본 두 나라와 견주어보자. 프랑스는 인문학문의 대표 선수들이 화려한 활동을 해서 국위를 선양하도록 지원하고, 인문학문에 대한 일반의 인식은 소중하게 여기지 않는다. 우수한 학생은 실용학문을 하는 특수전문학교에 가도록 하는 제도가 정착되어 있다. 일본의 경우 대학의 문학부는 법학부나 경제학부보다 현저하게 열세여서 개점휴업 상태라고 까지 말할 수 있다.

우리나라는 인문학문을 하는 인재가 능력과 자부심을 가지고 또한 존경받는다. 학문을 대단하게 여기는 오랜 전통이 있는 덕택이라고 생각한다. 이런 좋은 조건을 살려 큰일을 해야 한다. 인문학문을 바람직하게 발전시켜 민족모순을 진단하고 해결하는 세계사의 과제를 남들보다 앞서서 감당해야 하는 사명을 지니고 있다고 믿는다.

❑ **문** : 인문학문의 위기를 실용주의 풍조 때문이라고 하고 말 것은 아니다. 교육 현실이 열악하고 문화 환경이 황폐화되므로 인문학문에 대한 관심이 없어진다는 사실을 더욱 중요시해야 하지 않는가?

❑ **답** : 교육과 문화의 문제를 진단하고 실현 가능한 해결책을 내놓는 것이 인문학문의 당면 과제이다. 옛 것이나 찾고 멀리나 바라보고 있어 위기를 자초하니 반성할 일이다.

❑ **문** : 수입학에 관해 말하면서 수입원의 다변화를 주장했다. 가능한 일인가?

❑ **답** : 세계가 영어 중심, 미국 편향으로 바뀌고 있어 수입원 다변화가 헛된 희망인 것처럼 보인다. 국내 어느 대학 이번 학기 박사학위 논문 명단을 보니 자연학문 분야의 논문은 절반 이상 영

어로 썼다. 자연학문은 그럴 수밖에 없다는 것을 인정한다. 사회학문은 그 정도까지 가지 않고, 영어가 아닌 다른 언어, 미국이 아닌 다른 나라와의 거래를 넓히려고 힘겨운 노력을 한다.

인문학문은 수많은 언어로 이루어진 세계 도처의 창조물을 받아들여 활용하는 것을 존재 의의로 삼아, 다른 두 학문의 편향성을 시정해야 한다. 동남아시아, 인도, 아랍세계, 아프리카 등에 대한 이해가 부족한 것이 우리 인문학문의 커다란 약점이므로 힘써 극복해야 한다. 나는 내 나름대로 그렇게 하려고 분투해왔다.

❑ 문 : 한국철학이란 무엇이라고 생각하는가? 한국에서 하는 철학이나 한국인이 하는 철학이 아니라면, 다른 무엇인가? 그런 것이 있는가?

❑ 답 : 한국철학은 한국의 철학유산을 한국의 현실과 관련시켜 연구하는 학문이라고 할 수 있다. 그 작업이 제한된 범위 안의 특수성을 말하는 데 그치지 않고 보편적인 원리를 재창조하는 데까지 나아가야 한다. 한국철학에서 철학으로 나아가야 한다.

그 점에 관해 다른 나라 사람들의 고민을 알아보고 함께 고찰할 필요가 있다. 인도철학이란 무엇인가 하는 문제를 두고 인도에서 논란이 많아 직접 도움이 된다. 한국철학이란 무엇인가 고민하는 것이 세계의 보편적인 문제이다. 그 상황을 널리 이해해 문제를 바로 알고, 해결의 본보기를 보이는 것이 마땅하다.

❑ 문 : 할 말이 있는 사람은 말하지 못하고, 말하는 사람은 할 말이 없다고 했는데, 영어를 공용화하자는 주장을 따르면 말할 수

있는 것이 아닌가?

❑ **답** : 할 말을 잃어 존재의의가 없어진다.

❑ 문 : 왜 할 말을 잃는가?

❑ **답** : 영어를 사용해서 습득하고 개발하는 학문 특히 인문학문에서 영어를 모국어로 삼아온 오랜 내력이 있는 나라들보다 앞설 수 없다는 말이다. 그래서 국제경쟁력을 잃는다. 영어로 말할 줄 알면 무얼 하는가? 할 말이 없는데.

❑ 문 : 민족이란 무엇인가? 민족모순을 진단하고 해결하는 일을 인문학문이 맡아야 한다고 했는데, 민족이 무엇이어서 그렇다는 말인가?

❑ **답** : 민족은 의식이다. 민족에 실체가 있다면 자연학문이나 사회학문에서 실측하고 수량화할 수 있다. 민족은 인식하기 어려운 의식이므로 인문학문의 여러 분야가 힘써 노력해야 접근 가능하다. 종교학이 자기 종교 옹호론을 넘어서서 보편적인 학문이 되어야 큰 구실을 할 수 있다. 계급 문제를 위해 경제학이 기여한 만큼 민족 문제를 위해 종교학이 기여할 수 있다.

제2강 남북이 하나이게 하는 민요

경 과

오늘은 중국 沈陽으로 간다. 거기서 남북의 학자들이 만난다. 장소는 외국이지만 우리 민족 내부의 학문 교류를 했으므로 각론 첫 순서로 다룬다.

'東方民族傳統民謠的現代轉型'이라는 학술회의가 2004년 7월 19일부터 20일까지 중국 심양 金華園 호텔에서 열렸다. 남과 북, 중국의 학자들이 모여 우리 민요에 관한 연구를 발표한 모임이다. 개최지가 중국이어서 제목을 그렇게 붙였다.

중국 심양 요녕발해전수학원과 고려민족문화연구소가 행사를 주관했다. 조선사회과학자협회, 서울대학교 동양음악연구소, 연변대학 민족문화연구원이 주최자가 되었다. 한국문화방송이 후원했다.

이 모든 구성원의 합작으로 행사가 열릴 수 있었다. 한국문화방송이 사업을 발의하고 경비를 댔다. 연변대학 민족문화연구원 최문식 원장이 남북을 연락했다. 현지의 사립대학인 요녕발해전수학원 천문갑 원장, 개인연구소 고려민족문화연구소 전정환 소장이 일을 구체적으로 추진하고, 중국 정부의 허락을 얻어 장소를 마련했다.

개 회

개회식을 할 때 세 곳의 대표가 개회사를 했다. 남쪽 단장의 자격으로 내가 한 축사는 다음과 같다.

남쪽과 북쪽, 그리고 중국의 동학 여러분! 민요를 조사하고 연구하느라고 땀 흘려 일 해온 동학 여러분 만나서 반갑습니다. 우리는 오늘 이 자리에서 민족문화의 값진 유산을 함께 살피는 감격을 누리고자 합니다.

이제 남북의 장벽이 조금씩 무너지면서 여러 방면에서 교류를 시작하고 있습니다. 학술 연구에 관해서도 그 동안 해온 일을 서로 알리고 공동의 관심사를 논의하는 기회가 많아지고 있습니다. 그 가운데 특히 긴요한 분야인 민요를 공부하는 사람들이 이제야 만났으니 많이 늦었다고 하겠습니다.

남북이 분단된 것은 반세기 동안의 일이지만, 민족의 삶은 몇 만 년 이어져왔습니다. 그 오랜 기간 동안 우리 민족은 언제나 민요를 불렀습니다. 일할 때나 놀 때나, 슬픔이 닥쳐와도 기쁨을 누릴 때도 함께 부른 만백성의 노래가 민요입니다. 민요는 음악이나 문학 창작의 모체요 바탕입니다. 자랑스러운 민요 덕분에 남다른 가치를 가진 예술작품을 이룩해왔습니다.

지금 우리는 분단의 고통을 넘어서서 통일을 향해 나아가고 있습니다. 체제와 이념의 차이 때문에 빚어진 이질성을 줄이고 민족의 동질성을 회복하는 것을 절실한 과제로 삼습니다. 민족 동질성이 무엇인지 민요가 입증해줍니다. 지난날의 민요를 되돌아보고, 민요에 대한 조사와 연구를 점검하면서, 민요를 전승하고 창조하는 방향을 논의하는 것이 통일을 앞당기기는 데 구체적으로 기여하는 긴요한 과업입니다.

아리랑을 남북이 함께 부르는 노래로 삼고 있는 것만 보아도 민요가 얼마나 소중한지 알 수 있습니다. 저는 근래 북쪽에서 채록한 민요 자료를 학생들과 함께 들으면서 남북의 차이가 없고, 분단의 그림자가 드리워지지 않았다는 사실을 새삼스럽게 확인했습니다. 남북 양쪽 다 전통민요가 아직 살아 있고, 그 소중한 유산을 조사하고 연구하는 작업을 열성적으로 하고 있는 것이 커다란 희망입니다.

민요를 이야기하는 우리 모임은 힘겨운 양보나 협상을 필요로 하지 않습니다. 다른 분야 사람들이 열 번 이상 수고하는 것보다 더 큰 성과를 처음부터 거둘 수 있으리라고 믿습니다. 헤어져 있는 동안에 각기 해온 일이 얼마나 같은지 확인하면서 자료를 주고받고, 공동의 연구와 창작을 위한 노력을 다짐하고 구상하면 목표를 쉽사리 달성할 수 있을 것입니다.

긴 서론이 필요하지 않고 바로 본론으로 들어가는 것이 유익하다고 생각합니다. 인사말에 이어서 세 가지 보고를 드려 논의를 구체화하는 실마리를 마련하겠습니다. 실정을 알리고 자료를 제공하는 것이 먼저 할 일이라고 생각해서 필요한 것들을 준비해왔습니다.

먼저 남쪽에서 민요를 조사하고 연구한 내력을 제 전공인 문학 분야를 중심으로 소개하겠습니다. 제 자신이 민요를 조사한 녹음 자료, 민요에 관해 쓴 책 두 권을 드리겠습니다. 대학에서 민요를 어떻게 강의하는지 한 본보기를 들어 말하겠습니다.

발 표

모임에 남쪽 참가자는 모두 10인이고, 조동일, 황준연, 오용록, 이보형, 최상일, 배연정이 발표했다.

북쪽 참가자는 모두 5인이고, 윤수동, 박형섭, 안병윤, 오영일이 발표를 했다. 앞의 세 사람은 조선음악무용대학 및 조선음악무용연구소에서 전통음악을 가르치고 연구하는 주역이다. 민요를 연구하는 문학 분야 학자는 참여하지 않았다.

중국 쪽 참가자는 모두 15인이고, 남희철, 김해룡, 전국권, 김남호, 전병철, 그리고 漢族 참가자 邱連婆가 발표했다. 김해룡과 전국권은 문학전공자이고, 다른 세 사람은 음악학자이다.

남쪽과 중국 쪽에서는 민요를 조사하고 연구한 성과를 중점적으로 다루면서 자료 소개에 힘쓰고, 북쪽에서는 민요의 전반적 의의 및 민요의 발전에 대한 논의를 했다. 북쪽의 조사와 연구에 대한 구체적인 이해는 하지 못하고, 민요의 발전에 힘쓰는 상황에 관해서는 거듭 들었다.

북쪽에서는 지도자의 직접 교시에 의해 민요를 전국 각처에서 녹음하고, 채보하고, 출판하고, 발전시켰다고 했다. 민요를 재창조하는 것을 발전이라고 했다. 새로운 민요를 전문가만이 아닌 누구나 부를 수 있게 했다고 했다.

윤수동은 북쪽 단장이고 조선음악무용연구소 소장인데, 전반적인 상황을 말하는 기조발표는 안병윤에게 맡기고 <조선민요 아리랑>에 대하여 개별발표를 했다. 아리랑의 유래, 분포, 변모 등의 내용을 갖추었는데, 대체로 이미 알고 있던 것이다. 아리랑의 유래에 대해서 한 말의 근거는 무엇이고 누가 연구한 결과인가 하고 남쪽의 누가 물으니 특별한 연구가 있었던 것은 아니고 남쪽 책을 참고했다고 했다.

내가 말을 거들었다. 남쪽에서도 아리랑을 다룬 책은 여럿 나왔으나 학문적으로 다져진 내용은 아니다. 아리랑을 말하면 사랑과 감격이 앞서서 객관적이고 과학적인 연구를 하지 못하는 점에서 남북이 다르지 않다는 것을 확인했다. 아리랑에 대한 사랑과 감격이 연구대상이다. 양쪽에서 힘을 합쳐 본격적인 연구를 함께 하자고 제안한다고 했다.

나는 문학 분야, 오용록은 음악 분야, 최상일은 자료 수집과 출판을 위주로 남쪽에서 민요를 조사하고 연구한 내력을 자세하게 소개했다. 배부하고 읽은 글을 아래의 항목에 전문 수록한다. 내 발표에서 서울대학교 대학원 학생들이 제출한 민요연구 학기말 과제를 소개하고 전문 전해주었다.

학생들에게 현지에서 전승되는 민요의 실상에 대한 고찰을 과제로 제시해 연구 발표를 하고 논문을 쓰게 했다. 제주도 민요를 세 사람이, 경상도, 전라도, 경기도, 평안도 민요를 각기 한 사람씩 다루었다. 중국 조선족 학생은 조선족의 아리랑을, 러시아 학생은 한국과 러시아의 자장가를 비교론을 주제로 택했다. 북쪽 단장이 받아보더니 대단한 연구를 한다고 감탄하고 많이 배우겠다고 했다.

이보형은 민요의 장단을, 황준연은 민요의 가락을 분석했다. 배연정은 음반을 수집해 목록을 만들고 음반에 수록된 민요자료를 정리하는 데 힘을 기울인 내력을 소개했다. 1907년부터 시작된 이른 시기 음판 출판에 수록된 서도소리 자료를 제공하니 북쪽에서 크게 감사했다.

민요의 발전이 북쪽의 자랑이다. 남쪽은 민요의 발전에는 힘쓰지 않으면서 연구는 많이 했다고 북쪽에서 온 사람들이 말했다. 북쪽에서는 지도자의 교시로 일하지만, 남쪽에서는 하라는 사람도 없고 하지 말라는 사람도 없는데 흥미와 사명감을 느끼는 개개인이 자기 희생을 하면서 업적을 낸다고 내가 설명했다.

나의 발표

나의 발표는 남쪽의 연구 상황을 북쪽에 알리는 것이었다. 특별한 주장이나 쟁점이 없어 토론을 할 만한 내용은 아니었다. 북쪽에서도 전통민요 현지연구의 의의를 인정하고 열심히 하도록 하는 데 도움이 되는 자료를 제공하고자 했다.

민요 연구 문학 분야 남쪽 업적

1. 업적 목록

남북 분단 이전의 민요 조사와 연구의 업적은 다음과 같다.

엄필진, 『조선동요집』(창문사, 1924)
김소운, 『언문조선구전민요집』(東京: 第一書房, 1933)
임 화, 『조선민요선』(학예사, 1939)
김사엽 · 최상수 · 방종현, 『조선민요집성』(정음사, 1948)
고정옥, 『조선민요연구』(수선사, 1949)

분단 이후 남쪽에서는 민요 조사와 연구의 업적을 다음과 같이 이룩했다. 단행본으로 출간된 것만 든다.

진성기, 『제주도민요집』(민속문화연구회, 1958)
임동권, 『한국민요집』1-7 (집문당, 1961-1993)
임동권, 『한국민요사』(문창사, 1964)
김영돈, 『제주도민요연구 상』(일조각, 1965)
조동일, 『서사민요연구』(계명대학 출판부, 1970)
임동권, 『한국민요연구』(선명문화사, 1974)
조동일, 『경북민요』(형설출판사, 1977)
한국정신문화연구원, 『한국구비문학대계』 1-82 (1980- 1988)
임동권, 『한국의 민요』(일지사, 1980)
정동화, 『한국민요의 사적 연구』(일조각, 1981)
임동권, 『한국부요연구』(집문당, 1982)
김순제, 『한국의 뱃노래』(호학사, 1982)
정동화, 『민요에 나타난 한국인의 의식』(한국방송사업단, 1983)
임동권, 『여성과 민요』(집문당, 1984)
이소라, 『한국의 농요』 1-5 (현암사 · 민속원, 1985-1992)
김무헌, 『한국 노동민요론』(집문당, 1986)
김연갑, 『아리랑』(현대문예사, 1986)
김열규, 『아리랑』(조선일보사, 1987)
김무헌, 『한국민요문학론』(집문당, 1987)
강등학, 『정선 아라리의 연구』(집문당, 1988)
지춘상, 『전남의 민요』(전라남도, 1988)
김연갑, 『아리랑, 그 맛 멋 그리고』(집문당, 1988)

브리태니커 편집부, 『팔도 소리』 1-3 (뿌리깊은나무사, 1989)

박민일, 『한국아리랑문학연구』(강원대학교 출판부, 1989)

울산대학교 인문과학연구소, 『울산・울주지방 민요자료집』(울산대학교 출판부, 1990)

신찬균, 『한국의 만가』(삼성출판사, 1990)

유종목, 『한국민간의식요연구』(집문당, 1990)

박경수・서대석, 『한국구비문학대계 한국민요・무가분류집』(한국정신문화연구원, 1992)

최 철, 『한국민요학』(연세대학교 출판부, 1992)

조영배, 『제주도 노동요 연구』(도서출판 예술, 1992)

문화방송, 『한국민요대전』 1-5 (문화방송, 1992-1996)

김영돈, 『제주의 민요』(신아문화사, 1993)

진용선, 『정선아라리』(집문당, 1993)

좌혜경, 『제주전승동요』(집문당, 1993)

김연갑, 『팔도아리랑기행』(집문당, 1994)

조동일, 『한국민요의 전통과 시가율격』(지식산업사, 1996)

강등학, 『한국민요의 현장과 장르론적 관심』(집문당, 1996)

서영숙, 『시집살이 노래 연구』(도서출판 박이정, 1996)

좌해경, 『민요시학연구』(국학자료원, 1996)

김헌선, 『한국 구전민요의 세계』(지식산업사, 1996)

김무헌, 『한국민요문학론』(집문당, 1987)

유종목, 『한국민요의 현상과 본질』(민속원, 1998)

박경수, 『한국민요의 유형과 성격』(국학자료원, 1998)

이동철, 『강원민요의 세계』(국학자료원, 2001)

서영숙, 『우리 민요의 세계』(도서출판 역락, 2002)
정동화, 『경기도민요』(집문당, 2002)
최상일, 『우리의 소리를 찾아서』(돌베개, 2002)

2. 논의 대상

위의 목록에 있는 업적에는 민요 자료집도 있고, 민요의 음악을 연구한 것도 있다. 그러나 민요를 문학의 관점에서 연구한 것이 대다수를 차지한다. 그 가운데 특히 중요한 것을 소개하고 고찰하기로 한다. 선택한 저서는 다음과 같다.

조동일, 『서사민요연구』(계명대학 출판부, 1970)
강등학, 『정선 아라리의 연구』(집문당, 1988)
박경수, 『한국민요의 유형과 성격』(국학자료원, 1998)
서영숙, 『시집살이노래 연구』(도서출판 박이정, 1996)
김헌선, 『한국 구전민요의 세계』(지식산업사, 1996)
유종목, 『한국민요의 현상과 본질』(민속원, 1998)

먼저 책의 저자를 소개한다.

조동일은 필자 자신이다. 처음에는 민요의 조사와 연구를 하고 연구하는 것을 가장 중요한 과제로 삼다가 관심을 확대해 한국문학 전반, 한국문학과 세계문학, 문학연구와 철학 등을 고찰하는 저작을 다수 출간했다. 서울대학교 국문학 교수이다.

강등학은 민요를 조사하고 연구하는 작업을 계속해서 하는 전문학자이다. 강원도 일대의 자료를 맡아서 조사한다. 강릉대학교 국문학 교수이다.

박경수는 현대시를 전공하면서 민요와 현대시의 관계를 연구한다. 한국정신문화연구원에 재직할 때 『한국구비문학대계』 수록 민요 자료를 총괄해서 분류하는 작업을 했다. 부산외국어대학교 국문학교수이다.

서영숙은 민요를 조사하고 연구하는 여성학자이다. 여성가사를 연구한 저서도 있다. 광주에 있는 조선대학교 국문학 교수이다.

김헌선은 구비문학 전반을 조사하고 연구하면서 민요를 다룬다. 무가에 관한 연구도 많이 한다. 수원에 있는 경기대학교 국문학 교수이다.

유종목은 민요의 조사와 연구를 전문 분야로 하는 전문학자이다. 민요에 관한 저서를 계속 낸다. 부산에 있는 동아대학교 교수이다.

3. 조사연구의 발전

처음에는 전국의 민요를 한꺼번에 파악하고자 했는데, 자료가 부정확하고 논의가 성글어 얻는 바가 적었다. 민요의 실상을 제대로 파악하려면 연구 대상을 축소하고 현지조사를 정확하게 해서 이해를 심화하는 것이 마땅하다는 반성이 일어났다. 특정민요를 전승의 중심지를 찾아가 일정한 방법에 따라 조사해 자료를 보고하고, 민요의 실상과 특징을 밝히는 이론적인 작업을 한 업적들이 나타나 민요 연구의 발전에 기여했다.

조동일, 『서사민요연구』(계명대학 출판부, 1970)가 그런 연구로 방향을 돌렸다. 경상북도 동북부 지방 영양 · 청송 · 영천군의 10개 마을에서 부녀자들이 길쌈을 하면서 부르는 서사시민요를 미리 설정한 체계적인 방법에 따라 현지에서 채록해 자료를 보고하고, 다각도로 고찰했다. 자료는 마을, 노래한 사람, 노래말로 이루어져 있다. 먼저 서사민요의 개념과 특성을 규정하고, "여성에게 불행과 고난을 강요하는 남성적 특권에 항거하고평등하고 자유로운 삶을 찾자는 주장"을 나타낸다고 했다. (157면) 그 다음 순서로 유형 · 문체 · 전승을 논하면서 시가문학 전반을 다시 이해하는 원리를 찾았다. 문체론에서 다룬 율격의 특징은 한국시가의 율격을 음보율에 입각해 분석하는 작업의 출발점이 되었다.

강등학, 『정선 아라리의 연구』(집문당, 1988)에서 또 하나의 좋은 본보기를 보여주었다. 강원도 정선의 민요 아라리를 몇 차례 현지조사한 자료를 보고하고, 특징과 구조를 분석했다. 자작 가사의 생성, 전승가사의 구연 양상, 창곡과 가사의 관계, 엮음의 성격 등에 관해서 고찰한 대목이 특히 소중하다. 민요가 전승자들의 생활과 밀접한 관련을 가지고 새롭게 창작되기도 하는 양상을 잘 보여주었다. 전승가사가 "보편적이고 전형적인 내용을 담고 있어", "창자마다의 개별적인 삶과 상황마다의 현장성을 드러내"기 위해 (193-194면) 자각가사를 지어내는 방식을 밝힌 것이 특히 소중한 성과이다.

서영숙, 『시집살이노래 연구』(도서출판 박이정, 1996)도 주목할 만한 업적이다. 전라남도 곡성군에서 조사한 시집살이노래를 다룬 내용에 따라 시집식구, 시집 · 남편, 시집 · 친정, 시어머니 등으로 분류해 해설과 함께 수록했다. 연구편에서는 조사방법과 자료의 존재양상을 먼저 고찰하고, 갈등양상과 전개방식, 사회상황과 현실인식에 관해서 구체적인 고찰을 했다. 시집살이노래에 “남성 위주의 위계 사회 속에서 여성의 사람됨을 찾고자 하는 요구가 잘 나타나 있다”고 했다. (81-82면)

4. 논의의 일반화

여러 지역에서 조사연구한 민요를 서로 비교하고 특징을 일반화해서 한국민요에 대한 총괄적인 이해를 얻고자 한 업적들도 있어 각론에서 총론으로 나아가고 있다. 많은 예증을 들지 못해 내용이 미비하지만, 전국의 민요를 체계화해서 다루는 총괄론 이룩하기 위한 예비단계의 작업이라고 할 수 있다.

김헌선, 『한국 구전민요의 세계』(지식산업사, 1996)가 그런 책이다. 민요의 여러 면모를 다양하게 다룬 논문을 모은 책이다. 민요의 전승 양상과 지역적 변이를 고찰한 것이 특히 중요한 내용이다. 서두에서 민요 현지조사의 이론을 살피는 대목에서 경기도 파주군 몇 마을을 예로 들어 논농사와 논매기노래의 관계양상을 밝혔다. 경기도, 황해도, 경상북도 민요의 특색에 관해 논의하고, 그 가운데 경상북도의 경우를 다시 여러 측면에서 재론했다. 경상북도민요 <어사용>의 분포와 사설 유형을 고찰하는 데 힘쓰고 채록한 사설을 자료로 제시했다.

유종목, 『한국민요의 현상과 본질』(민속원, 1998)도 함께 검토할 필요가 있다. 이 책은 민요의 특성과 가치를 어느 정도 체계화해서 고찰한 일반론이다. 민요 이론의 새로운 접근, 민요의 존재 양상, 민요의 의식과 세계관, 후렴의 변이 양상, 민요와 시의 거리로 이루어져 있다. 세부로 들어가면 생산과 전승의 측면에서 본 민요의 현재와 내일, 한국 민요에 나타난 죽음 의식, 아리랑 후렴의 변이양상 등에서 특색 있는 내용을 갖추었다. 『한국민간의식요연구』(집문당, 1990)라고 한 선행 저서에서 집중해서 고찰한 장례의식요를 민요의 실상을 밝히는 중요한 논거로 삼았다.

5. 분류 체계

전국의 모든 민요를 한꺼번에 분류하는 체계를 마련하는 것이 오랜 소망이다. 기능, 노래말, 가락이 모두 분류의 기준이 되어 마땅하다. 그 셋을 다 다루거나 각기 다루지 못하고, 기능에 따른 분류는 조사된 자료를 총괄해서 했다.

박경수, 『한국민요의 유형과 성격』(국학자료원, 1998)이 그런 업적이다. 제1부 <한국 민요의 기능별 분류체계>를 보자. 한국정신문화연구원, 『한국구비문학대계』 1-82 (1980- 1988)에 수록된 민요를 분류한 박경수・서대석, 『한국구비문학대계 한국민요・무가분류집』(한국정신문화연구원, 1992)을 재정리했다. 일관된 분류체계를 만들어 민요를 모두 분류했다.

민요를 기능요와 비기능요로 나누고, 기능요는 다음과 같이 분류했다.

노동요

- 농업노동요
- 어업노동요
- 벌채노동요

길쌈노동요

제분노동요

잡역노동요

의식요

세시의식요

장례의식요

신앙의식요

유희요

세시유희요

경기유희요

조형유희요

풍소유희요

언어유희요

이들 항목은 다시 세분되었다. 농업노동요를 세분한 내역을 보자.

논농사요

논 가는 노래

논 삶는 노래

모찌기 노래

모내기 노래

논매기 노래

벼 베기 노래

볏단 나르는 노래

벼 타작 노래

밭농사요

밭 일구는 노래

밭가는 노래

밭 곰발메질 노래

밭 밟는 노래

밭매기 노래

보리 훑는 노래

보리타작 노래

곡식 나비질 노래

제 안

종합토론을 할 때 앞으로의 계획에 대해서 말하자고 했다. 나는 공식적인 협의를 거치지 않고, 남쪽 참가들끼리 의견을 나눈 결과도 아닌 개인 의견이라고 전제하고, 다음과 같은 제안을 했다.

우리 모임이 한 번으로 끝나지 않고 계속되어 더욱 큰 결실을 거두기 위해서, 서울대학교 동양음악연구소, 조선음악무용연구소, 연변대학 민족연구소 세 연구소가 주최가 되고 긴밀히 협력하면서 공동의 과업을 수행하기 바랍니다. 전통민요를 계속 조사해야 하는 것은 당연한 전제입니다. 각기 그렇게 하면서 서로 협력해서 해야 할 일을 몇 가지로 간추려 말하겠습니다.

첫째는 자료 정리입니다. 남과 북, 중국에서 수집된 모든 자료를 정리해서 『우리 민요 전집』을 만드는 것이 바람직합니다. 민요의 사설, 악보, 음반, 동영상자료 등을 모두 포함해야 합니다. 민요 분류, 사설 받아쓰기 및 주해 방법, 채보 방법 등에 관한 논의와 합의가 있어야 하겠습니다.

둘째는 우리 민요의 특성 연구입니다. 음악의 장단과 선율, 문학의 측면에서 본 운율, 내용 및 미학적 특성에 관한 깊이 있는 연구를 함께 해야 합니다. 다른 나라 민요와의 비교연구도 당연히 포함되는 과제입니다.

셋째는 전통민요를 살리는 일입니다. 전승, 보급, 교육에 관한 연구와 노력을 다각도로 해야 합니다.

넷째는 민요의 재창조와 발전입니다. 그 필요성을 더 강조하지 않아도 됩니다.

첫째 과업을 위한 우선 할 일을 구체적으로 제안하겠습니다. 『아리랑 전집』을 내는 것을 목표로 하고, 다음 모임을 '아리랑 학술회의'로 합시다. 자료 조사의 경과를 정리하고 지금까지 조사한 모든 자료를 모두 보고하고, 연구 상황을 점검하고, 문제점에 대한 집중적인 토론을 하는 것이 할 일입니다. 아리랑 명창공연도 함께 합시다. 민족의 노래 아리랑은 남북의 겨레가 하나임을 확인하는 뜨거운 감동을 안겨줄 것입니다.

'아리랑 학술회의'를 하고 명창공연도 하는 다음 모임을 평양에서 개최할 할 것을 제안합니다.

폐 회

폐회사도 세 쪽 대표가 모두 했다, 내가 남쪽 단장의 자격으로 한 폐회사의 긴요한 대목은 다음과 같다.

시작할 때 우리는 너무 늦게 만났으나 다른 분야에서 열 번 이상 만난 것보다 더 큰 성과를 얻으리라고 말했습니다. 과연 그렇다는 것이 얻은 결과입니다. 민요는 민족의 혼이고, 헤어져 살고 있는 겨레가 하나임을 밝혀주는 가장 확실한 증거입니다.

어제와 오늘 이틀 동안 우리 민요에 관해 많은 논문을 발표하고 열띤 토론을 벌였습니다. 서로 많은 자극과 도움을 주고받고 돌아가면서 다시 만날 것을 기대합니다. 남과 북, 그리고 연변의 세 연구소에서 모임을 지속적으로 주최해 한층 진전된 성과를 거두기를 희망합니다.

『우리 민요 전집』을 함께 내는 것을 장기적인 목표로 하고, 우선 『아리장 전집』을 만드는 일을 의논하면서 아리랑에 관한 여러 가지 문제를 다루는 '아리랑 학술회의'를 명창 공연과 함께 하자고 제안했습니다. 이것이 아니더라도, 집약된 주제를 가지고 깊이 있는 논의를 할 수 있는 모임을 다시 열게 되기를 바랍니다. 중국 동포들이 계속 수고를 해주셔야 하지만, 서울이나 평양 또는 국내의 다른 어느 곳에서 다시 만날 날이 빨리 오기를 기대합니다.

다음 모임에서는 연구를 실질적으로 담당하는 젊은 일꾼들이 많이 참여하기를 바랍니다. 임원이나 코치는 뒤에서 지켜보고 선두들이 뛰게 하자는 것과 같은 말입니다.

통일이 되어야 민요의 발굴, 전승, 발전이 제대로 이루어진다는 말이 타당합니다. 그렇다고 해서 통일이 될 때까지 손놓고 있어야 하는 것은 아닙니다. 민요는 통일을 앞당기고 바람직한 통일이 이루어지도록 하는 최상의 유산임을 확인하고, 민요를 공부하는 우리 모두 분투해야 하겠습니다.

소 감

회의 장소가 왜 심양이었던가에 설명이 필요하다. 연변 쪽에서는 남과 북이 중국 쪽과 함께 여는 학술회의 허가를 받기 어려운 것이 근래의 사정이라고 했다. 김림성과 요녕성은 정책이 달라, 심양에서는 한국 사람들이 오는 것을 환영하고, 북쪽과 만나 민족의 문제를 논의하는 것은 허용한다고 했다. 그러나 제목에다 민족의 이름을 내세우는 것은 적합하지 않아 '東方民族傳統民謠'이라고 했다는 것이다.

'아리랑 학술회의'는 중국 쪽에서 바라지 않는 민족의 색채가 너무 뚜렷해 심양에서도 열기 어렵다고 했다. 그래서 자기 집 두고 왜 남의 집 신세를 져야 하는가 하고 다음 모임은 평양에서 개최하자고 했다. 서울 개최를 주장하는 것보다 그 쪽이 성사 가능성이 더 크다고 판단했다.

폐회사에서 한 말 두 대목에 설명이 필요하다. 선수들이 뛰게 하자는 것은 북쪽에서 온 사람들이 지도급 인사뿐이어서 한 말이다. 다음 모음에서는 연구의 일선에서 활동하는 인재들을 만나고 싶다는 의사를 그렇게 나타냈다. 통일이 되어야 민요의 발굴, 전승, 발전이 제대로 이루어진다는 말을 북쪽 단장이 폐회사 말미에서 했다. 그 말을 받아, 민요는 통일을 앞당기고 바람직한 통일이 이루어지도록 하는 최상의 유산이라고 했다.

조선무용음악연구소 소장인 북쪽 단장 윤수동과 가까이 지내면서 많은 이야기를 나누었다. 내게 나이가 더 많은데 젊어 보여 부럽다고 했다. 경제적인 여유도 있는 것 같다고 했다. 교수라면 누구나 대학에서 주는 월급을 받아 사는 것이 마찬가지니 특별히 여유가 있는 것은 아니라고 했다.

윤수동은 처음 만났을 때 책을 통해 나를 알고 있다고 했다. 인민대학습당에 가서 여러 책을 보았다고 했다. 많은 업적을 낸 것이 부럽다고 했다. 자기는 전 생애를 민요조사에 바쳐 글은 많이 쓰지 못했다고 했다. 나는 말했다. 그 쪽에서 민요 조사에 전념할 수 있었던 것이 행복이라고 했다. 남쪽 사람들은 아무도 그럴 수 없었다. 그럴 수 있게 나라에서 보장해주는 제도가 아예 없다고 했다.

나는 평소에 취미와 능력과 생업이 일치하는 것이 행복이라고 생각해왔다. 윤수동은 그런 의미에서 행복한 분이라고 여겼다. 취미와 능력에 맞는 일을 부여받고 자기 스스로 하고 싶은 과업 수행을 국가에서 요구하고 보장해주었다. 민요조사를 위해 특별한 지원과 배려를 받은 것을 자랑하는 말을 부러워하면서 들어야 했다. 안병윤과 박형섭은 음악 연주와 연구를 겸한 분들인데 전폭적인 지원을 받으면서 해온 일을 만족스럽게 생각하는 것이 윤수동과 같았다.

누구나 그런 행복을 누린다고 생각되지는 않는다. 국가에서 개개인의 취미와 능력을 잘못 판단해 맞지 않은 일을 시킬 가능성이 언제나 있다. 하고 싶은 일은 버리고 하기 싫은 일을 하도록 운명지워질 수 있다. 인재는 썩고, 무자격자가 판을 칠 수 있다.

남쪽에서는 자기의 취미와 능력을 스스로 살리면 되니 그럴 염려가 적은 편이다. 그러나 취미와 능력을 살려 하고 싶은 일을 하면서 생업은 다른 데서 구하거나 포기해야 하는 경우가 적지 않다. 이보형이 그런 분이다. 민요연구의 대석학이 대학이나 연구기관에 자리를 얻지 못한 채 대단한 업적을 냈다. 한창기 사장이라는 기업인이 우리 음악을 위해 기여한 바에 관해서도 토론 과정에서 말했다. 문화방송의 최상일 피디가 민요 조사를 위해 바친 노력도 거듭 높이 평가해야 한다. 개인의 의지로 방송국을 움직여 공공의 재원을 올바르게 사용하도록 했다.

한국정신문화연구원에서 추진해 『한국구비문학대계』를 낸 사업이 전국의 모든 군을 조사하지 못한 것이 안타깝다는 말이 나와서, 그 일을 계획하고 추진한 당사자로서 한 마디 했다. 국정 담당자들이 중단하라고 계속 요구해 제1차 계획만 겨우 마치고, 제2·3차계획은 시작하지 못했다고 했다. 녹음 자료 출판은 뜻을 이루지 못했다고 했다. 계속하도록 압력을 넣어야 한다 하고, 북쪽의 압력이 가장 큰 효과를 낼 것이라고 했다.

체제 차이가 작업 방식에서 잘 나타났다. 북쪽에서 만약 잘못된 사람이 지도자가 되면 큰일 나지요 하고 물으니, 큰일 날 일이지만 그렇게 되지는 않을 것이라고 했다. 남쪽에서는 누가 지도자이든 각자 열심히 하면 된다고 했다. 남쪽의 역대 지도자는 누구도 민요가 소중하므로 국가에서 지원해서 조사하고 연구하게 해야 한다고 생각하지 않았다. 그렇지만 민요를 조사하고 연구하는 데 생애를 바치는 사람들이 정부의 지원이라고는 받지 못하면서도 열심히 일해 민족의 과업을 수행했다.

다시 생각한 바를 덧붙인다. 북쪽에서는 관군만 있지만, 남쪽은 의병이 큰일을 하는 곳이라고 할 수 있다. 관군과 의병은 장단점이 있어 둘 다 필요하다. 북쪽에도 의병이, 남쪽에도 관군이 있어야 한다. 북쪽에서도 개인의 자발적인 활동을 보장하고, 남쪽에서도 국가의 조직적인 지원이 있어야 한다. 남북이 협력해서 공동의 과업을 수행하려면 국가와 개인, 조직과 자발의 힘을 양쪽 다 보여주어야 한다.

조선음악무용대학과 조선음악무용연구소는 북쪽에서 자랑하는 일자리이다. 거기 상응하는 남쪽의 기구는 서울대학교 음악대학과 동양음악연구소라고 할 수 있다. 조선음악무용대학에서는 민족음악이 주류를 이루고 서양음악은 방계라면, 서울대학교에서는 음악대학은 서양음악을 공부하는 곳인데 국악과가 한 구석을 차지하고 있는 정도이다. 동양음악연구소는 이름에 상응하는 내실을 갖추지 못하고 있다. 음악대학과 음악연구소가 제 갈 길로 가게 하는 것은 개개인이 할 수 있는 일이 아니다. 국가 시책이 올바르게 결정되어야 한다.

북쪽에서는 민요 연구의 논저가 어떤 것들이 나왔는지 알려주지 않았다. 그런 내용에 대한 발표를 듣지 못해 유감이다. 왜 그랬는지 짐작할 수 있다. 이미 보아 알고 있는 바를 가지고 말하면, 저서는 민요의 음악을 개관한 것 몇 개이고, 논문도 얼마 되지 않고 내용이 너무 간략하다. 대중이 널리 알아야 할 일반적인 사실을 대강 쓰기나 하고, 특정한 주제를 깊이 따지고 들지 않는다. 문학 분야 민요 연구는 더욱 빈약해 초보적인 해설문 수준을 넘어서지 못한다. 미처 보지 못한 것들은 더욱 충실한 내용을 갖추었기를 바라면서, 연구를 열심히 해서 논문을 쓰고 전문연구서를 내는 일을 함께 하자고 말하고 싶다.

대 책

아리랑 학술회의가 내년 2005년에 평양 조선음악무용대학의 조선음악무용연구소 주최로 열리면, 남쪽 참가자를 엄선하고 좋은 발표를 준비해야 한다. 연구의 역량과 성과를 충분히 보여주어야 하고, 비전문가들의 무책임한 개입을 막아야 한다. 아리랑 공연을 할 인원은 원래의 모습을 충실하게 보여주는 기능 전수자들로 해야 한다. 현대화된 재창조품을 전문가수가 부르는 것은 북쪽이 더 잘하니 그 쪽에 맡기고, 우리는 민족문화의 원형 또는 진수가 계속 살아 있어야 한다는 것을 알려야 한다.

그 다음 해 2006년의 모임은 서울에서 여는 것이 당연한 순서이다. 서울대학교 음악대학 동양음악연구소가 주최자가 되어야 한다. 동양음악연구소를 민족음악연구소로 고쳐 부를 것을 제안한다. 그래야 성격이 분명해진다. 한국의 민족음악과 세계 전체의 민족음악학을 함께 연구한다고 사명을 규정하면 연구 영역이 제한되지도 않는다.

서울대학교의 민족음악연구소가 평양의 조선음악무용연구소에 상응하는 규모와 시설, 예산과 인력을 갖추고 모임을 개최하고, 앞으로 계속되는 공동연구를 감당해야 한다. 『우리 민요 전집』을 만드는 일까지 하려면 많은 인력과 예산이 필요하다. 그 재원을 어디서 제공하든 한 곳에서 집중해서 사용해야 한다.

그 일을 할 다른 기관이 남쪽에 있는지 후보자를 몇 개 들어 살펴보자. 국립국악원은 연구를 주임무로 하지 않는다. 한국정신문화연구원 예술연구실이 감당하기에는 벅차다. 민요 연구는 한국정신문화연구원에서 하는 전반적인 교류사업에 포함되기는 어려운 특수한 과제이다. 예술종합학교의 전통예술원이 여기서 말하는 임무를 감당할 적절한 조건을 갖추었다고 하기 어렵다. 민요학회에서 일을 맡아야 한다는 생각도 해볼 수 있으나, 학회는 상설기구를 갖추지 않았다. 북쪽에는 학회가 없어 학회 차원의 교류는 이루어지지 않는다.

북쪽에서는 김일성종합대학에는 두지 않는, 음악 분야의 최고교육기관을 별도로 설립한 것이 조선음악무용대학이다. 서울대학교 음악대학이 그 상대역이다. 조선음악무용대학의 조선음악무용연구소의 상대역은 서울대학교 음악대학의 민족음악연구소이다. 남북교류에서 교류 당사자들의 격이 맞아야 하는 것은 긴요한 전제 조건이다.

민족음악연구소의 역량을 강화하는 것이 불가피한 과제이다. 민족음악연구소가 서울대학교 음악대학의 한 기구에 지나지 않아 지니는 여러 제약에서 벗어나 대북문화 교류의 주역이며, 통일을 이룩하는 문화사업의 중추기관임을 분명하게 해야 한다. 일차적으로 서울대학교 안에서, 이차적으로는 정부 차원에서 특별한 지원이 있어야 한다.

대북 교류와 협력을 거쳐 통일로 나아가는 데 필요한 사업 가운데 민족의 노래인 민요가 가지는 의의를 모든 당사자가 바로 이해해야 한다. 민요는 민족의 혼이고, 헤어져 살고 있는 겨레가 하나임을 밝혀주는 가장 확실한 증거이므로 힘을 기울여 찾고 연구하고 키워야 한다. 통일 비용의 상당한 부분을 기울여 『우리 민요 전집』을 만드는 공동연구를 지원해야 한다.

부 기

나는 이제 곧 정년퇴임을 하고, 정년퇴임은 공적인 활동의 종료를 의미하므로 남쪽 단장을 더 하지 않는다고 북쪽에 알렸다. 서울대학교 음악대학 황준연 교수가 단장을 맡을 것이라고 했다. 북쪽 단장과 황준연 교수는 나이도 비슷하고, 두 곳 음악대학의 주요인물인 점도 같다. 그런데 북쪽 단장은 공직이고, 남쪽 단장은 자청해서 맡는 사사로운 임무이다.

모임을 마치고 우리가 먼저 호텔을 떠날 때 북쪽 사람들이 입구에 나와 오래 머물면서 헤어짐을 아쉬워했다. 준비가 덜 돼 조금 지체해야 하니 방으로 들어가라고 해도 듣지 않고 서러운 작별을 하던 모습이 오래 기억에 남는다. 내년에 다시 만날 터이니 섭섭해 하지 말자고 했다. 그렇게 될 것을 양쪽 다 굳게 믿고 헤어졌다.

호텔에서 나왔으나 아직 심양을 떠나기 전에 회의를 주관한 쪽에서 북쪽에서 온 소식을 알려주었다. 내년에 평양에서 아리랑 학술회의를 여는 건에 관해 최상위의 재가가 났다고 하고, 두 가지 단서를 붙였다. 하나는 참가 인원을 소수로 하자는 것이었다. 또 하나는 이 사실을 언론에 보도하지 말아달라는 것이었다.

동행한 문화방송 사람들은 보도하지 않겠다고 했다. 모임이 있었던 사실을 텔레비전에서 알릴 때 장래의 계획은 전연 제외했다. 문화방송이 모든 것을 독점하고 있어 다른 언론기관 종사자는 동행하지 않고 취재하러 오지도 않았다. 돌아와서 말을 하면 언론에 보도

될 수 있으므로 극력 조심하면서 지냈다. 지금은 글을 써도 되는지 염려되는 바 있지만, 시간이 많이 지나 보도 가치가 떨어졌으니 무방하지 않을까 한다.

귀국하니 어떻게 해야 할지 막연했다. 모임에서 있었던 일을 누구에게 알려야 하는가? 북쪽에서는 우리가 만나는 일조차 지도자가 직접 교시하는 바에 따라서 한다고 했는데, 남쪽에서는 어떤가? 누가 상대역인지, 상대역이 있는지 나는 알지 못하고, 알 방법도 없었다.

비유해서 말하면, 남쪽의 단장이라는 것을 의병에서 자칭해서 만든 직함이라 관군과는 전연 연결이 없다. 그런 상황에서 남북관계의 중대사가 진행되고 있다. 문화방송이 계속 중요한 구실을 하리하고 예상되고, 그쪽 나름대로 협의하고 추진하는 통로가 있을 것이다. 그렇다고 해서 나는 물러나 가만있을 수 없었다.

보고의 임무를 소홀하게 할 수 없다고 여겨 서울대학교 총장을 찾아갔다. 황준연 교수와 동행했다. 나는 서울대학교 교수이므로 소속 기관장인 총장에게 보고하면 보고의 임무를 완수한다고 판단했다. 개인을 상대한 것은 아니므로 총장 이름은 들지 않는다.

총장에게 위에서 든 글을 제출하고 설명했다. 내년 모임에 관한 북쪽의 결정은 글에는 쓰지 않고 말로만 했다. 반드시 알아야 할 내용임을 강조하고, 관계당국에 제출하고 협의하는 것을 총장에게 맡기고 나는 물러난다고 했다. 장차 서울에서 개최할 모임을 서울대학교 음악대학이 주관해야 하므로 사전 준비가 필요하다고 했다. 나는 남쪽 대표를 그만두고 황준연 교수가 맡으니 그런 줄 알고 많이 지원하라고 했다.

총장은 적극적인 관심을 보이지 않고 내가 하는 말을 덤덤하게 들었다. 받은 글을 그 자리에서 읽어보지 않았다. 그 뒤에 어떻게 처리했는지 모른다. 들려주는 말이 없고, 물어보지도 않았다. 평양 모임이 말한 대로 열릴지 나는 모른다. 모임이 열리면 내가 가야 할 것도 아니다.

위에서 말한 평양 모임은 글을 마지막 다듬는 2005년 12월 현재까지 열리지 않았다는 사실을 덧붙인다. 열릴 가능성이 없는 것 같다. 서울 모임에 대한 전망도 세울 수 없다. 갑갑하다고 하지 않을 수 없다.

토 론

❑ **문** : 민요 채집은 어떻게 하는가?

❑ **답** : 간단하게 설명하기는 어렵고, 실습을 하면서 체득해야 한다. 실제의 방법이 경우에 따라 다르다. 그러나 두 가지 사항은 일반화해서 말할 수 있다. 자료가 실제로 전승되는 양상을 주위의 상황과 함께 다각도로 조사해야 한다. 무엇을 어떻게 조사할 것인지 미리 헤아려 최상의 유형을 가려내고, 해당 유형을 잘 전승하는 최상의 각편을 찾는 데 힘써야 한다.

❑ **문** : 문화인류학 현지조사 방법과 다른가?

❑ **답** : 문화인류학·민속학·구비문학의 현지조사가 그리 다르지 않다. 셋 다 통계로 나타낼 수 있는 양적인 조사가 아니고, 심층의 의미를 캐는 질적인 조사이다. 문화인류학 현지조사 방법은 수입학해서 활용하고, 구비문학의 경우에는 조사방법을 경험

을 통해 축적했다.

조사방법을 정리해서 논한 업적이 거의 없는 것은 반성할 점이다. 생업에 종사하고 남는 겨를을 이용해 단기간의 조사를 할 수밖에 없는 점도 부끄럽다. 그것은 연구자의 잘못이라기보다 잘못된 제도 탓이다. 현지조사를 생업으로 하는 학자가 없는 것이 다른 어느 곳에서도 찾아볼 수 없는 불행한 현실이다.

❑ 문 : 아리랑 연구의 성과를 어떻게 평가하는가?

❑ **답** : 많은 논의가 있고 책이 몇 권 나왔지만, 자료 보고 수준이 아니면 감격 서술에 그치고 인정할 연구 성과가 별반 없다. 아리랑의 유래와 변천에 관한 의문이 아직 분명하게 인식되지 않고 해결은 요원하다. 특정 지방에서 독자적으로 전승되던 아리랑, 전국에 유통된 아리랑, 새로 지은 아리랑의 관계를 사실에 입각해 밝혀야 한다. 유통과 창작이 활발하게 이루어진 시기와 이유를 해명하는 연구를 힘써 해야 한다. 지역에 따라 다르던 전승민요가 민족 전체의 노래로 바뀐 과정과 그 의의를 시대 변화에 대한 다각적인 고찰을 갖추어 고찰하는 데 이르러야 한다.

남북 학자들이 모여 아리랑 학술회의를 하면 대단한 성과가 있으리라고 믿지는 않는다. 인식의 전환이 기대 효과이다. 양쪽 다 연구를 제대로 하지 못한 잘못을 시인하고, 이런 문제에 새롭게 접근하는 더욱 진전된 관점을 찾을 수 있기를 기대한다. 아리랑 연구 같은 것이 긴요한 과제임을 널리 인정하고 필요한 지원을 하게 되기를 바란다.

❑ 문 : 통일에 앞당기기 위해 남북이 함께 민족문화를 연구하는 작업을 어떻게 해야 하는가?

❑ 답 : 민족동질성의 확인과 확대에 힘써야 한다는 대원칙은 재론의 여지가 없다. 그러나 각론에는 많은 문제점이 있다. 각론을 잘못 풀어나가 노력을 낭비하고, 본의 아니게 남북의 적대감을 키우는 경우가 적지 않다. 명리를 노리는 무자격자들이 함부로 설쳐 일을 어렵게 하기도 한다. 국정 운영자들은 사태를 파악하지 못하고 어떻게 해야 하는지 몰라 사기꾼들에게 놀아나기까지 한다.

국사를 가장 중요한 분야로 삼지만, 국사 서술은 국가의 체제에 직결되어 있다. 역사에 관한 논란은 바로 이념 문제로 비화한다. 국어를 더욱 중요시해야 한다고 주장은 어느 정도 타당하다. 그러나 언어는 어휘 선택을 문제 삼지 않을 수 없고, 사용이 규범화되는 두 가지 특징 때문에 남북의 합의를 어렵게 한다. 많은 접촉과 협의가 있었지만 아무 진전도 없다는 것을 잘 알아야 한다.

겨레말 사전을 함께 만들기로 했다는데, 특히 문제가 되는 단어의 의미 규정 때문에, 한글 자모 배열 순이나 정서법의 차이를 해소하지 못해 파탄이 날 가능성이 크다. 사전 만드는 북쪽 대표는 사회과학원 언어학연구소장이지만 남쪽 대표는 사전과는 무관한 시인이니 가관이다. 국어사전을 만드는 남쪽의 기관 국립국어연구원은 관여하지 않은 것으로 보도되었다. 대단한 일을 한다고 선전만 일삼다가 일은 되지 않으리라고 예견된다. 19세기까지의 우리말을 총정리하는 작업을 함께 하면 좋을 것인데, 생색이 나지 않고 정치 선전을 위한 효용이 없으니 생각하지도 않는다.

민요는 충돌을 일으키지 않고 남북이 함께 받아들을 수 있는 최상의 공유재산이며, 민족이 하나임을 확인하는 구실을 가장 잘 한다. 그 점을 이번 모임에서 분명하게 확인했다. 말을 다르게 하면 이질감을 느끼지만, 노래는 다르게 부르는 것을 아무 부담 없이 받아들일 수 있다. 그런데도 뒷전에 밀려 있다.

❑ **문** : 민요의 발전 또는 현대화를 어떻게 평가해야 하는가?

❑ **답** : 당연히 해야 할 일이다. 북쪽에서는 현대화된 민요를 모든 사람이 부른다고 하니 부럽다. 그러나 특정한 민요만 골라 어느 한 방향으로 현대화하는 것은 잘못이다. 전통민요의 다양한 모습을 살리면서 여러 가지 다른 방법으로 재창조해야 한다. 소재의 다양성과 표현의 개성이 존중되어야 한다. 계속 그렇게 하려면 원형이 제대로 남아 있어야 한다.

북쪽에서는 서도소리를 택하고 남도소리는 버렸다. 판소리는 꽥소리니 쓰지 말아야 한다는 교시가 있어 그렇게 했다. 판소리는 연구에서마저 추방되다시피 했다. 이번에 만나 판소리는 아주 버렸는가 하고 물으니, 전승하는 사람이 있기는 하지만 남쪽에 비해 수준이 많이 낮다고 윤수동 단장이 말했다.

본 바닥에서 제대로 이어진 전통민요는 산삼이라면, 현대화된 흥행민요는 인삼이라고 할 수 있다. 인삼은 미끈하게 잘 생기고 산삼은 몰골이 초라한 것을 보고 가치를 평가할 수 없다. 아리랑 명창 공연을 한다면 남쪽에서는 산삼에 해당하는 토착민요 전승자가 가야 할 것이다. 북쪽에서 인삼을 내놓을 터이니 인삼 경연에서 앞서야 한다고 생각하지 말아야 한다.

제3강 아시아의 한국문학 연구

모임의 성격

한국어문학회가 2004년 10월 30일에 대구대학교에서 "아시아지역 한국어문학연구의 현재와 미래"를 공동주제로 한 국제학술회의를 열었다. 한국어문학 연구가 국내에 머무르지 않고 밖으로도 관심을 돌려 외국에서 이루어지는 연구를 이해하고 국내외의 제휴를 하는 데 힘써야 한다는 취지에서 개최한 행사이다. 한국어문학과 아시아 다른 나라 문학의 비교연구에 관한 발표도 포함시켰다.

외국인 학자는 중국 3인, 대만, 일본, 월남 각기 1인, 모두 6인이 참가했다. 국내의 학자가 발표한 논문 가운데 취급 범위가 아시아 전역 1건, 한 · 중 · 일 1건, 한 · 중 4건, 한 · 일 2건이 있었다. 한국 안의 문제를 다룬 논문은 2편에 지나지 않았다. 한국어문학 연구가 확대되고 있는 양상을 분명하게 확인할 수 있다.

외국인 참가자가 모두 한국어로 발표했다. 중국 3인 가운데 2인은 조선족이니 한국어를 사용하는 것이 당연한 일이지만, 나머지 4인은 모두 한국어를 외국어로 배워 논문을 써서 발표하고 토론할 수 있는 수준에 이르렀다. 번역이나 통역이 필요하지 않았다. 외국에서 하는 한국학 국제학술회의에는 한국학 전공자라고 하면서도 한국어를 제대로 하지 못해 영어를 사용하는 발표자가 적지 않는데, 이번 모임에서는 한국학에 관한 발표는 한국어로 하는 것이 바람직하다는 소망을 실현했다.

나의 발표

나는 첫 순서로 등장해 <아시아 지역 한국문학 연구의 현재와 미래>에 관해서 말했다. 너무 길어 미안하지만 논문 전문을 들어본다. 발표할 때 보탠 부분을 살려 개고한 것이다.

아시아 지역 한국문학 연구의 현재와 미래

1. 둘러보기

한국어를 가르치는 외국 대학이 나날이 늘어나고 있다. 한국국제교류재단의 홈페이지에 올라 있는 자료를 이용해 그 상황을 파악해보자. 아시아 지역의 경우 한국어 강의가 다음과 같은 대학에 개설되어 있다.

숫자는 대학 수이다. 대학 수가 많은 쪽부터, 수가 같으면 가나다순으로 든다. 일본 22, 중국 22, 타이 10, 월남 7, 카자크스탄 5, 말레이시아 4, 인도네시아 3, 대만 2, 몽골 2, 미얀마 2, 우즈베크스탄 2, 인도 2, 요르단 1, 이스라엘 1, 터키 1, 필리핀 1이다.

16개국 87개 대학에서 한국어를 가르친다. 그런데 모든 경우를 다 조사한 결과라고 생각되지 않는다. 이 학술회의에서 하는 개별

발표에서 중국은 40개 가까운 대학에, 월남은 8개 대학에 한국어 전공과정을 두고 있다고 한다.

이 자료를 보고 우선 한 가지 사실을 지적할 필요가 있다. 외국의 한국어 공부가 국내의 외국어 공부보다 앞선다고 할 수 있다. 이 여러 나라의 말을 국내의 대학에서 모두 배울 수 있는지 의문이다. 외국에서 우리를 알아주지 않는다고 나무라기 전에 우리가 외국을 잘 알지 못하는 것을 먼저 염려해야 한다.

2. 문학 교육의 상황

한국어를 가르치면서 문학도 함께 다루는 것이 예사이다. 말공부의 교재로 문학 작품을 이용하고, 더 나아가 문학의 개관을 설명하는 정도의 강의는 어디서든지 한다. 그 수준이 일정하지 않다. 한국어를 가르치는 과정이 다른 학과의 일부인 경우에는 문학을 이해할 수 있을 만큼 교육이 진전되는 못한다. 한국학과가 독립되어 있으면 사정이 다르지만, 문학을 제대로 알게 하는 데는 많은 어려움이 있다.

터키 앙카라대학 한국학과에서 어떻게 하고 있는지 소개한 글을 보자. 한국국제교류재단 홈페이지에 올라 있는 김성주, <터키 앙카라대학의 한국학>을 이용한다. 1학년에서 한국어 철자 및 발음, 기초 회화, 2학년에서 한국어 중급회화 및 독해, 한국어 기초문법을 공부하고, 3・4학년에 이르면 한국문학개론(현대, 고전문학), 한국어학개론. 한국어문법, 한국어음운론, 한국현대시 및 소설, 한국사, 한국문화와 민속, 한국지리 등에 관한 강의를 수강한다고 한다. 교과과정이 비교적 잘 갖추어져 있는 경우이다.

그러나 문학에 관한 강의가 어느 정도 내실을 갖추고 있는지 의문이다. 한국에 유학 오는 학생들이 상황 판단에 도움이 된다. 한국문학 강의는 대체로 보아 본궤도에 오르지 못하고 있다고 할 수 있다. 그 이유가 무엇인지 찾고 해결책을 생각해보자.

첫째는 수준이다. 한국어 학습의 수준이 낮아 문학 작품 원문을 읽고 이해하기 어렵다. 이 문제는 가르치는 사람들과 배우는 사람들이 함께 함께 노력해서 해결해야 한다. 학생들이 한국에 와서 연수할 수 있는 기회를 많이 제공해야 한다. 말공부가 일상회화에 그치지 말아야 한다. 독서 능력이 더 중요하고, 한자와 한문도 알아야 한다. 한국문학은 한국어로 작품을 읽고 한국어 강의를 들을 수 있어야 깊이 있는 이해가 가능하다.

둘째는 가르치는 사람이다. 현지의 교수나 강사 가운데 한국문학 전공자가 거의 없다. 한국에서 파견되는 사람들도 대부분 문학을 강의할 능력을 갖추지 않았다. 한국문학을 본격적으로 전공해 스스로 연구할 수 있는 현지인 교수들이 있어야 한다. 한국에서 파견하는 교수는 그 이상의 능력을 가지고 모자라는 부분을 보충해주어야 한다. 현지인이 국내에 유학해서 수준 높은 교육을 받을 수 있는 기회를 확대해야 한다. 지도교수가 특별한 노력을 하고, 대학이나 정부에서 많은 지원을 해야 한다. 파견되는 교수 선정에서 전공 분야와 학문적 능력을 중요시해야 한다.

셋째는 교재이다. 한국문학 이해에 필요한 교재가 미비하다. 입문자를 위한 현지어 교재가 없을 뿐만 아니라 한국어 해득자가 읽을 수 있는 책도 적절한 것을 찾기 어렵다. 상당한 예비지식을 가진 한국의 독자를 위해 한국문학을 그 자체로 설명하는 국내용 저술은 외국 학생들에게 생소하고 난해하다.

이 문제의 해결을 위해서 두 가지 방안이 필요하다. 한국문학 개론서나 문학사를 현지의 학생들이 잘 이해할 수 있는 내용을 갖추어 현지어로 내야 한다. 한국어로 써서 국내에서 출판하고 국내 대학에서 주로 쓰는 교재라도 한국문학에 대한 전반적인 이해를 위한 보편적인 내용을 갖추어야 한다. 한국문학을 그 자체로만 다루는 고립주의를 청산하고 시야를 넓혀야 한다.

문학일반론을 스스로 정립하고 세계문학과의 관련을 광범위하게 거론하면서 한국문학의 특징과 위치를 밝히는 것이 마땅하다. 한국문학과 외국문학의 비교연구를 다양하고 풍부하게 하는 것이 긴요한 과제이다. 그런 책을 외국어로 옮겨 출판하기도 해야 한다. 이 작업은 국내의 한국문학 교육과 연구의 발전을 위해서도 크게 기여한다.

3. 현지에서 얻은 견문

나는 외국대학에 가서 강의, 강연, 연구발표 등을 한 경험이 여러 번 있다. 프랑스 파리7대학, 일본 東京大學, 중국 延邊大學·山東大學·中央民族大學에서는 얼마 동안 머물면서 집중강의를 했다. 단기간 방문해 강연이나 연구발표를 한 곳은 프랑스 동양어대학, 네덜란드 레이덴대학, 독일 보쿰대학, 튀빙겐대학, 스위스 쮜리히대학, 영국 런던대학, 스웨덴 예테보리대학. 이집트 카이로대학, 오스트레일리아 시드니대학. 카자크스탄 카자크국립대학과 크질오르다대학, 남아프리카 프레토리아대학. 일본 東京外國語大學과 東北大學, 중국 北京大學·北京外國語大學·山東師範大學이다.

이 가운데 아시아 나라의 여러 대학에서 견문하고 생각 바를 들어 필요한 논의를 전개하는 근거로 삼기로 한다.

카자흐스탄의 경우를 보자. 카자흐국립대학 한국학과 창설 2주년을 기념하는 행사가 2001년에 있었을 때 가서 그 대학과 크질오르다 대학에서 강연했다. 한국학에 대한 수요가 급증해서 그 둘뿐 아니라 다른 몇 대학에서도 한국어를 가르치고 있는데, 교수 부족이 심각했다. 현지의 동포들은 한국어를 잃어 다시 배워야 한다. 한국에서 파견된 교사들은 전공자가 아니었다. 파리에서 한국문학을 공부한 김필영 교수가 막중한 임무를 홀로 맡아 애쓰고 있었다.

일본의 사정을 살피자. 일본의 한국학이 아시아 다른 어느 나라보다도 크게 자리 잡고 있는 것은 지리적이거나 역사적인 관계를 보아 당연한 일이다. 그런데 한국학은 역사학과 어학이 주류를 이루고, 문학은 학자 수나 업적에서 열세를 면하지 못하고 있다. 東京大學에 갔을 때의 환영회에 참석한 일본 한국학을 대표하는 학자들에게 평소의 소견을 말했다. 한국의 일본학은 수준이 향상되어야 하고, 일본의 한국학은 분야 편중을 시정해야 한다고 했다. 변화의 조짐이 보이지 않는다.

역사학과 어학 두 분야가 식민지 통치 기간의 유산을 이어받고 새로운 방향을 찾는다. 구세대의 역사학자들은 한국어는 모르는 채 고고한 자세를 지니고 한국사에 관한 연구를 자기네 나름대로 진행한다. 전후에 등장한 신진은 한국어를 능숙하게 구사하고 한국 국내의 연구와 관련을 가진다. 어학 전공자들은 한국어에 정통하고 일반 언어학의 이해 수준이 높아 뛰어난 업적을 낸다.

문학은 식민지 통치기에 학문 연구를 개척하지 못한 분야이다.

너무 어려운 것이 이유라고 할 수 있다. 京城帝國大學에 조선어문학과에 문학을 담당하는 高橋 亨(타카하시 도루) 교수가 있었으나, 성리학이나 불교를 강의했다. 민요에 관심을 보이기나 하고, 문학의 본령에는 들어서지 못했다. 지금은 문학 전공자들이 있으나 역사학이나 어학과 견줄 만한 업적을 내지 못하고 있다.

일본에서 한국학을 하는 데 특히 힘쓰는 곳이 天理大學이다. 종교교단에서 운영하는 대학이어서, 포교 목적에서 제2차 세계대전 이전부터 한국학을 가르쳤다. 高橋 亨이 전후에 귀국해 이 대학에 자리잡았다. 대학에서 전국적인 학회인 朝鮮學會를 운영하고『朝鮮學報』를 내서 일본의 한국학을 주도한다. 여러 분야의 교수진이 갖추어져 있으며, 문학 분야에는 大谷森繁(오무라 모리시게) 교수가 한국문학을 강의하고 한국 고전소설을 연구했다. 岡山善一郎(오카야마 겐이찌로) 교수가 뒤를 잇고 있다.

또 하나의 중심지인 東京外國語大學은 국립이며 명문대학의 하나이다. 한국어 교육에서 가장 큰 성과를 올리고 있는 곳이며 어학의 교수진이 뛰어나다. 대학원 교육이 제대로 이루어지고 있다. 대학원생들은 한국어로 강연을 해도 이해하는 데 지장이 없다. 문학 분의 三枝壽勝(사에구사 토시카스) 교수는 현대문학 연구논문을 많이 발표했다.

九洲大學에서는 松原孝俊(마쓰바라 다카토시) 교수가 한국어를 강의하고 한국고전 특히 설화에 관한 연구를 한다. 東北大學에서는 成澤 勝(나리사와 마사루) 교수가 동아시아 비교문학 과정에서 한국문학을 강의한다. 한국어문학을 따로 공부하지는 않는 곳이어서, 내가 거기 가서 강연할 때 일본어 통역을 거쳐야 했다. 근래에는

佐野正人(사노 마사토) 교수가 한국문학을 담당한다.

東京大學에서는 한국학연구소를 두었다가 전공과정으로 만들었다. 한국학연구소 시절인 1994년에 가서 한 해 동안 한국문학과 동아시아문학에 관한 공개강의를 한국어로 했다. 한국인 유학생들과 한국에서 공부하고 간 소수의 일본인이 중요한 수강자였다. 오늘날에도 그 곳에서는 역사학 위주로 한국학을 한다. 서울대학교 국문과에서 파견되는 교수가 한국어문학을 강의한다.

역사학에서는 재일교포 학자들이 주목할 만한 활동을 하는데 문학은 그렇지 못하다. 일본 대학에서 한국문학을 가르치는 교포 학자를 만나지 못하고, 있다는 말을 듣지도 못했다. 조총련 계열의 조선대학 교수진이 낸 논저는 더러 보았다. 일본어로 출판되어 있는 卞宰洙, 『朝鮮文學史』(1985)가 그 가운데 특기할 만하다. 한국문학은 중국문학의 아류라고 하는 일본인의 오해를 바로잡고, 재일동포가 민족문화의 자랑스러운 전통을 이해하도록 한다고 하면서 북한에서 나온 문학사를 옮겼다.

재일 동포는 일본 국적 밖의 국외자이면서도 우리말을 잃어가고 있어 한국문학 연구에 기여하기 어렵다. 작가들은 일본어로 창작하면서 조국 상실을 고민을 다룬다. 그 점은 중국의 경우와 많이 다르다. 조선족이라고 지칭되는 중국 동포는 중국 국적을 지니고서 민족어를 사용하고 민족교육을 하는 이중의 구실을 크게 흔들리지 않고 수행한다.

延吉의 延邊大學과 北京의 中央民族大學에는 조선족 학생들을 위해 우리어문학을 강의하는 학과가 있다. 두 곳 다 우리문학 전공 교수가 여럿이다. 모두 조선족이며 수준이나 업적이 국내의 교수들에 견주어 차등이 있을 수 없다. 두 곳 다 박사과정까지 개설되어 있어 학자를 배출한다. 졸업생들이 중국 도처의 한국학과 진출해 교수로 활약한다.

그 두 곳에 가서 집중강의를 할 때에는 우리말을 사용하는 데 아무 지장이 없었다. 교수들까지 청강하면서 대성황을 이루었으며, 토론이 활발하게 벌어졌다. 책을 쓰고 강의를 하는 보람을 국내에서보다 더 느낀다고 했다. 중국문학과 한국문학의 관계를 동아시아문학사의 시각에서 다루는 강의를 하면서 내 학문 세계를 더 넓히고 현지에서 견문한 바를 생생하게 살릴 수 있었다.

조선족 학자들은 연구하고 저술하는 활동을 활발하게 한다. 연변대학 허문섭 교수가 『조선고전문학사』(1985)를, 북경대학 박충록 교수는 『조선문학간사』(1987)를 냈다. 연변대학 김병민, 김관웅, 김호웅, 채미화 등 여러 교수, 연변대학에서 吉林大學으로 간 윤윤진 교수, 중앙민족대학 문일환, 이암 교수, 그밖에 많은 분이 남북한의 학계와 긴밀한 관계를 가지고 연구 업적을 내고 있다.

조선족이 아닌 漢族 학자로는 北京大學에 오래 재직하다가 은퇴한 韋旭昇 교수가 가장 두드러진 업적을 냈다. 논저를 모은 전집이 나와 있다. 이에 관해 별도로 고찰할 예정이다. 山東大學의 牛林杰과 韓梅 두 교수는 한국에 유학하고 박사학위를 취득했다. 새로운 세대의 한국문학 연구를 주도하리라고 기대한다.

한국학과가 많이 생기고 학생이 모여들지만, 내실을 갖추지는 못했다. 교육 능력이 모자란다고 자인했다. 한국문학사나 한국현대시 같은 과목은 한국에서 파견된 교수가 담당한다고 했다. 한국고전소설은 같은 것은 가르치기 더 어려운 과목으로 여겼다. 대학원이 설치되어 있는 곳은 전공자를 길러내야 하므로 본격적인 문학 강의가 반드시 있어야 하는데 그럴 준비가 되어 있지 않다고 염려했다.

4. 연구의 본보기

외국인의 한국문학 연구는 성격에 따라 둘로 나눌 수 있다. 하나는 한국에서 흔히 하는 연구에 동참하는 것이다. 다른 하나는 외국인이기에 지닌 장점을 이용해서 한국에서는 하기 어려운 연구를 하는 것이다.

앞의 것에도 관심을 가져야 마땅하다. 외국인이기에 지닌 불리한 여건을 이겨내고 한국 학계에서 인정할 수 있는 업적을 내놓는 것을 환영해야 한다. 그러나 외국인이 지닌 여건이나 능력을 장점으로 이용해 한국학자보다 앞서는 것은 한층 높이 평가하고, 그 결과를 받아들여 적극 활용할 필요가 있다.

일본 早稻田大學 大村益夫(오오무라 마스오) 교수를 먼저 들어 고찰한다. 이 분은 중국문학을 전공하다가 대학원 시절에 한국문학도 알아야 하겠다고 생각해 한국어를 배우기 시작하고 점차 관심이 커져서 한국문학자가 되기에 이르렀다. 早稻田대학 교수로 재직하다가 정년퇴임했다. 2004년 10월 대만 중국문화대학에서 열린 제7차 환태평양한국학 국제학술회의에서 만나고, 지방 유람을 함께 하면서 많은 이야기를 나누었다.

부인은 제주도 출신의 제일교포이라는 말을 그 때 들었다. 그런 인연이 있어 제주문학을 특별한 관심을 가지고 연구했다고 할 수 있다. 한국 학자들은 가지 못할 때 중국 延邊에 가서 윤동주를 찾고, 그 쪽 문학에 대해서 지속적인 연구를 했다. 일본어로 창작한 한국작가들에 대해서 국내에서 하지 못한 연구를 한 것도 소중한 업적이다.

주요논저를 연대순으로 든다. <윤동주의 사적에 관하여>(尹東柱の事蹟について), 『朝鮮學報』 121 (朝鮮學會, 1986)에서 윤동주 탐구를 시작했다. 『사랑하는 대지여: 시인 김용제 연구』(『愛する大地よ: 詩人金龍濟研究, 東京: 大和書房, 1992)가 처음 내놓은 단행본 업적이다. 윤동주에 관한 연구를 모은 『윤동주와 한국문학』(서울: 소명출판, 2001)을 서울에서 출판했다. 그 뒤에 나온 일본어 저서 『중국조선족문학의 역사와 전개』(『中國朝鮮族文學の歷史と展開』, 東京: 綠蔭書房, 2003)에 윤동주 작업을 정리해 수록했다. 『조선근대문학과 일본』(『朝鮮近代文學と日本』, 東京: 綠蔭書房, 2003)에서 다룬 다양한 주제 가운데 하나가 제주문학에 관한 고찰이다.

大村益夫 교수가 윤동주를 찾으려고 중국 연변에 갔을 때의 일화를 延邊大學 교수들이 내게 들려주었다. 윤동주에 관해서 물었는데 처음에는 누군지 몰랐다고 했다. 연변에서는 윤동주라는 시인에 관해 알지 못하고 있었다. 설명을 듣고 찾아본 다음에는 사상 검토를 거치지 않아 무어라고 말하지 못한다고 했다. 사회 통제가 엄격할 때여서 그럴 수밖에 없었다.

大村益夫 교수는 연길 일대를 뒤져 윤동주의 묘비를 발견하고, 중학교 학적부를 뒤지고, 윤동주와 잘 아는 사람들을 만나 증언을 들었다. 일본에 남아 있는 자료 조사에도 힘써 윤동주가 다닌 대학의 학적부를 찾고, 독서와 작품 창작과 관련된 사실을 확인했다. 서울에 와서는 윤동주 유고의 원본을 조사하고, 간행본과 비교하는 작업도 했다.

한국 학자에게는 불가능했던 연변 현지조사를 해서 소중한 자료를 제공한 것이 특기할 할 만한 일이다. 일본학자가 지닌 이점을 충분히 이용했다. 또한 자료를 철저하게 조사하고 세밀하게 고증하는 일본의 학풍을 한국문학 연구에 적용했다.

일본인이기에 할 수 있거나 더 잘 할 수 있는 자료 조사를 하고, 일본 특유의 정밀한 실증을 방법으로 삼아 한국문학을 연구하는 것이 일본학자가 한국문학 연구를 위해 기여하는 길이다. 그 결과는 한국 국내학계에 좋은 자극이 되고 참고가 된다. 한국 근대문학과 일본의 관계를 밝히는 것도 긴요한 작업이다. 한국 학자가 상당한 기간 동안 일본에 머무르면서 노력한다 해도 기대하기 어려운 성과를 일본인은 쉽게 이룰 수 있다.

東京外國語大學 교수 三枝壽勝의 논문을 모아 한국어로 옮긴 『사에구사 교수의 한국문학 연구』(서울: 베틀북, 2000)에도 그런 성과가 수록되어 있다. 여기저기 발표한 논문을 모아 체계가 서지 않으나, 학풍의 특징은 뚜렷하게 나타나 있다. 이광수, 김동인, 정지용, 이태준 등 여러 작가의 작품을 한국내의 연구에서보다 한층 세밀하게 고찰하고자 했다. 일본어 자료를 이용해서 지금까지 간과하던 사실을 밝히는 데 힘썼다.

<이상의 모더니즘>이 그 두 가지 특징을 함께 보여주는 좋은 본보기이다. 李箱이 남긴 일본어 노트를 이용해 작품 창작의 원천을 밝히고, 일본의 영향을 추적했다. 이상은 일본어로 쓴 시를 한국어로 옮기고, 일상생활에 필요한 글에서도 일본어를 사용하고, 일본 작가들을 탐독했다. 그런 것들은 이미 어느 정도 알려진 사실이지만, 진지한 태도로 자세하게 검토한 것은 전에 없던 일이다.

<1940년대 전반기의 소설에 대하여>에서는 그 시기 일본어로 작품을 연구 대상으로 삼았다. 한국학자들은 친일문학이라는 이유에서 돌보지 않던 것들을 자세하게 살피고, 그 나름대로의 의의를 찾으려고 했다. "대일 협력에 빠져나간 후 작가의 번민 끝에 도달한 고독하고도 공허한 심정의 토로는 그 나름으로 가혹한 시대를 산 지식인의 증언"으로 보아야 했다. 다른 여러 논문에서도 일본의 식민지 통치로 한국문학이 어떻게 굴절되었는가 하는 문제를 다각도로 고찰했다.

문학에 나타난 한・일관계에 대한 논의는 오늘날까지 이어졌다. <재일 한국인문학은 무엇이며, 어디에서 어디까지 갈 것인가>는 짧은 글이지만 소중한 내용을 담고 있다. 한일 양쪽에 다 속하면서도 양쪽에서 다 받아들여지지 않는 문학의 현재와 장래를 고찰하고, "재일 한국인이라는 존재에 대한 고민과 자기 탐구"에서 일본을 새롭게 이해하는 것이 마땅한 방향이라고 했다.

중국 조선족 학자들은 한・중비교문학 연구에 적극 기여할 수 있다. 중국문학 연구에 현지에서 동참할 수 있는 이점이 있기 때문이다. 그래서 이루어진 수많은 논저 가운데 金柄珉, 『朝鮮中世期北學派文學研究』(연변대학출판사, 1990)를 특히 거론할 만하다. 북학파 문인들의 사상과 작품을 논하면서 "兼論淸代文學之關聯"이라는 부제를 붙이고 청대문학과의 관련을 중요시해서 다루었다. 그 점에서 국내에서 한 연구보다 진일보한 성과를 거두었다. 조선족 학자들이 더 큰 이점은 분단의 장벽을 덜 느끼고 남북을 오고갈 수 있다. 남북 양쪽에 머무르면서 공부하고 자료를 모을 수 있다. 1945년 광복 후 오늘날까지 남북에서 각기 이룬 문학을 총괄하는 문학사를 쓸 수 있는 특권을 지녔다. 나도 그렇게 해서 『한국문학통사』 제6권을 내놓고 싶지만 가능하지 않다. 1993년에 연변대학에 가 있을 때 그 일을 중국 조선족 학계에서 해줄 것을 간절하게 바란다고 했다.

남북문학을 함께 다루는 것은 쉬운 일이 아니다. 꾸준히 노력한 성과가 있어 마침내 출간되었다. 연변대학의 네 교수 김병민・허휘운・최웅건・채미화 공저 『조선-한국당대문학사』(연길: 연변대학출판사, 2000)이다. 中央民族大學의 김춘선 교수도 같은 작업을 동시에 진행해서 『한국-조선현대문학사(1945-1989)』(서울: 월인, 2001)를 내놓았다.

앞의 것은 중국의 국가의 연구비를 받아 이룩한 공적인 업적이고 중국에서 출판했다. 뒤의 것은 개인이 자발적으로 시도한 작업의 결과이며 서울에서 나왔다. 표제나 내용에서 각기 "조선-한국"과 "한국-조선"의 순서를 택하고, 먼저 든 쪽과 좀 더 가까운 거리를 가졌다고 할 수 있는 것이 그런 차이점과 무관하지 않다. 그러면서 시대개관을 최소한으로 줄이고, 비교평가는 하지 않으면서 양쪽의 문학을 각기 정리해 소개하려고 한 점은 그리 다르지 않다. 남북의 문학을 함께 보여주는 공동의 자리를 마련하는 데 그치고 본격적인 평가는 보류했다. 결론이나 전망에 해당하는 발언도 삼갔다.

5. 韋旭昇의 업적

韋旭昇(웨이수셩) 교수의 논저는 『韋旭昇文集』(北京: 中央編譯出版社, 2000)에 집성되어 있다. 전 6권이나 되는 방대한 분량이다. 아시아 각국은 물론 세계 전체의 외국인 학자가 내놓은 한국문학 연구의 가장 방대하고 소중한 업적이라고 생각되어 자세하게 고찰하기로 한다. 외국인의 한국문학 연구가 어디까지 나아갈 수 있고, 어떤 특징과 문제점을 지닐 수 있는가 알아보는 좋은 본보기이다.

韋旭昇 교수는 중국에서 학문이 시작된 이래로 한국 연구를 가장 많이 했다고 분명하게 말할 수 있다. 한국에 대해서 알고자 하는 중국인들은 어느 때든지 있었지만, 한국어를 모르고 한국어 저작은 읽지 못해 피상적인 이해에 그쳤다. 중국의 대학에서 한국어를 가르치는 사람들은 학문을 하고자 하는 적극적인 의지를 가지지 않아 연구업적을 부지런히 내지 못하는 것이 상례이다. 그런데 韋旭昇 교수는 그 양쪽의 한계를 일거에 넘어선 대학자이다.

韋旭昇 교수는 또한 한국문학을 연구하는 외국인 가운데 특히 뛰어난 분이다. 한국문학 연구자는 일본, 유럽, 미국 등지에도 있지만, 역량이나 업적에서 교수와 대등한 위치에 설 만한 학자를 찾기 어렵다. 나는 韋旭昇 교수와 함께 한 번은 호놀룰루에서, 또 한 번은 시드니에서 열린 한국학 국제학술회에 참가했다. 그런 자리에서 韋旭昇 교수는 단연 돋보였다.

호놀룰루에서는 『玉樓夢』에 관한 논문을, 시드니에서는 趙秀三에 관한 논문을 발표한 것으로 기억한다. 그 두 작업에서 한문에 숙달한 능력을 활용해 깊이 있는 논의를 전개했다. 동아시아의 공동문어인 한문이 오늘날까지 공유재산임을 입증했다.

한국문학을 전공한다는 서양학자들은 공통된 경험의 배경이 없어 어떤 논의를 전개하는지 이해하기 힘들었다. 한국에서 간 사람들도 현대문학 전공자나 외국문학자가 대부분이어서 韋旭昇 교수의 논지 전개를 따라가기에는 역부족이었다. 사교모임 수준에 머무르고 있던 학술회의가 韋旭昇 교수 덕분에 아연 긴장되지 않을 수 없게 되었다.

韋旭昇 교수의 업적 가운데 가장 널리 알려진 것이 문집 제1권을 이루고 있는 『朝鮮文學史』(1986)이다. 이 책은 외국어로 저술한 한국문학사 가운데 내용이 가장 충실하다. 20세기 문학에 대해서는 언급조차 하지 않은 것이 유감이라고 할 수 있으나, 고전문학사로서는 당당한 내용이다.

남북한에서 내놓은 문학사의 기존 업적 가운데 형편상 북한 것을 주로 참고하면서 그대로 받아들이지 않고, 독자적인 체제와 서술을 갖추었다. 명분보다 실질을 소중하게 여기고, 관점보다 사실을 밝히는 데 힘쓴 것이 전반적인 특징이다. 前言은 짧게 쓰고 결론 같은 것은 두지 않았다. 문학론에 해당하는 서술은 별반 없다. 그 대신에 주요작가와 작품을 충실하게 소개하고, 원문 번역을 많이 넣어 이해를 돕는 데 힘썼다.

한문학을 충실하게 다루려고 한 것이 두드러진 장점이다. 그 점에서 남북한에서 이루어진 선행 작업보다 진일보한 면이 있다. 한문학 작품 가운데 새로 거론한 것들이 적지 않다. 자기 자신의 연구를 근거로 삼아 내용을 충실하게 했다. 李奎報, 李齊賢, 權韠, 丁若鏞, 趙秀三 등의 뛰어난 시인들을 가까이 불러들여 생동하는 모습을 보여주었다. 李齊賢의 詞를 중국 것과 비교해 고찰한 작업은 특기할 만하다. 조선후기 한시 가운데 '樂府詩'라고 일컬어온 것들을 '鄕土詩'라고 해서, 명칭 때문에 생긴 복잡한 논란을 피하고 성격을 분명하게 한 것은 주목하고 평가할 시도이다.

한문학에 관심이 큰 만큼 국문문학에 관한 논의는 상대적으로 미비하다. 구비문학은 독자적인 의의를 인정하지 않고 기록된 자료만 일부 언급했다. 그러나 그것은 특징이지 결함은 아니다. 중국에서도 구할 수 있는 문헌은 적극적으로 다루고, 현장에서나 얻을 수 있는 자료를 이용하지 못한 것은 당연한 일이다. 구비문학 · 한문학 · 국문문학의 상관관계를 파악하는 것이 긴요한 과제라고 요구하기는 어렵다.

그렇지만 서술의 순서나 체계에 관한 사항은 일부 재고가 필요하다. 고려시대 문학을 다룰 때 한시는 선후의 시기를 나누어 고찰하고, 그 다음 순서로 등장시킨 다른 갈래들을 하나씩 통괄해서 설명했다. 李奎報와 李齊賢을 먼저, 金富軾은 그보다 나중에 『三國史記』의 傳記를 다루는 대목에서 비로소 등장시켰다. 그 때문에 고려전기에 金富軾이 『三國史記』에서 제시한 세계관과 거리를 두고 고려후기에 새로운 문학이 등장한 것을 알기 어렵게 했다.

조선시대 문학을 전기(15-16세기), 중기(17세기 전후), 후기(18-19세기)로 나눈 것은 고려시대를 하나로 본 것과 다르다. 조선시대 중기의 문학을 고찰한 대목에서 "國語小說『壬辰錄』的出現"을 먼저 들고, 『洪吉童傳』은 나중에 등장시킨 데도 의문이 있다. 그 때문에 국문소설의 출현을 다루고, 한문소설과 국문소설의 전반적인 관계를 말하는 자리가 마련되지 못했다.

문집 제3권에 수록된 『中國文學在朝鮮』(1990)은 구체적인 연구를 더욱 진전시킨 업적이다. 한 · 중비교문학을 연구하는 사람은 적지 않아 여러 저술이 나왔으나 특정 주제를 다룬 논문을 모은 것들이 대부분이고, 이처럼 방대한 내용을 체계적으로 정리한 업적은 전례가 없었으며, 앞으로도 얼마 동안은 있기 어려울 것 같다. 이 책이 한국어는 물론 일본어로도 번역되어 널리 읽힌 것이 당연하다.

권말의 후기에서 한국내의 연구 성과를 여럿 참고했다고 한 점이 그런 말이 없는 『朝鮮文學史』와 다르다. 그 사이에 사정이 달라졌다. 이따금 주를 달아 선행연구와의 관계를 밝히기도 했다. 그러나 연구사를 검토하고 연구방법을 제시하는 서론을 갖추지 않고 본론에 바로 들어갔다. 비교문학 연구에 수많은 쟁점이 있어 연구자를 당황하게 하고 혼란을 일으키기도 하는 사정을 너무 가볍게 본 것이 아닌가 한다.

서두에서 중국문학이 한국에 전파되고 수용된 이유를 들면서 조공관계를 가장 중요시하고, 조공관계의 변천을 시대구분의 척도로 삼았다. 그러나 조공관계와 문학은 직접적 관련이 없다. 占城(참파), 暹羅(샴, 타이), 爪哇(자바) 등도 중국과 조공관계를 가지고 명나라에 사신을 파견한 횟수를 보면 조선왕조보다 더 많았지만, 중국문학의 영향권 밖에 있었다. 그 이유는 문명권 소속이 달랐기 때문이다.

문명권 소속은 공동문어 사용에 의해 결정되었다. 중국과 한국은 일본이나 월남과 함께 한문을 공동문어로 하는 문명권을 이루어, 중국에서 산출한 한문고전을 공동의 유산으로 삼았다. 인도에서 이루어진 산스크리트어 고전을 남·동남아시아 일대에서 일제히 숭앙하고 활용한 것과 같다. 한문·산스크리트·아랍어·라틴어가 네 가지 커다란 공동문어 노릇을 하면서 문명권을 구획하고 내부의 결속을 다졌다.

이러한 사실에 고려하면서 중국과 한국의 문학교류를 공동문어 사용 이전의 시대, 공동문어의 시대, 공동문어가 민족어로 대치된 시대로 나누어 고찰하는 것이 바람직하다. 중국문학이라고 하는 것들을 (가) 유학의 경전, (나) 고전 시문, (다) 고전이라고 인정되지 않은 시문, (라) 소설이나 희곡 등의 대중문학(俗文學), (마) 구비문학(民間文學)으로 나눌 수 있다. 이것들을 한국에서 받아들이는 양상은 각기 달랐다. (가)에서 (마)까지가 전래되고 수용된 양상을 시대구분을 더욱 세분화하면서 고찰할 필요가 있다.

(가)와 (나)는 문명권 전체의 공유자산이라고 여겨 외국 것으로 취급하지 않았다. 北宋 때까지의 시문에는 (나)가 있었던 것과 달리, 남송 이후의 시문은 어느 것이든 (다)라고 여겨 한국뿐만 아니라 일본이나 월남에서도 적극적인 관심을 가지지 않았다. 원·명·청 이후의 (라)는 번역이나 번안을 통해 받아들이는 외국문학이었다. (마)의 교류는 어느 한 방향으로 이루어지지 않아 실상을 밝히는 것이 쉽지 않다.

韋旭昇 교수가 힘써 한 작업은 중국문학이 전해져 한국문학에서 수용되고, 이용되고, 변형을 이룬 과정과 양상을 형식, 수사, 주제, 수법, 사상, 배경 등의 여러 측면에서 고찰한 것이다. 한문학과 국문문학을 함께 다루면서 그런 작업을 진행하다가, 현대문학에까지 논의가 미쳤다. 아주 방대한 내용이어서 감탄을 자아내지만, 너무 많은 것을 다루려고 하다가 사실 열거에 그쳐 핵심이 불분명해졌다고 하지 않을 수 없다. 어구 차용에 지나지 않는 것들은 버려두고 문학창작의 기본구상이 연관되어 있는 사례를 유형별로 들어 심도 있게 논의하는 데 노력을 기울였으면 좋았으리라고 생각한다.

주제에 관한 대목에서 '忠君', '有神論', '戰爭', '愛情', '田園生活', '送別與懷人', '邊塞', '民本主義', '抗拒異民族', '人生如夢' 등을 들었다. 그 가운데 '忠君'이나 '田園生活'에 대해서 말하고, '邊塞'의 기개를 노래하며, '人生如夢'을 이야기할 때에 중국의 전례를 드는 일이

흔히 있었으나, 발상 자체가 중국에서 왔다고 할 수는 없다. '有神論'은 재래의 무속에 이미 있었다. '戰爭', '愛情', '送別與懷人', '民本主義', '抗拒異民族' 같은 것들은 독서체험보다 생활체험이 선행해서 얻은 주제이다. 표현 문구의 유사성으로 발상의 특징을 평가하기는 더욱 어렵다.

비교문학에는 영향연구도 있고 대비연구도 있다. 대비연구를 중국에서 '平行比較'라고 하는 것은 적절한 용어이다. 한국문학이 중국문학과 유사한 것은 모두 중국문학의 영향을 받은 결과라고 미리 말할 수 없다. 부분 차용 수준을 넘어선 영향관계 입증에는 많은 어려움이 따른다. 영향관계는 불분명하면서 유사성이 있을 때에는 대비연구를 하면서 공통점과 차이점을 찾아 논하는 것이 마땅하다. 비교문학을 더욱 풍성하게 하고 흥미롭게 하는 것은 대비연구 쪽이다. 韋旭昇 교수가 이미 다룬 자료를 출발점으로 삼아 몇 가지 구상을 해보기로 한다.

이른 시기의 노래 <公無渡河歌>, <黃鳥歌>, <龜旨歌> 등이 4행인 것은 『詩經』의 4행을 차용한 결과로 보는 것이 적절하지 않다. 4행은 한국 민요의 기본형식이어서 향가에도 나타난다. 그런 것들이 중국문학의 영향으로 이루어졌다고 할 수 없다. 4행시는 세계 어디서도 널리 보이는 보편적인 형식이다. 그 점을 고려하면서 이른 시기 한중 두 곳의 시가 단순한 형태의 4행에서 시작해 한층 복잡한 형식을 각기 갖추는 방향으로 나아간 과정을 대비해 고찰하는 연구를 구상할 만하다.

『春香傳』을 <西廂記>를 비롯한 몇몇 중국작품과 연관시켜 고찰한 것은 그 나름대로 의의가 있다. 표현이나 수사에서 중국소설의 영향을 받았다고 인정된다. 그러나 사건 설정의 기본구조, 당대 현실과의 관계, 판소리로 전개하는 방식 등에서 보이는 독자적인 성격이 더욱 긴요하다. 한국인이 『춘향전』을 특별히 좋아하는 데는 그만한 이유가 있다. 중국인이 가장 소중하게 여기는 작품을 들어 특성을 비교하면서 두 나라 문학에 대한 상호이해를 발전시키는 것이 흥미로운 연구과제이다.

金素月의 <招魂>은 屈原의 <招魂>을 본받은 작품이라고 한 것도 사실로 입증되기 어렵다. 작품의 원천을 찾는다면 한국 굿에서 하는 초혼을 더욱 주목해야 한다. 한중 두 나라의 굿과 시에서 초혼이 어떻게 이루어지고 어떤 의미를 지니는지 고금의 많은 자료를 들어 고찰하는 것이 힘들여 시도할 가치가 있는 연구이다.

제2권의 『抗倭演義(壬辰錄)硏究』(1998)는 중국인의 관점에서 한국문학을 깊이 있게 연구한 업적의 좋은 본보기가 되는 전작 연구서이다. 임진왜란 때 일본의 침략에 대항하는 정의로운 전쟁을 하면서 '中朝友誼'를 이룩한 데 커다란 의의를 두고 연구를 진행했다고 했다. 그런 정치적인 판단이 개인적인 경험을 근거로 삼아 설득력을 갖추었다. 일본의 침략이 20세기에 재현되어 南京虐殺의 만행을 저지르기까지 이른 사태를 南京人인 韋旭昇 교수가 어려서 현장에서 겪고, 항일투쟁을 한국인과 함께 벌일 것을 결심한 것이 연구를 하게 된 동기라고 서두에서 밝혔다.

일본의 침략에 맞서 한국과 중국이 함께 싸운 전쟁을 다룬 작품 『壬辰錄』은 韋旭昇 교수가 희망하는 연구를 하기 가장 적합한 자료이므로 오랫동안 힘들여 연구할 만했다. 그러나 '中朝友誼'를 밝혀낸 성과는 그리 만족스럽지 않다. 소설에서 증거를 찾아내 인용한 것이 얼마 되지 않는다. 중국의 원병 파견에 대해서 감사하는 발언이 다른 문헌에는 많은 것과 소설은 거리를 두었기 때문이다. 사회적 위치에 따라 중국관이 달랐던 점을 주목할 필요가 있다. 설화나 소설에서는 明將 李如松이 조선에는 인재가 나지 못하게 하려고 산에 혈을 지르다가 쫓겨 갔다고 하면서 중국에 대해 반감을 나타내기도 했다.

그러나 한국인의 중국관을 다룬 것보다 작품 자체에 관한 고찰이 더 큰 성과이다. 『壬辰錄』을 『抗倭演義』라고 한 것은 중국 독자의 이해를 돕기 위한 적절한 선택이다. 작품의 주제는 '抗倭'이고 수법은 '演義'이다. 그 양면에 대해서 철저한 검토를 다각도로 한 결과가 큰 책이 되었다. 국내에서 이미 많이 나와 있는 기존업적을 구체적으로 언급하지 않고 이용한 이본도 그리 많지 않으나, 광범위한 사항을 취급했다. 작품에 대한 애정이 구석구석까지 미쳐 모든 것을 자세하게 말하려고 했다.

전쟁이 일어날 시기의 국내외 정세, 전쟁의 경과와 특징, 전쟁을 다룬 문학의 전반적 양상을 먼저 다룬 다음 작품의 내용과 수법을 여러 측면에서 고찰했다. 인물의 형상을 다룬 내용이 그 가운데 커다란 비중을 차지한다. 정규군 장수, 의병, 승려, 기녀로 나누어, 李舜臣, 郭再祐, 四溟堂, 桂月香을 비롯한 수많은 인물이 작품에 어떻게 나타나 있는지 치밀하게 검토했다. 연구서와 병행해서, 『壬辰錄』 국문본을 하나 중국어로 번역하고, 한문본 하나를 정리해 출판했다.

제3권에 수록한 한중 비교문학에 관한 논문 가운데 <'玉樓夢'中的音樂要素和中國傳統的音樂觀>는 韋旭昇 교수가 깊은 애착을 가지고 계속 연구해온 작품에서 다른 연구자는 주목하지 못한 면모를 찾아

내 깊이 있게 다룬 역작이다. <韓中兩國各自的‘楊門女將’>은 영향비교와 대비연구를 함께 구체화시킨 논문의 좋은 예이다. <韓國現代詩人雲丁金春東與中國文學>에서는 국내학계에서는 주목하지 못하고 있던 시인을 들어 중국문학과의 관련을 살피는 새로운 작업을 했다.

제3권의 <孤雲先生居唐宦途時期足跡考述>, <崔致遠在中國> 등의 일련의 논문에서 최치원의 행적과 활동을 자세하게 추적한 것은 소중한 업적이다. 중국학자이기에 더 잘 할 수 있는 작업을 충실하게 수행했다. 최치원의 생애를 연극으로 보여준 창작품 <新編京劇崔致遠傳奇>도 제6권에 있어 최치원을 널리 알리는 데 적극 기여했다. 중국에 가서 크게 활동하다가 귀국한 최초의 한국인이 중국인 가운데 한국 연구를 가장 많이 한 韋旭昇 교수와 만난 것은 참으로 뜻 깊은 일이다.

6. 미래의 연구 방향

몽골에서 유학을 와서 서울대학교 국어국문학과에서 고전문학을 전공해 석사학위를 받은 노로브냠이 있다. 지금은 자기 나라로 돌아가 울란바토르의 몽골국립대학에서 한국어와 한국문학을 담당하는 교수로 활약하고 있다. 석사논문이 <한국과 몽골의 창세신화 비교 연구>이다. 우리 창세신화를 몽골의 전승과 비교해 연구하고자 하는 국내 학계의 오랜 소망을 이루었다.

우리 창세신화의 한 대목에 천지왕의 아들인 대별왕과 소별왕 형제가 이 세상을 차지하기 위해 싸운 이야기가 있다. 부정한 방법을 사용한 쪽이 이겨 이 세상을 차지하고, 정당하게 경쟁한 쪽은 져서 저승을 다스리게 되었다고 한다. 몽골의 창세신화에도 거의 같은 내용이 있다는 사실을 그 논문에서 밝혔다. 그런 것은 후대에 생겼으리라고 막연하게 추정했었는데 몽골에도 있으니 다시 생각해야 한다. 두 민족이 신화 공유는 그 시기, 이유 등에 관한 많은 새로운 연구를 필요로 한다. 공동연구도 좋으나, 한 사람이 양쪽을 다 다루는 것이 더욱 바람직하다. 많은 후속 연구가 이루어지기를 기대한다.

중국에 가서 中央民族大學에서 강의할 때 어느 학생이 질문을 했다. 자기는 운남성 출신의 納西族인데 한국문학을 어떻게 공부하면 좋겠는가 하고 물었다. 納西族은 東巴문자라는 고유한 문자를 사용하면서, 방대한 분량과 복잡한 내용을 자랑하는 신화적인 전승을 기록해 『東巴經』이라고 총칭되는 문헌을 만들었다. 그 가운데 창세서사시나 영웅서사시도 있다. 중국어 저작에서 소개한 내용을 보고 『동아시아 구비서사시의 양상과 변천』(문학과지성사, 1997)에서 다루면서 진면목을 몰라 안타까워했다. 그런데 納西族을 만나다니 감격스러운 일이었다.

納西族이 우리말로 질문을 하는 것이 놀라웠다. 경력을 물으니 大連外國語大學에서 한국어를 배우고 北京大學 한국학과 대학원에 재학하고 있다고 했다. 『東巴經』을 읽을 줄 아는가 하고 물으니 어느 정도 가능하다고 했다. 納西族의 유산을 힘써 공부하고 한국 것과 비교해 연구하는 것이 바람직하다고 했다. 한국 제주대학에 유학해 한국문학 일반과 제주문학을 함께 공부하면 더 좋겠다고 했다. 『東巴經』에 수록된 서사시와 제주도의 서사무가를 비교해 연구하면 놀라운 업적을 이룩할 수 있다고 했다. 연구 결과와 자료를 중국어와 한국어로 함께 출판하면 더 좋을 것이라고 했다.

中央民族大學 한국문학에서 한국문학을 가르치는 조선족 학자 김예령이 한국에 유학해 내 지도를 받고 박사논문을 쓰다가 일단 귀국했다. 내가 정년퇴임했으므로 다른 분을 지도교수로 해서 완성된 논문을 내야 한다. 논문의 주제는 한문학과 민족어문학의 상관관계를 동아시아 여러 민족의 경우를 들어 비교해 연구하는 것이다. 한국·일본·월남뿐만 아니라, 만주와 몽골의 경우도 고찰하고, 白族, 壯族 등도 다룬다. 中央民族大學에 재직하고 있어 중국 소수민족 문학 전공자들과 쉽게 만나고 연구 성과를 직접 얻어 요긴하게 이용할 수 있다. 소수민족의 말을 배워 비교연구를 심화할 수도 있다.

광범위한 고찰을 하고 말 수 없어 이 번 작업에서는 주제를 한정했다. 한문학과 민족어문학의 작품을 함께 창작한 작가가 어떤 사람들인지, 그 이유가 무엇인지, 두 쪽의 작품이 어떻게 다른지 고찰하는 데 힘쓴다. 그밖에도 많은 문제가 있음은 말할 것도 없다. 박사논문으로 끝내지 말고 계속 힘써 연구해야 할 것이다. 중국소수민족문학에 대한 소상한 연구가 있어야 동아시아문학에 대한 이해가 정상화된다.

인도 네루대학에서 한국어문학을 담당하는 라비케시(Ravikesh) 교수가 자기네 대학에 제출하는 박사학위 논문을 쓰는 데 필요한 준비를 하려고 한국에 와서 머무는 동안 나를 몇 번 만났다. 자기네 대학 미학교수의 지도를 받아 정지용의 시를 미학적 관점에서 다룬다고 했다. 한국에서 이루어진 미학을 적용하려고 도서관을 뒤지니 책 이름에 미학이라는 말이 있는 책은 서양미학을 소개하기나 해서 실망했다고 했다. 한국문학 전공자들이 문학 사상을 연구한 업적에 전통미학에 관한 고찰이 있으니 찾아 읽고 적용하라고 하면서 내

책을 포함한 몇 가지를 주기도 하고 알려주기도 했다.

그러면서 정지용의 시에다 한국미학을 적용한 다음 인도미학을 적용하는 장을 하나 더 두는 것이 바람직하다고 했다. 양쪽을 비교해서 일반론을 다시 이룩할 수 있다고 하다고 하면서 내가 생각하는 바를 말했다. 정지용 시는 바다에서 산으로 갔다. 산이 동아시아인이 정신적 각성의 장소로 삼는 곳이라면, 바다는 유럽인이 감격을 느끼면서 찬양했다. 바다에서 산으로 간 것은 고향으로 돌아간 것을 의미한다. 동아시아인의 바다는 인도인의 숲, 아랍인의 사막과 같다. 모두 세속에서 벗어는 본래의 무엇을 찾는 곳이다. 숲에 관한 인도의 시과 정지용이 산을 노래한 사연을 견줄 만하다.

그러나 정지용은 산에서 정신적 각성을 얻고자 하지 않고 절묘한 감각을 찾았다. 각성을 위한 시가 아닌 감각을 자랑하는 시를 써서, 두 가지 유파 가운데 하나를 택했다. 인도에서는 각성 시파를 '박티'(bhakti), 감각 시파를 '리티'(riti)라고 할 때 둘의 차이가 잘 드러난다. 한국 '박티' 시파의 터전인 산에서 '리티' 시파처럼 감각을 찾은 것이 정지용의 시의 특별한 점이다. 인도에도 그런 시인이 있는가? 정지용의 경우를 들어 어떤 일반론을 다시 정립할 수 있는가? 연구해야 할 과제가 계속 제기된다.

아시아 학자들의 한국문학 연구는 한국문학과 자국문학의 비교를 소중한 과제로 삼아 마땅하다. 비교연구를 거쳐 세계적인 범위에서 문학 일반론을 새롭게 이룩하는 것이 과제이고 목표이다. 그렇게 하는 데 지침이 되거나 도움이 되는 업적을 국내에서 먼저 산출해 밖으로 내놓으면서 서로 적극적인 대화를 해야 할 것이다.

질의와 응답

내 발표에 대해서 오양호(인천대학교 교수)가 토론을 했다. 일본에 가 있으면서 살핀 결과 삼대 명문 국립대학 東京大學·京都大學·東北大學이 한국학에 대해서 무관심한 것을 어떻게 생각하는가? 한국문학을 공부하기 위해서는 正典이라고 인정되는 작품의 원전을 읽는 것이 가장 긴요하지 않는가? 한국문학 연구를 나라 밖으로까지 확대하려면 비교문학 연구에 힘써야 한다고 했는데, 그러면 국내의 교육도 달라져야 하지 않는가? 요점을 간추리면 이 셋이다. 이에 대해서 시간 부족으로 아주 간략하게 대답하고 말았으므로 이제 좀더 자세한 논의를 전개하기로 한다.

일본에서 한국어 교육이 나날이 확대되고 있어도 한국학의 수준이 높아지는 않고, 문학에 대한 관심은 보이지 않는다. 東京大學에는 한국학 전공 과정을 두었으나 문학 강의할 사람은 없다. 한국에서 파견되는 교수가 없으면 문학 강의는 개설되지 않는다. 오랜 역사를 자랑하던 天理大學 조선학과가 말만 가르치는 곳으로 변했다. 大村益夫 교수가 말했다. 早稻田大學에 한국어를 배우는 학생은 1,500명이나 되지만 자기가 개설한 문학 강의 수강자는 3명에 지나지 않았다고 했다.

문학 공부를 위해 원전을 읽는 것이 필수적인 과제이다. 그러나 일상회화 위주의 말공부나 하고 문학 작품은 읽지 않는 폐단이 어디서나 공통되게 있다. 중국에 가서 북경외국어대학 조선학과 학생들을 상대로 강연을 할 때 <東亞의 通文과 通語>라는 제목을 내걸고, 옛적에는 동아시아 각국이 선비의 글과 역관의 말 두 가지 방식으로 의사소통을 했는데, 오늘날은 통어만 하면 된다는 것은 잘못이라고 했다. 중국뿐만 아니라 한국의 한문학 작품도 공부하고, 한국어 문학의 고금 명작을 읽어야 한다고 했다.

한국문학을 남들과 함께 연구하려면 비교문학에 힘쓰고, 한국문학을 근거로 삼아 국문학일반 이론을 도출하는 작업도 해야 한다. 국어국문과에서 동아시아문학, 세계문학에 대한 강의도 해야 한다. 세계문학은 서양문학과의 소관이라고 여기는 것은 잘못이다. 서양문학만이 아닌 세계 전체의 문학을 우리 관점에서 이해해야 한다.

다른 발표에 관한 논의

외국인 발표자의 논문 가운데 셋은 자국의 상황을 보고했다. 윤윤진(중국 길림대 학 교수)은 중국의 한국문학 연구, 양인종(대만 문화대학 교수)은 대만의 한국현대문학 연구를 개관했다. 환상(월남 호치민 외국어정보대 교수)은 베트남의 한국어 교육을 소개했다. 한국어문학에 대한 교육과 연구가 나날이 확대되고 있는 것을 구체적으로 알 수 있게 했다. 그러나 자료 제시에 치우쳐 특징이나 문제점이 무엇인지 드러나지 않았다. 토론할 만한 쟁점은 없었다.

마츠모도(일본인, 한국 경희대학교 교수)는 <일본 중세설화의 한·일교섭 관계>에 관해 말했다. 조진곤(중국 북경제2외국어대학 교수)은 국내 학자 이동근(대구대학교 교수)과 공동으로 연구한 <史記와 三國史記 소재 영웅열전 비교연구>를 발표했다. 신광호(중국 연변대학 교수)는 <조선 식민지시대 가요의 가사문학 연구>를 논제로 삼았다.

<일본 중세설화의 한·일교섭 관계>의 내용은 백제에 대한 우호, 신라에 대한 적대의 감정이 두드러지게 나타난다는 것으로 요약된

다. 신라가 일본을 저주해서 일본이 복수를 해야 했다고 한 사례가 여럿이다. 그런 사실을 정리하는 데 힘쓰고 그 이상의 논의는 시도하지 않았다. 이에 대해서 토론자 천혜숙(안동대학교 교수)은 몇 가지 문제점을 제시했다. 다룬 자료가 백제는 없어진 신라 통일 이후의 것들이므로 백제와 신라뿐만 아니라 과거와 현재의 차이로도 보아야 한다고 했다. 사실에서는 일본이 신라를 거듭 침공했는데 일본의 설화에서는 신라가 일본을 저주했다고 한 이유를 밝혀 논해야 한다고 했다. 한일 양쪽의 설화를 비교해서 고찰해야 하는데 일본 쪽만 다룬 것이 불만이라고 다른 토론자 허영은(대구대학교 교수)은 지적했다.

<史記와 三國史記 소재 영웅열전 비교연구>에 관해서는 영웅을 성공과 비극 두 계열로 나누는 방식과 실제 적용이 부적절하다는 비판이 있었다. 성공과 실패 양쪽에 비극이 있을 수 있는 점을 무시했다. 『사기』에서는 다양한 인간상을 등장시켜 자기 관점에서 평가하는데, 『삼국사기』에서는 유교 이념과 국가 의식이 두드러지게 나타난다고 했다. 영웅으로 인정되는 인물만 들어보면 그렇다고 할 수 있지만, 예사 사람들까지 고려하면 사정이 달라진다.

이 두 사례를 가지고 비교연구의 방법을 재확인할 수 있다. 유사한 자료를 양쪽에서 찾아 대등한 비중으로 다루어야 한다. 같고 다른 점을 둘 다 들고 왜 같고 다른가 말해야 한다. 이 두 가지 원칙을 지키는 귀납적 작업이 바람직한 결과를 가져다주지는 않는다. 어떤 문제를 다루어 기대하는 성과를 무엇으로 할 것인가 하는 연구의 시각이 있어야 한다. 논문을 다목적으로 쓰기보다 어느 한 가지 주제를 예각회해서 논의하는 것이 바람직하다. 그러면서 그 결과는

동아시아문명론 또는 세계문학 일반론을 새롭게 개척하는 데 기여할 수 있어야 한다.

앞의 것은 논제를 <한・일관계의 설화적 변용>이라고 하고, 양국이 당면한 실제적 위협의 성격과 그것의 설화적 변용의 양상을 비교하는 것이 바람직하다. 일본의 침공을 받고 있는 신라에서는 그 파장이 설화적 상상을 거쳐 확대되지 않도록 경계하고, 일본은 가해자이면서 자기네 쪽이 피해를 당하고 있다는 설화를 만들어냈다고 할 것인가? 일본은 백제와 일본을 동일시해서 백제 멸망을 자기네가 당한 피해로 삼았는가? 이것이 문제이다. 그 둘 다 한일관계에 대한 심층적인 이해를 새롭게 하면서 구체적인 방향은 서로 다르다.

뒤의 것은 취급범위의 확대가 요망된다. <史記와 三國史記 열전 인물군의 성격 비교>라고 하고, 등장인물을 사회적 위치, 성격, 생애, 취급 방식, 문학적 형상화 기법 등에서 비교하고 특히 긴요한 사항을 집중해서 검토하는 것이 어떨까 한다. 특징이 두드러진 인물 비교가 더욱 긴요할 것이다. 韓信의 패배와 溫達의 성공을 논의의 중심에다 둘 만하다. 그런 작업에서 『史記』는 울분을 나타내려고 쓰면서 비극적 세계관을 보여주고, 『三國史記』에서는 유교적 가치관으로 사회질서를 옹호한 차이점이 있음을 말하고자 한 논자들의 의도를 더 잘 살리는 결과를 얻을 수 있을 것이다.

비교를 하면 비교문학인 것은 아니다. 우리문학과 남들의 문학을 차별하지 않고 대등하게 다루어 상호이해를 하는 데 힘써야 한다. 문학 이해를 넓혀 일반이론을 새롭게 정립하고자 하는 의욕이 있어야 한다. 인류가 이룩한 문화창조의 가치를 문학에서 입증하고자 하는 목표를 세워야 한다.

토 론

❑ **문** : 서양인의 동양을 낮추어 보는 오리엔탈리즘(orientalism)에 대해서 묻겠다. 그 원인과 대책이 무엇인가?

❑ **답** : 유럽문명권에서 자기네 세계를 서양이라고 하고, 그 밖의 모든 곳은 동양이라고 한다. 아프리카인도 미주대륙 원주민도 동양인이라고 한다. 동서의 구분이 불균형을 이루어 잘못 되었다. 나는 서양 대신에 유럽문명권이라는 말을 쓴다. 유럽문명권이 우월하다고 하려고 다른 모든 곳을 격하하고 폄하하는 관점이 오리엔탈리즘이다. 그것을 유럽문명권중심주의라고 하는 것이 더욱 적절한 용어이다.

이 말은 사이드(Edward W. Said)라는 사람이 낸 책 때문에 널리 쓰이게 되었다. 사이드는 원래 아랍인이라지만 사실은 미국인이고 오리엔탈리즘의 잘못을 지적하는 데 그치고 대안은 제시하지 못했다. 오리엔탈리즘의 잘못을 지적하면서 동양이 서양보다 더 훌륭하다는 것은 옥시덴탈리즘(occidentalism)이라고 하고, 그런 이름을 내세운 책도 있다. 옥시덴탈리즘으로 오리엔탈리즘에 대항할 수는 없다. 차등의 관점을 극복하지 못하고 인류문명을 새롭게 이해하는 대안을 갖추지 않았기 때문이다.

인류는 모두 대등하고 각기 그 나름대로 세계사에 기여한다는 관점을 가지고, 실제로 그렇다고 구체적인 내용을 갖추어 입증해야 한다. 나는 『세계문학사의 허실』(지식산업사, 1996)에서 기존의 세계문학사를 비판하고, 그 대안이 되는 새로운 세계문학사를 쓰는 작업을 여남은 권의 책에서 시도하고 그 결과를 『세계문학사의 전개』(지식산업사, 2002)에서 총정리했다.

❏ 문 : 그런 대안이 객관적 타당성을 가진다는 것을 어떻게 보장하는가?

❏ 답 : 여러 나라에서 발표하고 많은 사람들과 토론해서 검증해왔다. 가까이는 일본 학자들과, 멀리서는 유럽문명권 학자들도 거듭되는 논란을 벌이면서 내 견해의 타당성을 확인하고 미비점을 보충했다. 그 내력을 이번 학기 강의에서 다룬다.

❏ 문 : 하나이면서 둘이고 둘이면서 하나라고 하면서, 둘이 하나이게 하고 대립을 넘어서려고 한다. 나라 사이의 다툼이 극심해지고, 모든 문제에 대해서 견해차가 더욱 벌어지는 상황에서 공허한 이상을 내세우는 것이 아닌가?

❏ 답 : 대립이 극심해지는 것은 근대의 현상이다. 근대의 학문을 한다면 화합을 말하기는 어렵고, 싸움에서 이기는 방안을 찾는 것이 최상책이라고 할 수 있다. 그러나 근대를 극복하고 다음 시대를 이룩하는 학문을 하려고 하면 지향점이 달라진다. 대립관계에 있는 쌍방은 다르기 때문에 서로 필요로 하고, 대립 자체를 화합으로 삼아 마땅하다는 생극론의 이치로 인류문명의 과거와 현재를 검토하고 미래를 설계하는 것이 지금부터 할 일이다.

그렇게 하는 데 적절한 순서가 있다. 먼저 동아시아 한문문명권을 아우르고 산스크리트문명권과 깊은 유대를 가지면서, 아랍어문명권을 포용하고 라틴어문명권으로 나아가 인류가 하나이게 하는 과업을 함께 하자고 하는 것이 마땅하다. 그래야 유럽문명권중심주의를 넘어설 수 있다.

❑ 문 : 동아시아만 해도 각국의 애국주의, 중국의 중화사상, 일본의 침략의식이 얽혀 상황이 복잡하다. 어떻게 아우른다는 말인가?

❑ 답 : 동아시아문명권 내부보다 유럽문명권과의 관계에서 더욱 심각한 문제가 제기된다. 동아시아문명권이 유럽문명권과 대등해지려면 동아시아 각국이 지닌 서로 다른 특색을 긴요하게 활용해야 한다. 다르기 때문에 서로 필요한 존재가 되어야 한다는 말이다. 和而不同의 원리라고 해도 좋다. 동아시아의 화이부동을 근거로 인류 전체의 화이부동을 이룩해야 한다. 일본학자들과 만나 수많은 토론을 하면서 이 견해가 반론의 여지가 없는 타당성을 가진다는 것을 확인했다.

동아시아 사람들 상호간의 불신감이나 적대감 해소에 많은 어려움이 있다. 정치적 통합은 요원한 일이고, 경제 협력 증대에도 난관이 적지 않다. 그럴수록 문화가 앞서야 하고 학문이 분발해야 한다. 동아시아의 보편주적 가치를 인류 전체를 위해 발현하고자 하는 커다란 포부를 가지자. 중국, 일본, 그리고 월남까지 잘 알고 그 모든 나라의 말을 유창하게 하는 동아시아 사람이 나타나 동아시아의 학문을 해야 한다. 국가를 이루지 못하고 있는 이른바 소수민족의 문화와 처지도 정통하게 알고 받아들여야 한다.

다른 민족의 문학을 원래의 언어로 절실한 체험까지 갖추어 깊이 이해하는 것이 아주 긴요한 과제이다. 나는 그렇지 못해 중국문학이나 일본문학에 관한 논의를 피상적으로 하는 데 그친다. 이해의 균형이 진정한 비교연구의 선결조건이다. 비교연구에서 얻은 결과를 두 나라 말로 써서 나란히 출판하는 것이 바람직하다. 어느 한쪽의 언어 표현이 가지는 편견을 되돌아보고 시정하는 작업을 그래야 제대로 할 수 있다.

나는 그렇게 하지 못했다. 늦게 깨달아 오래 두고 닦을 시간을 얻지 못했다. 후회해도 소용이 없으므로 생각을 바꾸었다. 구체적인 과제를 가지고 연구를 진전시키는 대신에 연구의 전반적인 상황과 과제를 크게 거론하면서 후진의 분발을 촉구하기로 했다. 지금 공부를 시작하는 학생들은 학사과정 첫 단계에서부터 포부를 크게 가지고 대석학이 되기 위해 필요한 많은 준비를 하기 바란다. 노력하면 누구나 대석학이 되는 것은 아니지만 중도에 그만두어도 아무 손해가 없다.

불교에서는 初發心인 사람에게 "成佛하십시오"라고 한다. 석가모니 이래로 성불한 사람이 더 있다는 말을 들어보지 못했으니 성불할 확률은 0에 수렴한다. 허황한 소망이 아닌가? 그렇지는 않다. 성불하려고 하다가 그만두어도 아무 손해가 없다. 대석학이 되는 것은 성불하는 것보다 쉽고, 가능성이 크다. 대석학이 되다 말아도 얻은 것이 많다.

❑ 문 : 소수민족의 문화와 처지도 정통하게 알고 받아들여야 한다는 것은 중요한 지적이다. 중국문학사에서 여러 소수민족의 문학을 함께 다루어야 한다고 평소에 말한 것으로 알고 있다. 그 점에 관해 더 말해주기 바란다.

❑ 답 : 중국에서 『中華文學通史』(北京: 華藝出版社, 1997) 전 10권을 내서 소수민족문학까지 모두 다루었다고 하지만, 사실은 각기 따로 논다. 소수민족문학을 모두 포괄하려면 漢族의 문학과 대등한 독자적인 의의를 인정해야 한다. 한족중심주의를 넘어서야 한

다. 또한 동아시아문학 전체를 새롭게 이해하는 관점을 갖추어야 한다. 중국학자들은 국가가 설정한 제한 때문에 그렇게 하지 못한다. 개인적으로는 다른 의견을 가졌어도 표명하기 어렵다.

한국 학계에서 그 일을 선도할 필요가 있다. 『中華文學通史』에 대한 다각적인 비판을 한 다음 대안을 내겠다고 선언하는 것이 바람직하다. 뒷감당을 하려면 중국학자들과 다른 방향에서 더 열심히 공부해야 하니 큰 소득을 얻어 중국에도 많은 도움을 줄 것이다. 장차 큰일을 하기로 하고 준비를 착실하게 해야 한다. 한국 대학의 중어중문학과에서 중국 소수민족의 언어와 문학에 대한 개괄적인 강의라도 시작해야 한다. 중국문학 전공자들이 중국 소수민족의 언어도 최소한 하나씩은 알고 문학 연구에 힘쓰는 것이 바람직하다.

❑ **문** : 애국주의의 편견을 넘어서는 것이 실제로 가능한가?

❑ **답** : <불멸의 이순신>을 들어 대답하겠다.

방송극 <불멸의 이순신>을 보면서 많은 것을 느꼈다. 이순신의 시련과 투지를 다룬 내용이라 관심을 끌 만했다. 주연과 함께 여러 조연이 온몸을 바쳐 해낸 연기가 뛰어났다. 해전 장면을 실감나게 보여주려고 애쓴 것도 칭송할 만하다. 시청률이 높은 것이 당연했다.

그러나 성공을 자축하고 말 것은 아니다. 열기를 가라앉히고 앞뒤를 돌아보면서 냉철하게 살펴야 사항이 적지 않다. 그 가운데 여기서는 시각의 불균형을 문제 삼고자 한다. 조선의 장졸은 되도록 많은 사람을 진지하게 그리면서 상대방에 대해서는 전혀 그렇지 않아 작품의 진실성이 훼손되었다.

일본 장수들은 표독스럽고, 명나라 장수들은 탐욕스럽기만 해서 정상적인 사람이 아닌 것처럼 보이도록 했다. 자주 등장하는 일본 병사들은 죽으러 온 허깨비처럼 취급했다. 조선 백성 못지않은 원통한 희생자임을 한번도 말하지 않았다. 삶의 고난을 토로할 수 있는 기회를 완전히 박탈하고 단순한 구경거리로 삼았다.

애국을 주제로 하고 영웅을 칭송하려고 하니 그렇게 하는 것이 당연했다고 할 것은 아니다. 일본인이나 중국인에 대한 폄하가 지나쳐 애국주의가 일방적인 주장으로 후퇴하고 설득력을 상실했다. 사람이라고 하기 어려운 기괴한 상대와 싸워 이긴 이순신이라면 위대한 영웅이라고 하는 것은 무리이고, 기이한 능력의 소유자 슈퍼맨이라고 하는 편이 적합하다. 방영이 끝난 뒤에 왜 말이 많은가, 이미 과거사가 된 것을 길게 시비해서 무엇 하겠는가 하고 나무라지 말기 바란다. 임진왜란과 이순신은 자손 대대로 두고두고 작품화할 소재이다. 후속 창작물이 어떤 형태로든지 곧 나올 것이다. 다음 것은 잘 만들려면 어떤 시각과 노력이 필요한지 말하고자 한다.

우리는 임진왜란이라고 부르는 사건을 일본과 중국의 자료와 시각까지 합쳐 공평하게 연구하는 성과를 학자들이 이룩해야 한다. 그런 시각을 갖추어 한국, 일본, 중국 세 나라에서 모두 환영받을 수 있는 창작물을 다시 만들어야 한다. 단선적이고 원색적인 애국주의를 일방적으로 역설하지 말고, 애국주의의 상대적인 의미를 인간 탐구의 과제로 삼아 심각하게 문제 삼아야 한다. 국내의 인기만 평가의 척도로 삼을 것은 아니다. 다시 쓰고 만든 창작물은 동아시아의 자랑이 되고 세계명작의 반열에 오르기를 바란다.

톨스토이의 『전쟁과 평화』는 누구나 알고 있는 바와 같이 프랑스의 침략을 러시아가 격퇴한 내용을 다루었다. 러시아의 애국주의를 그렸다고 할 수 있지만 국내용만은 아니다. 적국이었던 프랑스에서도 깊은 감동을 주어 높이 평가하고, 두 나라 밖의 광범위한 독자가 애독해 세계문학의 걸작이라고 칭송된다. 이제는 임진왜란의 승패나 이순신의 전술이 긴요한 관심사일 수 없다. 인간이 저지르는 가장 큰 죄악인 전쟁의 의미에 대한 새로운 탐구가 긴요하다. 임진왜란 때 겪은 참혹한 시련을 값진 유산으로 물려받아 최상의 작품을 내놓아야 하는 의무를 지닌 줄 알아야 한다.

지금 아시아 각국을 휩쓰는 韓流는 보편적인 가치를 요구한다. 우리만의 사연을 수출하려고 하면 역풍을 만난다. 포용력을 넉넉하게 가지고 더 큰 것을 말하는 곡조와 사설을 갖추어야 한다. 아시아인의 공통된 이상을 제시하면서 인류가 나아갈 길을 여는 데까지 나아가야 한다.

일본이 우경화해서 가해 작용을 확대하지 않을까 염려되지만, 맞불을 놓아 불화를 키우는 것이 적절한 선택이 아니다. 보편적 가치와 공통된 이상을 찾고 이룩하기 위해 더욱 진지하게 노력해야 한다. 그래서 갖춘 설득력으로 일본의 비판적이고 양심적인 세력과 깊이 제휴해, 편협하고 적대적인 아집을 버리도록 성심껏 설득하는 것이 마땅하다.

이 답변을 글로 써서 『문화일보』 2005년 9월 24일자에 냈다.

제4강 국내외의 寓言을 말하는 모임

내 력

한국우언문학회가 큰일을 했다. 동아시아비교문화국제학술회의 한국본부와 제휴해 공동주최자가 되고, 한국학술진흥재단, 한국학중앙연구원, 단국대학교 동양학연구소의 후원을 얻어 "우언의 인문학적 지위와 현대적 활용의 가능성"이라는 주제를 다루는 국제학술회의를 열었다. 때는 2005년 2월 25-26일이고, 곳은 한국학중앙연구원이었다.

일본 · 중국 · 대만 · 월남의 학자가 몇 명씩 오고, 국내의 발표자는 아주 많아 거대한 규모의 학술회의가 되었다. 개별발표는 세 장소에 동시에 진행했다. 일본어 · 중국어 · 월남어 통역을 위해 전공분야 최상급 교수들이 수고했다. 명실상부한 국제학술회였다.

한국우언문학회는 단국대학교 윤주필 교수가 주동이 되어 만들었다. 동아시아의 우언을 각국 학자들이 만나 함께 연구하는 것을 긴요한 과제로 삼아 중국과 일본을 오가면서 이미 몇 차례 국제학술회의를 열었다. 대단한 수고를 해서 많은 성과를 거두었다.

기조발표를 해달라는 부탁을 받고 나는 인도에 가야 하므로 시간을 낼 수 없다고 했다. 대회 일정을 변경하기까지 해서 사양을 물리쳤다. 2월 23일에 인도에서 돌아와 하루 쉬고 25일에 다시 나서야 했다.

인사말이 오간 다음 발표 첫 순서는 윤주필의 <향후 10년간의 우언 연구를 위한 영역 설정과 제언>이었다. 연구의 진행에 맞추어 국제학술회의를 계속 개최하리고 하고, 무엇을 어떻게 다루어야 하는지 말한 내용이다. 그 다음 순서가 내 발표였다. 발표한 논문을 들면 다음과 같다. 시간을 넉넉히 주어 다 읽을 수 있었다.

나의 발표

우언의 시대적 성격 비교론

1. 머리말

세계의 우언은 너무 많아 일일이 거론하기 어렵다. 모두 모아 방대한 역사를 서술하고자 하는 희망을 가진다 해도 얼마나 달성할 수 있을지 의문이다. 여기서 할 수 있는 일은 여러 문명권의 우언을 조금씩 살피면서 시야를 확대하는 것이다. 우언이 특히 긴요한 구실을 했던 시기의 대표적인 사례를 들어 비교해 고찰하는 것이 구체적인 방법이다.

우언은 문학 작품이면서 철학 글쓰기이기도 해서, 문학과 철학의 관계를 살피는 데 긴요한 자료이다. 그런 작업을 『철학사와 문학사 둘인가 하나인가』(지식산업사, 2000)에서 한 결과를 활용한다. 『세계문학사의 전개』(지식산업사, 2002)에서 처음 다룬 내용도 있어 함께 든다.

문학과 철학 양쪽에 걸쳐 커다란 전환이 있을 때 우언이 긴요한 구실을 했다. 선택한 사례에서 그 양상을 일부 고찰하고 연구의 확장과 심화를 기대한다. 혼자서도 감당할 수 있는 노력을 어느 정도 해보이고 모두 함께 이룩할 더욱 진전된 과업을 제안한다.

2. 고대의 지혜: 〈莊子〉, 〈카타 우파니샤드〉, 〈공화국〉

중국 전국시대 사람 莊周의 저작으로 알려는 『莊子』는 중국 道家 사상의 원천을 이룩하고, 寓言의 본보기를 보여준 고전으로 평가된다. 동아시아 우언에 관한 논의를 할 때 맨 먼저 드는 것이 상례이다. <齊物論> 마지막 대목, 후대인이 <胡蝶夢>이라고 이름 지은 글을 본보기로 들어 오래 두고 되풀이해온 논의를 다시 해보자.

장주가 꿈에 호랑나비가 되어 자기가 장주인 줄 모르고 호랑나비라고만 생각하면서 즐겁게 날아다니다가 깨어나니 장주였다고 했다. 거기다 두 마디 말을 덧붙였다. "장주가 꿈에 호랑나비가 되었는지, 호랑나비가 꿈에 장주가 되었는지 알 수 없다." (不知周之夢爲胡蝶與 胡蝶之夢爲周與) "장주와 호랑나비는 필연적으로 나누어져 있는데, 이것을 物化라고 한다." (周與胡蝶則必分矣 此之謂物化)

자기가 꿈에 호랑나비가 되었다가 깨어났다고 것은 행위자와 행위가 있고, 처음과 끝이 다른 사건을 이루는 이야기이다. 이야기 자체가 말하는 표면의 의미를 비유의 매체로 삼아 이면의 의미를 전한다. 表裏가 虛實의 관계를 가진다. 흥미로운 이야기에 독자가 관심을 가지게 하고서 그것과는 다른 방향으로 나아가 감추어둔 진실을 전하려고 하는 서사적 교술문학이 우언이라고 규정할 수 있다.

덧붙인 말에서는 이면의 의미를 바로 나타냈다. 주체와 대상은 상대적이라고 했다. 구분되는 것들은 서로 전환된다고 했다. 道家의 지론을 그렇게 펴면서 儒家에 대해서 반론을 폈다. 가치의 절대적인 구분을 이름을 분명하게 해서 정립해야 한다는 正名 노선에 無名으로 맞서는 작전의 하나로 우언을 활용했다.

『장자』는 언제 이루어진 책인지 분명하게 알 수 없다. 기원전 4세기경으로 추정될 따름이다. 장주를 포함한 諸子百家가 대부분 생몰연대 미상이다. 중국만 그런 것은 아니다. 인도 사상의 연원을 마련한 『우파니샤드』(*Upanishad*)는 2백 개가 넘는데 모두 작자 미상이니 연대를 찾기는 더 어렵다. 기원전 8세기에서 기원전 3세기까지 이루어진 것들이라야 진본이라고 여긴다.

『우파니샤드』에도 흥미로운 우언이 있다. <카타 우파니샤드>(*Katha Upanishad*)라는 것이 그 좋은 예이다. 아버지 와즈슈라와(Vajasravasa)와 아들 나치케타(Naciketa)를 등장시켜 만들어낸 기묘한 이야기이다.

사제자인 아버지가 신들에게 제사를 지내는 것을 보고 아들이 나서서, 제사는 지내 무얼 하며, 늙어빠진 암소를 바쳐서 무슨 소용이 있는지 거듭 물었다. 아버지는 화가 나서 아들에게 "죽음에게 주어버리겠다"고 했다. 공연히 한 말이고, 그럴 뜻이 있었던 것은 아니다. 그런데 아들은 죽음의 신 야마(Yama)를 찾아가서, 만날 때까지 기다리겠다고 작정하고 문 앞에서 사흘이나 머물렀다. 죽음의 신이 기다리게 해서 미안하다고 하고, 자기에게 올 때가 되지 않았으니 돌아가라고 하면서, 세 가지 소원을 들어주겠다고 했다.

첫째 소원은 돌아가면 아버지가 화를 내지 않고 아들로 받아들이

도록 해달라고 하는 것이라고 하니, 들어주었다. 둘째 소원은 제사를 관장하는 불의 신 아그니(Agni)에 대해서 알고 싶다고 하니, 알려주었다. 셋째 소원은 죽음에 대해서 알고 싶은 것이라고 하니, 우주의 본체인 '브라흐마'(Brahma)가 마음속에 갖추어진 '아트만'(Atman)인 줄 알면 깊은 깨달음을 얻어 죽음을 극복하고 윤회에서도 벗어난다고 했다.

신을 섬기려고 하지 말고 스스로 진리를 찾으라고 하는 말을 신이 했다. 그 역설로 기존의 관념을 깼다. 신을 받들고 제사를 지내는 기존의 관습이 잘못되었다고 하고 사고의 혁신을 촉구하려고 우언을 적극 활용했다.

고대 그리스 시절의 '소피스트'라는 이들도 혁신자였다. 재래의 신앙에서 정한 법도를 따르지 않고, 사람이 어떻게 살아가야 하는가 하는 문제에 대한 소견을 함부로 늘어놓으면서 진리를 말한다고 했다. 소크라테스(Socrates)는 그 가운데 한 사람이면서 진리가 무엇인지 말하지는 않고 다만 진리를 사랑할 따름이라고 했다. 그렇게 하는 것이 권위에 대해 더 큰 위협이라고 간주되어, 청년들을 오도한다는 죄를 덮어쓰고 사형 당했다.

소크라테스의 제자 플라톤(Platon)은 종교와 정면에서 충돌하지 않아 박해를 면하면서 소크라테스에게서 물려받은 새로운 사상을 발전시키는 작전을 면밀하게 강구했다. 그 시기는 기원전 4세기여서 위에서 든 두 사례와 거의 같다. 플라톤은 극작가의 재능을 가졌다. 극작을 하다가 철학자가 되어 극작의 수법과 재능을 적극 활용했다. 다양한 방식으로 방대한 저작을 이룩하면서 우언을 활용했다.

중국의 '諸子百家'는 대부분 생애를 알기 어렵지만 저술이 남아 있어 사상사가 저술의 역사이게 한다. 인도에서 『우파니샤드』를 지은 사람들은 모두 자기를 숨겼다. 그런데 그리스인들은 말을 많이 하고 글을 길게 쓰면서 다른 사람들과 논란을 벌여 이름을 남겼다. 보편적인 진리를 자기가 처한 특수한 상황에서 추구하면서, 남들과 다른 주장을 펴는 것을 자랑으로 삼았다.

플라톤의 대표작을 든다면 <공화국>(*Politeia*)이라고 할 수 있다. 공화국이란 바람직한 나라이다. 바람직한 나라가 이루어지기를 바라면서 소크라테스가 다른 몇 사람과 함께 정의란 무엇인가 하는 문제를 두고 벌인 논란을 누군지 명시하지 않은 제3자에게 전해주는 방식으로 서술이 진행되었다. 제7장 서두에서 동굴의 비유를 들어 '이데아'에 관해서 설명한 대목은 플라톤 사상의 핵심을 보여준다고 이해된다. 이야기를 이끌고 있는 소크라테스가 "교육이 있는 경우와 없는 경우에 우리 인간의 본성이 어떤지 다음과 같은 상태와 견주어보라"고 하고서, 이런 이야기를 했다.

땅 밑에 있는 동굴 모양의 거처에서 살고 있는 사람들을 상상해보라. 길게 뻗어 있는 입구가 빛이 있는 쪽을 향해서 동굴 전체의 넓이만큼 열려 있다. 그 사람들은 그 속에만 있고, 어려서부터 발과 목이 묶여 같은 자리에만 머무른다. 쇠사슬 때문에 머리를 뒤로 돌릴 수도 없어, 그저 앞만 보고 있다.

이런 상상의 상황을 설정해놓고, 자기가 하고 싶은 말을 했다. 동굴에 갇혀 있는 사람들이 동굴 밖의 실물은 보지 못하고 벽에 비친 그림자만 보는 것처럼, 사람은 사물을 잘못 인식한다고 했다. 잡혀 있는 사람 가운데 어느 누가 머리를 뒤로 돌려 빛나는 곳을 보면, 비로소 실제 사물의 참 모습인 '이데아'를 알 수 있다고 했다.

'이데아' 가운데서도 으뜸인 '선행의 이데아'는 보기 어렵지만, 한번 보기만 하면 그것이 진리의 근거임을 확신할 수 있다고 했다.

중국・인도・그리스에서 모두 이처럼 우언을 사상 표현의 소중한 방법으로 삼았다. 종교적인 권위, 정치적인 독선과 맞서서 진리가 무엇인지 추구하는 선각자들이 우언을 사용해, 충돌을 피하고 설득력을 높이면서 새로운 사고형태를 제시했다. 그래서 얻은 지혜가 고대인의 발상을 참신하게 하는 데 그치지 않고 중세 이후 거듭 재인식되어, 궁극적인 것에 대한 진지한 탐구를 전개하는 거점이 되었다.

3. 중세 이념 재검토: 〈問造物〉, 〈새들의 회합〉, 〈장미 이야기〉

중세에 이르면 사고가 규격화했다. 정통으로 인정된 이념이 불변의 진리를 보장해준다고 하고, 다른 사고형태는 이단으로 지목해 배격했다. 경전 주석이 최고 학문 노릇을 하면서 자유로운 탐구를 막았다. 그런 구속에서 벗어나 새로운 사고를 하려면 우회전술이 필요했다. 우언을 활용하는 것이 좋은 방법이었다.

12세기말에서 13세기초까지 살았던 한국의 문인 李奎報는 우언 글쓰기를 다채롭게 개척하면서 그릇된 사고방식을 비판하고 현실을 새롭게 인식하고자 했다. 그 가운데 <問造物>을 들어보자. 조물주와 문답을 한다는 기발한 설정을 하고, 조물주가 하는 말로 기존의 관념을 파괴했다.

조물주는 "物自生自化"라고 해서, 만물이 스스로 생겨나고 스스로 변할 따름인데 조물주가 어디 있는가 하고 반문했다. 조물주가 스스로 조물주의 존재를 부정하고, 조물주가 담당한다는 창조와 변화의 작업이 물 자체에서 이루어진다고 했다. <카타 우파니샤드>에서 신이 신을 섬기는 신앙 행위를 부정한 것과 상통하는 수법을 써서 충격을 주는 발언을 했다.

이규보은 고정된 신앙 형태를 거부하고, '心'에서 '物'로 관심의 방향을 돌려, '物'의 다양한 양상과 변화를 탐구하는 데 힘써야 마땅하다는 새로운 사상을 제시했다. 그렇게 해서 동아시아 사상이 중세전기를 넘어서서 중세후기로 나아가는 전환을 마련했다. 동시대 다른 문명권에서도 유사한 형태의 혁신을 위해 우언을 활용한 사실을 확인할 수 있다.

이슬람 세계로 가보자. 아랍어문학이 상대적인 침체기에 들어섰을 때 페르시아어문학이 크게 일어나 중세후기를 이끌었다. 그 좋은 본보기를 12세기말에서 13세기초에 아타르(Muhammad Attar)가 보여주었다. 아타르는 <새들의 회합>(*Manteq at-Tair*)이라고 하는 장편교술시를 지어, 정신적 이상의 구심점에 이르는 진리 추구의 과정을 여러 종류의 새들이 자기네 왕을 찾아가는 여행을 통해서 나타냈다. 진리에 접근하는 자세가 서로 다른 사람들을 여러 종류의 새로 나타내고, 새들의 여행담을 흥미롭게 이야기하는 우언을 만들어 인생행로에서 제기되는 문제들을 다루었다.

여행 과정에서 좌절 · 차질 · 모험을 계속 겪는다고 해서 진리 탐구가 순탄하지 않다고 했다. 지도자 격인 새가 진리를 향해서 나아가자고 설득하면서 여러 의문과 반론에 응답하고 많은 일화를 전하는 서술자 노릇을 했다. 진리는 누구에게든지 열려 있는 줄 모르니 개탄스럽다고 하고, 권력, 재산, 학식 등에 대해서 특별한 자부심을 가진 사람들은 진리를 외면한다고 나무랐다.

유럽의 경우에는 13세기 프랑스에서 이루어진 우언시 <장미이야기> (*Roman de la rose*)를 주목할 만하다. 기욤 드 로리(Guillaume de Lorris)가 전반을, 장 드 묑(Jean de Meun)이 후반을 지어 장편을 만든 작품이 표현이 뛰어나고 주제가 다채로워 널리 읽혔다. 유럽 여러 나라에 광범위한 영향을 끼쳐 시대변화를 촉진했다.

작자가 꿈속에서 보고들은 내용을 기록한다고 하는 몽유록을 써서, 사랑에 관한 논의를 다각도로 전개했다. '사랑의 여왕'이라고 의인화한 장미가 한편으로는 '예의바름', '편안함', '즐거움', '소망', '말솜씨' 등의 보조자, 다른 한편으로는 '시기심', '위험', '험구', '두려움', '수치' 등의 적대자와 맺는 다양한 사건을 지어내 인생만사를 논했다. 온갖 지식을 동원해서 신학과 철학에 대한 광범위한 논란을 벌이고, 세태를 다각도로 풍자했다.

위에서 든 여러 작품에서 우언은 중세전기에서 중세후기로 나아가는 전환에 기여했다. 고정된 틀을 벗어나서 사고를 개방하고, 특별한 위치에 있지 않는 예사 사람도 삶의 경험에서 진실을 탐구할 수 있다고 것을 그 자체로 깨닫고, 설득력 있게 제시할 수 있게 하는 이중의 기능을 수행했다. 여러 문명권의 다양한 작품들이 같은 시기 유사한 작용을 한 것을 주목할 만하다.

4. 중세에서 근대로의 이행기 복고 노선: 〈天君演義〉, 〈本質〉, 〈天路歷程〉

한국에는 마음을 의인화한 '天君'을 둘러싸고 일어난 사건을 다룬 우언이 많다. 17세기에 鄭泰齊가 지은 『天君演義』를 대표작으로 들 수 있다. 天君이 다스리는 나라가 타락의 위기를 겪다가 올바른 질서를 되찾는 과정을 선행하는 여러 작품에서와 같이 이야기했다.

타락의 이유는 慾生이나 歡伯의 침입을 받고 天君이 무력하게 된 것이다. 충간을 듣지 않자 떠나갔던 醒醒翁을 有悔氏가 불러와 天君이 바른 길에 들어서게 되었다고 했다. 욕망을 만족시키고 기쁨에 탐닉해서 생긴 도덕적 타락이 잘못 되었다고 후회하고 생각이 바르게 깨어나 바로잡았다는 말이다.

허황한 소설이 풍속을 타락시킨다고 나무라고서, 많은 독자가 자기 작품을 소설로 알고 읽다가 감화를 받아 주색을 멀리하고 마음을 바르게 가지도록 하려고 했다. 인물의 성격을 더욱 뚜렷하게 하고 타락된 삶의 모습을 실감나게 묘사한 것은 달라진 점이다. 세태를 바로잡기 위해서 세태를 따르는 것 같은 거동을 보였다.

타락과 회복의 과정에서 氣의 작용을 그대로 두지 말고 理가 통제해야 한다는 理氣二元論의 철학을 재확인했다. 그것은 중세에서 근대로의 이행기를 중세로 역행시키고자 하는 복고 노선이라고 할 수 있다. 중세에서 근대로의 이행기를 근대로 순행시키고자 하는 쪽에서 국문문학을 다양하게 개척하는 데 맞서서 그런 작품을 동아시아 공동문어인 한문으로 썼다.

인도에서 유사한 작품이 있다. 우르드어를 사용한 17세기 작가 와즈히(Wajhi)의 『本質』(*Sab Ras*)을 보자. 우르드어란 인도에 들어와 무굴제국을 만든 이슬람교도들이 가져온 페르시아어의 영향을 토착의 힌디어가 많이 받아들여 생겨난 말이다. 와즈히는 페르시아와 우르두어 양쪽의 작품을 창작해서 우르드문학의 개척자로 평가된다.

우르드어를 사용한 것은 교양 수준이 낮은 사람들도 이해할 수 있게 했기 때문이어서 중세에서 근대로의 이행기다운 선택이라고 할 수 있다. 그러나 창작 의도는 이슬람의 정통적 가치관을 확립해 사회와 사상의 혼란을 막자는 것이었다. '지혜'를 뜻하는 '아클'(Aql)이라는 군주가 다스리는 왕국에서 생긴 문제를 '평화', '사랑', '환상', '탐욕' 등을 의인화한 인물을 등장시켜 다루어 인도판 『天君演義』라고 할 수 있는 것을 만들었다.

'아클'을 버리면 미치거나 바위에 머리를 부딪고, '아클'을 탐욕과 혼동하면 모든 가치를 상실한다고 했다. '아클'은 고착화되지 않아야 한다면서 능동적인 작용을 중요시했다. 산문으로 쓴 내용을 요약한 시 대목에서, "아클은 매이다, 아주 높이 날아다니는 매이다", "들판에도, 진실에도, 비유에도 가서 사냥을 한다"고 했다.

유럽으로 가보자. 영국인 번얀(John Bunyan)이 같은 시기 17세기에 지은 『天路歷程』(*The Pilgrim's Progress*)은 또 하나의 『天君演義』라고 할 수 있다. 유교 · 이슬람과 병칭되는 그쪽의 정통신앙 기독교를 유사한 방식으로 옹호해 가치관의 혼란을 막고자 했다. 중세에서 근대로의 이행기를 중세로 되돌리고자 하는 복고주의의 노력을 함께 했다.

'기독교도'라고 일컬은 주인공이 '속된 지혜'와 '무지' 때문에 혼란을 겪고, '절망 거인'의 도전을 받고 죽음의 골짜기에 빠졌다. 그러다가 '신앙'과 '희망'을 만나 용기를 얻고, 예수의 인도를 받아 마침내 천국에 이르렀다. 유교에서는 마음의 혼란을 바로잡으면 되고 기독교도는 천국을 향해 나아가야 하는 것이 다르지만, 작품의 성격이나 수법은 거의 같다.

『天路歷程』은 많은 독자를 얻었다. 공동문어 라틴어가 아닌 민족구어인 영어를 사용한 점이 유리하게 작용했다. 소설로 알고 읽도록 한 의도가 잘 적중했다. 사건 전개가 흥미롭고 대화가 생생해서 흥미를 돋우도록 했다. 기독교 선교사들이 지구 구석구석까지 가서 현지어 번역본을 만들어 기독교 입문서로 이용했다. 『天路歷程』이라는 표제를 단 한국어 번역도 그 가운데 하나이다.

이들 우언은 독자를 끌어들이는 흥미로운 이야기를 만들려고 당대에 유행하는 소설의 수법을 차용했다. 그래서 시대 변화의 추이를 따르는 것은 아니었다. 소설이 새로운 세태를 그리면서 욕망을 긍정하는 데 맞서서 종교의 가르침을 지켜 도덕을 재확립해야 한다고 했다. 중세에서 근대로의 이행기를 중세로 복귀시키려고 하는 보수노선을 유사한 방식을 갖추어 함께 보여주었다.

5. 중세에서 근대로의 이행기 진보 노선: 〈法世物語〉, 〈虎叱〉, 〈자디그〉, 〈퍼크리의 마카마〉

安藤昌益은 18시기 일본 사람이다. 척박한 시골에서 의원 노릇을 하면서, 농민의 참상을 보고 마음 아파하고, 스스로 농사를 짓기도 했다. <法世物語>라는 우언을 지어, 鳥獸蟲魚라고 한 날짐승 · 길짐승 · 벌레 · 물고기의 네 무리가 일제히 사람의 허위를 나무라는 말을 적었다.

모든 잘못이 '法'에 있다 하고, '法'을 나무랐다. 天地 · 男女 · 上下 · 貴賤이 서로 필요로 하는 '互性'의 관계를 가져 평등을 구현하던 '自然世'를 그릇된 법이 지배하는 '法世'로 바꾸어놓은 잘못을 세상에서 성인이라고 받드는 자들이 저질렀다고 규탄했다. 유학이나 불교뿐만 아니라 일본의 神道도 '法世'의 사상이라고 규정하고 극력 배격했다. 직접 농사를 지으면서 사는 '直耕'만 소중하고, '直耕'을 하는 사람들을 억압하고 착취하는 무리는 용서할 수 없는 도적이라고 규탄했다.

18세기 한국에서 朴趾源은 <虎叱>이라는 글을 남겼는데, 자기가 지은 것이 아니고 중국에 갔을 때 베껴 왔다고 했다. 그 때문에 시비가 벌어지지만, 기존의 관념을 심하게 나무라는 글을 쓰면서 박해를 피하고 관심을 끌려고 자기는 전달자에 지나지 않는다고 하는 것은 다음에 드는 두 사례에서도 볼 수 있다. 중세에서 근대로의 이행기를 중세로 되돌리지 않고 근대로 나아가게 하는 진보노선은 그런 유격전술을 필요로 했다.

北郭이라는 선비를 범이 꾸짖은 것이 사건의 개요이다. "무릇 천하의 이치는 하나이다"라고 하고, "범이 참으로 악하면 人性도 또한 악하며, 人性이 선하면 虎性도 또한 선하다"고 해서 삶을 누리는 것이 善이라는 점에서는 금수든 사람이든 서로 같다고 했다. 삶을 해치는 것은 惡이다. 사람들은 다른 생명체를 해칠 뿐만 아니라, 서로 못살게 구는 악행을 계속한다. 힘으로 빼앗고 죽이지는 않는다 해도, 거짓된 글을 써서 천지만물의 삶을 유린하는 것도 악행이다. 거짓 선비를 그런 자의 표본으로 들어 규탄해야 마땅하다고 했다. 자기가 쓴 글이 아니라고 하고, 우언을 사용하는 이중의 장치를 하지 않고서는 그런 주장을 펼 수 없었다.

동시대 18세기 유럽에서 혁신 사상을 전개하는 데 앞장선 볼테르(Voltaire) 또한 자기가 추구하는 진실을 누구나 알 수 있게 널리 알리면서 불필요한 반대를 줄이고 동조자를 늘이는 이중의 목표를 달성하기 위해 우언을 적극 활용했다. 자기 작품이 아니라고 하면서 출처를 별도로 밝힌 글에다 외국인을 등장시켜, 기이한 사건을 전개하는 방법을 즐겨 사용했다.

그 좋은 본보기인 『자디그』(Zadig)는 이슬람세계에서 유래한 고서라고 소개한 별난 글이다. 예상을 뒤집는 방식으로 통념을 부정하면서 새로운 주장을 기발하게 펴서, 무어라고 규정하기 어렵게 하는 작품이다. 옛적 바빌로니아 사람 자디그는 "여성을 멸시하는 것도, 여성들을 매혹시키는 것도 자랑으로 삼지 않고, 너그러운 마음씨를 가졌다"고 했으며, 국가에서 채택한 교리에 구애되지 않고 "태양이 우주의 중심"임을 알았다고 했다. 그처럼 지혜로운 사람이 젊음, 건강, 재산 등을 두루 갖추고 있어 행복하리라고 예견되었으나 그렇지 않았다. 행운이 불운으로 역전되는 고난을 여러 번 겪었다고 했다.

노예의 신세로 떨어져, 주인을 따라 여행하면서 이집트인, 인도인, 중국인, 그리스인, 켈트인 등을 만났다. 그 사람들이 각기 자기가 믿는 종교만 옳다고 우기고 다른 것들은 그르다고 배격해서 거대한 논전이 벌어졌을 때, 자디그는 모두 그 나름대로 옳다고 했다. 그러면서 중국인이 'Li'(理) 와 'Tien'(天)의 원리에 입각해서, 여러 종교의 상반된 주장을 함께 인정할 수 있는 논리를 제시한 것을 가장 높이 평가했다.

아랍세계의 작가들은 유럽의 침략에 맞서서 정신적 각성을 이룩하고 자기네 문학의 전통을 계승하는 새 시대의 문학을 이룩하는 것이 긴요한 과제라고 판단해 우언이라고 할 것들을 열심히 창작했다. 처음에는 유럽의 선례를 본뜨다가, '마카마'(maqamah)라고 하는 전통적인 산문에 포함되어 있는 여러 형태의 우언을 활용했다.

19세기말 이집트 사람 피크리(Abdallah Fikri)는 영국의 통치에 항거해 이집트가 잠시 독립을 쟁취한 시기에 교육부장관이 되었으며, 문학 창작에도 힘썼다. <피크리의 마카마>라는 작품을 남기면서 자기가 지은 것이 아니고, 터키어로 옮겨놓은 다른 나라의 고전을 자기는 아랍어로 번역했을 따름이라고 했다. 그 점이 <호질>이나 <자디그>와 상통한다.

'상상', '정열', '통찰', '이성' 등을 의인화한 여러 인물이 서로 다투는 과정을 그리고, '이성'이 최종적인 승리자가 되었다고 했다. 아랍문명은 이성을 가장 자랑스러운 유산으로 삼고 있어 유럽의 도전을 이겨내는 힘이 있다고 하는 생각을 그렇게 나타냈다. 고전적인 품위를 잘 갖추어 높이 평가되는 문체를 사용해 아랍문학의 값진 유산을 이어나가는 자세를 보여주었다.

중세에서 근대로의 이행기를 근대로 순행시키려고 하는 진보 노선이 그 반대의 보수 노선과 함께 우언을 애용한 것은 흥미로운 일이다. 표현 방법은 유사해도 의도는 달랐다. 우언의 표면을 이루는 흥미로운 이야기가 보수 노선에서는 교훈을 외면하는 독자 유인책이고, 진보 노선에서는 기존 이념을 공격하는 전투에서 위험을 줄이고 전과를 확대하는 유격전 전술이었다.

6. 마무리

우언 연구는 많은 자료를 열거하다가 무엇이 문제인지 잊을 염려가 있다. 문학의 변두리나 틈새에 있는 것들을 찾아 즐기는 호사가의 취미로 떨어지지 않도록 경계해야 한다. 우언을 정당하게 평가해 연구의 의의를 확대하기 위해 몇 가지 반성을 제안한다.

우선 우언의 범위를 너무 확대하는 것은 바람직하지 않다. 흥미롭게 전개되는 이야기와 감추어두었던 진실이 표면적으로는 차이가 있는 것이 우언의 특징이다. 그 둘의 차이가 크면 주제가 강화된다. 전승되는 유형보다 의도적인 창조물에 그런 것들이 많이 있다.

우언에 관한 비교연구의 범위를 동아시아를 넘어서 다른 여러 문명권으로 확대해야 한다. 동아시아나 유럽뿐만 아니라, 인도와 아랍 등지에도 좋은 우언이 많이 있다. 세계 여러 곳의 문학을 전공하는 사람들이 공동연구에 동참하도록 할 필요가 있다.

우언은 문학과 철학이 공유하는 글쓰기 방식이다. 문학사와 철학사 양쪽에서 중요한 위치를 차지하는 작품을 우선적으로 연구해야 한다. 양쪽의 관점을 공유하거나 양쪽의 전공자들이 공동연구를 하면 커다란 진전을 이룩할 수 있을 것이다.

우언은 시대구분을 위해 긴요한 구실을 한다. 고대, 중세전기와 후기, 중세에서 근대로의 이행기의 복고 노선과 진보 노선 등이 우언을 어떻게 사용해 독자적인 발언을 구체화했는지 지적해 논하려고 시도했다. 더 많은 자료를 들어 연구를 확대하기 위해 함께 힘쓰기를 바란다.

개념과 범위 논란

우언의 개념과 범위에 대해서 논란이 있었다. 金善子(연세대학교 강사)의 논문 <우언적 사유방식으로 본 黃帝 신화>에 대해서 말을 하라고 사회자가 요청해서, 그 문제를 제기했다. 발언한 요지를 간추리면 다음과 같다.

그 논문에서 다룬 황제 신화, 황제가 중국인의 시조라고 오늘날에 다시 받드는 것은 우언이라기보다 상징이다. 우언은 사건을 갖추고 있고, 사건 전개가 그 자체로 이해되지 않아 이면의 의미를 생각하게 한다. 우언의 수법을 쓴 작품, 전승되는 형태의 우언 같은 것들보다 의도적으로 창작한 작품, 우언 갈래의 대표작을 우선적으로 연구하는 것이 더욱 바람직하다. 많은 사람이 동물 우화에 대해서 발표하는데, 동물 우화는 독자적인 의의가 널리 인식되고 연구가 많이 이루어졌으므로 우언이라고 하면서 다시 다루어 별반 소득이 없다. 창작 우언의 명작을 심도 있게 연구해야 우언 연구의 독자적인 가치가 입증된다.

金文京은 일본 京都大學 인문과학연구소의 교수인 교포 학자이다. 이번 모임에 참가해 <중국의 異物論爭 문학: 그 원류와 영향>이라는 논문을 발표했다. 중국 명말의 문인 鄧志謨가 지은 <花鳥爭奇> 등 '爭奇'라는 말이 들어 있는 일련의 작품 6종이 중국에는 남아 있지 않고 일본에서 발견되었다고 하면서 자료를 소개하고, 그 비슷한 것들이 일본에도 있다고 한 내용이다.

그 논쟁에 참여해서 자기 소견을 말했다. 한국이나 중국에서는 개념과 범위에 관한 논란을 많이 하는데, 일본에서는 그런 것이 없다. 일본에서는 개념이나 범위는 연구하는 사람이 스스로 정하면 된다고 보고 시비 거리로 삼지 않는다. 말이 되면 그만이다. 자료에 대한 고찰만 소중하다고 여긴다. 이렇게 말했다.

崔溶澈 교수가 나서 말했다. 고려대학교 중국문학 교수이고 중국 笑話의 한국 수용을 새로운 자료를 들어 밝히는 논문 발표한 분이다. 한국의 중국소설학회에서 소설의 개념을 두고 몇 년 동안 따지다가 진전도 해결도 없어 이제 그만두기로 했다고 했다.

이에 대해서 내 견해를 말하기로 한다. 현장에서는 발언할 기회가 없었던 것이다. 개념과 범위에 관한 논의는 연구 진행의 두 단계에서 필요하다. 성격이 다른 두 가지 논의가 있어야 한다.

(1) 연구를 시작하면서 고찰하는 대상을 선택할 때 개념과 범위를 밝혀야 한다. 이 경우에는 관습을 따르는 것이 예사이고 심각한 논의를 새삼스럽게 벌이지 않아도 된다. 대체적인 합의를 편의상 하면 연구를 함께 하고, 공동의 성과를 축적할 수 있다.

(2) 고찰해서 얻은 성과를 일반화해서 이론을 만드는 단계에서 개념과 범위가 더욱 심각하게 문제된다. 이론은 대상 전체를 포괄해 그 내질을 투시하는 작업이기 때문이다. 그 작업은 각기 해야 하므로, 여러 이론이 공존하면서 장단을 두고 시비를 벌이는 것이 정상이다. 어느 한 이론을 모두 받아들여 정설로 삼아야 하는 것은 아니다.

개념이나 범위에 관해서 논란을 하지 않는다는 것은 (1)의 단계에서 할 예비적인 검토는 어느 정도 잘 이루어져 새삼스러운 문제가 없다는 말이다. 학문을 오래 하면 관습이 누적되어 그렇게 된다. 자료학에 머무르고 이론학으로 나아가려고 하지 않아 (2)의 작업은 하지 않으면 개념과 범위에 관한 새삼스러운 논의가 필요하지 않다. 일본 학계는 그런 특징을 가졌다.

개념과 범위를 두고 많은 논의를 해도 진전이나 해결을 얻지 못했다는 것은 그 어느 쪽에서든 잘못했다는 말이다. (1)의 단계에서 너무 많은 것들 기대했다. 이론 정립의 성과 없이 (2)의 단계에 들어서려고 했다. (1)과 (2)에서 모두 합의된 통설을 기대하는 것은 무리이고 불필요하다. 그 잘못 생각해 한국이나 중국의 학계는 진통을 겪는다.

몇 가지 이론이 (2)의 논란을 벌이면서 상호비판을 통해 더욱 다듬어지는 것이 학문 발전의 당연한 과정이다. 나는 나의 소설이론을 정립해 한국소설, 동아시아소설, 제3세계소설, 유럽소설 등에 널리 적용했다. 변증법에 입각한 선행이론을 비판의 대상으로 삼았다. 다시 나타난 더욱 새로운 이론의 비판을 받는 것이 당연한데, 아직 보이지 않는다.

월남학자들과의 만남

월남 학자들이 참가한 것이 특기할 성과이다. 두 사람이 발표를 했다. 성명을 한자로도 적었다. 월남어로 쓴 논문에 중국어 번역을 첨부했다. 한국어본 개요만 보이다가, 발표할 때 전문 번역을 배부했다. 한국외국어대학 베트남어과 전혜경 교수가 통역을 해주었다.

사회과학원 漢喃文學研究所 소장 鄭克孟(Trinh Khacmanh)은 寓言喃詩傳을 개관했다. 한자를 차용해 월남어를 적는 字喃으로 지은 작품 형식은 詩 갈래의 성격은 傳이라고 한 소설 가운데 우언인 것들을 소개했다. 자남의 유래를 설명하면서 10-11세기부터 보편적으로 사용했다고 했다. 자남으로 창작한 작품 가운에 우언이라고 할 수 있는 것들을 다섯 편 들고 개요를 설명했다.

같은 연수소 자료수집처장이라고 한 黃文甲(Hoang Vangiap)은 월남 民歌에 있는 우언을 소개했다. 지금까지 수집한 1만 2천 수가 넘는 자료 가운데 동물을 등장시킨 우언이 4천 수에 이른다고 했다. 황새는 농민이고, 개미는 노동자이고, 고양이는 통치계급을 나타낸다고 했다. 동물을 등장시키지 않는 작품에도 사회상을 풍자한 것들이 있다고 하면서 실례를 들었다.

그 두 사람의 발표에 대해서 내가 질문했다.

❑ 문 : 자남을 10-11세기부터 보편적으로 사용했다는 것은 어떤 증거가 있어서 하는 말인가? 지금까지 알려지기로는 자남문학을 14세기 선승들이 일부 시도하다가 15세기에 이르러 응우엔 짜이(阮廌, Nguyen Trai)가 본격적으로 발전시켰다. 새로운 자료가 발견되었는가?

❑ 답 : 사람 이름이나 땅 이름을 적은 것을 보고 10-11세기부터 자남 사용이 보편화되었다고 본다. 새로운 자료가 발견된 것은 아니다.

❑ 문 : 한남문학연구소에서 가요를 수집하는 것은 뜻밖의 일이다. 구전되는 설화도 함께 조사하는가? 로마자 표기의 현대문학은 어디서 연구하는가? 소수민족문학은 어디서 조사하고 연구하는가?

이 질문에 대한 대답을 발표 현장에서는 제대로 듣지 못했다. 밖으로 나오면서 다시 물어 확인한 사실이 다음과 같다. 전혜경 교수가 도와주었다.

❑ 답 : 한남문학연구소에서는 자남으로 표기된 자료만 수집한다. 구전되는 자료는 민간문학연구소 소관이다. 다른 모든 문학은 문학연소에서 연구한다.

❑ 문 : 세 연구소가 같은 건물에 있는가?

❑ 답 : 그렇다.

발표한 논문을 보면 월남의 학문은 그리 대단하지 않다. 자료학에 머무르고 있다는 느낌이다. 이런 소감을 말하니 전혜경 교수는 행정 책임자들을 불러온 탓에 월남 학문의 진면목은 알 수 없다고 했다. 다음에는 제대로 공부하는 학자를 초청해야 하겠다는 의견을 말하자, 전혜경 교수는 우선 교류를 트고, 월남에 가면 도움을 얻기 위해 책임자급과의 접촉이 더욱 긴요하다고 했다.

우언을 공동의 관심사로 삼아 동아시아 여러 나라 학자들이 만나고 교류하고 협력하는 것이 좋은 일이다. 우언은 동아시아의 공동유산이고, 자료의 양과 질에서도 각국이 비등해서 그럴 수 있다. 이미 몇 차례 연 국제학술회의를 열고, 앞으로도 계속 하는 것이 마땅하다. 그러나 자료 소개가 학문의 본론일 수는 없다. 이론적인 문제를 다루어 연구를 진전시키면서 동아시아문학의 총체적인 연구에 적극 기여해야 한다. 관심의 범위를 세계문학으로 확대해야 한다.

토 론

❑ 문 : 우언과 우화는 어떻게 다른가?

❑ 답 : 우언을 넓게 이해하는 경우에는 우화를 포함한다고 한다. 좁은 의미의 우언은 우화와 구별된다. 우화는 전래된 이야기를 바탕으로 한 서사문학이고, 동물우화가 큰 비중을 차지한다. 우화는 구성이 흥미로워 인기가 있으며 주제는 단순한 편이다. 우언은 의도적인 창작물이고, 이야기의 흥미보다 그 이면의 주제가 더욱 중요시되는 교술문학이다. 우화의 비교연구는 이미 많이 했으나 우언은 그렇지 못해 새로운 과제를 제공한다.

❑ 문 : 동아시아의 범위를 어떻게 잡는가? 한국은 동아시아에서 어떤 위치를 차지하고 있는가?

❑ 답 : 한문을 공동문어로 사용한 곳이 동아시아라고 규정하

고, 그 영역 안에서 살면서 한문을 사용하지 않은 사람들까지 포함한다. 중국이 중심부이고, 일본이 주변부이며, 한국은 둘 사이의 중간부이다. 중심부에서는 공동문어인 한문문학이 줄곧 압도적인 비중을 가지고, 주변부는 민족어문학을 일찍 발전시켰는데, 중간부인 우리는 공동문어문학과 민족어문학을 병존시켰다. 동아시아 전체를 중간부에서 더 잘 알 수 있다.

❑ 문 : 우언은 한문학의 유산이 아닌가? 근대에는 밀려난 것이 당연한데, 장래에도 중요한 구실을 할 수 있는가?

❑ 답 : 우언이 한문학에서 큰 구실을 하다가 근대 민족문학이 등장하면서 밀려난 것은 사실이다. 동아시아 여러 나라 가운데 오직 중국에서만 우언 창작이 계속되고, 우언 작가가 있는 것은 한문학의 전례가 이어지기 때문이라고 할 수 있다. 대작가라고 숭앙되는 魯迅이 소설보다는 잡문을 더욱 소중하게 여기고 많이 썼다.

지금은 근대를 넘어서서 다음 시대로 나아갈 때이다. 우언을 밀어내고 소설이 문학의 주역으로 등장한 근대의 변화를 문학사의 종착점이라고 생각하지 말고, 근대문학과는 다른 문학을 모색하고 시도하는 것이 마땅하다. 전에 '文'이라고 하던 것을 두루 평가하고 계승하는 것이 바람직하다. 우언 창작을 되살리는 것이 그런 작업의 하나로 긴요한 의의가 있다. 우언은 철학과 문학이 다시 가까워지고 하나가 되기까지 한다. 과거로 돌아가는 것 같이 하면서 앞으로 나아가는 것이 역사 발전의 당연한 과정이다.

❑ 문 : 그것은 동아시아에만 해당되는 말인가? 유럽문명권도 유

사한 방향으로 나아가고 있는가?

❑ 답 : 그렇다. 'écriture'니 'text'니 하면서 '글'을 대단하게 여기는 것이 새로운 풍조이다. 문학을 따로 갈라내고 문학 갈래를 애써 구분하던 것과 다른 방향으로 나아가고 있다.

❑ 문 : 우언을 되살리는 일은 누가 해야 하는가?

❑ 답 : 누구든지 할 수 있다. 초등학생도 우언을 쓰면서 상상력을 발휘하는 것이 바람직하다. 대학입시에서 요구하는 논술에도 우언이 포함되어야 한다. 정색을 하고 논리를 전개하는 논술은 규격화될 수 있다. 전에 과거 시험의 장점이 답안 규격화 때문에 훼손된 전례를 되풀이하지 말아야 한다. 서울대학교에서 가르칠 때 논술의 의의를 말하니, 어느 학생이 "선생님 몰라도 한참 모르십니다", "논술은 외는 것입니다"라고 했다. 그렇게 되면 큰일이다. 논술에 우언이 포함시켜 자유로운 발상을 기발하게 보이라고 하면 염려하는 사태가 벌어지지 않을 수 있다.

❑ 문 : 우언을 되살려 문학과 철학이 다시 하나가 되게 하자는 말이 어떤 근거에서 나온 것인가?

❑ 답 : 쉽게 대답할 수 있는 질문이 아니다. 『철학사와 문학사 둘인가 하나인가』(지식산업사, 2000)에서 논한 바를 간추려 다시 말하겠다. 말이 길어도 양해하기 바란다.

오늘 다룬 논문의 서두를 다시 보자. 엄격한 종교 교리로 사상을 통제하는 신관의 횡포를 비판하고 진실이 무엇인지 자유롭게 탐구하는 작업을 우언을 이용해서 시작하면서 고대철학이 시작되었다. 여러 갈래의 고대철학 가운데 어느 하나를 정통으로 삼고 경전으로 받들어 사회를 통제한 시대가 중세이다. 그러자 철학이 경전 주해를 일거리로 삼을 수밖에 없게 되고, 우언은 문학의 영역으로 넘겨주었다.

유럽에서 토마스 아퀴나스가, 동아시아에서 朱熹가 한 작업이 그 점에서 기본적으로 동일하면서 한쪽은 말을 길게 하고, 또 한쪽은 단상을 늘어놓았다. 토마스 아퀴나스 연구는 요약을 긴요한 과제로 삼아야 하고, 주희를 논하려면 재편집이 선결과제이다. 여러 형태의 주해 글쓰기를 본문으로 삼아 근대철학이 시작하고서 논리를 엄정하게 따지는 방향으로 나아갔다. 그래서 철학은 난해해지고 특별한 사람들만의 관심사가 되고 마침내 빈사 상태에 이르렀다.

철학을 되살리려면 철학 시조들의 선례를 본받아 우언을 써야 한다. 대학에서 철학을 가르치면서 이해하기 어려운 설명을 하느라고 진땀을 빼기만 하지 말고 선생이든 학생이든 우언을 써서 자기 사상을 자유롭고 흥미롭게 나타내는 것이 크게 열려 있는 활로이다.

제5강 일본학계와 가까워지는 길

불행한 과거 청산의 길

식민지 시대에 일본인이 한 한국학은 한국사를 왜곡하고 한국문화를 폄하한 것을 특징으로 한다. 반론을 제기하는 것이 당연하다. 이에 관해 <근대 극복의 과제와 한・일학문>, 『한국의 문학사와 철학사』(지식산업사, 1997)에서 논의한 내용을 간추려 소개한다.

한국사에 대한 일본인의 견해를 일본인 학자 旗田 魏가 셋으로 요약했다. (<日本人の朝鮮觀>, 『アジア・アフリカ講座日本と朝鮮, 東京: 勁草書房, 1965) (가) 한국은 "神功皇后 三韓征伐" 이래로 일본에 복속되었다. (나) 한국은 중국에 의존해왔으며, 자주 정신이 결여되었다. (다) 한국의 역사는 뒤떨어지고 발전이 없다. (가)의 전례를 살려 "韓日合邦"을 하고, 한국인이 일본인이 되게 "同化"시켜, (나) 일본인의 자주정신으로 한국인을 개조하고, (다) 한국이 일본의 일부로 발전하게 해야 한다고 했다.

(가)에 대한 반론은 "三韓征伐"이 사실이 아니고 한국이 일본에 복속된 적이 없다는 데서 시작된다. 그런 일이 있었다고 하는 시기

에 일본에는 통일국가가 없어 대외적인 침공을 할 능력을 갖추지 못했다. 한반도에 자주 출현한 倭가 일시적인 침략 행위를 하기만 하고 어느 지역을 점거하고 통치하지 않았다.

(나)는 책봉관계 전반에 관한 고찰을 필요로 한다. 한국뿐만 아니라 일본 또한 중국과 책봉관계를 가졌다. 일본은 한국만큼 자주 중국에 사신을 보내지 않았고, 책봉관계에 들어가지 않은 적도 있는 차이점을 들어 일본은 한국과 근본적으로 다르다고 하는 것은 무리다. 德川幕府의 통치자가 日本國王이 되지 못하고 "日本國大君"이라는 "不整合"의 칭호를 사용해야 했던 것은 淸나라에서 책봉을 거부했기 때문이다. (中村榮孝, 『日鮮關係史の硏究』, 東京: 東京大學出版會, 1985, 하 465면 이하) 책봉체제는 중세의 여러 문명권에 모두 있던 공통의 제도이다. (<책봉체제>, 『문명권의 동질성과 이질성』, 지식산업사, 1997에서 이에 관해 자세하게 고찰했다.)

(다) 발전과 정체, 선진과 후진은 시기에 따라 달라진다. 한국은 선진이었다가 후진이 되었다. 후진이었다고 선진이 된 일본이 선진을 계속 유지하리라는 보장은 없다. 보편적인 이론을 이룩하는 학문에서는 한국이 다시 앞서 나가면서 일본의 분발을 촉구해야 하는 시기에 이르렀다.

최근에는 일본 교과서의 역사 왜곡이 심각하게 문제되고 있다. 항의를 해서 바로잡으려고 하는 것이 적절한 대책은 아니다. 중국까지 포함해 세 나라가 학자가 근현대사 교과서를 함께 쓴 것은 획기적인 처사이고, 계속 힘써야 할 과제이다. 그러나 절충하고 합의하는 것이 능사가 아니다. 연구를 철저하게 하는 더욱 중요하다. 새로운 연구 결과를 내놓고 토론해 동아시아 학문이 국가주의의 장벽을 넘어서서 함께 분발하도록 해야 한다.

일본의 역사교과서와 동아시아문명

위에 적은 제목으로 『문화일보』 2005년 4월 1일자에 낸 글이 있어, 아래에 전재한다.

지금 유럽 쪽에서는 동아시아를 하나로 보려고 한다. 경제의 발전과 교류가 활발하게 이루어져 지역 통합으로 나아가는 동향을 주목한다. 전 세계 컨테이너 물동량의 절반 이상을 동아시아가 차지하고 있어 팽창을 경계하지 않을 수 없다는 책이 조금 전에 나왔다. 그러나 원래 하나였던 동아시아문명이 어떤 비중을 가졌던가는 말하지 못한다.

미국 학계가 앞서서 내놓는 동아시아 역사서는 국가들끼리 다투어온 과정을 다루는 데 치중한다. 분담 집필자들이 전공하는 나라의 위세와 맞먹는 발언권을 가진다. 중국의 패권에 일본이 도전한 것을 기본 줄거리로 삼고, 한국인을 포함한 다른 여러 민족은 미미한 존재로 취급한다. 앞의 것과 연결시켜 보면, 동아시아가 지금은 하나가 되고 있지만 과거에는 여럿이었던 것처럼 이해하고 있다.

사실은 그 반대이다. 과거에는 하나였던 동아시아가 지금은 여럿이기만 해서 불행하다. 나라의 크기, 과거사의 쟁점에 시비, 경제체제와 수준의 차이 때문에 불화가 계속된다. 동질성 파괴의 반칙을 저지른 일본이 가해자 노릇을 멈추지 않고 분열을 키운다. 먼 곳에서 동아시아를 잘못 본다고 나무랄 체면이 없다. 동아시아가 하나라는 생각을 안에서는 하지 못하고 있다.

다투어서 어떻게 하겠다는 말인가? 기어코 이겨 진 쪽의 항복을 받겠다는 환각마저 버려야 한다. 지금은 국가의 경계를 넘어서 지역 통합을 추구하는 것이 대세이며, 근대를 넘어서서 다음 시대를 바람직하게 이룩하는 방안으로 등장하고 있다. 그런데 동아시아는 청산해야 할 낡은 이념에 사로잡혀 고통을 겪고 있다. 유럽통합에 상응하는 동아시아 공동체가 생겨날 수 있을까 의문이 아닐 수 없다. 중세의 영광에 도취되어 근대를 만들 때 유럽을 따르지 못한 동아시아가 다음 시대 창조에서 더욱 낙후하면 좋을 것 없다.

그러나 다행히 분야마다 사정이 달라 논의를 계속할 수 있다. 갈등이 증폭되고 있는 영역은 정치이다. 인기가 필요해 대중을 선동하는 정치인들이 분쟁을 키우고 있다. 그래도 경제는 그 자체의 생리나 법칙 때문에 분열을 거부하고 지역을 통합하는 작용을 멈추지 않는다. 문화는 동아시아 사람들이 서로 가까워지고 지난 시기의 동질성을 되살리도록 하는 앞설 수 있는데, 정치에 휘둘리고 경제 쪽보다 뒤떨어졌다.

역사 교과서는 문화가 정치에 유린된 참상을 극명하게 보여준다. 역사 교과서를 구출해야 동아시아가 살아난다. 교과서 시비에서 한 발 물러나 그 근거가 되는 연구를 제대로 해야 한다. 먼 곳에서 남들이 쓴 책 번역본이나 들고 다니지 말고, 동아시아 사람들 스스로 동아시아 역사를 통괄해서 깊이 연구하고 자세하게 다룬 업적을 갖추자. 정치사에서 사회사로, 사회사에서 문화사로 방향을 돌려 다툼보다는 화합을, 이질성보다 동질성을 더욱 소중하게 여기자. 국적을 넘어서서 함께 노력하는 선구자들이 학문 공동체를 만들자.

동아시아사만으로 부족하다. 동아시아문학사도 있고, 동아시아

철학사도 있어야 한다. 유럽사, 유럽문학사, 유럽철학사에 상응하는 동아시아 전체의 업적은 하나도 내놓지 못하고 자기가 잘 났다고 우기기나 하는 골목대장 수준의 사고를 버려야 한다. 학문이 정당한 지도력을 발휘해 그릇된 세태를 바로잡아야 한다.

동아시아문명이 하나라고 하는 연구에서 갈등은 무의미해지는 것은 아니다. 원색적인 다툼이 선의의 경쟁이게 만들어, 성실한 연구와 토론을 거쳐 조정하고 해결한다. 하나는 하나만이 아니다. 하나가 여럿이고 여럿이 하나여서, 상극이 상생이고 상생이 상극임을 밝혀야 한다. 그 역동성이 동아시아의 자랑이고 세계사 발전의 동력임을 입증해야 한다.

문학에 나타난 가족 논란

내가 직접 관장하는 분야는 역사가 아니고 문학이지만, 문학을 다루는 데 역사관이 들어 있다. 역사관을 바로잡아야 문학을 제대로 이해할 수 있고, 문학을 제대로 이해해야 역사관을 바로잡을 수 있다. 일본학자들과 만나 한・일문학 비교론을 전개하는 것은 그럴 수 있는 좋은 기회이다.

2000년 4월 8일 한국외국어대학 일본학연구소가 주최해 "한・일 문학 속의 가족"이라는 주제로 학술회의를 열었다. 일본에서 동경대학 비교문학교수 大澤吉博(오사와 요시히로) 외 몇 사람이 와서 발표했다. 한국측 발표자 가운데 나도 있었다. 양쪽 논문의 한국어본과 일본어본을 배부하고 발표는 자기 말로 하고, 토론을 통역하는 방식으로 행사가 진행되었다.

그 때 발표한 내 논문은 <한국고전소설에 나타난 父子 갈등>이다.

여기 내놓아야 하는데, 강의에서 이미 이용했다. 『세계 · 지방화시대의 한국학 (2) 경계 넘어서기』(계명대학교출판부, 2005)의 <제12강 소설에서 문제된 부자 갈등>가 그것이다. 기억을 되살리기 위해 간략하게 요약하기만 한다.

한국의 『報恩奇遇錄』, 일본의 『好色一代男』, 독일의 『빌헬름 마이스터의 수업시대』(*Wilhelm Meisters Lehrjahre*)는 부자갈등을 다루어 중세에서 근대로의 이행기 공통된 사회변화를 상이하게 나타낸 소설이다. 돈벌이를 생업으로 삼는 아버지가 아들을 훈련시키기 위해 수금해오라고 시켰더니 아들은 말을 듣지 않고 도망쳐 자기 하고 싶은 것을 했다. 아버지가 개척하는 새로운 삶을 아들이 거역하고 보수노선으로 되돌아가고자 했다. 아들이 택한 것이 한국에서는 漢詩 짓기, 일본에서는 色 도락, 독일에서는 연극 공연이어서 세 나라 문화의 차이를 보여준다.

大澤吉博은 대상에서나 시각에서나 나와 아주 다른 발표를 했다. 오늘날의 일본소설에 나타난 가족을 들어 논하면서, 가족의 구성원이 줄어들다가 마침내 가족이 해체되는 위기에 이르다고 했다. 그래서 잘못 되었다는 것은 아니었다. 해결책이 무엇인가에 관심을 보이지도 않았다. 가족 해체 현상을 보여주는 소설 장면을 들고 그것을 영화화한 자료를 보여주면서 실상을 알리는 데 힘썼다. 문학은 오직 작품이라고 여겼다. 작품의 의미를 다양한 관점에서 살피는 것이 연구에서 할 일이라고 했다.

청중석에 있던 노인 두 분이 그래서 되겠는가 하고 분개하고 나무라는 발언을 하고, 발표자 중에 누가 대답하라고 했다. 가족이 해체되지는 않을 것이라고 말로 대답하는 분이 있었으나 미흡했다. 그래서 나는 다음과 같이 말했다.

유럽문명권에서는 가족이 해체된다고 하는데, 제3세계나 동아시아는 그렇지 않다. 다만 가족의 중심이 아버지에서 어머니로 바뀌고 있다. 『어머니 노릇의 즐거움』(*The Joyce of Motherhood*)이라고 하는 아프리카 나이지리아 여류작가의 소설이 그 점을 논의하는 데 좋은 자료가 된다. (『소설의 사회사 비교론』 3, 지식산업사, 2001에서 이에 관해 고찰했다.) 아버지는 가족을 돌보지 않고 개판을 쳐도 어머니가 아이들을 기르고 가르치기 위해 온갖 노력을 한다. 미국에 이민해 살고 있는 한국인도 그런 특징을 잘 보여주고 있다. 가부장의 권위가 추락한 것이 가족 해체의 위기라고 여기지 말고 어머니의 주도권을 인정하면 위기가 아니다.

大澤吉博은 토론자로 나서서 자기 관점을 옹호하고 우리 쪽에 대한 불만을 나타냈다. 내 발표에서 볼 수 있듯이 문학을 논하면서 사회적이고 정치적인 문제에 많은 관심을 가진 한국의 학풍은 마르크스주의라고 했다. 일본에서 문학은 특수한 체험으로 보고 작품에 대한 심리적 분석을 하는 것이 바람직한 접근이라고 했다. 이에 대해서 나는 다음과 같이 응답했다.

문학에 대한 사회적 관심은 마르크스주의라고 하는 것은 마르크스주의를 부당하게 확대시킨 잘못이 있다. 두 나라의 학풍을 비교하면, 한국은 거시적이고 일본은 미시적이며, 한국의 구조적이고 일본은 분석적이며, 한국은 역사적이고 일본은 심리적인 차이가 있다. 그 두 학풍을 두고 우열을 가리지 말자. 둘 다 필요하다. 둘 다 갖추어야 동아시아의 학문이 유럽문명권의 학문과 대등한 수준에 이르거나 그것보다 앞설 수 있다. 그렇기 위해서 서로 이해하고 수용해야 한다.

그런데 일본문학을 전공하는 한국의 학자는 많고 한국문학을 전공하는 일본의 학자는 적어 이해와 수용에 불균형이 심한 것은 시정해야 한다. 또한 관심의 폭도 문제이다. 나는 한국문학을 일본문학을 포함한 동아시아문학, 제3세계문학, 유럽문명권의 문학과 널리 비교해 세계문학에 대한 새로운 이해를 하고자 하는데, 일본의 학자는 그렇게 하지 않는다. 일본의 비교문학자는 한국문학에 대해서 관심은 있어도 다루지는 못한다. 다음 세대에는 열린 시야를 가진 비교문학자가 교수로 등장해야 할 것이라고 했다.

비교문학계와의 교류

2004년 6월 25일 일본 동경대학 駒場(고마바) 캠퍼스에서 <전근대 한국문학에서의 캐논의 형성: 異文化 요소의 異化와 同化>라는 이름의 학술회의가 열렸다. 동경대학 超域文化科學 전공의 포럼이며, 일본비교문학회 국제활동위원회가 주최한다고 했다. 행사를 주관하는 양쪽의 책임자가 앞에서 든 大澤吉博 교수였다. 이 사람과는 두 번만 만난 것은 아니다. 여러 차례 거듭 만난 것 가운데 둘만 여기서 거론한다.

한국에서 세 사람이 가서 발표했다. 내 논문은 <한국문학에서 제기된 正典 문제>였다. 서울대학교 사범대학의 김종철 교수는 <춘향전은 어떻게 정전이 되었는가>, 성균관대학교의 조건상 교수는 <정전으로서의 한국 골계소설: 1920년대 김동인 · 현진건 소설을 중심으로>에 관해 고찰했다.

동경대학 駒場(고마바) 캠퍼스의 超域文化科學 전공에 대해서 우선 설명이 필요하다. 그 곳은 동경대학 교양학부이다. 교양학부에다 상위 과정을 두고 總合文化硏究科를 설치했다. 문학부에서는 학문을 세분화해서 다루는 것과는 방향을 다르게 해서 종합을 특징으로 한다. 總合文化硏究科의 한 하위 영역을 超域文化科學라고 하는데 "Interdisciplinary Cultural Studies"의 번역이다. 그 하위에 比較文學比較文化 연구실이 있다. 그 연구실 구성원들이 일본비교문학계를 이끌고, 국제적인 활동도 많이 한다.

그 연구실에 한국인 유학생이 많다. 한국에서 일본문학을 공부하고 일본에 유학해 비교문학의 석사 및 박사과정을 이수하는 학생이 일본 본국인 학생보다 더 많다. 그런데 교수진은 영문학 · 불문학 · 독문학 가운데 하나를 전공하고 교양학부에서 외국어를 가르치는 사람들이다. 한국문학을 모를 뿐만 아니라 중국문학에 대한 이해가 없고, 일본고전문학에 대한 식견을 갖추었다고 하기도 어렵다. 서양문학과 일본근대문학을 비교하는 작업을 하면서 서양학문을 수입한다.

학문의 성격이나 학생의 구성을 보면 그 연구실에서 한국문학에 대해서 상당한 관심을 가지고 비교연구를 교과 내용으로 하는 것이 당연하다. 교수진이 그럴 능력이 없어 한국 학자를 계속 초빙해 간다. 나도 1993년 1월에서 2월까지 그 곳에 가서 두 차례 특강을 했다. 일본어로 말한 능력이 없고 또한 통역을 거치는 것이 번거로워 영어를 사용했다.

이번 행사도 한국문학에 대한 이해를 넓히자는 것이다. 그 연구실에서 근래 관심을 가지고 진행하는 연구 주제를 한국문학에서는 어떻게 다루는가 알고 싶어 필요한 사람들을 불렀다. 나는 원고를 처음에 영어로 썼다가 한국어본을 다시 만들었다. 다른 두 사람은 한국어로만 썼다. 세 사람의 원고가 일본어 번역본과 함께 배부되었다. 발표할 때에는 한국어본만 읽고, 토론은 통역을 거쳤다. 사회는 일본에 가 있는 성균관대학교 최박광 교수가 맡았다. 나는 발표를 시작하면서 다음과 같이 말하고 통역하도록 한 다음 발표에 들어갔다.

제 발표문은 일본어·한국어·영어본이 배부되어 있습니다. 영어본이 더 있는 점이 특이해 설명이 필요합니다. 이 행사가 통역 없이 진행되기를 바라고 원고를 처음에 영어로 썼습니다. 그런데 일본어본을 만들어 만들어야 하고, 영어본보다 한국어본을 원본으로 사용하는 것이 손쉽다는 연락을 받고 영어본을 한국어본으로 옮겼습니다. 그렇게 하고보니 내용이 단순하고 문장이 간략합니다. 영어를 사용한 탓입니다. 미비한 사항에 대해서는 질문에 대답하면서 다시 설명하도록 하겠습니다.

나의 발표

한국문학에서 제기된 正典 문제

1

'Canon'이라는 영어 단어는 근래까지 한국에 알려지지 않았다. 그 말을 오늘날에는 영미 계통의 공부를 배경으로 삼고 문학을 논하는 사람들이 자주 사용하면서, 正典이라고 번역한다. 현학적인 용어인 것 같지만, 뜻하는 바는 단순하다. 표준이 되거나 권위가 있는 글을 정전이라고 한다.

그런 생각이 전에 없었던 것이 아니다. 한국에서 사용해온 오랜 용어 典誥, 典謨, 典範 등이 같은 뜻을 지녔다. 이 글에서 한국문학에서 제기된 정전 문제를 논하면서, 그런 재래의 용어와 관련된 독자적인 유산을 이어받는다.

모든 문명에는 그 나름대로의 정전이 있다. 정전이 있어야 한다는 생각이나 정전을 선정하는 방식이 그리 다르지 않다. 정전을 재조정하는 과정에도 공통점이 있다. 그런 사실이 문화사 또는 문학사의 전개에 관한 세계적인 범위의 비교연구를 가능하게 한다.

유럽에서는 기독교 성서가 일차 정전이었다. 이차 정전은 그리스와 로마의 고전에서 찾았다. 영문학 같은 것은 20세기에 이르러서야 정전으로 평가될 자격이 있다고 인정했다. 동아시아나 한국의 경우가 어쨌든가 밝히기 위해서 그 쪽과 견주어 살필 필요가 있다.

2

유교가 문명권 전체의 보편적인 이상주의 이념이었던 오랜 기간 동안, 동아시아에서는 그 경전 『論語』, 『孟子』, 『中庸』, 『大學』, 『詩經』, 『書經』, 『周易』 등이 이 최상의 정전이었다. 唐詩니 唐宋文이니 하는 고전문학이 그 다음 서열의 정전 노릇을 했다. 유럽의 경우와는 달리, 그 두 가지 정전은 애초부터 동일 특성을 가진 한문을 사용해 언어에서 차이가 없었다. 종교, 철학 및 문학의 전통이 동아시아에서는 유럽의 경우보다 더욱 밀접하게 연관되었다.

南宋 이후에는 중국이 문명권 전체의 정전을 산출하지 못했다. 동아시아의 다른 나라 한국 · 일본 · 월남이 한문학 창작에서 중국

과 경쟁하면서, 민족구어문학도 병행해서 발전시켰다. 한국의 李奎報, 일본의 絶海中津(세쯔가이 주신), 월남의 阮廌(응우엔 짜이) 같은 시인은 한문을 사용해 민족의식을 나타내는 뛰어난 능력을 보여주었다.

그러나 한국뿐만 아니라 동아시아 다른 나라 또한 자국의 한문학은 낮추어보는 것이 예사였다. 이따금 삼차 정전으로 추가되는 정도에 그쳐, 기존의 서열을 바꾸어놓지는 못했다. 그래도 그 점이 유럽의 경우보다는 나았다고 할 수 있다. 유럽의 영국이나 다른 나라에서는 자국인이 산출한 중세 라틴어문학은 정전에 포함될 자격이 없다고 여겼다.

3

崔瀣(1289-1340)와 徐居正(1420-1488)이 한문학 선집을 두 차례 만든 것이 전환의 계기가 되어, 방치된 유산을 평가하게 되었다.

『東人之文』 서문에서 최해는 이렇게 말했다.

> 우리 동방사람은 말이 중국과 다르므로, 타고난 재주가 밝고 날카롭지 않다면 천백 배나 노력해도 공부하는 바가 어찌 성공을 거둘 수 있겠는가. 다만 一心에 갖추고 있는 묘한 이치는 천지사방에 통해 털끝만큼도 차이가 없으니, 득의한 작품에 있어서야 어찌 스스로를 낮추어서 그네들에게 많이 양보하겠는가?
>
> (若吾東人 言語旣有華夷之別 天資苟非明銳 而致力千百 其於學也 胡得有成乎 尙賴一心之妙 通乎天地四方 無有毫末之差 至其得意 尙何自屈而多讓於彼哉)

서거정은 『東文選』을 편찬한 취지를 이렇게 설명했다.

> 우리 동방의 文은 宋元의 문도 아니고 漢唐의 문도 아니며 바로 우리나라의 문이다. 마땅히 역대의 문과 더불어 천지 사이에 나란히 나아가야 하거늘 어찌 없어지고 전해지지 않을 수 있겠는가?
>
> (我東方之文 非宋元之文 亦非漢唐之文 而乃我國之文也 宜與歷代之文 幷行於天地間 胡可泯焉而無傳也)

뛰어나다고 선정된 작가를 연대순으로 들면, 崔致遠, 金富軾, 李仁老, 李奎報, 李齊賢, 李穡, 權近이다. 이들 작가는 정전을 산출했다고 인정했다.

개인이 만든 시선집도 이어져 나왔다. 許筠(1569-1618)의 『國朝詩刪』, 張志淵 (1864-1921)의 『大東詩選』이 좋은 본보기이다. 이런 책에서 한국 한시가 이룩한 성과를 자랑했다.

산문 선집의 최종 성과는 『麗韓九家文』인데, 金澤榮(1850-1927)이 중국에 망명하고 있을 때 만들었다. 거기서 金富軾·李齊賢·張維·李植·金昌協·朴趾源·洪奭周·金邁淳을 九家라고 했다. 한국인이 창작한 한문 작품이 중국의 고전과 대등한 수준에 이른 것을 중국에 알리고자 했다.

4

한국어 작품은 최하의 지위에서 벗어나지 못하고 정전의 위치에 오를 수 없었다. 그러나 均如(923-973)의 鄕歌 <普賢十願歌>는 예외적인 평가를 얻었다. 최고 수준의 불교사상을 나타낸 것이 그 이유이다. 동시대의 뛰어난 문인 崔行歸는 그 작품을 한시로 번역하고, 서문에서 향가와 한시를 비교했다.

> 소리를 논하면 (두 나라의 노래는) 參星과 商星이 동서 하늘에 각기 자리 잡은 것처럼 차이가 있고 구별된다. (나타내는) 이치에서는 (두 노래가) 창과 방패가 겨루는 듯해서 강약을 가리기 어렵다. 비록 서로 다툰다고 하지만 진리의 바다를 향해 각기 자기 방식대로 가고 있는 것이 같으니, 어찌 좋지 않다고 하겠는가?
> (論聲 則隔若參商 東西異辨 據理 則敵如矛盾 强弱難分 雖云 對衒詞鋒 足認同歸義海 各得其所于 何不臧)

향가가 사라지면서 이런 이론을 뒷사람들이 잇지 못했다. 시조와 가사로 재현된 국문 노래는 한시의 결함을 보충하는 구실을 한다고 여겼다. 한시와 국문 노래 양쪽에서 창작 능력을 보인 사람들 가운데 특히 우뚝한 李滉(1501-1570)은 국문 노래가 필요한 이유가 노래 부르고 춤추어 마음을 깨끗하게 하게 할 수 있기 때문이라고 했다.

뛰어난 평가를 얻은 예외도 있었다. 鄭澈(1536-1593)의 가사 <關東別曲>, <思美人曲>, <續美人曲>이 그런 본보기이다. 金萬重(1637-1692)은 그 세 작품이 "左海眞文章"이라고 했다. "左海"는 한국이다. "眞文章"이란 정전의 대열에 들어설 만한 가치를 가진 작품이라는 말이다.

그런 평가가 국문 노래 전반에 해당되지는 않았다. 18세기에 『靑丘永言』을 비롯한 여러 시조집이 나와서 작품을 수집하고 보존해야 한다고 주장했다. 그러나 시조나 가사는 한시에 부수되는 노래라고 여기는 생각을 버릴 수 없었다.

국문을 사용한 산문은 문학 작품이 아니라고 여겼다. 국문소설이 많이 나와 널리 읽혔지만, 도덕을 해친다고 폄하되기나 했다. 그런 가운데 金萬重의 『九雲夢』과 『謝氏南征記』는 특별한 평가를 얻었는데, 작자가 대단한 사람이고 나타내는 사상이 훌륭하다고 여긴 것이 그 이유이다.

5

『朝鮮文學史』(1922)를 처음 낸 安廓은 국문문학과 한문학이 대등한 의의를 가진다고 하고, 그 둘의 상관관계를 해명하려고 했다. 그러나 개요만 작성했을 따름이고 구체적인 내용을 갖추지 못했다. 식민지 시대의 여건이 불리해 그 이상의 작업을 할 수 없었다.

趙潤濟의 『國文學史』(1949)는 광복후의 저작이다. 자료 정리에서 대단한 진전을 이룩했으며, 체계적이 서술을 갖추었다. 대학뿐만 아니라 중등교육의 교재로도 널리 사용되었다. 저자가 한국문학을 규정한 관점은 민족주의이다. 한국문학 두 영역의 서열을 역전시켰다. 한문학은 주변으로 밀어내고, 국문문학을 한국문학의 중심으로 삼았다.

전대의 문선류에서 정전을 이룩했다고 평가한 작가 가운데 洪奭周와 金邁淳은 퇴장시켰다. 문학사의 주류에서 벗어나 평가해야 할 이유가 없다고 여긴 것이다. 한문학의 작가는 국문문학과 관련을 가지고 작품 활동을 했어야 고찰의 대상으로 삼았다.

전대에 이미 평가된 국문문학을 문학사의 주역으로 등장시켰다.

향가와 시조는 민족정신의 소중한 표현형태라고 했다. 鄭澈의 가사, 金萬重의 소설은 정전의 위치를 차지는 걸작이라고 했다. 『洪吉童傳』, 『春香傳>, 그리고 다른 몇 가지 소설을 그 목록에 추가했다.

그래서 결론이 난 것은 아니다. 최근 반세기 동안 한국문학 연구에서 커다란 진전이 있었다. 잊고 있던 작품을 대거 발견하고 평가했다. 鳳山탈춤, 사회현실을 다룬 金鑢의 한시, 180책이나 되는 최대 장편소설 『玩月會盟宴』이 그런 본보기이다. 새로운 가족을 받아들이기 위해 기존의 정전 체제를 재검토해야 했다.

문학사 서술의 새로운 관점을 마련하는 것이 또한 긴요한 과제였다. 나는 『한국문학통사』(제1판 1982-1988, 제3판 1994)를 다섯 권으로 써서 그런 요구를 실현하고자 했다. 새로 시도한 바를 다음과 같이 간추릴 수 있다.

한국문학은 구비문학 · 한문학 · 국문문학으로 이루어져 있다. 셋은 대등한 의의를 가진다. 셋은 서로 경쟁하면서 융합했다. 그 과정을 넓고 깊게 밝히는 것이 문학사가의 임무이다.

주류문학과 비주류문학의 구분은 없애야 한다. 하층민이나 여성의 기여를 새로운 관점에서 파악해야 한다. 무당이 전승하고 재창조해온 구비서사시에서 고대문학의 망각된 맥락을 되찾을 할 수 있다. 무덤에서 우연히 발견된 예사 여성들의 諺簡이 어문생활을 다시 이해하는 소중한 자료이다.

문학의 범위가 아주 넓어지고, 새로운 개념의 글(text)이나 어문생활(literacy)로 대치되는 과정에 들어섰다. 나는 지금 『한국문학통사』 제4판을 쓰고 있으며, 2005년에 내놓을 예정이다. 그래서 정전 구분을 반대하는 견해를 더욱 분명하게 나타내고자 한다. 그것이 문학사

이해의 근대적 관점을 극복하는 긴요한 과업의 하나이다.

6

한국의 경우를 들어 정전의 역사를 세 단계로 구분할 수 있다. 그 과정이 정신사나 사회사와 밀접한 관련을 가진다.

문명권 전체의 공동문어로 이루어진 고전적인 정전이 보편적인 이상주의가 이념을 주도하는 오랜 기간 동안 크게 행세했다. 근대 민족주의의 시대에는 그 대신 민족어 정전이 등장했다. 지금은 정전의 개념을 검토의 대상으로 삼고 불신하면서 새로운 형태의 평등사회를 만들고자 한다.

한국의 경우를 두고 더 자세한 연구가 필요하고 가깝고 먼 곳들과 비교연구를 힘써 해야 한다. 우리는 오랜 여정의 출발선상에 서 있다. 동일한 과정을 세계 도처의 다수의 유용한 자료에서 확인하면, 인류가 겪어온 내력이 같다는 것을 입증하는 데 크게 기여할 것이다.

오고간 논의

토론에서 오고간 말을 요약해 제시한다. 문제의 중요성에 따라 순서를 재조정해서 정리한다.

❑ 문 (일본인 비교문학자) : 정전을 결정하는 데 영국의 옥스퍼드대학출판사, 프랑스의 플레야드(La Pléiade) 총서, 일본의 岩波 등에서 맡아 하는 출판 사업이 사실상 결정적인 구실을 한다. 한국의 경우는 어떤가?

❑ 답 : 한국에는 그런 출판사가 없어 정전을 정착시키고 보급

하지 않은 것이 불행이면서 다행이다. 정전을 문학사가 맡고 있어, 재론하고 비판하기기 쉽다.

❑ 문 (일본인 여성비교문학자) : 정전에 관한 논의에서 누가 정전을 만들었는가, 정전을 만들어 어떤 특권의식을 누렸는가 하는 것이 중요하다. 한국의 경우는 어떤지 말해 달라.

❑ 답 : 정전을 만들어 상층, 남성, 중앙 사람의 특권을 강화하고, 하층, 여성, 지방민을 무시한 것은 세계 공통의 사실이다. 그 점에 관해 근래 영미학계에서 많은 논의를 펴면서 정전 비판을 하는 것을 알고 있다. 그런데 영미의 논의를 수입해 되풀이하는 것이 능사가 아니다. 한국의 영문학자들은 정정 비판 수입을 일본에서만큼 열심히 하지는 않는 듯하다. 그래서 뒤떨어진 것은 아니다.

한국문학 전공자들은 영미의 동향을 알지 못한 채 하층, 여성, 지방민의 문학을 소중하게 평가하는 작업을 열심히 해오면서 그릇된 관점을 시정하는 성과를 크게 이룩하고 있다. 1970년대 이래로 구비문학을 문학의 기본영역으로 받아들이고, 문학사 전개의 근간으로 이해하기까지 한 것이 결정적인 전환이다. 정전 비판에 대한 대안을 제시하는 작업에서 영미학계보다 앞서고 있다. 한국에서 이룩하는 새로운 관점은 제3세계문학에 대한 적극적인 평가를 가능하게 하고, 세계문학사를 제3세계의 시각에서 이해할 수 있게 한다. 그런 연구를 한 성과도 많이 나와 있다. 일본의 경우에 영미학계에서 정전 비판론을 수입하는 것보다 아이누문학이나 유구문학을 이해하고 정당하게 평가하는 것이 선결 과제라고 생각한다.

❑ 문 (한국인 일본문학자) : 조건상 선생의 발표에서 골계가 한국문학의 특징이라고 했는데, 일본문학에 더 많은 골계 작품이 있는 것을 무시하고 하는 말이 아닌가?

❑ 답 : 조건상 선생이 대답할 질문이지만, 한국문학의 특징에 관한 논의이므로 내가 한 마디 하기로 한다. 골계라는 상위개념은 문학의 특질을 규정하기에 적합하지 않다. 하위개념을 찾아야 한다. 부드러운 골계인 해학, 사나운 골계인 풍자를 들어 말하면 논의가 구체화될 수 있다. 일본문학에서는 부드러운 골계인 해학이 흔하고, 한국문학은 사나운 골계인 풍자가 많다. 일본의 狂言·狂歌·狂詩를 한국의 각기 탈춤·사설시조·풍자한시와 견주어보면 특징의 차이가 뚜렷하다. 狂言이라는 골계극은 막간극이지만 탈춤은 극 전체가 풍자로 이루어져 있다. 狂詩에서는 중국 고전시를 희화(parody)하고, 한국 한시에서는 사회를 비판했다.

❑ 문 (일본인 비교문학자) : 한국에는 落語(라꾸고) 같은 것이 없는가?

❑ 답 : 한국에도 그런 것이 있다. 야담이니 만담이니 하는 것이다. 그러나 일본에서만큼 성장하지 않았고, 그 대신 판소리가 대단한 위치를 차지하고 큰 인기를 누렸다. 두 나라의 골계문학에 대한 비교연구와 상호조명을 힘써 할 만하다.

❑ 문 (중국 조선족 학자) : 오늘의 발표와 직접 관련된 질문인데, <箜篌引>을 한국문학의 작품이라고 할 수 있는가? 그 노래가 유래했다는 "조선"이라는 곳이 과연 한국인가?

❑ 답 : "조선"이 "고조선"이 아닌 다른 곳일 수는 없으니, 그 노래는 한국문학의 작품이다. 그 노래를 중국에서 오랫동안 전승하고 개작했다는 이유에서 중국문학의 작품으로 보는 것도 타당하다. 두 나라에 모두 속하는 작품일 수 있다. "조선"이라는 곳이 과연 한국인가 하는 질문은 근래 중국에서 진행되고 있는 역사 재해석과 관련된다고 생각되어 답변을 확대하겠다. 고조선이 중국이 아닌 한국이라는 증거는 司馬遷의 『史記』에 있다.

『사기』 列傳에 <朝鮮>도 있고, <匈奴>도 있다. 열전에 등장시킨 나라는 모두 외국이다. 『사기』는 本紀 · 世家 · 列傳으로 구성되어 있다. 本紀에서는 중국의 중앙정권을, 世家에서는 중국의 지방정권을 다루었다. 列傳에는 인물의 전기와 함께 외국의 역사를 수록했다. 외국의 역사는 부록에 지나지 않는다고 여겨 거기 넣었다. 사마천의 전례를 후대의 사가들이 이었다. 통일왕조가 들어선 뒤에는 본기와 세가의 구분이 필요하지 않아, 세가는 없앴다. 그러나 열전에서 외국의 역사를 다루는 관례는 그대로 이었다. 오늘날 중국학자들이 고구려를 중국 역사의 일부라고 주장하려면 먼저 사마천과 싸워야 한다.

정전이 결정적인 영향을 끼치도록 만드는 것은 교과서인데, 한국의 경우는 어떤가 하는 질문이 있어 김종철 교수가 대답했다. 한국의 교과서는 근래 개방적인 내용을 지니고 정전에서 벗어나는 작품을 많이 받아들이고 있다고 했다. 대답을 듣고 다시 하는 말에서, 일본은 그렇지 않다는 사실을 확인했다.

마지막 순서로 일본비교문학회 회장 私市保彦(키사이찌 야수히코)

교수가 폐회인사를 하면서, 오늘의 발표에서 특히 주목한 사실에 대해서 말했다. 근대 이전에 한국한문학이 평가되고 정전의 위치를 차지하게 된 것은 일본에는 없던 일이라고 했다. 일본한문학은 근대에 이르러서 정전이 될 수 있었다고 했다.

그것은 우리는 알지 못하던 사실이다. 거기다 소감을 보탠다. 일본한문학은 과거에는 중국 것이 아니라는 이유에서, 근대 이후에는 일본어를 사용하지 않았다는 이유에서 대단치 않게 여겨진다. 일본어문학의 고전만 받들고 한문학은 무시한다. 일본한문학은 학문편제상에서나 도서 분류에서나 중국문학으로 취급된다.

학회의 모임

다음 날인 6월 26일(토요일)에는 동경 시대 東洋大學에서 일본비교문학회 발표대회를 참관했다. 저녁에 있는 리셉션에 초대되고, 말을 한 마디 하라는 주문을 받았다. 통역을 정확하게 하도록 할 말을 미리 적어 한 부 전해주었다. 적어둔 것을 옮긴다. 통역의 편의를 위해 단락을 자주 바꾸었다.

저는 한국 서울대학교 한국문학 교수이며 비교문학에 대한 연구도 함께 하고 있는 조동일입니다. 오늘 일본비교문학회 발표대회를 참관한 것을 좋은 인연으로 생각합니다. 김종철, 조건상 두 교수와 함께 저는 일본비교문학회 국제활동위원회가 주최한 한국 전근대 문학의 정전 형성에 관한 포럼에서 발표를 하기 위해 일본에 왔습니다. 그 행사는 어제 동경대학 고마바 캠퍼스에서 있었습니다.

오늘 이곳 학회에 와서 中西(나카니시), 芳賀(하가) 교수, 私市(키사

이찌) 회장 등의 석학을 만나고, 좋은 발표를 들었습니다. 많은 회원이 참가한 것을 보고 감명을 받았습니다.

오는 8월 20일부터는 스웨덴 외테보리(Göteborg)대학에서 열리는 '스칸디나비아 일본 및 한국 학회'가 열립니다. 일본에서는 川本(가와모도) 교수가, 한국에서는 제가 초청되어 가서 기조강연을 합니다. 먼 곳에 가서도 우리 두 나라 학자는 밀접한 관련을 가집니다.

일본비교문학회와 한국비교문학회, 일본학계와 한국학계가 한층 적극적인 교류를 하면서 공동의 관심사를 함께 논의하는 기회가 더욱 많아지기를 바랍니다.

그런데 우리 두 나라 모두 동아시아의 이웃보다 멀리 있는 유럽문학에 대해서 더 많은 관심을 가지고 비교문학을 연구하고 있습니다. 유럽 학자들은 어느 나라 사람이든 자기네 문명권 유럽문학 전반에 대해 공통적인 이해를 가지고 개별주제를 다루는 것과 많이 다릅니다.

<문학에서의 자연>에 관한 발표를 들어보니, 이미 지적이 있었지만, 동아시아 선인들의 山水 · 자연 이해에 관해서는 논의하지 않은 것이 유감입니다. 자연은 근대 유럽인의 발견인 듯이, 그 성과를 동아시아에서 뒤늦게 받아들인 것처럼 오해하게 되어 있어 잘못이라고 하지 않을 수 없습니다. 편향된 지식과 협소한 안목에서 벗어나야 하는 과제가 제기되어 있다고 하겠습니다.

오늘 이 懇親會에 한국에서 온 저희들 일행을 초대해주시고, 또한 한 마디 말씀을 드릴 기회를 주셔서 참으로 감사합니다.

<문학에서의 자연>에 관한 발표를 언급한 부분은 설명이 필요하

다. 그것이 이번 발표대회의 기획주제이다. 세 사람 주제발표를 했다. 그런데 발표 내용이 미국 소로우(Thoreau)의 자연관, 영국 워즈워즈(Wordsworth) 시에 나타난 자연, 프랑스 프루스트(Proust) 소설의 자연 묘사에 관한 것이었다. 두 번째 논자는 워즈워즈 시에 나타난 자연과 유사한 것이 일본 근대시에도 보인다는 말을 덧보탰다. 동아시아 또는 일본의 山水 · 자연 이해에 관해서는 그 이상의 언급이 없었다.

발표자들의 실수라기보다 기획 잘못이다. 기획 잘못이 우연은 아니다. 일본학계가 지닌 특징을 명확하게 보여준 사례이다. 토론 과정에서 불만을 나타내는 발언이 더러 있었지만 대안을 내놓을 수 있을지 의문이다.

일본에서는 유럽문명의 어느 미세 국면에 대해 고도로 정밀한 전문적인 지식을 가진 기능공을 뛰어난 학자라고 평가한다. 커다란 문제의식을 가지고 전체의 국면을 고찰하는 작업은 하지 않는다. 평론가라는 사람들이 수필체의 글을 판매용으로 쓸 때 그런 내용이 더러 들어가는데, 사실에 근거를 두지 않고 논리가 결여되어 있다. 연구를 큰 범위로 확대해 사상을 창조하지는 성과를 보여주지 않아 학문 후진국에서 벗어나지 못한다.

발표회를 다시 조직한다면 어떻게 해야 하는가 하고 생각했다. 중요한 착상을 몇 가지 간추려 말해보겠다.

어느 한 곳에 치우치지 말고 (가) 동아시아, (나) 남아시아, (다) 아랍세계, (라) 유럽의 경우를 다 들어야 한다. 그런 토대를 확보하고 동아시아 여러 나라의 차이점을 비교해야 한다.

(가)에서 (라)까지의 네 곳에서 말하는 자연의 개념을 정리하고

고찰해야 한다. 동아시아의 경우에는 '山水'라는 景物과 '自然'이라는 理致가 이중으로 존재하면서 양자의 관련 이해를 두고 많은 논의가 있었다. 다른 곳은 어떤지 알아야 한다.

특히 중요시하는 자연의 영역이 서로 다른 점을 비교해야 한다. (가) 산, (나) 숲, (다) 사막, (라) 바다가 두드러진 구실을 해서 비교대상이 된다. 그런 곳이 일상생활의 공간인 궁전, 도시, 마을 등과 어떻게 다른지 문제이다. (가)에서 (다)까지와 (라)는 상당한 차이가 있다.

자연 이해가 시대에 따라서 어떻게 달라졌는지 고대·중세·근대로 나누어 고찰해야 한다. 고대에는 일정한 자연관이 없었다. 중세에는 자연관을 이상화·규범화했다. 근대에는 자연이 소중함을 새삼스럽게 깨달았다. 유럽 근대문학의 자연 재발견은 이에 해당한다.

표현 방식은 자세하게 살필 만하다. (가)에서는 산수화와 산수시가 오랜 기간 동안 많은 작품을 산출하면서 공존했다. 둘 다 묘사보다는 감흥을 소중하게 여겨 자세한 내용을 생략했다. (라)의 풍경화는 그린 시대나 다룬 소재가 제한되어 있다. 자연을 다룬 (다)의 문학은 대상 묘사를 중요시해서 길고 번다하다. (나)와 (다)의 경우는 어떤가 알아야 한다.

이 전체의 내용을 대강 엉성하게나마 개관하는 주제발표를 한 사람이 맡아서 먼저 하고, 다음 기회에 세분화된 주제에 대한 발표를 여러 사람이 하도록 하는 것이 좋은 방법이다.

토 론

❑ 문 : 한국학의 개념을 규정해주기 바란다.

❑ 답 : 이 강의를 하면서 한국학에 대해 계속 말하고 있지만,

다시 정리해보기로 한다. 한국학은 (가) 한국에 관해 연구하는 학문이면서, (나) 그 결과 이루어진 이론창조물이고, (다) 한국이 나아갈 방향을 제시한다고 규정할 수 있다. (가)만 가지고도 한국학이라고 할 수 있다. 대부분의 한국학은 (가)에 머무른다. 그러나 (나)를 갖추고, (다)의 임무까지 수행하는 것이 한국학의 더 큰 목표이다.

❑ **문** : 인문학이라야 한국학인가?

❑ **답** : 그렇지는 않다. 인문학문뿐만 아니라 사회학문이나 자연학문도 한국학일 수 있고, 한국학인 것이 바람직하다. 그러나 우리 학문의 전통을 이어받아 이론창조물을 만드는 작업을 인문학문이 선도해 마땅하다. 그 성과에 힘입어 다른 영역에서도 변화가 일어나도록 해야 한다.

❑ **문** : 동아시아 비교문학이 한일간의 불행한 과거를 청산하고, 우리 민족이 나아갈 길을 찾는 데 어떤 기여를 하는가? 현실과 동떨어진 학문이 아닌가?

❑ **답** : 한 · 일 관계에 정치, 경제, 사회, 문화 등의 여러 측면이 있다. 앞에 든 것일수록 다툼이 심각하고 뒤에 든 것일수록 화합에 이를 가능성이 크다. 문학은 화합의 가능성을 특히 잘 보여주는 문화 형태이다. 두 나라 문학이 지닌 공통점을 찾아내 동아시아문명의 소중한 유산으로 평가하는 작업은 상호이해를 심화해 갈등 해결에 기여한다. 두 나라 문학을 대등한 수준으로 이해하는 학자가 많이 나와 필요한 작업을 힘써 해야 할 것이다. 일본에는 그런 사람이 없다고 나무라지 말고, 우리가 열심히 하면서 분발을

촉구할 일이다.

한국과 일본만 알면 되는 것은 아니다. 한국 · 중국 · 일본문학, 더 나아가서 월남문학까지 균형 잡힌 시각에서 제대로 알고 폭넓게 비교해 고찰할 수 있는 학자들이 나와야 한다. 그런 작업을 세계문학 전반으로까지 확대해야 한다.

❑ 문 : 중국의 한시, 한국의 시조, 일본의 和歌가 서로 대등한 의의를 가진다고 하는 것이 비교연구의 기본내용일 수 있는가?

❑ 답 : 사리가 그렇게 단순하지는 않다. 한시는 중국뿐만 아니라 한국과 일본에서도 지은 점을 고려해야 한다. 중국은 한시만, 한국은 한시와 향가 · 시조, 일본은 한시와 和歌를 갖추었다. 그러면서 한국은 한시와 향가 · 시조 양쪽에 다 힘쓰고 그 둘이 서로 근접되게 하려고 했으나, 일본은 한시보다 和歌에 더욱 열의를 가진 점이 다르다.

❑ 문 : 향가나 시조는 어떻게 해서 생겼는가?

❑ 답 : 한시의 충격을 받고 민족어시의 율격을 정비해서 기록문학인 시 형태를 만들었다. 일본의 和歌 또한 그렇다고 할 수 있지만 나타난 양상이 아주 다르다. 한시 한 줄을 이루는 음절수(형식)와 정보량(내용) 가운데 일본은 음절수가, 우리는 정보량이 대등하게 하게 한 것이 서로 달라진 이유이다. 양자를 함께 고찰하면서 서로 비교해야 그 과정을 알아낼 수 있다. 『하나이면서 여럿인 동아시아문학』(지식산업사, 1999)에서 동아시아 다른 민족의 경우까지 들어 이에 대해 자세하게 고찰했다.

❑ 문 : 우리 문학에 대한 이해와 교육이 제대로 되고 있는지 의문이다.

❑ 답 : 그렇다. 제대로 되고 있지 않아 걱정이다. 근대민족국가는 어디서든지 자국문학 이해를 국민교육의 긴요한 내용으로 삼았다. 유럽 각국뿐만 아니라 일본도 그 점에서 두드러진 성과를 보여주었다. 나보다 10년 정도 연장인 분들이 일제 식민지 시대에 중학교까지의 교육을 받고 일본 고전문학에 대해서 상당한 정도로, 더러는 심취한 경지에까지 이해를 갖춘 것을 보고 일본의 민족문학 교육이 대단했음을 짐작할 수 있다. 그 세대는 우리문학에 대한 이해는 갖추지 않은 채 학문을 하고 교육에 종사했다. 어느 분은 국문학 교수가 되었으면서 우리 문학은 늘 의심스럽게 여기고, 일본 고전시에 대한 깊은 사랑을 고백하는 책을 써냈다.

우리는 민족국가 창건이 늦어서 그렇게 하지 못하고 있는 형편이면서, 고전교육을 소중하게 여기지 않는 새로운 풍조에 휩쓸리고 있다. 국어는 문화과목이 아닌 도구과목이라고 하면서 문학교육을 제외하기까지 한다. 그것은 미국의 전례 수입이다. 유럽 각국은 아직도 국어를 문화과목으로 가르치고 있는데, 미국에서는 특정 민족의 문화에 독점적인 의의를 부여할 수 없다는 반론이 제기되어 영어 공부를 도구과목으로 삼는다.

도구과목인 국어는 실용성을 강조하는 의의가 있다고 하지만 문화전통 계승에 소극적이고, 남북이 다시 하나가 되게 하는 민족동질성 보존에 힘쓰지 않는다. 고등학교에서는 국어와는 별도로 문학이라는 교과목을 만들어 선택해서 이수하도록 하는 지금의 제도로는 고전에 대한 이해를 일반화할 수 없다. 쓰기를 도외시하고 찍기를 일삼는 지금의 입시제도가 문학의 이해를 방해한다. 우리문학의 소중함을 역설해 국어 교육이 정상을 되찾도록 해야 한다. 또한 입학시험을 찍기에서 쓰기로 바꾸어야 한다.

동아시아 비교문학은 우리문학의 소중함을 일깨워주는 데 기여한다. 우리 것을 잘 몰라 비교연구를 제대로 하지 못하는 형편을 타개해야 남들이 인정하는 연구 성과를 이룩할 수 있다. 외국에 가서 비교문학을 전공하면서 우리문학을 잘 몰라 뛰어난 논문을 쓰지 못하는 사람이 적지 않다.

❑ 문 : 쓰기를 소중하게 여겨야 한다는 주장이 일부 받아들여져 고등학교에 논술이라는 과목을 두고 논술 교사를 별도로 채용하자는 안이 있는데 어떻게 생각하는가?

❑ 답 : 그렇게 하는 것이 진일보하는 방법이기는 하지만, 논술이 따로 있다고 하고 다른 모든 교과목은 지금처럼 가르치고 시험을 보면 논술이 형식화되고 요령 위주로 변질될 염려가 있다. 모든 교과목에서 쓰기를 하는 것이 바람직하다. 모든 교과목의 교사가 논술시험을 거쳐 자격을 얻거나 채용되어야 한다. 특히 국어, 사회, 역사 등의 교과목에서 형식보다 내용을 더욱 중요시하는 논술을 수준 높게 가르쳐야 한다. 개별과목의 다면적인 영역 확대에서 통합교과의 논술을 시도하는 것이 바람직하다.

❑ 문 : 지금까지 논의된 정도를 가지고는 학자의 현실참여가 미흡하다고 생각한다. 더욱 적극적인 활동이 요구된다고 해야 하지 않을까 한다.

❑ **답** : 학자가 하는 일은 현실을 진단하고 개조하면서 미래를 창조하는 지침이 되는 이론생산물을 만들어내는 것이다. 이 일에는 시간과 힘이 많이 소요되므로 당면한 현실에 대한 직접적인 참여를 적극적으로 하기는 어렵다. 학자가 핍박받는 사람들을 위해 봉사하느라고 자기소임을 망각하는 것은 농민이 농사를 짓지 않고 공장에서 물건을 만들지 않는 것과 같다. 학자가 할 일을 누가 대신해줄 수는 없다.

이론생산물이 무어 그리 대단한가 하고 반문할 수 있다. 그러나 지금의 시대에는 학자가 내놓는 이론생산물이 최상의 지혜이다. 종교지도자가 일거에 깨달아 모든 것을 안다고 하던 시대는 갔다. 위대한 정치가가 뛰어난 안목으로 민족과 국가를 이끌어주어야 한다는 것도 시대착오적인 기대이다. 어느 나라에서든 술수에는 능하지만 식견은 보통 정도인 사람들이 국정을 담당한다. 책 한 권 읽을 겨를이 없어 수준 향상을 기대하기 어렵다. 대규모의 기업체는 많은 정보를 가지고 사태를 판단하지만 자기네 이익을 위할 따름이다. 미래에 대한 예견과 설계가 이제 오로지 학문의 소관사이다.

제6강 京都에서 전개한 한·일문학 비교론

행사의 경과

"京都에 있어서의 韓·日文學의 交流와 발자취"라는 주제를 내건 학술회의가 2004년 12월 4일 일본 京都 同志社大學에서 열렸다. 同志社大學國際선터와 國際韓人文學會가 주최하고 한국문예진흥원이 후원을 했다. 京都에서 공부한 한국 문인들의 자취를 찾으면서 同志社大學 졸업생 鄭芝溶에 초점을 맞춘 행사였다.

同志社大學은 기독교대학이다. 연희전문학교의 설립자인 미국인 선교사 언더우드가 거기서 공부하고 우리말을 익힌 곳이다. 국립대학보다는 상대적으로 자유로워 유학생들이 즐겨 찾았다. 우리 문인을 다수 배출한 점에서 東京의 早稻田大學과 대등하다고 할 수 있다. 지금도 연세대학교·이화여자대학교와 밀접한 관련을 가지고 있으며, 신학 교육의 명문이다. 이번 행사를 도와준 유학생들이 대부분 신학 전공자였다. 내 홈페이지를 찾아 계명대학교에서 하는 강의 원고를 자주 열어본다는 사람도 있었다.

정지용뿐만 아니라 尹東柱도 그 대학에서 공부했다. 윤동주는 詩

碑가 교정에 서 있는데, 정지용에 관한 기념물은 아무 것도 없어 추가하는 계기를 만들자는 것이 행사를 개최한 구체적인 동기였다. 윤동주는 재학중에 체포되어 투옥되고 옥사해, 식민지 통치하에서 우리 민족이 겪은 수난을 집약해 보여주는 점이 일본인들에게도 감명을 주어 시비를 세울 수 있었다. 정지용은 생애에서 특별한 사항이 없고 시 창작에만 전념해 세상에 널리 알려지지 않았다.

정지용이 어떤 시인인지 알리는 것이 긴요한 과제였다. 그러나 정지용만 따로 다루는 것은 적합하지 않았다. 한·일문학의 관련 양상에 대한 광범위한 고찰을 하고, 京都에서 공부한 다른 여러 문인들에 관해 살피면서 정지용을 특히 주목하는 방식을 택했다. 인천대학 오양호 교수가 많은 노력을 해서 행사를 개최하게 되었다.

同志社大學 게스트하우스를 숙소로 했다. 오양호 교수와 나는 특별대접을 받아 별관에 배정되었다. 몇 백 년 되는 문화재급 고가를 옮겨다놓고 내부까지 그대로 둔 곳이었다. 다소 불편하기는 했지만, 옛것을 활용하는 지혜에 감탄하면서 전통의 향기를 온몸으로 느꼈다.

행사를 알리는 포스터를 보니 선착순으로 2백 명까지 무료입장이라고 했다. 왜 그랬는가 물어보고, 모르던 사실을 알아냈다. 일본에는 유료 강연회도 있으므로 무료라고 했다. 京都에는 강연회를 들으러 다니는 사람들이 특히 정년퇴임한 노인들 가운데 많이 있어 인원 제한에 관해 미리 알려야 한다고 했다. 다른 어디서도 볼 수 없는 일이다. 행사장에 가보니 청중의 수가 대단했다. 적절한 내용의 논문을 준비했다고 생각했다.

발표자와 토론자

발표자와 제목, 토론자를 프로그램에 나와 있는 대로 들면 다음과 같다. 제목은 한국어와 일본어로 병기되었는데, 한국어 쪽만 적는다.

李御寧(前 文化部長官) : 韓・日문학 교류의 회고와 전망

　　토론: 林隆(京都産業大)

趙東一(啓明大, 前 國立서울大): 동아시아 山中詩의 韓・日 變奏에서 본 鄭芝溶

　　토론: 佐野正人(東北大)

宇治鄕 毅(前 日本國立圖書館副館長): 同志社大學과 조선문인

　　토론: 沈元燮(早稻田大)

吳養鎬(仁川大, 前 京都大 客員教授): 한국문학 속의 京都 출신 문인들

　　토론: 水野直樹(京都大 人文學研究所)

이어령은 발표 요지에서 제목을 <한・일 문학교류의 接點과 展望>이라고 했다. 대륙과 해양, 한국어와 일본어, 하위문화의 양상을 소제목으로 하고 양국 문화의 특성을 비교했다. 근대에 이르러 한국이 일본문화의 영향을 받아 독자적인 양상으로 변모시킨 것들을 여럿 들었다. 일본어로 발표하면서 말을 많이 해서 잘 이해하지 못했다.

다른 사람들의 발표 원고는 미리 제출해 한국어는 일본어로, 일본어는 한국어로 번역한 것을 함께 배부했다. 발표할 때에는 한쪽 말로 된 원고를 읽고, 토론은 통역했다. 그 대학 한국인 유학생들이

통역으로 수고했다.

宇治鄕 毅와 오양호는 경도에서 공부한 한국 문인들을 모두 들어 고찰했다. 오양호는 동경 유학생은 친일파가 되었으나 경도 유학생을 그렇지 않았다고 하고, 정지용의 경도 체험을 자세하게 고찰하면서 민족의 울분을 나타낸 산문을 소중한 자료로 삼았다. 토론자 水野直樹는 경도 출신의 한국 문인들에 관한 자료를 보충하고, 동경 출신과 경도 출신을 비교한 오양호의 지론에 예외가 있다고 했다.

나의 논문은 두 나라 문학의 공통점에 관한 역사적인 고찰을 하면서 정지용의 위치를 밝히고자 한 내용이다. 일본비교문학회에서 문학과 자연에 관해 고찰한 행사가 잘못되었다고 앞의 제5강에서 나무라고 대안으로 제시한 구상을 구체화하면서 한일비교문의 모범 사례를 보여주고자 했다. 전문을 들고 논의한다. 각주도 원래 것을 그대로 둔다.

나의 발표

東亞 山中詩의 韓·日 變奏에서 본 鄭芝溶

1. 머리말

자연은 문학에서 줄곧 다루어온 소중한 자산이다. 일상생활에 매몰되어 있는 자아를 되돌아보면서 망각된 본질을 되찾는 정신적 각성을 얻을 수 있게 한다고 여기기 때문이다. 그러나 어떤 자연을 선택하는가는 문명의 전통에 따라 다르다.

인도에서는 숲에 들어가 명상을 해야 진정한 자기와 만날 수 있다고 했다. 아랍인들은 사막이 허식을 떨쳐버리고 신과 만나는 장소라고 했다. 유럽문학은 바다를 즐겨 노래하면서 멀리 나가 겪는 모험을 동경하고 찬양했다.

인도의 숲, 아랍의 사막, 유럽의 바다에 해당하는 동아시인의 자연은 산이다. 숲은 산의 연장이고 독자적인 의의가 없다고 여겼다. 사막을 다룬 문학은 없다. 바다는 조난을 당하든가 해서 겪은 시련을 말할 때 등장시키기나 하고 탐구의 장소라고 여기지 않았다.

동아시아 사람들이 산을 숭상한 것은 지세 탓이라고 할 수 있다. 산이 많은 곳에 사니 산을 숭상하는 것이 당연하다고 해도 좋다. 그러나 산에서 멀리 있어 쉽게 가지 못해도 산을 동경한다. 바닷가에 살면서도 산을 노래한다. 산은 단순한 자연물이 아니고 문화적 상징의 집합체이다. 자연물 가운데 어느 하나를 특별히 가려내 정신생활의 집약체로 삼는 인류 공통의 관습이 동아시아에서는 산에서 구체화되었다.

산을 섬기는 전통은 山神 신앙에까지 소급해서 이해할 수 있다. 그 뒤에 주류가 되는 사상이 교체되거나 대립되어도 산에 대한 관념은 지속되었다. 골짜기에 사는 俗人과 산에 들어가 있는 仙人은 격이 다르다고 했다. 진리를 추구하는 행위를 入山修道라고 했다. 절은 명산에 자리를 잡아야 한다고 여겨, 도시에 한가운데 있는 절이라도 무슨 山 어느 寺라고 했다. 도가나 불가만 그렇게 생각하지 않고 유가 또한 올바른 도리를 찾는 선비를 山林 또는 山林處士라고 했다.

산이 조용하고 깨끗한 곳이고, 물욕이나 명예욕에서 벗어나 진리 추구를 위한 자리를 마련해준다고 믿었다는 것이 일반화될 수 있는 설명이다. 문학작품에서 다룬 산은 그 이상의 다양하고 풍부한 의미를 지녔다. 산을 노래한 시를 山詩라고 하면 말이 어색하니 山中詩라고 하자. 동아시아아의 산중시는 인도의 林間詩, 아랍의 사막 砂漠詩와 대조가 되고, 유럽의 海上詩와는 많이 다르다.

동아시아 산중시는 하나이면서 여럿이다. 공통된 전통을 나라·시대·시인에 따라서 서로 다르게 구현했다. 여기서 할 일은 동아시아 산중시가 한국과 일본에서 어떤 변주를 보였는지 살피면서, 오늘 논의의 대상으로 삼는 시인 정지용을 재인식하는 것이다. 정지용이 산을 노래한 시는 어떤 위치에 서고 어떤 특징을 지녔는가 하는 의문에 대한 대답을 산중시의 전통에 관한 고찰을 통해 찾고자 한다.

2. 승려의 한시

한국의 승려 시인 冲止(1226-1293)의 <閑中自慶>을 보자.

日日看山看不足　날마다 산을 보아도 보는 것이 모자라고,
時時聽水聽無厭　때마다 물소리 들어도 듣는 것이 싫지 않다.
自然耳目皆清快　자연스럽게 귀와 눈이 모두 쾌활해
聲色中間好養恬　소리와 색깔 가운데서 편안함 기르기 좋구나.

일본의 승려 시인 別源圓旨(베쭈겐 엔시, 1294-1364)는 <和偶作詩>에서 이렇게 노래했다.

時移世異有青山　시절은 바뀌고 세상은 달라져도 청산은 그대로,
人自忙兮山自閑　사람은 자기대로 바쁘지만 산은 스스로 한가하다.
唯有山僧知此意　다만 산승만 그 뜻을 알고 있어,

秋風古寺掩禪關　　가을바람 부는 옛 절 선방의 빗장을 거네.

산은 무한하다. 산은 변하지 않는다. 산은 마음을 즐겁고 편안하게 한다. 산은 세상 사람들이 바쁘게 지내는 일상생활과는 다른 경지가 있다는 것을 알려준다. 이런 생각이 공통되게 나타나 있다고 할 수 있으면서 강조점이 다르다.

앞에서는 산은 무한하며 마음을 즐겁고 편안하게 한다는 쪽을 드러내 말하고 다른 것은 짐작하게 했다. 독자는 안중에 두지 않아 충격을 받고 분발하게 한다. 뒤의 시는 산은 변하지 않아, 세상 사람들이 바쁘게 지내는 일상생활과는 다른 경지가 있다는 것을 알려준다는 발상을 전면에 내놓고 다른 말은 숨겨두었다. 산승이 빗장을 건다고 해서 독자가 물러나야 하는 것은 아니다. 문을 열고 들어가 무한하고 즐거운 것을 찾아낼 만하다.

한국의 詩僧은 산에 머물러 있어도 되었다. 문을 열고 나가 유학자 문인들이 하는 일에 끼어들 필요가 없었다. 일본에는 한문을 잘 하는 문인들이 따로 없어 도를 닦는 승려들이 山門 밖의 일까지 관장해야 했다. 앞의 시와는 달리 뒤에서는 선방 빗장을 건다고 한 것은 밖으로 나다니는 것이 내키지 않는 바라는 뜻으로 볼 수 있다.

3. 유학자의 한시

유학이 불교를 대신해 정신세계를 관장하게 되자, 그 쪽에서도 산중시를 지었다. 세속을 다스리기 위해서는 山人의 깨달음이나 권위가 있어야 했기 때문이다. 나아가기 위해서는 물러나야 하고, 爲人之學보다 爲己之學에 먼저 힘써야 했다. 그런 자세를 보여준 작품을 보자.

한국의 유학자 李彦迪(1491-1553)의 <無言>이다.

萬物變遷無定態　만물은 변천해 정한 모습이 없고,
一身閑寂自隨時　이 한 몸 한적하게 스스로 때를 따른다.
年來漸省經營力　근래에는 이룩하는 힘 점차 줄어들어
長對青山不賦詩　길게 청산만 대하고 시도 짓지 않는다.

일본의 유학자 藤原惺窩(후지와라 세이카, 1561-1619)가 지은 <山居>도 함께 든다.

青山高聳白雲邊　청산이 백운 곁에 높이 솟은 곳에서,
仄聽樵歌忘世緣　나무꾼 노래 엿들으면서 세상 인연 잊는다.
意足不求絲竹樂　뜻이 흡족해, 줄과 대를 쓰는 음악 원하지 않고,
幽禽睡熟碧巖前　숨은 새인 양 푸른 바위 앞에서 깊이 잠든다.

인위적인 것을 버린다. 사람이 스스로 무엇을 할 수 있다고 자부하지도 않는다. 움직임이 없는 것이 높은 경지이다. 하늘이 부여해 사람이 지니고 있는 天理를 발현해 그럴 수 있다. 이런 생각을 공통되게 지녔으면서 나타내 보인 것은 다르다.

天理가 드러나는 양상에 차이가 있다. 앞에서는 만물이 변천해 정한 모습이 없다고 해서 모든 것의 근본을 이루는 易의 이치를 강조했다고 할 수 있다. 무엇이든지 변한다는 것을 깨달아야 한다. 뒤에서는 청산이 백운 곁에 높이 솟아 있다고 해서 誠을 실현하는

고결한 자세를 소중하게 여겼다고 할 만하다. 진실을 성실하게 추구하고 실행하는 君子의 삶이 소중하다.

앞에서는 길게 청산을 대하고 있을 따름이고 다른 아무 것도 하지 않는다고 했다. 탐구의 대상인 청산과 하나가 되는 과정에 들어섰으므로 거리가 멀게 하는 인위적인 행위는 그만둔다고 했다. 뒤에서는 나무꾼 노래를 엿들으면서 깊이 잠든다고 했다. 자기 자신이 청산이 되어, 오르내리면서 사는 백성들과 함께 즐거움을 누리니 더 바랄 것이 없다고 했다.

4. 자국어 고전시

자국어로 지은 시에는 산과 함께 바다가 나타난다. 생활 영역의 확대되어 시의 소재의 다양화된 것이다. 사람은 산만 찾지 않고 바다에도 간다. 바다를 고기잡이의 터전으로, 교통로로도 이용하는 것이 실제 생활이다. 자국어 시를 지으면서 실제 생활에 다가갔다.

한국은 반도이고, 일본은 섬이다. 두 나라 사람들은 중국 내륙 거주자보다 바다와 가까운 관계를 가졌다. 그러나 바다를 노래한 시가 많지는 않다. 산이 주는 안정감이 바다에는 없다고 했다. 바다는 일시적인 관심의 대상으로 삼기나 하고 두고두고 기리지는 않았다. 바다가 가져다 준 수난은 말하지 않을 수 없으나 오래 기억하지 않았다. 바다의 노래를 줄곧 부르면서 모험을 삶의 보람으로 삼는 유럽인과 많이 달랐다.

한국의 尹善道(1587-1671)가 노래한 바다의 노래를 산의 노래와 함께 들어보자.

앞 개에 안개 걷고 뒷 뫼에 해 비친다.
배 떠라 배 떠라.
밤물은 거의 지고 낮 물이 밀려온다.
지국총 지국총 어사와.
강촌 온갖 곳이 먼빛이 더욱 좋다.

잔 들고 혼자 앉아 먼 뫼를 바라보니
그리던 님이 오다 반가움이 이리 하랴.
말씀도 우음도 아녀도 못내 좋아하노라.

일본의 松尾芭蕉(마쓰오 바쇼오, 1644-1694)도 바다와 산을 함께 노래했다. 이번에도 둘을 나란히 들어본다.

荒海や佐渡によこたふ天の河
거친 바다여, 사도 섬에 가로놓인 밤하늘 은하. (1)

石山石より白し秋風
바위산의 바위보다 더 하얀 가을바람. (2)

바다는 흔들린다. 바다는 육지와 연관 지어 노래해야 할 곳이다. 바다는 육지가 더 좋은 곳임을 확인해준다. 이런 생각을 함께 나타내면서 구체적인 내용은 상당한 거리가 있다. 尹善道는 바다에서 육지를 바라보았다. 배를 타고 바다에 떠다니는 것이 흥겹지만 바다에서 바라본 육지는 더욱 아름답다고 했다. 松尾芭蕉는 육지에서 바다를 바라보았다. 멀리 하늘가 은하 곁에 있는 바다는 거칠다. 섬이 있어 눈에 들어온다. 바라보는 장소인 육지는 거칠지 않고 친근한 곳이어서 마음 놓을 수 있다는 것이 이면에서 한 말이다.

바다와 그리 가깝게 지내지 않은 한국의 시인이 바다를 더 좋게 말했다. 바다를 삶의 터전으로 삼아온 일본의 시인은 바다를 두려워했다. 그 이유는 유람객의 바다와 어부의 바다가 다르기 때문이다. 尹善道가 노래한 유람객의 바다는 즐거운 곳이다. 松尾芭蕉는 직접 드러내 말하지 않았지만 힘들게 살아가는 어부의 시련을 생각하게 한다.

두 시인이 노래한 산을 보자. 산은 안정된 곳이다. 바라보기만 해도 즐겁다. 육지에서 찾을 것을 가장 잘 보여준다. 이런 생각을 함께 지니고서, 구체적인 발상과 발언에서는 거리를 두었다.

尹善道는 산을 바라보기만 해도 흐뭇하다고 했다. 앞에서 든 한시 두 편에서와 같은 생각을 나타냈다. 그러면서 산을 바라보는 상황이 달라졌다. "잔"·"님"·"말씀"·"우음"을 가져다놓고 풍류를 즐기고 있다가 산으로 시선을 돌려 더욱 소중한 것을 찾는다고 했다. 다른 무엇과 견줄 수 없는 최상의 즐거움은 산에서 얻는다고 했다.

松尾芭蕉는 산에서 감각을 찾았다. 산에 있는 바위를 보다가, 가을바람을 만났다. 가을바람도 보았다고 하면서 그 빛이 희다고 했다. 바위가 검으니 바람은 흰가? 바람은 흩날리는 억새에서 모습을 보여주니 희다고 했는가? 바람을 맞이하는 시인의 마음이 쓸쓸하니 바람이 흰가? 이런 생각을 하는 것은 독자의 몫이다. 시인은 그 이상 말이 없다.

尹善道의 시조는 음악의 가락을 지녔다. 몇 구비 돌아가면서 얼마

간의 흥청거림이 있다. 松尾芭蕉의 俳句(하이쿠)는 그림이다. 붓을 한 번만 대고 만 자취이다.

5. 근대시

근대시에서도 바다와 산을 노래했다. 이번에는 일본 것을 먼저 드는 것이 적절한 순서이다.

일본 시인은 石川啄木(이시카와 타쿠보쿠, 1886-1912)을 택한다. 바다의 노래와 산의 노래를 한 대목씩 든다.

我を愛する歌
나를 사랑하는 노래 (3)

東海小島磯の白砂に
ゎれ泣きぬれて
蟹とたはむる

동해 바다의 자그만 갯바위 섬 하얀 백사장
나는 눈물에 젖어
게와 벗하였도다.

秋風のこころよさに
가을바람 상쾌한데 (4)

目になれし山にはあれど
秋來れば
神や住まむとかしこみて見る

늘 마주하는 산이기는 하여도
가을이 오면
신령이 계신 듯 황공하게 보았지

이제 鄭芝溶(1903-1950?)의 시를 다룰 차례이다. 鄭芝溶이 노래한 바다와 산을 보자.

바다 2

바다는 뿔뿔이
달아나려고 했다.

푸른 도마뱀떼같이
재재발렀다.

長壽山

伐木丁丁 이랬거니. 아름드리 큰 솔이 베어짐직도 하이. 골이 울어 메아리 소리 찌르렁 돌아옴직도 하이. 다람쥐도 좇지 않고

멧새도 울지 않아 깊은 산 고요가 차라리 뼈를 저리우는데, 눈과 밤이 종이보다 희고녀!

바다는 장난을 하는 곳이다. 시련 대신 장난을 등장시킨 것은 근대시인의 새로운 선택이다. 바다가 멈추어 있지 않듯이 바다의 시도 줄곧 달라졌다. 그러나 산은 변하지 않는다. 산은 숭고한 곳이다. 바다에서 놀던 시인이 산으로 돌아가 잃어버린 전통을 잇고 자기 자신의 진정한 모습을 찾고자 했다.

石川啄木는 바닷가 백사장에 게를 벗 삼아 놀면서 눈물에 젖는다고 했다. 무어라고 설명하지 않은 외로움을 달랠 길이 없다는 말이다. 바다가 위안을 주지 않았다. 게는 진정한 벗일 수 없다. 장난은 진지한 삶의 자세가 아니다.

鄭芝溶은 바다가 도마뱀 같다고 했다. 도마뱀의 꼬리를 잡으려고 하듯이 바다에서 일어나는 파도를 희롱했다. 그래서 외로움과는 다른 즐거움을 느꼈지만 거기서 머무른 것은 아니다. 순간의 기분에 들떠 그렇게 해본 것이다.

산을 노래한 石川啄木의 시는 어조가 다르다. 산으로 돌아가는데 어울리는 계절은 가을이다. 가을 산의 엄숙한 모습을 보고 깊은 감회를 느껴 산신령이 있는 것 같다고 했다. 오랫동안 산을 떠나 있어 확실하게 알기 어렵지만 무언가 본원적인 것의 숭고한 모습을 발견하고 마음 깊숙이 간직해두었던 오랜 신앙을 다시 고백했다.

산에 들어간 鄭芝溶은 눈앞에 벌어지는 광경을 보여주었다. 크고 우람하고, 고요하고 찬 것들의 소리와 모습을 시에다 담았다. 정신적 의미는 찾으려고 하지 않고, 신앙고백에 해당하는 말도 하지 않았다. 鄭芝溶은 감각을 존중하고 기교파 시인임을 재확인할 수 있다.

그러나 산이 長壽山이어서 우람하고 노성한 모습을 마음속으로 그리게 한다. 산을 기리면서 살아온 정신문화의 축적을 물려받아 자랑스럽다고 할 수 있다. "伐木丁丁"이라는 첫 대목은 『詩經』에서 가져온 말이어서 동아시아 시의 연원으로까지 되돌아가는 길을 열었다. "깊은 산 고요"는 예사로운 것이 아니다. 본원으로 회기하면서 느끼는 충격을 전했다고 할 수 있다.

6. 마무리

石川啄木이나 鄭芝溶에 이르면 동아시아 산중시의 본령이 그대로 이어지지 않았다. 산과 하나가 되는 것이 궁극적인 깨달음의 길이라고 하기는 어려울 만큼 시간이 경과하고 시대가 달라졌다. 그러나 자취는 남아 있어 산이 잊고 있던 고향처럼 생각되게 한다. 바다에서 노닐다가 산으로 돌아가게 한다.

산이 주는 의미를 옛 시인들처럼 나타내지 못해 두 시인은 각기 자기 나름대로의 간접적인 접근 방법을 택했다. 산을 멀리서 바라보면서 신령이 있는 것 같다고 하기도 했다. 산에 들어가서 보이고 들리는 것을 전하면서 오랜 내력을 가진 말을 사용하기도 했다. 문면에 나타난 말은 그뿐이다.

시인은 그 정도에 머물렀지만 독자는 더 나아갈 수 있다. 산중시의 오랜 전통을 마음에 간직하고 있는 독자는 고금 비교를 통해 지속과 변모를 알아내고, 두 시인의 시에 무엇이 결락되었는지 알아내 메울 수 있다. 동지가 되는 독자가 한국과 일본에 적지 않게 있어 공동작업을 힘써 할 만하다.

동아시아 학문을 함께 하는 데 힘쓴 다음 세계로 나아가자. 동아시아의 범위를 넘어서서 다른 문명권으로 가면 우리 산중시 자체에 대한 연구를 그대로 전하기 어렵다. 전통을 공유한 독자가 없어 많은 설명이 추가로 필요하다. 동아시아의 산중시가 인도의 林間詩, 아랍의 砂漠詩, 유럽의 海上詩와 어떻게 같고 다른지 자세하게 밝혀 논해 세계문학 일반론을 이룩해야 한다.

주

(1) 유옥희 옮김, 『마츠오 바쇼오의 하이쿠』(서울: 민음사, 1998) 80면의 번역을 든다.
(2) 같은 책 83면의 번역이다.
(3) 손순옥 옮김, 『이시카와 타쿠보쿠 시전』(서울: 민음사, 1998) 86면의 번역을 든다.
(4) 같은 책 106면의 번역이다.

논의와 발견

이 논문에 대한 토론을 맡은 佐野正人은 서울대에서 유학할 때 내 강의를 들었다고 했다. 한국에서 말하듯이 한 번 선생님이면 영원한 선생님이라고 했다. 오늘의 발표에서 산을 숭고하게 여긴다고 한 것은 일본에서도 잘 확인되는 바라고 했다. 富士山, 高野山, 熊野山 등 여러 靈山을 섬긴다고 했다. 문학작품에서 산을 신령스럽게 다루는 것이 당연하다고 했다.

그러면서 두 가지 질문을 했다. 두 나라 문학에서 산을 다루는 방식이 같기만 하지 않을 것이고 차이점도 있을 터인데, 차이점이 무엇인지 물었다. 또한 정지용 시에는 서양의 근대를 지향한 면과 전통으로 복귀한 양면이 있다고 생각되는데, 그 둘의 관계는 무엇인지 물었다.

첫째 질문을 받고 논문에서 다룬 내용을 재검토했다. 산을 노래한 한국의 시는 산의 모습을 그리지는 않고 산중에서 느끼는 바를 나타내는 내면의식 취향이 두드러지고, 일본의 시는 산이나 그 주변의 경물을 외향적이고 감각적인 표현을 써서 다루는 것이 서로 다르다고 했다. 그 점은 두 나라 문학의 전반적인 특징으로 확대해서 이해할 수 있다고 했다.

둘째 질문에 대해서는 정지용 시에 나타난 바다와 산을 들어 대답했다. 바다를 노래하는 시에서 서양의 근대를 찾는 탐구와 모험을 보여주다가, 산을 찾아 전통으로 복귀했다고 했다. 그러나 정지용이 노래한 산은 내면의식보다는 외향적인 감각이 더 잘 나타나고 한국의 전통에 깊이 들어갔다고 하기는 어렵다고 했다. 그 점은 일본문학의 영향일 수 있지만 연구를 제대로 하지 않아 말하기 조심스럽다고 했다.

토론자 佐野正人은 모임이 끝날 때 丘保田展弘, 『山岳靈場巡禮』(東京; 新潮社, 1985)라는 책을 내게 주었다. 논문 내용과 관련되어 관심을 가져야 할 것이라고 여겼기 때문이다. 일본에서 靈山으로 받드는 산을 지도에다 표시하고, 그 가운데 여덟 곳을 다각도로 고찰한 내용이다. 신도와 불교가 결합되어 산악신앙이 크게 발달해 있음을 알 수 있게 한다. 우리의 경우와 비교하는 것이 연구 과제이다.

우선 대강 생각해보면, 우리 무속은 신도와는 달리 표면에 나서지 않고 뒤로 물러나 산악숭배의 배경을 제공하는 정도이고, 불교에서 특정 산을 영산이라고 하지는 않았다. 신라에서 五嶽三山을 숭앙한 이래로 국가에서 특정 산에 제사 지낸 것이 일본의 경우와 차이가 있다. 무속, 불교, 국가 제의의 산악관이 표면상으로는 따로 놀면서 그 어느 쪽도 산악신앙을 가시적인 형태로 구현하지 않고 추상화한 것이 특징이라고 할 수 있다.

행사가 끝나 뒤에 이틀 더 머무르면서 서점을 뒤졌다. 책을 여럿 산 가운데 『일본인의 한시』(石川忠久, 『日本人の漢詩』, 東京: 大修館書店, 2003)라는 것이 있다. 한시를 여러 편 들어 그 연원과 의미를 다각도로 고찰하면서 감상한 책이다. 가볍게 썼지만 취할 것이 많다. 그 서두에 <바다를 읊는다>(海を詠う)라고 한 대목이 흥미롭다.

중국 사람들은 바다와 친하지 못하고, 바다는 정체불명의 괴물이 사는 곳이라고 여겼다고 했다. 그 때문에 바다를 노래한 시가 드물고, 있다 해도 부정적으로 보기나 했다고 했다. 그런데 일본에서는 바다를 긍정적으로 다룬 한시가 나타났다고 하고, 頼山陽(라이산요, 1780-1832)이 그 계기가 되는 작품을 남겼다고 했다. 첫 번째 본보기로 든 작품을 <泊天草洋>을 옮긴다.

雲耶山耶呉耶越　　구름인가 산인가 오나라인가 월나라인가,
水天髣髴青一髮　　물과 하늘이 한 가닥 푸른 터럭 같구나.
萬里泊舟天草洋　　만리나 달려온 배를 천초양에 정박하자,
煙横篷窓日漸沒　　노을 가로지른 봉창에 해가 지고 있다.
瞥見大魚躍波間　　뛰는 물결 사이에 커다란 고기 문뜩 보이고,
太白當船似明月　　뱃전에 닥친 태백성 밝기가 명월 같다.

배를 타고 멀리 가서 머물면서 보고 느낀 것이 모두 생동한다.

감회를 돋우고 희망을 준다. 행동반경이 넓고, 기백이 넘친다. 바다에서 활동하는 것이 즐겁다는 말이다. 이것은 海上詩이다. 바다에서 벌어지는 모험이나 전투는 말하지 않았지만, 유럽의 것과 함께 海上詩라고 일컬어 마땅하다.

일본 한시에 海上詩가 있다는 사실을 발견하자 의문이 이어져 나타났다. 일본에는 이런 시가 많이 있어 산중시와 맞설 만한 비중을 가졌는가? 한국 한시에도 이런 해상시가 있었던가? 한·일 모두 한시의 해상시와 민족어시의 해상시가 어떻게 같고 다른가? 한·일 해상시는 어떻게 같고 다른가? 한·일 해상시는 유럽의 것과 어떻게 같고 다른가? 같고 다른 이유는 각기 무엇인가?

이런 의문을 푸는 연구를 해야 계속해서 해야 한다. 다른 사람이 가져가서 맡아도 될 작업이다. 외국에 가서 발표하고 토론을 하고 책을 사보면 연구의 시야가 확대되고 새로운 과제를 발견한다는 사실을 이번에도 확인했다.

토 론

❑ 문 : 山中詩를 짓는 것과 江湖歌道를 즐긴다고 한 것은 어떤 관계가 있는가?

❑ 답 : 강과 호수를 들어 물가에서 즐거움을 찾으면서 마음의 바른 도리를 되찾는 것을 두고 강호가도라는 말을 썼다. 이 경우에 강호는 산의 연장이거나 변형이다. 산이 있고 물이 있다. 유럽에는 상당히 큰 규모의 호수를 노래한 시가 별도로 있어 해상시의 변이라고 할 수 있는데, 동아시아에는 그런 것이 없다.

❑ 문 : 山中詩보다 山水詩가 더 적합한 말이 아닌가? 그림을 두고 보더라도 山中畵라는 것은 없고, 山水畵는 흔하지 않는가? 시와 그림을 함께 다루기 위해서도 산수시라는 용어를 써야 하지 않겠는가?

❑ 답 : 다른 문명권의 임간시 · 사막시 · 해상시와의 차이점을 분명하게 하기 위해서 산중시라는 용어를 택했다. 산수나 강호라는 말에 포함되어 있는 물은 산에 있거나 산에 인접해 있으며, 해상시의 바다와는 아주 다르다.

자연을 찾는 사람이 누구인가에 따라서 사정이 달라진다. 승려의 시는 산중시이고 산수시는 아니다. 일반 문인의 시에는 산중시라고 할 것이 적고 산수시가 더 많다. 산수시는 求道의 시라면, 산수시는 즐거움을 누리는 시이다. 둘 가운데 산중시가 정통이고 기본이다. 정지용의 <長壽山>이나 <白鹿潭>은 산수시가 아닌 산중시이다.

시와 그림은 다르다. 그림은 求道를 취급하기에 적합하지 않아 산중화라고 할 것이 없고, 자연에서 누리는 즐거움을 보여주는 산수화만 있다. 이런 사실에 대한 깊은 연구가 필요하다. 새로운 발견이다.

❑ 문 : 산수화와 풍경화는 어떻게 다른가?

❑ 답 : 산수화는 자연을 보고 느낀 바를 마음속에서 재구성해서 보여주고, 풍경화는 자연의 모습을 눈에 보이는 대로 전한다. 산수화는 여러 시점을 동시에 지닐 수 있지만, 풍경화는 시점을 고정시켜놓고 원근법을 갖추어 그린다. 산수화는 동아시아 그림의 기본 영역이지만, 풍경화는 인물화를 기본으로 하는 유럽 그림의 부수적인 영역이다. 산도 나무도 인물화의 배경을 이루고 있어

시커멓게 처리하는 것이 오래 관습이다.

바다를 그릴 때에는 그렇지 않다. 바다는 인물화의 배경이 되는 부수적인 위치에서 벗어나 생동하는 모습을 보여준다. 파도치는 광경을 사실적으로 그린 솜씨가 탁월하다. 유화이기 때문에 그럴 수 있다. 동아시아에서는 바다를 힘써 그리지 않고 산이나 바위를 보여주는 데 곁들인 배경일 따름이다. 鄭敾의 海金剛 그림이 좋은 본보기이다.

❑ 문 : 산・숲・사막・바다는 모두 고행의 장소가 아닌가? 그런 곳을 홀로 찾아가지 않고 예사 사람들과 함께 살면서 깨달음을 얻을 수는 없었던가?

❑ 답 : 깨달음을 얻으려면 出世間의 과정을 거쳐야 한다. 머물러 살기에는 부적한 곳에 가서 예사 사람과는 다른 특별한 경험을 해야 일상생화를 넘어서는 높은 경지에 이를 수 있다고 한 것이 어느 경우나 같다. 出世間을 한 다음 出出世間을 해서 현실로 돌아올 수는 있다. 그래서 겉으로는 범속하게 살아가거나 중생을 제도할 수 있다. 도가에서 市隱이라는 사람들은 깨달은 것을 감추고 시정에서 살아간다고 한다.

❑ 문 : 정지용의 산중시가 외향적이고 감각적인 것은 근대시이기 때문인가 아니면 일본의 영향을 받았기 때문인가 하는 문제에 대한 논의가 미흡하다. 내향적이고 정신적인 산중시의 전통을 그대로 이은 시인도 있는가?

❑ 답 : 내향적이고 정신적인 산중시의 전통을 그대로 이은 시인

은 찾기 어렵다. 李秉岐조차도 산중시를 시조로 지으면서 산의 모습을 묘사하려고 한 점이 정지용과 그리 다르지 않다. 전통을 이어야 했는데 상실했는지, 아니면 근대적인 변모의 불가피한 결과인지 깊이 연구해볼 과제이다. 정지용의 경우에는 일본의 영향 또는 일본을 통한 서양의 영향이 쉽사리 확인된다고 할 수 있다.

발표 논문에서 할 수 있었던 일은 얼마 되지 않는다. 의문을 풀기 위해 연구를 하면 새로운 의문이 다시 제기된다는 것을 실감한다. 외향, 감각, 묘사 등으로 특징 지워지는 경향이 어떤 위치와 의의를 가지는가 하는 것이 더 큰 문제이다.

❑ **문** : 얼마 되지 않은 문학 작품을 두고 많은 논의를 했다. 작품을 잘 읽는 온당한 방법인가 지나친 해석인가?

❑ **답** : 문학 작품은 겉보기에 단순한 것 같아도 많은 사연을 간직하고 있다. 보는 사람의 태도나 능력에 따라서 찾아내 말할 수 있는 것이 다르다. 독서의 방법으로 빠지면서 읽기를 권유하는데 잘못이다. 따지면서 읽기를 하고, 더 나아가서 쓰면서 읽기를 해야 한다. 작품에서 제대로 말하지 못한 것까지 드러내서 시비하고 대안을 구상해야 얻는 것이 많다. 문학 작품 읽기는 모든 독서가 사색으로, 사색이 창조로 이어지도록 하는 훈련이다.

❑ **문** : 읽을 것을 잘 선택하고, 의도적인 계산을 하면서 읽으라는 말인가?

❑ **답** : 있는 대로 읽으면서 의도하지 않아도 자연스럽게 그런 방향으로 나아가야 한다. 그림을 보는 것도 같다. 그림은 잘 선택해서 보기 어렵다. 보여주는 것을 본다. 그림을 보는 것은 논리를 따지

는 행위가 아니다. 그렇지만 있는 그대로 보고 말 것은 아니다. 좋은 점을 받아들이면서 불만인 점은 고쳐 마음속으로 다시 그리면서 보는 것이 마땅하다. 쓰면서 읽기와 같은 방법이다. 실제로는 하지 않아도 그림을 그리고 글을 쓴다고 하면서 보고 읽으면 창조적인 능력을 키운다.

계명대학교 도서관에 가면 이층 벽면에 훌륭한 그림이 걸려 있다. 오늘도 보고 왔다. 비탈진 마을에 반쯤 눈이 덮여 있는 광경을 뛰어난 솜씨로 그린 풍경화이다. 그런데 풍경화이기만 하고 산수화이지는 않는 것이 불만이어서 마음속으로 다시 그려본다. 있는 그대로의 대상을 내가 보는 대로 실감나게 그리기만 하지 말고, 有無·物我·虛實을 함께 나타낼 수는 없는가 하고 생각한다. 생각에서 창조의 즐거움을 누린다.

제7강 臺北에서 만난 국내외의 한국학

모임의 내력

제7차 환태평양한국학국제학술회의(Pacific and Asia Conference on Korean Studies, PACKS)가 2004년 10월 18-21일에 臺灣 臺北 中國文化大學에서 열렸다. 그 모임에 참가해 논문을 발표한 경과를 보고한다. 대만의 학문에 대해서 견문한 바를 함께 전한다.

이 모임은 외국에서 개최되는 한국학 국제학술회의라는 점에서 유럽한국학국제학술회의와 유사하다. 세계를 둘로 나누어, 유럽과 환태평양이라고 한다. 둘 다 한국학술진흥재단이 후원한다. 그러면서 몇 가지 차이점이 있다. 유럽회의는 유럽한국학회(Association of Korean Studies in Europe, AKSE)가 주최해 해마다 여는데, 환태평양회의는 그런 구심체가 없으며 한국의 신용하 교수가 위원장의 임무를 맡고 있는 위원회에서 행사를 기획한다. 지역내 여러 나라에서 교대로 맡아 2년마다 한 번씩 개최하는 방식을 택하고, 해당국의 한 대학 한국학과에서 일을 맡아 수고한다.

그 동안의 개최지를 보면 제1회 미국 하와이대학, 제2회 일본 東京

外國語大學, 제3회 오스트랄리어 시드니대학, 제4회 캐나다 밴쿠버대학, 제5회 중국 北京大學, 제6회 한국서울이었다. 다음의 제8회 모임은 인도 델리 델리대학에서 연다고 이번 모임에서 발표했다. 나는 제1 · 2 · 3회에 이어서 이번의 제7회 모임 참가했다.

이번 모임은 대회 규모가 과거 어느 때보다 컸다. 논문 발표자 수를 보면 한국 61, 대만 37, 중국 17, 일본 7, 미국 3, 뉴질랜드 3, 오스트랄리어 2, 인도 2, 몽골 1, 월남 1, 총원 134이다. 토론에 참가하러 간 사람들까지 합쳐 모두 2백 명 가까이 된다고 주최 측에서 거듭 말했다.

한국의 참가자가 너무 많은 것은 적절하지 못하다고 할 수 있는데, 주최 측에서 행사가 커지기를 희망해서 그렇게 되었다. 중국문화대학과 자매결연을 한 한국의 대학 총장들을 초청하고 발표자 몇 명씩을 대동하도록 했다. 중국문화대학에 유학한 사람들이 대거 참가하게 했다. 대만의 참가자를 최대한 늘렸다.

개회식 때 陳水扁 총통이 와서 축사를 해서, 나라의 큰 행사로 여기는 것을 알 수 있게 했다. 다른 어느 곳에서도 없던 일이다. 외교적인 고립 탓에 국제회의가 대만에서는 거의 없어 모처럼 생긴 기회를 적극 활용해 대단한 행사를 만들었다.

총통은 계속 대만이라는 말을 쓰면서 대만과 한국 사이에 경제나 문화의 교류가 한층 활발해지는 데 그치지 않고 정치적이고 외교적인 관계도 회복되기를 원한다고 했다. 한국학 국제학술회의처럼 대만학 국제학술회의도 열리기를 바란다고 했다. 대만 독립을 지향하는 노선에 대해서 이해와 지지를 구했다고 할 수 있다.

나중에 들은 이야기인데, 중국 대륙에서 온 학자들은 총통이 축사를 할 때 자리를 피했다. 돌아가서 말썽이 생길지 모른다고 염려했기 때문이라고 했다. 중화인민공화국과 중화민국의 관계가 문제라기보다 대만 독립론에 동조했다는 인상을 주지 않으려도 더욱 조심했다고 생각된다.

회의장을 발표 언어에 따라 나누어, 한국어 · 중국어 · 영어 발표를 따로 진행하고 번역도 통역도 없었다. 한국 참가자들은 한국어 발표를 주고받으면서, 중국어나 영어로 발표하는 장소에는 가지 않았다. 집안 잔치를 멀리 가서 한 꼴이 되었다. 그러나 해외 교포가 아닌 순수 외국인 가운데 일본인 4, 중국인 3, 대만인 1, 월남인 1, 몽골인 1이 한국어로 발표한 것을 특기할 만하다.

발표 논문은 대부분 소개 수준에 머무르는 개설적인 것들이었다. 새로운 연구 성과를 내놓는 것을 찾기 어렵고, 토론을 할 만한 쟁점이 거의 없었다. 언제 어디서나 할 수 있는 말이었다. 발표하는 곳이 대만이라는 사실을 의식하고 논문을 준비한 사람도 있는 것 같지 않았다. 한 사람씩으로 정한 토론자가 발표 내용과 밀접한 관련을 가지지 않는 경우가 많았다. 외국인의 관심사를 어느 정도 확인하고, 국내 학자들끼리 전공분야를 넘어서서 대화를 나누 것을 성과로 삼을 수 있다.

발표와 토론

이성무 교수가 柳成龍의 생애와 『懲毖錄』에 대해 발표하는 것을 내가 토론하라고 했다. 사실을 정리해 소개한 내용이어서 그 자체로는 시비할 것이 없었다. 토론을 시작하면서 임진왜란 체험기가 사료로서 소중할 뿐만 아니라 문학작품으로서 평가되어야 한다고 하고,

유성룡은 역사를 기록하려고 하고 李舜臣은 『亂中日記』에서 내심을 토로한 것이 대조를 이룬다고 했다. 유성룡의 아들 柳袗이 어려서 부모와 따로 피란하면서 겪은 바를 국문으로 적어 『壬辰錄』이라고 한 것도 주목해야 한다고 했다.

지명토론자가 아니어도 나서야 할 때가 있었다. 최승범 교수가 시조에 나타난 선비정신과 풍류정신에 대해서 발표한 데 덧붙여서 선비의 풍류만 일방적으로 기리지 말고 민중의 신명도 함께 다루어 총체적인 이해를 하는 것이 바람직하다고 했다. 지순임 교수가 김홍도와 신윤복의 풍속화의 아름다움, 배영옥 교수가 신라 석비 서체의 토속미를 고찰할 때 그 문제를 재론했다.

문학에서 전개하는 논의를 미술에까지 확대해 풍류와 신명의 관계를 살피는 데 서체 연구가 참여하니 놀랍다고 했다. 발표를 듣고 보니 선비의 풍류 쪽 극단에 해당한다고 생각되는 서체에서 보여주는 토속미가 민중의 신명과 상통하는 기풍을 지녔음을 알 수 있어 한국 예술 전반을 대상으로 한 총체적인 이론을 이룩하는 좋은 논거를 제공한다고 했다.

몽골 학자 수미야바타르(Sumiyabaatar)의 <몽・한 역사어 사전 편찬 제문제>를 듣고 토론한 것은 더 큰 성과이다. 徐美達이라는 한자명을 사용하고 유창한 우리말로 발표를 해서 한국인 줄 알았는데 몽골인이었다. 나중에 들어서 안 사실을 먼저 말하면, 몽골말 이름이 너무 길로 발음하기 어려워 한국식 이름을 만들어 쓴다고 했다.

북한에 6년 동안 유학해 조선어학을 공부하면서 홍기문의 지도를 받았다고 했다. 귀국해 몽골 과학아카데미 어문연구소의 연구원으로 일하면서 몽골의 한국학을 시작했다고 했다. 서울대학에서 와서 한국문학 석사를 하고 간 노로브냠이 자기 제자라고 했다. 한국에도 6년 동안 머물면서 단국대학 몽골학과 창설을 도왔다고 했다.

몽골과 한국 두 나라 역사용어를 비교하는 사전을 만든다고 하면서 몇 가지 사례를 들었다. 그 가운데 몽골의 'gesar'와 한국의 '居西干'이 같은 말이라는 대목이 있었다. 'gesar'는 영웅서사시 주인공인 위대한 통치자의 이름이고, 티베트와 공유한 말이다. '居西干'은 신라에서 임금을 일컬은 말이다. 그 둘이 같은 말이라고 하고 자세한 설명은 하지 않았다.

지명토론자로 정해진 분이 발표 장소에 없었다. 토론 없이 그냥 넘어갈 판국이었다. 그래서 내가 나섰다. 'gesar'와 '居西干'을 연결시키는 것은 처음 듣는 말이고 생각해보지도 못했다. 'gesar'에 관한 널리 알려진 견해는 그 말이 로마의 'Caesar'에서 왔다는 것이다. 티베트 사람들이 자기네 민족서사시의 주인공을 중국의 천자보다 더욱 위대하다고 하려고 유라시아대륙을 횡단해온 그 말을 받아들였다고 한다. 티베트에서 몽골로, 몽골에서 다시 한국으로 전달되어 신라의 '居西干'이 생겼다고 한다면 연대를 보아 전혀 부당하다. 이런 사실을 고려하고 'gesar'와 '居西干'이 같은 말이라고 하는가 하고 물었다.

그랬더니 이렇게 대답했다. 'gesar'가 무슨 뜻인지 몽골이나 티베트 문헌에는 밝혀 놓은 것이 없는데, 한국의 『삼국사기』에서는 "居西干 辰言王 或云呼貴人之稱"이라고 해서 의문을 풀어준다고 했다. 그 말이 한국에서 몽골로 가서 티베트까지 이르렀다고 했다. 혼자 생각인지 논문을 써서 발표해 인정을 받았는지 물으니, 논문을 써서 발표했더니 러시아 학자들이 타당하다고 인정했다고 했다.

내가 발표한 논문은 아래에 수록한 것이다. 모임이 열리는 대만에서 특히 관심을 가질 만한 내용을 준비했다. 대만의 정체성에 대해서 의문과 논란이 있지만 흔들리지 말라고 당부하고 싶었다. 한문문명권의 일원임을 분명하게 하고, 한문학의 유산을 함께 정리하는 데 열의를 가지자고 하는 말을 논문 서술을 통해 나타냈다. 중국이나 일본에서 온 사람들도 공동 작업에 대해서 관심을 가지자고 했다.

한국어를 읽지 못하거나 읽는 데 어려움이 있는 사람들을 의식해 보다 시피 한자어를 최대한 한자로 썼다. 국내의 독자는 그 때문에 가까이 오려고 하지 않을 수 있으나 고치지 않고 그대로 둔다. 발표문의 원문을 보여주어야 하기 때문이다.

이 논문을 일반논문의 하나로 발표하겠다고 해서 보냈는데, 주체측에서 전화를 해와 특별히 취급하겠다고 했다. 회의 마지막 날 폐회식 바로 전에 각국에서 온 모든 참가자를 상대로 하는 주제특강으로 삼았다. 서두에 넣을까 하다가 개회식 순서가 너무 복잡해 맨 마지막으로 돌렸다고 했다.

나의 발표

東亞 漢文學史의 下限線 問題

1. 導 論

漢文學은 '漢文學'이라는 名稱을 얻자 運命이 달라졌다. '漢'이라는 接頭語가 沒落의 徵表가 되어, 文學世界 主人의 地位를 잃고 周邊으로 밀려났다. 그 以後의 漢文學이 持續的인 意義를 가지는지, 文學史에서 取扱할 對象인지 疑問이다. 그 點에 關한 論議를 展開하려고 "漢文學史의 下限線 問題"라는 表題를 내걸었다.

그 以前에는 漢文 또는 漢文學을 '文'이라고만 했다. '漢'은 不必要했다. 『文選』의 前例를 따라 『東文選』을 作品 選集의 題名으로 삼았다. '文'은 文學의 通稱이면서 '詩'와 區別되는 散文을 意味하기도 했다. 韓國의 國文으로 쓴 作品은 '文'도 '詩'도 아니었다. '文'에 相應하는 國文文學 全般 또는 散文은 名稱이 없고, 國文詩는 '歌'라고 했다. '詩'와 '歌'는 對等할 수 없고, 使用 言語에 依해 分別되는 地位의 等級이 分明했다.

그러다가 '國文'도 '文'이라고 하는 時期에 이르러, 從來의 文은 '漢文'이라고 하게 되었다. '漢文'의 威勢가 減退한 것은 아니지만, '漢文' 대신 '國文'을 公用文으로 삼아, 兩者가 對等하게 하려고 했다. 그런데 '國文詩'는 '詩'라고만 하고, '漢文詩'는 계속 '漢詩'로 指稱해서, 그 兩者間의 地位 逆轉이 일어났다. 對等을 거쳐 逆轉에까지 이른 段階의 漢文學을 文學史 敍述에서 어떻게 待遇해야 하는가? 이것이 問題이다.

2. 經過 檢討

'漢文'은 用語는 日本에서 먼저 出現했다. 1867年의 明治維新을 겪자 '漢文'과 '國文'이라는 용어를 만들어내고 '國文'을 公用文으로 삼았다. 그런 變化가 몇 년 뒤에 韓國에 알려졌다.

1876年에 日本과 朝鮮王朝가 修好條約을 締結할 使用言語가 最初로 問題되었다. 日本이 오랜 慣例를 버리겠다고 해서 談判과 規定이 必要했다. 그 結果 日本은 '其國文'을 쓰고 '譯漢文'을 添附하겠다고 하

고, 朝鮮王朝는 '眞文'을 使用한다고 條約文에서 明示했다.

'漢文'과 '眞文'은 同一 對象의 相異한 呼稱이다. 朝鮮王朝는 在來의 公用文을 繼續 使用하기도 하고, 그 글을 前과 같이 '文'이라고만 할 수는 없어 '眞文'이라고 稱했다. 民間의 俗稱 '眞書'를 그렇게 表記했다. '眞文'은 國際間 通用 可能한 用語가 아니었으며 短命했다.

그러다가 韓國도 變했다. 1894年의 甲午更張에서 公用文을 바꾸었다. 政府의 모든 文書에서 "國文으로 本을 삼고 漢文附譯 或은 國漢文을 混用"한다고 했다. '漢文'이라는 말이 그 뒤에 널리 流通되었다. '漢文'의 '漢'이 中國을 意味하지 하지 않고, 使用 言語를 指稱했다.

'漢文'이 登場하자 以前에는 '詩'라고만 하던 것은 '漢詩'가 되었다. 1909年度『大韓每日申報』에 連載된 <天喜堂詩話>에서는 自國語詩를 '國詩'라고 하고, 漢文詩는 '漢詩'라고 했다. '國詩'라는 用語는 繼續 使用되지 않았다. '國詩'는 '詩'라고만 한다. 上位의 '詩'였던 것이 '漢詩'가 되어 外方으로 逐出되고, 下位의 '歌'가 '國詩'라고 呼稱되는 段階를 暫時 거쳐 '詩'의 地位를 獲得하고 中央에서 君臨하게 된 것이 文學史의 大變動이다.

3. 用語 點檢

'漢文'은 教育과 硏究의 公認된 用語가 되어 널리 使用된다. 日本에서는 東京大學에 1882年에 설치한 古典講習科를 1885年에는 漢文學科와 和文學科로 分科했다. 漢文學科에서는 中國과 日本 兩國의 遺産을 教學했다. 그 以後『日本漢文學史』와『日本文學史』를 別個의 領域으로 두고 각기 硏究하고 著作하는 慣習이 定着되었다. 兩種 文學史가 繼續 出刊되는데,『日本漢文學史』는 적고『日本文學史』는 많다.

韓國도 그런 方向으로 나아갔다. 1907年에 나온『漢文教科書』에서 韓·中 兩國의 漢文 名文을 集成해 教育 資料로 提供했다. 金台俊의『朝鮮漢文學史』(서울: 1931)에서 韓國人이 이룬 漢文學의 作品을 整理하고 評價했다. 그 뒤에 中國文學史, 韓國漢文學史, 韓國文學史를 區分하는 體系가 一般化되었다. 韓國文學史는 韓國漢文學史를 除外하기도 하고 包含하기도 한다. 近來에는 여러 大學 漢文學科가 생겨 韓國漢文學을 다루면서 中國古典 工夫를 그 基礎로 삼는다.

越南에서도 同一 變化가 일어났다. Van Tan 外 共著, *So Thao Lich Su Van Hoc Viet Nam* (Hanoi; 1957-1960)을 보자. 책 이름을 漢字로 적으면『初草歷史文學越南』이다. 漢文 語順으로는『越南文學歷史初草』라고 할 것을 越南語의 語順에 따라 그렇게 일컬었다. 그것이 越南文學史를 基本 要件을 갖추어 整理한 最初의 著作이다. 거기서 'han van'(漢文)과 'viet van'(越文)을 구분하고, 'han thi'(漢詩)라는 用語도 使用했다. 越南에서는 漢文學史를 別途로 著述하지 않았다. 國文文學史에 漢文學을 包含하는 것이 常例이다.

中國의 境遇를 보자. 白話文學 運動을 主導한 胡適이『白話文學史』(上海: 1928)를 낼 때 '古文'과 '白話'를 구분했다. 韓·日·越에서 一齊히 通用되는 '漢文'을 중국에서는 '古文' 또는 '文言文'·'古漢語'라고도 한다. 그런 것들은 中國에서만 通用되는 中國語이고, 東亞 諸國이 共用하는 漢文 用語가 아니다.

『中文大辭典』(臺北: 1973)을 보자. "漢文: (1) 漢代之文章也, (2) 漢文帝也, (3) 中文也"라고 했다. (1)은 一代의 文일 따름이다. (3)은 '漢文'과 '洋文'을 區分한 말이고 古今의 中文을 함께 指稱한다. '漢詩'라는 項目은 없다.

中國人이 他國의 文學史를 쓸 때에는 中國 特有의 用語를 그대로 쓸 수 없다. 謝六逸의 『日本文學史』(上海: 1929)에서는 '漢文'・'漢詩'라는 用語를 사용했다. 日本의 慣例를 따른 結果라고 생각된다. 韋旭昇이 『朝鮮文學史』(北京: 1986)에 登場시킨 用語는 '漢文文學'・'漢文詩'이다. 中國 讀者를 配慮한 選擇이라고 할 수 있다.

'漢文'과 '漢詩'는 韓・日・越에서 一齊히 愛用되고, 中國에서는 生疎하다. 中國에서 생겨 他國으로 傳播된 古典語와는 相異한, 新時代의 用語이다. 그러면 白話라고 할 것인가 ? 아니다. 新時代의 漢文 語彙이다. 漢文이 共同文語 機能을 繼續 遂行하고 있는 것을 立證한다.

韓・日・越이 東亞의 共同文語를 自國文과 區別해 '漢文'이라고 稱하고, '漢文'으로 지은 詩는 '漢詩'라는 新用語 制定 作業을 함께 하는데 中國은 不參했다. 이제 中國이 달라져야 한다. '漢文'과 '漢詩'를 受容해 孤立에서 벗어나야 한다. 東亞文學을 함께 擧論하는 共同의 用語를 確保해야 한다.

'中國漢文學'이라는 말은 語不成說인 것처럼 보인다. '韓・日・越 漢文學'과 함께 考察하면서 共通點 認識을 擴大해야 할 中國의 遺産은 '古文' 또는 '文言文'・'古漢語'라고 稱 하는 例外를 許容할 수 없다. '漢文'이 中・韓・日・越이 함께 使用한 東亞 共同文語임을 分明하게 하려면 用語 統一이 先決 課題이다. '中國漢文學'이라는 용어를 사용해야 中・韓・日・越이 함께 이룬 遺産을 總整理하는 '東亞漢文學史'를 敍述할 수 있다.

4. 漢文學 衰退期論

東亞文學史를 各國 學者들이 共同으로 著作하기로 하고, 그 첫 事業

으로 東亞漢文學史를 쓰자고 筆者는 이따금 提案했다. 各國 學者들이 合作해 東亞漢文學史를 漢文으로 쓰고 各國語로 飜譯하는 것이 바람직하다. 그 作業을 爲한 具體案의 一部를 提示하고자 한다.

東亞漢文學史는 크게 두 時期로 나누어진다. 漢文을 '文'이라고만 稱하던 前期를 지나 '漢文'이라고 用語 使用이 不可避해진 後期에 이르렀다. 前期는 再次 兩分된다. 漢文이 中國의 文이기만 하던 初期와 東亞 諸國의 共同文語가 된 中期가 달랐다. 初期는 準備期, 中期는 隆盛期, 後期는 衰退期라고 命名할 수 있다.

前期의 始發은 殷代 甲骨文이 말해준다. 中期에 進入한 年代는 中國內에서 判別 不可能하고, 414年에 建立한 高句麗의 <廣開土大王陵碑>가 알려준다고 할 수 있다. 後期는 日本에서 먼저 出現했으며, 1867年의 明治維新을 契機로 삼았다. 그 中 後期 또는 衰退期 處理가 여기서 擧論할 問題이다.

韓國의 境遇를 들어 詳論하면, 衰退期 漢文學 處理 問題에 관해 兩論이 있다. 否定論과 肯定論이 相異한 主張을 展開한다. 具體的인 例證을 들어 그 點에 關해 詳論하면서 必要한 論議를 進展시키고자 한다.

金台俊은 韓國漢文學 硏究의 開拓者이다. 漢文을 잘 한다고 名聲을 얻었으나, 그 能力을 漢文學 淸算에 쓰고자 했다. 『朝鮮漢文學史』(서울: 1931)에서 漢文學의 終末을 告하는 것이 當然之事라고 했다. "混沌衰滅의 狀態에 빠진 文運"의 時期가 到來해 洪奭周, 申緯, 金炳淵, 姜瑋, 金澤榮, 黃玹 等 一部 大家를 除外하고는 볼 것이 없게 된 것이 마지막 時期의 狀況이라고 했다. "漢學者와 新學者가 社會的으로 新陳代謝"를 해, 漢文學은 "萎縮하여 옛날 興盛하던 자취를 찾아볼 수 없"게

되었으며, "石間窮儒의 詩文集이, 그리고 그 吟風弄月이 現代人의 生活에 무슨 關係가 있으랴 ?"라고 했다. "낡은 것을 整理하고 새로 새 것을 배워서 新文化의 建設에 힘쓰자"하고, "이것이 朝鮮漢文學史의 외치는 標語라 하노라"라는 말로 끝을 맺었다.

다음 論者 李家源은 漢詩文의 作家로 많은 活動을 했다.『韓國漢文學史』(서울: 1961)에서 漢文學의 終末에 關해 말하지 않더니,『朝鮮文學史』(서울: 1997)에는 著者 自身을 爲始한 當代人의 漢詩文을 多數 收錄했다. 1940年作이라고 한 金剛山 紀行詩 <東征篇> 五言 558句를 다 들고 "當時 京鄕間에 膾炙"했다고 했다. 金台俊의 이른바 "吟風弄月"이라도 修辭가 非凡하면 評價해 마땅하다고 했다. 그 冊을 著作을 하는 동안 지은 <寫藁途中所吟詩七種>을 卷末에 收錄했다. 漢文學의 時代가 繼續된다는 것을 보여주었다.

筆者는『韓國文學通史』(서울: 1982-1994)에서 兩論의 中道를 찾고자 하면서, 漢文學의 位置 變化를 時代區分을 明確하게 하면서 論했다. 中世에서 近代로의 移行期 第2期인 1860-1918年間에 國文을 公用文으로 하는 轉換이 있었으나 漢文學은 旣存의 創作能力을 加一層 發現해 時代精神 表現을 先導했다고 했다고 했다. 1919年 以後의 近代文學期에는 漢文學은 이미 文學史의 周邊領域이 되었다고 보아 卷末에서 別途로 取扱하고, 創作이 中斷된 것은 아니고 注目할 만한 作家와 作品이 이따금 있다고 했다.

5. 漢文學의 持續相

1860-1918年間에 姜瑋, 金澤榮, 黃玹 等 大家로 擧名된 사람들만 評價할 만한 動向을 보인 것은 아니다. "石間窮儒"라고 할 地方의 無名

人士 가운데 卓越한 詩人이 적지 않았다. 湖南의 金永根, 嶺南의 柳寅植은 이미 考察한 바 있다. 改稿新版을 準備하면서 調査해보니 追加해야 할 事例가 續續 發見된다. 그 中 둘만 擧論한다.

愼鴻錫(1850-1920)은 멀리 濟州道에서 書堂 訓長으로 一生을 보냈다. 遺作을 收拾해 門人들이 編纂한 <禾菴詩集>을 보자. (金益洙 譯, 『老橘詩集 禾菴詩集』, 濟州: 2000) 바다에서 風浪을 만나 漂流하다가 生還한 漁父를 위해 지은 <慰漂海人生還>를 보자. 漁父와 詩人이 一體가 되어야 이를 수 있는 境地를 보여주었다.

黃龍靑雀護漁船	黃龍과 靑雀이 漁船을 지켜주었구나,
無恙風波萬里天	萬里 하늘 끝 風波에도 無事했으니.
此隣携酒來相問	이웃 사람 술 들고 와서 安否를 묻자,
平地欣然坐如船	平地에 오른 배처럼 欣快하게 앉아 있다.

1910年 이후 10년이나 더 살면서 民族의 悲運을 痛歎하는 詩를 이따금 읊었다. <弔義士>를 지어 稱頌한 未知의 鬪士가 濟州道人이다. "心懸日月胡天外 身作山河漢塞中'(마음은 오랑캐 하늘 밖에 걸어두고, 몸은 漢拏山에 막혀 山河가 되었다)고 하는 말로, 크나큰 뜻을 지닌 鬪爭을 자기 고장에서 펼친 來歷을 暗示했다.

蔡基中(1873-1921)은 慶尙道 尙州의 義士이다. (權太乙, 『尙州漢文學』, 大邱: 2002) 抗日義兵 鬪爭에 떨쳐나섰다가 捕虜가 되어 서울 西大門監獄에 끌려갔을 때 지은 <移拘京城>에서는 "仲秋斯獄讀兵書 自起風雲念上儲"(仲秋에 이 監獄에서 兵書를 읽으니, 마음속의 風雲이 저절로 일어나네)라고 했다. 뜻한 바를 이루지 못하고 死刑당했다. 죽음을 앞두고 지은 <自警三首>의 한 首를 들어본다.

生而無義自非生　　살았어도 義理가 없으면 삶이 아니고,
死得順天死是生　　죽어서 하늘을 따르면 죽음이 곧 삶이다.
死若奉公安此死　　죽어 公共을 위해 奉事하면 어찌 죽음이겠으며,
生將報信順其生　　살아 信義에 報答하는 것이 삶의 順理이다.

1919年 以後 近代文學의 周邊領域이 된 漢文學에서도 曺兢燮, 朴漢永, 金昌淑 等이 있어 法古創新의 眞面目을 보여주었던 것은 이미 考察한 바 있다. 새로 찾아내 追加해야 할 사람들은 無名人士이나 日帝 統治下의 受難을 깊이 새기는 데 近代詩보다 오히려 앞선 創新의 名篇을 남겼다. 地面에 發表하지 않은 漢詩文은 日帝의 檢閱을 받지 않아 時代를 慨歎하고 抗日의 意志를 表現하는 데 더욱 果敢할 수 있었다. 그런 例를 둘만 든다.

李光秀(1873-1953)는 全羅道 潭陽의 선비이다. (柳晟俊, 『韓國漢詩와 唐詩의 比較硏究』, 서울: 2002) 乙巳條約에 抗拒하다가 귀양 갔을 때 <丁未六月十四日到珍島謫所>를 지어 凄切한 心情을 노래했다. 1933年의 <金剛山大圖繪>에 紀行詩 22首 있다. "圖繪"는 寫眞帖이다. 寫眞에다 漢詩를 곁들이는 전에 없던 일을 했다. 萬瀑洞 앞에서 찍은 寫眞에다 붙인 <我寫我眞帖>을 보자.

六十年光一夢成　　六十 年 歲月 한 가닥 꿈이 되고,
爾形相對疾無名　　그대 形相 보니 병들고, 이름 없도다.
江潭見逐明時累　　뒤틀린 時代 밝아지기를 江潭에서 기다리지만,

風樹餘悲此日情　바람 부는 나무에 남은 슬픔만 이제 느낀다.
却着鐵花吾亦老　쇠 꽃을 뒤집어써 나도 또한 늙은 꼴을 하고,
羞將對酒客同傾　부끄럽게 술을 대하면서 客과 함께 기울인다.
半生誤路無窮恨　半平生 길 잘못 든 것 끝없이 恨歎스러워,
哭送金剛萬瀑聲　金剛山 萬瀑의 소리를 慟哭하면서 보낸다.

慶尙道 尙州 선비 柳道昇(1876-1942)은 壬辰倭亂 때의 사적지를 돌아보면서 지난날의 義氣와 鬪志를 되새겼다. (權太乙, 上揭書) <次矗石樓板>에서는 "懷吾保障何今事 舊國遺民賦遠遊"(우리가 지금 지닌 保障策은 무엇인가, 옛 나라 遺民이 멀리 가서 노는 詩나 짓네)라고 했다. 순천에 가서 李舜臣의 자취를 돌아보고 <忠愍祠重建韻>을 지어, "傷心門外飄零樹 亡國遺民可奈悲"(문밖의 나무도 시들어진 채 傷心하고 있는데, 亡國 遺民이 슬픔을 어찌 하리)라고 歎息했다. 日帝가 性을 바꾸라고 하자 <創氏歎>을 지어 抗辯한 말을 들어본다.

氏姓喪亡萬口喧　姓氏없애 망한다고 뭇 사람 요란하고,
吾東大地盡沈淪　우리 東方 큰 땅 모두 물에 가라앉네.
違親悖子非人子　어버이 어긴 悖倫兒 子息이 아니고,
忘祖痴孫是孰孫　할아버지 잊은 녀석 어떤 孫子인가.
樹老千年萎彼葉　千年이나 된 나무 잎이 시들어지고,
泉流百道失其源　百 가닥 흐르는 샘물 根源을 잃었다.
强將三字漫題詠　斷乎히 姓名 三字 걸고 自由로이 詩를 지어,
誓如乾坤永久存　天地와 더불어 永久하리라고 盟誓하노라.

1945年 以後 오늘날도 漢詩文 創作은 持續되고, 作品集이 出刊되기도 한다. 그 中法古의 水準이 相當한 名篇들도 있다. 그러나 그것들을 受容하는 漢文學史를 繼續 執筆해야 할 必要는 없다. 法古보다 創新이 더욱 所重하다. 同時代 國文文學과 對等하거나 優越한 時代精神 表現物이라야 漢文學이 살아 있다는 것을 立證한다. 李家源의 諷刺詩 <僞愛國者承晩李>는 그런 例라고 할 수 있으나 同列의 作品이 많지 않아 자리 매김을 하기 어렵다.

6. 東亞 全域의 狀況

漢文學은 東亞 共同文語文學이다. 下限線도 一國에서 任意로 劃定할 수 없고, 國際間의 比較論議가 必要하다. 以上에서 考察한 韓國의 狀況이 他國에서는 어떤지 檢討해 共同의 結論을 내려야 한다.

'漢文'이 '國文'(또는 '和文', '越文') 과 竝稱되는 東亞漢文學史의 後期는 日本의 明治維新을 契機로 해서 始作되었다고 했다. 前代에는 後進이던 일본이 그 때는 先進이었다. 그러나 그 때문에 日本이 漢文學 排擊에 앞선 것은 아니다. 猪口篤志는『日本漢文學史』(東京: 1984)에서 日本漢文學은 明治時代에 全盛期를 맞이했다고 했다. 文人들이 武士의 支配에서 벗어나 創作의 自由를 처음 享有한 것이 그 理由라고 했다.

越南에서는 漢字를 利用해 表記하던 '越文'을 프랑스 統治 期間中 로마字로 적고 '國語'라고 稱면서 民族運動의 表現 手段으로 삼았다. 그렇다고 해서 漢文을 버린 것은 아니다. 潘佩珠의 漢文 著作『越南亡國史』가 中國에 전해져 梁啓超의 解題와 함께 刊行되고, 그것을 韓國에서 거듭 飜譯했다. 胡志明이 中國에서 지은『獄中日記』의 漢詩篇 또한 東亞 他國에서도 쉽게 읽고 感銘을 받을 수 있어, 漢文學의 國際

的 機能을 再立證했다.

中國에 亡命한 韓國 志士들은 意思 表現을 漢文으로 했다. 漢文 筆談으로 私事로운 對話를 하고, 漢文 著作으로 抗日運動의 意志를 나타내 國內外 讀者의 共感을 얻고자 했다. 金澤榮은 亡國을 痛歎한 <嗚呼賦>가 漢文學의 名文으로 記憶되기를 바랐다. 朴殷植은 『韓國痛史』와 『韓國獨立運動之血史』를 漢文으로 써서 韓國의 受難이 東亞의 不運임을 알렸다.

漢文學 國際 交流의 中心地 機能을 繼續한 中國에서 漢文學 創作이 中斷되지 않음은 勿論이다. 그런데 그 內譯을 整理해 論하지 않는다. 中國에는 漢文學史라는 것이 따로 없고, 中國文學史는 무엇이든 1919年 五四運動 以後에는 白話文學만 있었던 듯이 말한다. 그러다가 『中華文學通史』(北京: 1997)에서는 毛澤東을 爲始한 몇몇 名士가 '舊體詩'를 지었다고 簡略하게 紹介하면서 漢詩의 行方을 알려준다. 더 많은 硏究가 있어야 한다.

7. 結 語

1945年까지는 漢文이 共同文語 機能을 繼續 遂行하고, 漢文學이 東亞 全體의 公有財産이었다. 資料를 最大限 擴張해 그 內譯을 詳論하는 것이 緊要한 課題이다. 國際的인 交流에 參與하지 못하고, 發表의 機會마저 얻을 수 없어 草藁로 남아 있는 著作이나 作品이라도 그 時代의 共同 關心事를 다룬 것은 積極 發掘해 함께 論議하고 評價해야 한다. 東亞漢文學史의 下限線은 1945年까지로 하는 것이 合當하다.

1945年 以後는 事情이 달라졌다. 日本이 敗戰後 再建되고, 韓國이 獨立하면서 分斷되고, 新中國과 臺灣이 갈라서면서, 國家의 障壁이

커지고, 自國 口語文 尊崇의 風潮가 加一層 確固해졌다. 漢詩文 創作은 나날이 減退되고, 漢文을 읽지도 못하는 사람이 大多數가 되었다. 漢文學 作品이 더러 있어도 好古 趣味를 誇示하기나 하고, 同時代 新文學과 競爭할 水準이 아니라고 할 수 있다.

漢文學史의 下限線이 關한 論議에서 위와 같은 暫定的인 結論을 도출할 수 있다. 充分한 檢討를 하지 못해 暫定的이다. 韓國의 境遇에도 더 많은 資料를 들어 詳論해야 하지만, 東亞 諸國과의 比較研究가 또한 必須的이다. 比較研究는 共同으로 進行해야 한다. 東亞漢文學史 共同 執筆을 目標로 하고 諸般 問題 解決에 協力하자.

뒤에 있었던 일

주제특강에는 토론이 예정되어 있지 않았다. 그러나 다음 순서인 폐회식을 위해 기다리는 동안에 영남대학 홍우흠 교수가 나서서 논문의 중요성에 대한 발언을 하고 토론을 하자고 했다. 크게 도움이 되는 발표를 했다는 말을 여러 사람에서 들었다.

한문을 동아시아 전통문화 연구를 위한 공용의 글로 사용하자는 것이 평소의 생각이라고 했다. 시간이 너무 많이 소요된다는 이유에서 한문 공부를 그만두었는데, 이제는 사정이 달라졌다고 했다. 대량 실업을 막으려면 노동시간을 줄여야 하므로 남는 시간을 어떻게 사용할 것인가 하는 심각한 문제가 제기되었다. 한문이나 외국어 공부가 남는 시간을 이용하는 최상의 대책이라고 했다.

이 논문에서 동아시아 각국의 책을 두루 거론하려고 했다. 그런데 대만 책은 『中文大辭典』만 들었다. 대만에서는 한문학이 어떻게 이어지는지 고찰하지 못했다. 자료가 전연 없기 때문이었다.

행사가 끝난 뒤에 서점에 가니 대만문학에 관한 연구서가 많이 나와 있었다.

寥一瑾, 『臺灣詩史』(臺北: 文史哲出版社, 1999)를 보면, 日據時代라고 한 일본 통치기의 대만인, 일본인, 중국 본토인의 한시를 모두 취급했다. 대만인은 "保存國粹"를 위해, 일본인은 반발을 적개 사면서 "統治臺民"하기 위해 한시를 지었다고 했다. 적과의 동침이 한시에서 이루어졌다고 할 수 있다. 龔顯宗, 『臺灣文學研究』(臺北: 五南圖署, 1998)에서도 자료를 얻을 수 있다.

대만에서는 한문학이 계속 긴요한 구실을 해야 하는 사정이 있었다. 1945년까지의 대만에서는 표준중국어 사용자가 거의 없어 대륙과 상통하는 백화문학이 자라날 수 없었다. 대만어로 신문학을 하는 것이 마땅하지 않으며, 원주민의 문학 활동은 아직 나타나지 않았다. 일본어로 창작을 하지 않는다면 한문학이 지속시켜야 했다. 많은 詩社가 있었고, 남긴 작품이 아주 풍부하다.

대표적인 시인 連橫(1876-1936)이고, 臺南 사람이다. 한문으로 내는 신문에서 일했다. 『臺灣通史』 등의 저서에서 대만의 내력을 찾고, <詠史> 외의 여러 시에서 대만의 역사를 노래했다. 대만이 중국 대륙과 구별되는 독자적인 세계임을 인식하는 연원을 만들었다.

근래에는 문학 창작이 다원화되었다. 臺語詩 · 客語詩 · 原住民詩가 일어나고 있다. 林于弘, 『臺灣新詩分類學』(臺北: 鷹漢文化, 2004)에서 그 양상을 파악할 수 있다. 이 책에서는 세 가지 시 모두 한자 표기를 들어 고찰했는데, 로마자로 발음을 병기한 것들이 서점에 보인다. 대만어를 공부하는 교재도 있는데, 로마자로 발음을 표기했다. 이 책은 출간 연도를 서기로 표시했다. 앞에서 든 책은 모두 중화민국

몇 년이라고 해서 서기로 환산해 적은 것과 다르다.

烏來(우라이)를 구경하러 갔다가 원주민과 인사를 나누었다. 의사소통은 일본어로 했다. 명함에 이름을 표기한 것이 흥미로워 소개한다. "馬偕 · 理牧 (邱克平) makay · rimuy"라는 말을 두 줄로 적었다. 밖에 적은 것이 한자로 적은 자기 이름이다. 발음을 로마자로 나타냈다. 괄호 안에 쓴 것은 중국식 이름이다.

巴蕭亞 · 博伊哲努(浦忠成), 『敍事性口傳文學的表述: 臺灣原住民特野部落歷史文化的追溯』(臺北: 里仁書局, 2000)는 원주민의 구비문학을 조사연구한 업적이다. 저자 자신이 원주민이어서 성명 표기를 이중으로 했다. 서두에 고생스럽게 살아온 부모에게 그 책을 바친다는 말을 로마자로 적고 중국어로 번역해놓았다. 홍수, 민족이동, 영웅의 활약 등에서 동화에 이르기까지 다양한 형태의 구전을 로마자로 전사하고 중국어로 번역하면서 고찰했다. 중국어로 서술한 본문에서도 로마자 표기의 원어를 자주 넣어 현장감을 잃지 않게 하려고 했다.

대만의 역사에 대한 연구도 활발하게 이루어지고 있는 것을 확인했다. 周婉窈, 『臺灣歷史圖說: 史前至一九四五年』(臺北: 中央研究員臺灣史研究所籌備處特刊, 1997)을 특히 주목할 만하다. 대만사를 연구하는 기관을 만드는 준비 작업을 하면서 벌써 결과물을 내놓았다. 2004년 10월에 나온 2판 18쇄를 샀으니 많이 팔린 책임을 알 수 있다. 서두에서 대만의 역사는 누구의 역사인가 묻고, 이주민은 漢人이라고 했다. 원주민과 한인의 관계를 다각도로 고찰했다. 일제 통치기의 항일운동을 중요시해서 다루었다. 이 책과 다음 책 또한 출간연도를 서기로 적었다.

簡後聰, 『臺灣史』(臺北: 五南出版, 2002)는 방대한 저술이다. 자료 정리에 힘쓰면서 대만의 독자적인 역사를 가졌음을 알게 하려고 했다. 오늘날까지의 내력을 모두 다루고, 원주민의 권익을 옹호하고, 客家人, 閩南人(本省人), 外省人이 화합해 "群族融合"을 이룩해야 한다고 하는 것을 결론으로 삼았다.

교육부에서 역사 교과서를 개편한다고 발표했다. 2006년부터 사용하는 새로운 역사 교과서에서는 대만사·중국사·세계사가 같은 비중을 가지도록 하고, 세계사에서 아시아사의 비중을 늘리는 작업을 진행중이라고 했다. 대만어는 가정에서만 배우도록 내버려두지 않고 학교에서도 가르치도록 하겠다고 했다.

그렇게 하면서 대만 독립의 문화적 기초를 다지고 있다. 陳水扁 총통이 이끄는 民進黨이 그 방향으로 나아가고 있어 外省人의 주장을 대변하는 국민당과 대립하고 있다. 중국은 대만이 독립을 선언하면 침공하겠다고 한다. 군사적인 긴장이 대만에 막대한 희생을 강요한다.

대만은 크기나 인구나 경제력이나 당당한 나라이다. 그런데도 중국의 일부라는 이유에서 고립되어야 하는 것은 부당하다. 22개국과 가까스로 외교관계를 가지고 있다는데 모두 아주 작은 나라이다. 그 정도의 관계라도 유지하려고 막대한 원조를 한다. 미국과는 대표부를 설치한 관계도 아닌데, 정치적·군사적 간섭을 받으면서 무기 시장 노릇을 한다. 한국과의 관계를 정상화하고 싶어 하지만 실현 가능하지 않다.

중국은 자국과 외교관계를 가진 나라가 대만과는 외교관계를 가지지 못하게 한다. 두 개의 중국 가운데 하나만 택하라고 하면서 중국이 둘이 아니고 하나라고 한다. 세계 어느 나라도 남북한과 각기 외교관계를 가질 수 있게 남북한이 허용하는 것과 다르다. 그래서 한국은 둘이고 중국은 하나인 것은 아니다. 정치의 논리가 어느 한쪽으로 치닫는다고 해서 사실이 달라지는 것은 아니다.

대만은 실제로 독립해 있는 나라이다. 대만이 독립해 있다는 사실을 누구도 부인할 수 없다. 그러면서 공식적으로 인정하지는 못하는 것은 분명 잘못된 일이다. 대만의 독립은 독립국으로 존재한다는 사실을 국제사회에서 인정하는 것일 따름이다. 새로운 사실을 만들어내는 것은 아니다.

대만이 독립국으로 인정되든 인정되지 않는 대만문화의 독자성은 엄연히 존재한다. 그 점에 대해서 깊은 관심을 가지고 연구해야 우리의 세계 인식을 풍부하게 할 수 있다. 중국 전통문화에 대한 이해에서도 대만의 견해를 들을 필요가 있으며, 대만인이나 원주민의 언어와 문화 또한 소중한 연구 대상으로 삼아 마땅하다. 정치의 논리를 떠나 문화의 독자적인 의의를 탐구하는 작업을 구체화하는 데 대만이 큰 도움을 준다.

토 론

❑ **문** : 대만의 문학창작에 대해서도 살펴보았는가?

❑ **답** : 그럴 겨를이 없었다. 오늘날의 대만문학에 관해서는 유성준 교수의 연구에 힘입어 『세계문학사의 전개』(지식산업사, 2002)에서 조금 다루면서 정치풍자시가 있는 것을 주목할 만하고 했다.

❑ **문** : 대만과의 한국학은 어떤가?

❑ 답 : 中國文化大學과 政治大學 두 곳에서 일찍부터 한국어를 공부하고 한국학을 했다. 정치나 외교에서 한국어를 활용하는 쪽에 더 많은 관심을 가지고 어문이나 역사에 관한 연구는 그리 활발하지 않다. 한국학을 하는 대학이 늘어나지도 않는다. 외교관계의 단절이 큰 이유이다. 한국 공부의 열기가 대단한 중국 대륙의 사정과 상당한 거리가 있다.

❑ 문 : 대만과의 학문교류는 어떤가?

❑ 답 : 학문교류에서 준 것보다 얻은 것이 크다. 한・중 수교가 이루어지지 않고 대만과 외교관계를 가질 때에는 한국에서 대만으로 유학하는 사람들이 많았다. 대륙에서 건너온 노대가들이 수준 높은 강의를 하고, 대학원생을 위한 장학금과 기숙사 제도가 잘 되어 있어 유학생들이 착실하게 공부할 수 있었다. 한국의 대학이 부실하고 대학원 교육은 명목뿐인 것과 좋은 대조를 이루었다. 淸代 考證學을 이은 자료학을 익혀 귀국해 한국의 중국학 특히 중국문학 연구의 수준을 높인 것은 자랑할 만하다.

그러나 거기서 만족하고 더 나아가지 못한 것이 문제이다. 한국문학 전공자들이 어떤 혜택도 받지 못하는 어려운 조건에서 스스로 고민하고 모색해 새로운 학풍을 독자적으로 개척한 것과 좋은 대조를 이룬다. 행운이 불운이고, 불운이 행운임을 새삼 깨닫는다.

대만에서 한국으로 온 유학생은 많지 않았으나 돌아가서 대만의 한국학을 주도했다. 이번 행사를 주관한 林明德 교수가 그 좋은 본보기이다. 한국에서 공부하고 돌아간 대만 유학생은 한국의 학풍을 받아들이는 대신 그쪽에서 하는 방식을 지켰다. 한국의 학문이 대외적인 영향을 줄 만큼 정비되지 않은 탓이라고 할 수 있다.

대만과의 관계는 비공시적인 통로를 이용해서라도 확대되어야 한다. 유학생이 오고 가면서 서로 많은 것을 배워야 한다. 중국 대륙과의 관계가 소중하다고 해서 대만을 잊거나 버리는 것은 잘못이다.

❑ 문 : 중국 사람들더러 白話뿐만 아니라 漢文으로도 글을 쓰라는 것이 정당화될 수 있는 요구인가?

❑ 답 : 白話는 자기네 글이고, 漢文은 이웃 여러 나라와 함께 쓰는 글임을 분명하게 알도록 설명해야 한다. 두 가지 목적을 위해 두 가지 글을 써야 한다.

❑ 문 : 簡字를 漢文에서도 쓸 수 있는가?

❑ 답 : 아니다. 漢文은 本字로 써야 한다. 本字를 繁字라고 하는 것은 부적절한 용어이다. 중국에서 백화를 쓰고 간자를 사용한 것은 그 나름대로 이유가 있지만 동아시아의 동질성을 해친다. 중국에서 나타난 변화를 보고 다른 곳에서도 한문은 이제 소용없게 되었다고 오판한다. 한문을 저주하고 글자마저 나무라면서 동아시아문명은 열등하다고 자학하는 사태가 벌어진다.

백화는 불가피하더라도 간자를 만든 것은 실수이다. 간자를 쓰면 글을 빨리 배우는 것은 아니다. 이제는 쓰기를 컴퓨터로 하니 획수가 많아도 상관없다. 간자는 초서 대용의 필기체로만 사용하는 쓰는 것이 마땅하다.

이제 각자 자기 말로 쓰는 글이 잘 정착되었으니 한문을 함께 돌보는 데 힘을 기울어야 한다. 다른 문명권들과 선의의 경쟁을 해서 인류가 더욱 지혜롭도록 하기 위해서 한문으로 이루어진 동아시아 공동자산을 적극 활용하고 확대해야 한다. 그 성과를 다른 문명권 사람들이 알 수 있는 말로 전달해야 한다. 이렇게 하는 것이 근대를 넘어서서 다음 시대로 나아가는 문화 창조의 방향이다.

❑ **문** : 동아시아 공동문어를 지칭하는 용어 漢文을 중국에서도 받아들이라는 말을 듣고 漢學에 대해서 생각해보았다. 漢學도 함께 쓸 용어인가? 漢學을 어떻게 규정해야 하는가?

❑ **답** : 한문으로 이룩한 문화 창조에 대한 총체적인 연구를 漢學이라고 규정하는 것이 마땅하다. 漢學은 곧 중국학이라는 주장을 인정하지 말아야 한다. 중국에서 漢學과 國學을 같은 말로 쓰는 것은 잘못이다. 漢學은 동아시아 공동 창조물이고 공동 재산이다.

중국에서 '域外漢學'이니 '域外漢籍'이니 하는 말을 쓴다. '域'이란 중국이다. 중국 밖 한국이나 일본의 한학이나 한적을 그렇게 일컫는다. 잘못된 용어이고 개념이다. 유럽이나 미국 또는 인도나 아랍세계에서 하는 한학이라야 '域外漢學'이라고 할 수 있다. 중국 사람들과 만나 토론해 잘못된 생각을 고쳐야 한다.

❑ **문** : 韓國漢學이라는 말은 부적절한가?

❑ **답** : 아니다. 한문이나 한학은 동아시아의 공유재산물이지만 누가 마련했는가에 따라서 각국의 것으로 나누어 고찰할 수 있다. 中國漢學도 있고 韓國漢學도 있다.

❑ **문** : 韓國漢學의 내용과 특징을 어떻게 규정할 수 있는가?

❑ **답** : 한국한학은 중국에서 이루어진 한학에 대한 한국인의 논의, 한국인이 이룩한 한학, 이 두 가지 내용으로 이루어져 있다. 앞의 것에서는 역대 인물론을 써서 행실을 시비한 것이 많고 평가할 만한 내용을 갖추었다. 중국의 경우처럼 經學에 머무르지 않고 자기주장

을 바로 펴는 논설을 써서 철학사상을 전개한 업적을 뒤의 것에서 주목할 만하다. 둘을 합쳐, 이치를 스스로 따지는 것이 한국한학의 특징이라고 할 수 있다.

❑ 문 : 대만의 장래는 어떻게 되어야 한다고 생각하는가?

❑ 답 : 명실상부한 독립을 하거나 중국의 일부가 되어야 문제가 해결된다. 그 둘 가운데 어느 쪽을 택할 것인가를 두고 대만 안에서 견해 대립이 심각하다. 독립이 가능하다면 해결이 간단한데 그럴 수 없어 진통을 겪는다. 중국의 일부가 되어도 홍콩처럼 자본주의 체제가 유지되어야 한다는 것은 대만과 중국 양쪽에서 제기되는 통일론의 공통된 견해이다. 그러나 자본주의 체계가 언제까지 유지되는가, 경제는 그렇다 하고 정치는 어떻게 되는가에 관해서는 접근이 쉽지 않다.

문제를 크게 보고 원론적인 각도에서 재론하면, 대만의 장래에 대한 두 가지 상반된 주장을 한 데 합칠 수 있다. 근대국가의 배타적 주권이 상대적인 의의를 가지도록 완화되어야 한다. 거대국가는 상당한 정도로 해체되어야 한다. 이 두 가지 원칙이 함께 적용되어 중국이 유럽연합과 같은 위치를 가지고 그 아래 여러 나라가 존재하는 방식을 택하는 것이 최상의 방안이다. 홍콩이나 대만뿐만 아니라 티베트나 신강, 또는 여러 省이 유럽연합 안의 여러 나라와 같은 지위를 누리게 되면 모든 문제가 해결된다. 그런 개념으로 개편된 중국은 동아시아 연합체로 확대되어, 한국, 일본, 월남 또는 동남아시아 여러 나라도 들어갈 수 있다.

제8강 인도에서 열린 두 번의 모임

인도로 가는 길

인도에 오라는 초청을 받고 비행기 표를 예약하면서 고민이 생겼다. 뉴델리로 가는 아시아나 항공의 여객기가 밤 12시 30분에 도착하게 되어 있었다. 그 시간에 어디로 간단 말인가? 고민 끝에 해결책을 찾았다. 뉴델리 공항에서 6시에 출발하는 비행기를 타고 자이푸르(Jaipur)로 가기로 했다. 국내선 항공료, 호텔 숙박비, 공항에서 호텔까지의 택시비를 신용카드로 지불했다. 편리하고 좋은 세상이다.

자이푸르는 왕궁을 비롯한 여러 역사 유적을 자랑하는 곳이어서 관광객이 몰려드는데 너무 더럽고 혼잡스럽다. 그 대신 물가가 싸서, 숙박과 식사에서 호사를 누리고, 걷지 않고 다닐 수 있었다. 자이푸르에서 2박 하면서 아즈메르(Ajmer)에 가서 회교사원과 고성을 구경했다. 인도에서 가장 성스럽다는 회교사원에서 돈을 기부하라고 성화여서 분위기를 깼다. 겉을 보아서는 폐허에 지나지 않는 고성 안에 있는 국립박물관에 이른 시기 금석문이 많이 있는 것을 보고 놀랐다.

자이푸르에서 기차를 타고 가서 델리 캔트(Delhi Cantt) 역에 내렸다. 인터넷에서 출력한 기차시간표에 그 역이 종점이라고 했다. 네루대학의 라비케쉬(Ravikesh) 교수에게 전화하고, 그 역까지 간다고 하니 마중 나오겠다고 했다. 그런데 그 역은 지도에서 찾을 수 없고, 안내서에도 보이지 않았다. 승객들은 물론 열차 검표원도 모른다고 했다. 종점은 그 역이 아니고 델리 역이었다. 지나치지 않으려고 신경을 쓰다가 가까스로 델리 캔트역에 내리니 라비케쉬 교수와 함께 김영욱 교수가 나와 있었다. 김영욱은 서울시립대학 국어학 교수인데 네루대학에 파견되어 가르치고 있었다.

대기하고 있는 차를 타고 네루대학으로 가서 게스트 하우스에 들어갔다. 델리 캔트 역은 델리 역보다 대학에서 가까운 곳에 있었다. 거기서 내린 것이 다행이었다. 구내의 게스트 하우스에 이틀 머물고, 대학 담 밖에 있는 대학과 관련을 가진 호텔로 거처를 옮겼다.

네루대학

네루대학(Jawaharal Nehru University)은 인도가 독립한 뒤에 자존심을 걸고 1970년대에 만들어 특별히 육성하는 대학이다. 영국인이 설립한 델리대학, 독립운동 지도자들이 전국의 성금을 모아 만든 바라나시힌두대학과 함께 삼대명문 대학을 이루고 있다. 델리대학은 서양학문 수입에 힘쓰고, 바라나시힌두대학은 전통학문 계승을 선도한다면, 네루대학은 오늘날의 인도가 나아가는 방향을 제시한다고 할 수 있다.

인디라 간디 수상이 설립하고, 자기 아버지 네루의 이름으로 교명을 삼았다. 뉴델리 남쪽 광활한 지역에 자리 잡았다. 원시림이 그대로 있고 여기저기 건물이 들어서 있다. 갔을 때 겨울인데도 꽃이 만발했다. 많은 새가 노래해 시끄러울 정도였으며, 공작도 있었다. 공작이 뱀을 잡아먹는다고 했다. 물과 건물 사이가 멀다. 키 작은 나무로 이루어진 원시림을 헤치면서 외가닥 길이 원을 그리면서 나 있다. 특별한 배려를 입증하는 자연조건이다.

더구나 네루대학은 대학원대학이다. 다만 어문문화대학(School of Language, Literature and Culture Studies)만은 여러 외국어를 기초부터 공부해야 하므로 학사과정이 있다. 학생 4천 명에 교수 5백 명 정도이다. 학생 전원이 기숙사에서 생활한다. 학비는 거의 무료이고, 기숙사 숙식비에 해당하는 금액을 장학금으로 받는다. 다른 장학금도 여럿 있어 우수한 학생이면 누구나 아무 어려움 없이 공부할 수 있다. 델리대학은 학생 총수가 12만이나 되어 기숙사가 모자라고 장학금 혜택이 네루대학만 못하다고 한다.

대학을 다 둘러보는 것은 가능하지 않다. 꼭 필요한 곳만 찾아가려고 해도 쉽지 않다. 쇼핑센터라는 곳에 가니 초라하다 할 정도인 매점과 식당이 있고, 그 곁에 서점이 보였다. 면적이 서너 평 될까 하고, 문방구도 함께 팔았다. 얼마 되지 않은 책이 꽂혀 있는데, 거의 다 학술서적이었다. 다른 나라 대학 구내서점 크고 화려한 곳을 잡서가 지배하는 것과 많이 달랐다.

거기서 책을 여러 권 샀다. 모두 알찬 내용이었다. 그 가운데 인도의 대표적인 철학자의 전기를 역사학자인 아들이 쓴 책(Sarvalli Gopal, *Radhakrishnan, a Biography*)이 있었다. 인도에 있는 동안 탐독하고 많은 것을 깨달았다. 강의 제9회에서 학자의 생애를 다룰 때 라다크리슈난을 포함시키기로 작정하고, 다른 학자들에 관해서도 이 비슷한 전기가 있는지 찾기로 했다.

네루대학의 어문문화대학은 11개 학과로 구성되어 있다. 명단에 적힌 순서대로 들면, 아랍 및 아프리카, 중국 및 동남아시아, 불어권, 독일, 인도 여러 언어, 일본 및 동북아시아, 언어학 및 영어, 페르시아 및 중앙아시아, 러시아, 스페인 포르투갈 이탈리아 라틴아메리카, 철학이다. 한국학은 일본 및 동북아시아 학과에 소속된 한 전공(programme)이다.

일본 및 동북아시아, 중국 및 동남아시아, 이 두 학과가 합동으로 "동아시아문학에 관한 국제학술회의: 일본, 중국, 남한의 경향과 발전, 인도와의 상호작용"(International Seminar on Literatures in East Asia: Trends and Developments in Japan, China and South Korea - an Interface with India)을 2005년 2월 16일부터 18일까지 열었다. 2월은 인도가 덥지 않고 날씨가 가장 좋은 때이다. 조직 책임자는 일본문학 전공의 조지(P. A. George)교수이고, 경비는 일본재단(Japan Foundation)에서 댔다.

한국에서 조동일, 송기중, 권영민 교수가 발표자로 초청되고, 김영욱 교수도 발표했다. 둘은 문학, 둘은 어학 전공이다. 일본과 중국에서 초청된 사람은 더 많았으며, 모두 문학 전공인 것 같았다. 네루대학은 일본학과 중국학의 교수들은 다수가 발표했다. 네루대학 한국학 전공 과정의 교수는 모두 셋인데, 아무도 발표하지 않았다. 문학 교수인 라비케쉬마저 준비와 진행을 위해 수고만 많이 하고 발표에서 빠진 것은 납득하기 어려웠다.

한국학 전공은 두 행사를 앞두고 있다. 2005년 10월에는 한국학 전공 개설 10주년 기념 학술회의를, 2006년에는 환태평양 한국학 학술회의를 주최할 예정이다. 둘 다 한국에서 지원한다. 그런데 일본 및 동북아시아 학과의 한 전공에 지나지 않는 지위이다. 독립학과가 되는 것이 간절한 소망이다.

네루대학 부총장 겸 교무처장인 아로라(Balveer Arora) 교수와 나란히 앉아 식사를 하는 기회에 그 문제를 거론했다. 인도는 영국과 같은 제도를 채택해 대학의 총장은 외부의 명사이고, 대학 안의 운영 책임자는 부총장이다. 이해하는 데 혼란이 생기지 않도록 하기 위해서 이제부터 부총장을 총장이라고 하겠다.

한국학이 일본학과에 소속되어 있는 것은 한국이 일본의 식민지 통치를 받았으므로 일종의 굴욕이라고 했다. 학과가 독립되어야 하고, 독립 전에도 학과 이름을 "일본 및 한국 학과"라고 해주기 바란다고 했다. 하나는 크고 하나는 작아 그래 보았자 이름뿐이라고 하는 것이 총장의 대답이었다. 우리에게는 이름이 중요하다고 나는 말했다.

대강 들어 판단한 바로는, 한국학과 독립되지 않는 가장 큰 이유가 교수진에 있다고 한다. 박사학위가 있고, 연구 업적이 뛰어난 교수가 있어야 한 학과를 이끌어나갈 수 있다고 인정하는데, 한국학 전공자들은 아직 그런 조건을 갖추지 못했다. 능력 향상이 당장 요청되지만 단기간에 가능하지는 않다.

나의 발표

16일 오후 4시 30분에 대학이 아닌 시내의 회의용 건물에서 개회식이 있었다. 주최 측의 인사말에 이어서, 세 나라 대사가 연설을 했다. 일본대사는 아시아 각국이 긴밀한 유대를 가져야 할 시대가 되었다고 능숙한 영어로 말했다. 중국대사는 중국이 위대한 나라라고 하면서 중국문학사를 강의했다. 한국대사는 부재중이라면서 공사가 대신 나와 한국과 인도는 일찍부터 관계가 있었다고 하고 한국기업이 인도 진출을 자랑했다.

대회 첫날은 네루대학 총장이, 다음 날은 한국대사를 대신해 공사가, 마지막 날은 중국 대사가 저녁을 냈다. 총장이 초대한 저녁 식사는 개막식 한 장소 복도에서 뷔페식으로 차린 것이며 가지 수가 많지 않았다. 한국대사는 최상의 한국식당을 초대장소로 정했다고 했는데, 음식이 그리 좋지 않아 한국을 알리는 데 지장이 있을 정도였다. 중국대사는 자기네 대사관으로 불러 중국 선전영화를 먼저 보여주었는데, 기술이 뒤떨어지고 내용이 경색되어 있어 역효과를 냈다. 음식은 통상 수준이었다.

개막식으로 되돌아가자. 각국 대사가 연설을 한 다음 기조강연이 있었다. 일본 와세다(早稲田)대학 은퇴교수 시로 하라(Shiro Hara)가 첫 순서를 맡아 일본문학의 대외관계를 말하는 것 같기는 하지만 문장이 아닌 단어를 읽고 있어 알아듣기 무척 어려운 영어로 길게 이야기했다. 일본인 참가자 한 사람이 단상으로 올라와 그만하라고 해서 겨우 중단했다.

내 차례가 되었을 때 배정된 시간이 거의 다 없어져서 간략하게 이야기해야 했다. 행사가 끝났을 때, 단상으로 올라갔던 일본인이 내게 와서 아주 미안하게 되었다고 깊이 사과했다. 나는 괜찮다고 하면서 이렇게 말했다. 일본인의 실수가 아니고 노인의 실수이다. 한국의 노인도 그런 실수를 흔히 한다.

내 다음 순서를 맡은 중국 우한(武漢)대학 유 케순(Yu Kexun) 교수는 중국문학을 소개하는 말을 중국어로 하고 영어로 통역하도록 했다. 원로 교수 한 사람만 그렇게 했다. 중국에서 온 다른 학자들은 영어를 사용했다. 힌디어를 사용하는 발표자도 있어 청중의 갈채를 받았다. 힌디어 사용자가 원로 교수를 수행하고 다녔다.

네 번째로 기조강연을 한 인도 네루대학 은퇴교수 데스판데(G. P. Deshpande)는 원고 없이 나서서 인도문학과 중국문학이 출발점에서부터 많은 공통점을 가져 아시아문학이 하나이게 했다는 요지의 발표를 영어를 능숙하게 구사하면서 말했다. 인도 중국문학계의 석학임을 알 수 있게 했다. 개별 발표를 들어보니, 같은 수준의 학자가 더 없는 것 같았다.

나는 발표시간이 부족할 것을 염려해 다음과 같은 글을 현지에 도착한 뒤에 써서 주고 복사해서 배부하게 했다.

Historical Types of Korean Literature

(a) Oral literature
national founding epic, shaman's epic, *pansori*

(b) *Hanmun* literature from the th c. early medieval age
漢文 classical Chinese (Sanskrit, classical Arabic, Latin)
civil service examination (科擧)

(c) *Hangchal* literature from the 6th c.

鄕札 writing system for Korean language using Chinese characters

hyangga 鄕歌 lyric poem

(d) *Hangeul* literature from the 15th c. late medieval age

한글, 訓民正音 Korean alphabets

sijo 時調 lyric poem

gasa 歌辭 didactic poem

soseol 小說 novel

(e) Modern literature from the 20th c.

논문 내용은 내가 책을 써온 작업을 들어 한국문학사에 관해 알리면서, 한국문학사가 동아시아문학사에서 어떤 위치를 차지하고, 무슨 의의를 가지는지 설명하는 내용이다. 중국 및 일본의 문학사에 관해서는 어느 정도 알고 있는 사람들이 한국문학사를 이해하는데 필요한 내용을 갖추었다.

외국 가서 발표하는 논문은 예상 청중이 누구이며, 어떤 예비지식을 가지고 무슨 문제를 관심을 보일지 미리 헤아려 마련해야 한다. 평소에 하고 있는 작업을 그대로 가지고 가면 전달하기 어렵고 관심을 끌지 못해 허사가 되고 만다. 이번에는 중국문학과 일본문학을 전공하는 인도인 교수들이 청중의 중심을 이룬다. 한국문학에 대해서 아무 주제가 들고 나가 야기하면 되는 것은 아니다.

중국문학과 일본문학의 경우를 들어 동아시아문학의 전반적인 상황과 관련시켜 한국문학의 위치와 특성을 논해야 관심을 끌고 이해와 공감을 얻을 수 있다. 미지수만으로 이루어진 논의는 접근이 가능하지 않다. 기지수를 근거로 해서 미지수를 풀어나가야 한다. 중국문학이나 일본문학에 대한 기존의 이해를 기지수로 삼아 한국 문학에 대한 새로운 탐구를 제시하는 것이 마땅하다.

한국문학 또는 한국학은 국제학계에서 생소한 분야이다. 그만큼 뒤떨어졌다고 할 수 있다. 바로 그 점을 전화위복으로 삼아 동아시아비교문학론의 관점에서 한국문학을 다루는 연구를 해서, 중국문학이나 일본문학 전공자들보다 앞서야 한다. 한국이 중국이나 일본보다 낫다고 하지 말고, 한국학이 중국학이나 일본학보다 훌륭한 것을 보여주어야 한다. 이번의 발표가 바로 그런 것이다. 개요를 설명하기로 한다.

우선 서두에서 나는 1982년부터 1988년까지 『한국문학통사』 초판을 내놓고, 한국문학사가 동아시아문학사 및 세계문학사와 어떤 관련을 가지는지 탐구했다. 그 성과를 받아들여 새로운 개정판 2005년도의 제4판을 낸다. 한국문학이 동아시아문학에서 차지하는 위치와 가지는 의의에 관해 고찰한 바를 간추려 발표 내용으로 삼는다.

한문은 동아시아 공동문어이다. 한문을 받아들여 한문학을 하면서 중세화를 이룩했다. 한문학 때문에 민족정신이 위축되었다고 개탄할 일은 아니다. 한문학을 자기 것으로 만들면서 국문문학도 발전했다. 그것은 동아시아 각국이 함께 이룬 과업이고, 다른 문명권에서도 일제히 나타난 전환이다.

한문학 창작의 능력을 평가해 국정을 담당하는 관원을 선발하는 과거제를 중국 · 한국 · 월남에서 함께 실시해 중세화를 정착시켰다. 동아시아의 과거제를 본뜬 유럽의 고시제도에서 시험과목으로 하는 법학보다 동아시아 과거제에서 요구하는 문학은 사람에 대한 폭넓은 이해를 위해 한층 적극적으로 기여한다.

시는 서정시라고 하는 향가 시대를 지나 서정시 시조와 교술시 가사가 공존하는 시대에 이른 것은 '心'과 함께 '物'을 함께 존중하는 사고형태의 출현이 문학갈래 개편에서도 나타난 결과이다. 민족어 교술시 창작에 힘써 중세후기문학을 새롭고 만들어내게 된 변화를 문명권 중심부의 다른 곳, 월남, 타밀, 페르시아, 프랑스나 독일 등지에서도 확인할 수 있다.

17세기부터 시작된 중세에서 근대로의 이행기는 현실 경험을 중요시하고, 국문문학의 영역을 확대하고, 소설을 발전시키는 등의 특징을 가진다. 시민이 대두해 그렇게 하는 데 적극적인 기여를 했다. 그것은 한국뿐만 아니라 다른 여러 나라에서도 함께 나타난 세계문학사의 공통된 전개이다.

중세에서 근대로의 이행기문학의 소설은 傳임을 빙자하고 나타나 傳으로 나타내던 가치관을 뒤집은 '가짜 傳'이다. 그것은 유럽의 소설이 '가짜 고백록'으로 시작된 사실과 상응한다. 소설이 널리 자리 잡자 傳이 소설임을 빙자하는 중간 과정을 거쳐, 傳을 밀어내고 소설이 산문문학을 지배하게 된 시대가 근대이다.

유럽 근대문학을 식민지 통치자 일본을 통해 받아들여야 하는 불리한 조건에서 20세기 한국의 근대문학이 시작되었다. 그러나 축적된 역량을 발전시켜 독자적인 민족문학을 이룩하는 모범 사례를 보여주었다. 일본 작가들은 침략에 동조하지 않으려고 사회적인 관심을 버리고, 중국에서는 정치 노선을 시비하는 문학이 성행할 때, 한국문학은 가혹한 탄압을 견디면서 투쟁을 은밀한 투쟁을 벌이는 작품을 창작해 널리 공감을 얻었다.

그런데 시간 부족으로 각 대목의 서두만 읽었다. 발표 논문을 모아서 출판을 한다니 기다려볼 일이다. 자료를 남기기 위해 원문을 게재한다. 약간 수정한 것이다. 번다하다고 생각되면 읽지 않고 넘어가도 좋다. 『한국문학통사』를 읽으면 더 많은 것을 얻을 수 있다.

Korean Literary History in the East Asian Context

1. Foreword

From 1982 to 1988 I published the first edition of *A History of Korean Literature*, which covers the entire development of the history of Korean literature. This was revised and published in a second edition in 1989, and revised and published again as a third edition in 1994. Much time has passed since then, and the task of rewriting it once again cannot be put off. I plan to publish the fourth edition at the beginning of 2005, adopting newly discovered materials and integrating the results of the latest research.

When I first wrote the history of Korean literature, I focused on the development of the history of Korean literature itself and did not deal with its relationship to foreign literature. After achieving my planned task, I then set about verifying in a variety of ways how the principles and facts I uncovered in my description of Korean literary history could be applied to East Asian literary history, and how much they contribute to a new understanding of world literary history. The results have been published in the following books. All books are written in Korean. Here I present the titles translated into English.

A Comparative Theory of East Asian Literary History, 1993

Fiction and Facts in Writing World Literary History, 1996

Catharsis, Rasa, Sinmyeongpuri: Three Principles of Drama and Film, 1997

Aspects and Changes in East Asian Oral Epics, 1997

One and Many East Asian Literatures, 1999

Common Written Language Literature and Ethnic Language Literature, 1999

Similarities and Differences in Civilizations, 1999

The History of Philosophy and the History of Literature: Two or One?, 2000

A Comparative Study of the Social Histories of the Novel, 2001

The Development of World Literary History, 2002

Going as far as summarizing the development of world literary history, I was able to confirm that my history of Korean literature made a proper beginning in its inquiry into literary history. A good start made it possible to go a long way. I researched a proper understanding of the division of periods in literary history, the interrelation between oral literature, common written language literature, and national language literature, and the fact that the history of literature is tied up with the history of other fields, even correcting misconceptions concerning the history of world literature.

I wrote the fourth edition with the results of these new researches. But I can not present all of them. What I can do in this paper is to explain some important items which are most vital to an understanding of the history of Korean literature in the East Asian context.

2. The Use of Classical Written Chinese and Medievalization

The first era of Korean literature was that of oral literature. The first important genre of oral literature, national founding epics showed typical characteristics of the ancient literature. When national foundation epics were no longer made and *hanmun* (classical written Chinese) appeared, there were great changes in the structure of the class responsible for writing literature. In order to write *hanmun*, one had to study writing as diligently. Being a writer was reason to boast. Yet it was not an age in which writers could express themselves in their writing. They were technicians, writing what their government ordered them to write.

The adoption of *hanmun* and the creation of a *hanmun* literature was unfortunate in that it caused the egocentric literature expressed in the Korean language to be relegated to the province of lower-class culture, where it struggled against the dominance of *hanmun* literature. However, this transition from the ancient era to the medieval era, where the common written language and world religions of one's civilization sphere are adopted, is a common process that occurs in any developed nation. In this way humanity is able to share its wisdom, experience social changes that overcome the isolation, inequality, and illogic of the ancient era, and advance both ideologically and artistically.

Common written languages did not destroy or overrun ethnic languages. As ethnic languages were unified, consolidated, and developed into written languages. they developed the ability to express high culture. The modern sorrow at the loss of many native words or grammatical forms due to this development is of no help in understanding the actual historical circumstances. No nation has been able to cultivate an ethnic language into a national language without accepting a common written language. We should not envy the Philippines or Sub-Saharan Africa. They suffered the aggression of modern Western powers without cultural background of national identity and were forced to use the language of their aggressors as their official language.

We can argue over whose ancestors played the leading role in achieving the common written language and world religions of a particular civilization sphere. We can lament the fact that our Korean ancestors could not achieve these on their own, even though they were very active in scholarship. This way of thinking, though, is born of modern nationalism. Medieval universalism considered all the property of every world empire to be in the public domain. We should not be applying a modern nationalist concept in an attempt to determine the ethnicity or nationality of certain medieval world empires. It is an even greater mistake to deny the existence of civilization spheres and divide them into ethnic nations.

We would be mistaken to view the medieval era in East Asia as a vast empire founded by the Han people of China. Even when the Han Empire emerged as the ruling order of a unified China, they had not yet reached the medieval era, but were still in the transitional period from the ancient era to the medieval era. This is because they were still preparing a common written language and universal religion. When different peoples from the north established their empires in the middle reaches of the Yellow River, there was a cooperative effort to realize medievalization by forces both within and without China. A turning point was the transformation of written Chinese into a common written language and the establishment of Buddhism, both of which were accomplished within China by Northern Wei and without China by Goguryeo.

A number of dynasties followed in the north and south, and the countless peoples who participated in the process that led to the Sui and Tang Empires engaged in a cooperative effort to enrich medieval civilization. These fruits were adopted and developed further by various other nations, creating a East Asian civilization sphere. In terms of nations, the initial members of the East Asian civilization sphere were the various dynasties of China, Nanchao in southwestern China, the three kingdoms of Korea (Goguryeo, Silla, and Baekje), and Japan. The family grew even larger with the addition of Vietnam, which freed itself from long domination by China, and the Ryukyu Islands, which underwent a late medievalization.

The publicly owned properties of medieval civilization cannot be considered the private possessions of any one ethnic nation. This mistake is not made in other civilization spheres. Only in East Asia has the medieval world empire -- that is, China -- continued to the present day, so the medieval era and the modern era have become confused. The history of literature must actively help distinguish that which has been confused, making it clear that the medieval era is the medieval era, not the modern era.

In the medieval era, there was a distinction between the "son of heaven" and the king. "Son of heaven" is a literal translation of the term used in the East Asian civilization sphere, *cheonja* in Korean, *tianzi* in Chinese, to refer to the earthly representative of the heavenly deity. The title is equivalent to the caliph of Islam and the pope of European Christianity. Because the son of heaven was the sole agent on earth of the highest deity worshipped by an entire civilization sphere, there could only be one son of heaven (or caliph, pope, etc.) in each civilization sphere. Only then could the son of heaven undertake the role of connecting heaven and earth, guaranteeing homogeneity within a civilization sphere and clearly establishing the foundation of political order or virtue, thus preventing chaos. The ancient custom of a king wielding the authority of the gods of heaven still remained in some places during the medieval era, but these cases are not convincing enough to negate medieval universalism.

A king's sovereign power was only justified if he was invested with his title by the son of heaven. In places where a distinction was made between the son of heaven and the emperor, son of heaven invested the emperor with his title, who then in turn invested the king with his title. The relationship formed by such investiture of a title had religious and spiritual significance, but was not a political lord and vassal relationship. It would be a mistake to say that the land ruled by a king was not a sovereign nation. The emperor symbolized the spiritual sovereignty of the whole civilization area, while a king symbolized the political sovereignty of his country. The medieval era was an era of dual sovereignty. In cases where rulers below the king were autonomous, it was an era of triple sovereignty.

The common written language played an indispensable role in firmly establishing this view of order. The diplomatic documents exchanged by the emperor and king were among the most high-toned and ornately embellished documents composed in the common written language. The form and style were standardized, verifying the homogeneity of members of the same civilized world, and superiority and inferiority within that world were determined by minute differences in the methods of composition. Every ruling class author within that civilization sphere's territory could write the same forms of poetry and prose. Even if they could not communicate verbally when meeting, they could still communicate through writing.

Hanmun is not a spoken language, but a written one, and each country had a different way of pronouncing it, making it more heterogeneous than other common written languages. The differences in word order and grammar between *hanmun* and the Korean language was a constant cause for concern. When *hanmun* became the official written language, our ancestors did not express disapproval, but toiled long to devise a written language for Korean using *hanmun*. There were writing systems that wrote *hanmun* according to the Korean word order. There were also attempts to transcribe the Korean language using *hanmun*.

The medieval era was the era of *hanmun*, but *hanmun* did not dominate every aspect of life. Another characteristic of medieval civilization was the dual structure of *hanmun*: the original structure and the structure used to express the Korean language. This dual structure was magnified with the appearance of the Korean writing system of *hangeul*, and was finally overcome with the advent of the modern era.

3. The Significance of the Civil Service Examination System

The civil service examination system tested the ability to compose *hanmun* literature. *Hanmun* was very hard to study. But that examination was open to anyone not of humble origin and chose personnel for government service based on a test of ability. The civil service examination system was put into practice in China in 589, Korea in 958, and Vietnam in 1075. It was not put into practice anywhere else, giving these three countries a lead in East Asian medieval civilization. Japan maintained their old custom of appointing personnel to government posts according to status, and thus they fell behind and were relegated to the periphery of the civilization sphere for quite some time.

It is a mistake to criticize the civil service examination system, saying that it was improperly administered and gave rise to abuses. In those societies without a civil service examination system, government positions were decided by military struggles or hereditary status, and scholars and writers -- like those of Silla -- were relegated to the position of working level technician, no matter how skilled they were. As with all original ideas of history that have epochal significance, the positive contributions of the civil service examination system gradually decreased as its negative applications began to make themselves known.

Only when demands for the dissolution of the civil service examination system had grown fierce did the Europeans arrive in East Asia. They were shocked to discover an idea that they had been unable to think of themselves, and used this in belatedly establishing a modern examination system. The countries of East Asia, with Japan in the lead, have adopted the European examination system and are criticizing the civil service examination (despite the fact that they still implement it), but this is putting the cart before the horse. The civil service examination system, which led to the modern examination system, is important evidence in proving the superiority of East Asian civilization.

The most salient difference in the medieval East Asian civil service examination system and the modern examination system styled after the European model is in the subjects tested. Literature and law are the primary subjects, with the former being a literature examination and the latter being a law examination. In the literature examination, law was considered a secondary subject, used in selecting low-level personnel for administrative work. In the law examination, literature was considered to be of no use at all, and was excluded entirely.

If asked which was more important in ruling a nation, literature or law, a modern person would say law without hesitation. The medieval East Asians, though, thought differently. One must know humanity in order to rule a nation, they would say, and literature is best suited to the task of understanding humanity. All peoples in the medieval era felt that literature was not an ornament on the margins of life, but the most valuable of all human endeavors, and in East Asia this common conception was most clearly expressed and systematized.

The civil service examination was a literary examination because literature was valued over the practical affairs that moved society according to laws, and because it developed the mind, allowing people to comprehensively judge facts. If we discuss the issue again from the law aspect, using the terms "positive law" and "natural law," natural law was considered to be above positive law, and it was felt that a desirable society could only be achieved if literary figures, who were the best judges of natural law, guided the experts in positive law. The ideal that a philosopher should rule the nation was realized, with literary figures taking the place of philosophers.

Literature, which was necessary to the civil service examination system, was not the literature of ethnic languages but of the common written language. The literature of the common written language was a means of communication used throughout the entire civilization sphere, and it offered a measure by which cultural levels could be compared. Based on the common scriptures, it also fostered a communal understanding of humanity and values, brought people closer together in terms of sensibilities, and offered the knowledge necessary in everyday life, such as knowledge of laws and institutions. In order to prevent the written language from being swept away by the spoken language and allow it to protect the common heritage, composition methods were strictly consolidated, individual differences were reduced, and the changes of the times were rejected. This was an amazing development at first, but gradually became conservative and led to abuses that became customary.

4. Didactic Poetry of the Late Medieval Era

The literature of Korean language appeared with *hyangga* using *hyangchal* writing system borrowing Chinese characters. *Hyangga* had a long history that began in the Silla period, but with the end of the early Goryeo period it disappeared. In order to uncover the reason and meaning behind this fact, we must understand the greater current of literary history in relation to the tendencies of history in general.

In the early Goryeo period, the lineage aristocracy that carried on the traditions of Silla were responsible for upper class literature while they reigned as the ruling power, so *hyangga* was perpetuated. With the Military Officers' Uprising in 1170, the ruling system of the lineage aristocracy collapsed, along with all support that would guarantee the survival of *hyangga*. The long period of early medieval literature had ended.

In the late Goryeo period, powerful aristocratic families ruled the nation, and the new literati grew as a competing power. The powerful aristocratic families had survived the Military Officers' Uprising and the Mongol invasions, and during continued interference by Yuan China they seized an unusual opportunity to gain power and land, but they did not have the ability to rebuild upper class literature. They encouraged the king, who only sought pleasure and excitement, they relieved ideological tension, they cared nothing for dignity, and they enjoyed folk singing and dancing. The new literati realized that this would lead to the collapse of the nation, and so they sought to establish an ideology that would reform the ruling system.

In order to correct the fundamental wrongs of the ruling class, who trampled on the lives of the people and abandoned themselves to hedonism, a fundamental change in the way of thinking was required. The new literati were originally local functionaries and thus had a close relationship with the common people and handled all sorts of affairs, but a new world view was required that went beyond their experience: a world view that properly understood reality, made moral principles clear, and understood these two, reality and moral principles, as a unified whole. This meant proposing an alternative to the early medieval philosophy of the mind that was established by highly advanced theoretical Buddhism, and this had to be carried out in a number of difficult steps.

Reforms in the basic aspects of literature accompanied these changes in philosophical thinking. These changes in literature did not follow any precedent, but were wholly unique, and the basic task the new literati set for themselves was the creation of a new branch of literature. Only by understanding that the history of philosophy and the history of literature are at once separate histories and a unified whole can we understand this fact. Literary branches are the products of their ages and concrete realizations of ideology are vital to understanding the history of literature, and having confirmed this we must go beyond the scope of literary research.

The *hyangga* had internalized the world by embodying the ideology of an age that placed importance only on the mind, but in the age when both the material and the mind were considered important, a didactic poetry that globalized the self had to be newly established and a lyric poetry that internalized the world had to be recreated. For Korean language poetry, a unique creation that did not rely on foreign precedents, the early medieval era was the age of lyric poetry, while the late medieval period was the age when lyric poetry sijo and didactic poetry *gasa* in-sted. This is the clearest way of distinguishing between the early and late medieval periods.

This was not only true for Korean literary history. Vietnam was also an intermediate nation in the *hanmun* civilization sphere, and so they created late medieval didactic poetry in almost the same way as Korea. If we broaden the scope of our inquiry, we can see that intermediate nations in a number of civilization spheres all developed ethnic language didactic poetry around the 13th century: the Tamil in the Sanskrit civilization sphere, the Persians in the Arabic civilization sphere, the French in the Latin civilization sphere, and so on. It is also widely confirmed that such central nations as China already had a didactic poetry, while peripheral nations like Japan either had no didactic poetry or did not deal with issues of philosophy in song and poetry.

The form of thought that placed importance on both the mind and the material can be found in every civilization sphere, and it caused a simultaneous introduction of the late medieval period around the world. There were even basic similarities in division of responsibility concerning the methods of embodying this change. A great teacher, such as Zhu Xi of China, emerged in the center of the civilization sphere and completed a common written language text that revised and systematized the fundamental principles of the common religion (be it Confucianism, Hinduism, Islam, Christianity, etc.) to include a recognition of the material. In the intermediate areas, which were unable to do this and thus fell behind, the cultivation of an ethnic language didactic poetry that expressed a new understanding of reality was offered as an alternative, leading the development of literary history. Nations in the periphery were in no condition to enter the competition.

The specific aspects of late medieval ethnic language didactic poetry are different for each country. In Korea, the didactic poetry of the late medieval period were Gyeonggi-style songs and *gasa*, and the lyrical poetry was *sijo*. Gyeonggi-style songs appeared first, and with their decline *gasa* become the dominant didactic poetry. Gyeonggi-style songs were short-lived, but *gasa* enjoyed a long life, playing an important role in the next era as well. *Sijo* are still around today.

5. The Society and Literature of the Transitional Period Between the Medieval and Modern Eras

The late Joseon period, after the Japanese Invasion of 1592, was the first stage of the transition between the medieval era and the modern era.

The efforts to ensure the continuation medieval literature and the movement to establish a modern literature were intertwined in a relationship of conflict and harmony; it would be a mistake to call this period an extension of medieval literature, and it was would be unreasonable to call it the starting point of modern literature. The transitional period between the medieval era and the modern era was not merely a transition, but an era that had its own distinct characteristics. There were two such periods: the transitional period between the ancient and the medieval era, and the transitional period between the medieval and the modern era.

The transitional period from the medieval era to the modern era cannot be given a concise, unique label, and we have no choice but to define its characteristics by referring to the dual character of medieval and modern literature, since the three-fold system of ancient, medieval, and modern is considered the starting point for the division of historical periods. We cannot, however, begin to describe the development of literary history by revising this three-fold system. It would be wiser to realize that reality is more important than terminology, and to view the revision of the three-fold system not as a prerequisite but a result of the task at hand.

The Japanese Invasion of 1592, which lasted for seven years, was a severe trial that forced appalling suffering on the Korean people, shaking the nation to its foundations. "Righteous armies" rose up around the country and reinforcements arrived from Ming China to repel the invaders. About a generation later, another disturbance occurred, this time in the north. Having founded the Later Jin Empire in 1609, the Jurchen (Manchus) eventually established the Qing Dynasty in China in 1644. Along the way they invaded Korea twice, once in 1627 and once in 1636, forcing Korea to suffer the humiliation of defeat. The Jurchen and Japanese had been regarded as little more than inferior barbarians, and yet when they overran the civilized nation of Korea, the ruling class had no means of coping with them.

Having exhausted their strength fighting in Korea, the government of Japan collapsed and was replaced by the Tokugawa Shogunate, and the Qing Dynasty replaced the Ming Dynasty as the ruler of China. The Joseon Dynasty, though, was already two hundred years old and showing its limitations, and although it suffered a decisive wound, it did not collapse but extended its lifespan for about another three hundred years. The excellency of the Joseon Dynasty, which was a model late medieval nation for not only East Asia but the entire world, acted as an impediment to historical development.

It was very fortunate that Korea was able to overcome the trials of the Japanese and Mongol invasions, but opinions varied on why this was possible and what it means. Those who say that loyalty was absolute said that it was only by the aid of heaven that the king did not pass beyond the borders of the nation and the royal line was preserved. If we think of the dynasty and the people as separate, though, even though the ruling system of the dynasty was showing its limitations both internally and externally, the people were still capable and could thus repel the foreign invaders and protect the cultural community. When the ruling class weakens, it is only natural that a critical and creative force should rise up from the lower class. As seen in the "righteous armies" that arose during the invasions, the lower class grew and their resistance intensified.

Suffering two wars and then entering into the transitional period from the medieval era to the modern era was a change that the three East Asian nations experienced together. Japan and China did not enter the modern era with the change in dynasties. However, while the Tokugawa Shogunate and the Qing Dynasty both established ruling systems appropriate to the transitional period from the medieval era to the modern era, effectively preventing the progression into the modern era, the Joseon Dynasty refused to abandon the ideals of the late medieval era and thus lost the ability to control society and aggravated the social contradiction.

No matter what the place, the most important social change of the transitional period from the medieval era to the modern era was the emergence of a bourgeois class that made their living through commerce and industry. This was also the period when the demands of the bourgeoisie for a change from a status-based society to a class-based society were rejected and the status system protected, leading to the coexistence of status and class. Qing Chinese society became one in which only those who passed the civil service examination were allowed to retain the highest status, while all others merely belonged to a class and had no status. The Tokugawa Shogunate bestowed on its bourgeoisie the status of *chyounin* (lit. "townspeople"), thus reestablishing the status system.

The Joseon Dynasty at first attempted to preserve the status system intact. When the bourgeoisie gained *yangban* status, though, followed by wealthy farmers, the majority of the population came to have *yangban* status and the status system became powerless. The ruling class, which failed to understand that a more fundamental change was taking place, tried to heal the wounds of war and divert domestic criticism by proclaiming that the Joseon Dynasty was indeed the last bastion of medieval values against the barbarians of Japan and Qing China. For this reason, even some cultural movements that sought modernization had to accept these values as their basic premise, and their thorough objections were either made with great effort or grew violent.

The numerous records, testimonies, recollections, and imaginings from all walks of life that arose from war brought the history of Korean literature to a new stage. Faced with a severe trial, writers abandoned formalities that they had respected up until then and sought new ways of vividly expressing that which they had seen, felt, and lamented. This was the case with everyone, and so the gap between the upper and lower classes was narrower than it had ever been before. This was the starting point of the literature of the transitional period between the medieval era and the modern era.

Even the historical records or journals left behind by government officials carrying out their official duties report in detail the course of the war and the events after it ended, moving the reader with their realistic depictions of the wretched scenes and their expressions of grief. Their experiences were so new that they could not explain them, so they needed to make an unprecedented attempt to simply describe what they saw and felt. Such attempts were published in *hangeul* (the native Korean script) as well, proving that the usage of *hangeul* had increased.

With the emphasis on expressing sentiments, poetry was chosen in favor of prose. Even in *hanmun* poetry, which followed traditional forms, the writers were not in a position to refine their writing, and so they put content first. In *sijo* and *gasa*, there were cases where the authors failed to bring to life the experiences and sentiments themselves, and thus relied on ancient events and introduced moralistic explanations into the text. In tales and novels, authors could only use those types that had been handed down.

Old rhetorical methods were at odds with the new experiences, and this problem took a long time to solve. In cases where the goal was to reaffirm medieval ideology, harmony was achieved by either reducing or watering down new experiences. When questions about the overall meaning of life were asked, even without a drastic departure from the old rhetorical methods, the discord of form and content actually had a positive significance. Shaping the logic of the new experiences themselves into the structure of the work was possible from the literature of the very lowest class.

6. The characteristics and position of the novel

The novel took its place as the literature of the transitional period from the medieval era to the modern era. What had previously been called novels were no more than the pioneering works of outsiders that were ahead of their time. The novel gained its own distinct form and grew in earnest as a new literary genre during the transitional period from the medieval era to the modern era, the late Joseon period (17th century and on). At the same time, the age of the novel was beginning in other East Asian nations and in Europe as well.

In order to understand the beginning of the age of the novel, we need to examine the history of the changing era as the structure of philosophical thought and literary genres meshed. As philosophy changed, a corresponding change occurred in literature as well, so this change can be explained through philosophical concepts and logic. It is a fact that the history of philosophy and the history of literature are both separate histories and a unified whole everywhere in the world, but in Korea this fact is particularly clear.

During the medieval era, the universe was understood to be a duality of the mind/the way/the principle reason and the material/the vessel/the material force. In the early medieval period the distinction was between the mind and the material: the mind was considered genuine while the material was considered false. and so lyric poetry, which expressed the mind, occupied the highest position of all literary branches. In the late medieval period, the mind was called "principle reason" and the material was called "material force". They were both considered important and raised up side by side, establishing a structure of thinking that enabled the coexistence of lyric poetry and didactic poetry.

In the transitional period from the medieval era to the modern era, principle reason and material force were considered at once separate and inseparable, but the theory of the duality of principle reason and material force was dominant, holding that material force was the more important. The theory of the monism of material force refuted this, and held that principle reason was merely the principle of material force and did not exist separately. This philosophy corresponds with the novel, which expresses the conflict between *eum* and *yang* (*yin and yang*) in the realm of material force as the conflict between the self and the world in the fictional work. In the structure of the novel as well there are elements which follow the dualist theory and elements which follow the monist theory, leading to controversy surrounding the retrogression toward the medieval era and the progression toward the modern era.

The novel succeeded the folk narrative, but displayed the inverse of its relationship between the self and the world. It overcame the tendencies of the legend, which asserted the supremacy of the world in the conflict between the self and the world, and the folk tale, which asserted the supremacy of the self in that same conflict, and established a serious structure of conflict characterized by mutual supremacy. The novel is markedly different from legends and folk tales, which were oral literature that were occasionally recorded, in that it was created as written literature. Literary composition methods could not be borrowed from the tale, so a separate model was needed. That model was the biography (*jeon*). In name and form, the novel paraded as the biography, transforming the didactic into the narrative, fact into fiction, instruction into entertainment, and support of the ruling ideology into criticism of it.

The mission of the biography was originally to judge the rights and wrongs of individuals in their biographies in historical records, seeking to instruct later generations. Then there arose personal stories that, unlike official biographies, anyone could write, and the content and expression in these stories became more free, producing works that drew closer to the novel. There are works that could be called intermediate works that show an overlapping of the biography and the novel. This does not mean, though, that the novel was a later modification of the biography. The novel was a rebellious child, disguising itself as the biography, plagiarizing its method of narrating people's lives, and gradually usurping the authority the biography had enjoyed. Not only in Korea, but in other East Asian countries as well, the novel began as a "mock biography," just as it began as a "mock confessional" in Europe.

The relationship between the biography and the novel becomes the standard by which historical eras are divided. The period when there was only the biography and no novel continued through the early medieval era, and then the situation changed with the advent of the novel. The period during which the novel, which had been rejected because of its inferior position, posed as the biography was the first stage of the transitional period from the medieval era to the modern era. The reversal of positions in which the biography lost its influence and disguised itself as the novel was a change that occurred during the second stage of the transitional period from the medieval era to the modern era. In the modern era, the biography was excluded from the domain of literature and the novel wielded great influence.

The novel appeared and grew at the same time in each nation in East Asia, so a comparison is necessary. Through such a comparative study a number of questions about the Korean novel may be answered. The Korean novel was greatly influenced by the Chinese novel, and there were not a few translations and adaptations, but their basic characters were different. This is a difference that is best examined in relation to social history, rather than literary theory.

The transcribing and, at the reader's discretion, adaptation of novels whose authors were unknown was something that only happened in Korea. In China, it was customary for an author to publish books under a pen name. In Japan, publishers requested manuscripts from authors and clearly stated the author's name when publishing these manuscripts, thus allowing them to maintain their popularity. It could be said that the novels of China were writers' novels, the novels of Japan were publishers' novels, and the novels of Korea were readers' novels.

Chinese novels, even those that were written in *baihua*, the colloquial language, could only be read and enjoyed by learned men. Japanese novels, which used *kana* (the vernacular script), were men's novels because of the characteristics of the content, not the language it was written in. Korean novels, though, were read mostly by women and actively addressed women's interests, and it is surmised that there were a significant number of novels written by women as well.

7. The Characteristics of Modern Literature

Modern literature is the literature of the period from 1919 to today. The literature of the period from the 17th century to 1918 is the literature of the transitional period from the medieval era to the modern era, divided into the first and second stages by the year 1860. In 1860, "Eastern learning" was founded and a collection of Eastern learning songs, was published, ushering in a new stage of the transitional period from the medieval era to the modern era. With the March First Independence Movement in 1919, the transitional period between the medieval era and the modern era ended and modern literature began.

As we enter the period of modern literature, the relationship between Korean literature and world literature increases dramatically, demanding a wide-ranging comparative study. In studying modern Korean literature, we must keep in mind the fact that the basic character of modern literature is the same everywhere, only the timing and the process by which modern literature was achieved differ. Compared with the literature of the preceding transitional period, modern literature differs in the following aspects.

During the transition from the medieval era to the modern era, Eastern Asia was one civilization sphere that produced a homogeneous and interrelated literature, but in the modern era the individual countries each went their separate ways. Japan renounced their Asian heritage, joined the ranks of the European imperialist powers and devoted itself to aggression. China suffered civil war in a semi-colonial state, and there was severe ideological conflict in literary composition as well. Like Korea, Vietnam became a colony, but their ruler was France. Unlike most other nations in Eastern Asia, Korea was colonized not by a distant European power, but by its own neighbor.

For this reason, Korea was at a far greater disadvantage than other colonized nations in Asia and Africa. Firstly, modern Western literature was introduced second-hand by the Japanese, making a deep understanding of it impossible. Secondly, Japan was unable to secure the moral superiority needed to justify their colonial rule and thus enforced a military rule that leaned toward fascism, engaging in oppression that denied freedom of the press or of thought.

The first disadvantage seemed to be a difficult one to overcome. In terms of literary criticism, the indirect transplanting of modern literature did cause difficulties. However, in terms of actual literary composition, authors, whether they realized it or not, succeeded in carrying on the tradition of Korean literature and tapping into the wellspring of modern literature to create a national literature that may serve as a model for the Third World. The second disadvantage led to the misfortune of Korean writers having almost no creative freedom. Korean writers had to develop their literature differently than China, which went no further than a semi-colonial state, not to mention the colonial ruler of Japan. These two characteristics, though, did not cause literature to wither, but became a catalyst that led to a more faithful manifestation of the universal values of modern literature.

In Japan, writers who did not want to cooperate with the aggressors, but were oppressed for their proletarian literature and had genuinely abandoned the ideology of Communism, sought to create a literature that pursued sensibilities, as in the West. In China, literary critics who severely discussed the political ideology of the proletarian literary movement assumed leadership of Chinese literature. Korean writers cherished in secret inclined toward proletarian literature that was oppressed more harshly than in Japan and linked this with the national literature. They eschewed the slogans of struggle and focused on composition, using indirect methods such as allusion, symbolism, and satire to criticize colonial rule and express their desire for national liberation. Although they did not proclaim it, they took on the duty of leading the people, earning great trust.

In poetry, the surface chaos which is made following Japanese adaptation European literature did not go very deep. There were those who sought to revive *sijo*, and others who insisted that poets should follow the Japanese precedent and write free verse. Yet there were also those who leaned to neither side, but inherited and modified traditional rules of versification and manifested in their poetry the national resistance against the Japanese imperialism. The exceptional works produced by Yi Sanghwa, Han Yongun, and Kim Sowol were widely loved and considered a proud heritage of national literature, the likes of which cannot be found in either Japan or China.

Yi Yuksa and Yun Dongju, who died in prison toward the end of the colonial period, did not attempt to become political poets. Nor were they nationalistic poets. They merely expressed in simple lyrical poetry the desire to live truthfully and without shame, unconquered by the darkness of the age, and for this the Japanese government put them in prison and left them to die, making them martyrs for the cause of national liberation, proving that they had transcended such justifications as political ideology or nationalist consciousness.

The modern novel was established by Yeom Sangseop, and his *Three Generations* (*Samdae*, 1931) presented an unbiased a cross-section of the differences in ways of thinking and the severity of the struggle between ideologies that emerged along with the changes of the times. In Gang Gyeongae's *The Problem of Humanity* (*Inganmunje*, 1934), tenant farmers who could not bear the extortion of the landowners moved to the city and became factory workers, where they engaged in a bitter struggle with the factory owner. She depicted the typical process of proletarian struggle beneath colonial rule through a weak female protagonist and a style that showed a delicate sensibility. In *Muddy Stream* (*Tangnyu*, 1937), which carried on the tradition of *pansori*, Chae Mansik depicted the fate of one poor woman who could not deal properly with harsh reality because of her kind heart, alluding to the coming awakening of the people.

After liberation from colonial rule, Korea was divided north and south, and the writers of each side were cut off from each other and created different literatures. In the South, critics who claimed that the new currents of thought in European literature should be adopted were very influential, while in the North the goal was socialist realist composition. Both sides, though, attempted to write narrative poems and historical novels that would stand as monuments to national history.

모임에 관해 더 하는 말

기조강연에는 토론이 없어, 이 논문에 관한 반응을 현장에서 확인하지 못했다. 모임을 끝내고 나서, 앞서 일본인 교수의 발표를 중단시키고 내게 사과를 했다고 앞에서 말한 일본인이 어떻게 그렇게 간명하고 알차게 말하는가 하고 감탄했다. 다음에 드는 인도인 샤르마 교수가 귀국 후에 이메일을 보내 “Your paper was very fruitful and brilliant”라는 소감을 말했다. 행사를 주관한 조지 교수는 10월에 다시 만났을 때 자기 발표에서 내 논문을 인용하고, 많은 것을 배웠다고 말했다. 좋은 논문을 출판하게 되어 기쁘다고 하고, 내년 2월까지는 책이 나온다고 했다.

한국에서 간 분들의 발표의 발표를 들어보자. 권영민 교수는 한국 근대문학의 성립을 언문일치 운동과 관련시켜 고찰했다. 일본 학자 마키오 오노(Makio Oono)가 일본의 경우를 발표한 것과 상통해 더욱 관심을 끌고, 비교연구가 필요하다는 것을 확인하게 했다. 언문일치와 근대문학의 성립의 관련은 중국이나 월남을 포함한 동아시아 전역에서 재론할 만하고, 세계문학사의 보편적인 전개를 확인할 수 있게 하기까지 한다.

송기중 교수는 한국 현대시에서 보이는 어법에 맞지 않은 표현을 검토했다. 시 원문을 로마자로 표기하고 번역한 자료가 생소해 어느 정도의 이해를 얻었는지 의문이다. 어법에 맞지 않지만 문학으로는 의미 있는 것과 그렇지도 못한 것을 구별해서 논해야 할 것이라고 내가 나중에 말했다.

김영욱 교수는 한국 전통사회에 毛筆 외에 또 하나의 필기도구 角筆이 있어 불경에 口訣을 붙이는데 쓰였다 하고, 각필은 인도에서 유래했을 가능성이 있다고 했다. 국내에서 서 처음 알려진 사실을 사전 지식이 전혀 없는 사람들에게 말하니 공감을 얻기 어려웠다. 인도와의 연관을 궁벽하게 찾으려고 하다가 그렇게 되었다고 생각된다.

힌디문학을 전공하는 교수이고 시인인 인도인 샤르마(Ramesh Sharma)도 한국에 관한 발표에 참여해 동아시아 근대문학의 성립을 한국 근대시와 연결시켜 설명했다. 한국외국어대학에서 3년간 가르친 경력이 있어 한국을 이해하고 사랑한다고 했다. 한국어는 익히지 못해, 영어 자료를 이용했다. 자기 시집 번역본 김양식 역, 『디빅 라메쉬 시집: 새들의 결혼』(도서출판 산띠, 1997)을 주었는데, 영역에서 중역한 것이다. 디빅 라메쉬(Divik Ramesh)는 작가로 활동할 때 쓰는 필명이다.

중국이나 일본에 관한 논문은 아주 많아 일일이 거론하기 어렵다. 대체로 보아 독자적인 연구라고 할 것은 없고 사실의 소개에 머물렀다. 인도와 일본, 인도와 중국 사이에 상호 이해와 번역이 어떻게 이루어졌는지 고찰하는 작업을 세 나라 학자들이 참여해 거듭 했는데, 자료 제시 이상의 내용이 없었다. 인도문학이 중국에 이주한 내력은 중국학자 季羨林의 연구를 소개했다. 비교연구의 수준이 아직 낮다는 것을 확인했다.

특별한 것 몇 가지만 들어보기로 한다. 회의 주관자 조지(P. A. George) 교수가 일본 최소의 근대 사회소설이라면서 島崎藤村의 『破戒』에 관해 고찰한 논문은 내용이 착실하다. 추베이(Devebdra Choubey) 박사라는 발표자는 그 작품을 천민 해방 문제를 다룬 인도의 작품과 비교해 고찰했다. 자기 쪽에서 더욱 절실한 과제를 다각도로 다루려고 비교 대상이 되는 사례를 원용했다. 라와트(Devendra Singh Rawat)라는 여류학자가 중국의 郭沫若의 시에 나타난 인도에 대한 관심을 고찰한 것이 흥미로웠다.

일본문학과 중국문학을 전공하는 인도 학자들은 유학해서 공부한 경력이 있어 기초를 제대로 다진 것 같고, 상당한 의욕을 가지고 발표하고 토론했다. 한국학 전공자들이 동참하지 못하는 것이 못내 안타까웠다. 한국학과를 독립시키고 일본학과나 중국학과와 대등하게 활동하거나 더욱 앞설 날이 오기를 고대한다. 전부 생각하던 바가 네루대학에서 더욱 절감되어, 귀국하고 며칠 뒤에 제목과 내용이 다음과 같은 칼럼을 써서 『문화일보』 2005년 3월 4일자에 실었다.

해외 한국학 발전 방안

지난해 8월 스웨덴, 10월 대만, 12월 일본, 올해 2월에는 인도에서 열린 동아시아학 또는 한국학 학술회의에 초청되어 가서 기조강연을 했다. 그 전에 중국, 프랑스, 러시아, 미국, 카자크스탄, 오스트랄리어, 영국, 독일, 네덜란드, 스위스에 가서도 같은 일을 했다. 그러는 동안에 해외 한국학의 현황과 진로에 대해 많은 것을 생각했다.

한국을 공부하고자 하는 학생은 나날이 들어나고 있다. 경제나 문화의 해외 진출에 상응하는 변화이다. 그러나 한국학 수준이 너무 낮아 실망시킨다. 기초회화를 가르치고는 더 나아가지 못한다. 전공과목 강의는 부실하다. 대학원이 개설되어 있어도 다루는 내용을 보면 사실상 개점휴업 상태이다. 평가할 만한 연구업적을 찾아보기 어렵다.

타개책이 무엇인지 정부에서도 생각하고, 예산 지원을 힘써 해왔다. 거액을 퍼다 준 곳도 있다. 그런데 양이 확대되면서 질은 더욱 저하되고 있다. 돈을 잘못 뿌려 역효과를 내지 말고 제대로 써야 한다. 무엇이 문제인지 바로 알아 최상의 해결책을 찾아야 한다. 관료의 판단을 과신하지 말고, 한국학을 위해 평생을 바치고 있는 사람이 여러 해 동안 많은 나라에 가서 실제로 살피고 절실하게 깨달은 바 있어 하는 말을 들어야 한다.

자격과 실력을 갖춘 교수가 없어 해외 한국학이 발전되지 않는다. 정교수가 지배하는 대학에 한국학 정교수가 거의 없다. 한국에서처럼 연한을 채우면 정교수로 승진하는 것은 아니다. 정교수가 되려면 특별한 자격이 있어야 하는데, 한국학을 가르치는 현지인이나 우리 동포는 많지만 유감스럽게도 요구하는 기준을 넘어서지 못한다. 우리 정부에서 돈을 주고 교수 자리를 만들어 아무나 들어앉히면 될 것은 아니다.

특별한 인연이 있어 한국학을 한 첫 세대에는 어렵게 정교수가 된 사람들이 더러 있다가 모두 물러났다. 자격을 갖춘 후임이 없어서 한국학 정교수 자리가 속속 없어진다. 일본학과에 소속된 한국학이 독립을 하려고 해도 담당자들의 능력이 평가되지 않아 뜻을 이루지 못하는 곳도 있다. 동아시아학 학술회의가 열리면 현지 한국학자들은 발표할 논문이 없어 뒷전에 밀려나 있다.

정부에서는 해외봉사단을 파견해 그런 형편을 타개하려고 하는 것은 한국학을 망치는 방안이다. 한국학과는 거리가 먼 학과를 졸업한 학사가 해외에 나가 한국어를 가르치는 봉사로 병역의무 수행을 대신하도록 한다. 한국인이면 누구나 한국어를 가르칠 수 있다고 하는 것은 망발이다. 국내 대학 강단에 설 자격이 없는 사람을 외국

대학에 보내는 것은 상대방에 대한 모독이다. 그 제도를 기어코 존속시킨다면, 한국어문학을 전공한 석사 이상을 선발해야 해야 한다.

국내 대학 교수를 해외 대학에 파견하는 제도도 시행하고 있다. 파견 기간은 1년으로 하고, 현지어 또는 영어로 강의를 할 수 있어야 한다는 조건을 붙여, 신청자 가운데 선발한다. 기간을 제한하는 것은 잘못이다. 한국학 전공의 부교수 이상에서 적임자를 찾아 여러 해 동안 출장 근무를 하도록 간청해야 한다. 현지어나 영어로 강의해야 하는 것도 아니다. 대학원 강의를 우리말로 해서 현지의 교수가 될 사람을 양성하는 것이 최상의 목표이다. 국내의 한국학 교수를 늘여야 그렇게 할 수 있다.

또 하나 긴요한 방안은 각국 대학에서 한국학을 가르치는 사람들을 국내로 데려와 훈련하는 것이다. 단기간의 연수가 아닌 장기간에 걸친 심도 있는 교육을 해야 성과를 거둘 수 있다. 해외 한국학 교수를 위한 하계강좌를 특별히 개설해, 여러 해 동안 수강해 학위과정을 이수하고 학위를 얻게 해야 한다. 그 일을 맡을 기관을 지정해 예산을 넉넉히 지원해야 한다. 이제 막 이름을 바꾸어 재출발한 한국학중앙연구원이 적절한 곳이다.

보고 생각한 것

이번에 인도에 간 것이 세 번째였다. 1982년에는 한국정신문화연구원 한국학대학교 학생들 해외연수 지도교수가 되어 인도에 갔다. 그것이 나의 첫 해외여행이었다. 캘커타로 들어가 봄베이로 나올 때까지 10박 11일 동안 부다가야, 영취산, 바라나시, 녹야원, 델리, 타지마할, 아잔타 석굴 등을 돌아보았다.

다시 2002년에 국어국문학 교수들로 구성된 단체관광단을 만들어 가서 캘커타에서 델리까지의 여정을 거의 그대로 되풀이했다. 기간도 비슷했다. 그런데 사정이 있어 무굴제국 왕성도 타지마할도 구경하지 못했다. 그 때의 서운함을 이번에 씻기로 작정했다.

뉴델리에 머무르고 행사는 아직 시작하지 않았을 때 구경을 하러 나섰다. 대통령궁의 무굴 시대 정원이 마침 특별해 개방되어 돌아볼 수 있었다. 화려함의 극치가 빈민의 참상과 너무나도 심한 대조를 이루었다. 무굴제국의 왕성, 영국인이 '붉은 요새'(Red Fort)라고 이름 지은 곳에도 갔다. 기대 이상으로 대단했다. 행사 끝난 뒤에 아그라로 가서 타지마할을 구경했다. 마침 석양이어서 아름다움이 더욱 돋보이고 색채가 절묘했다.

다음 목표는 산치의 佛塔이었다. 아그라에서 보팔까지 8시간 동안 기차를 타고 가서 보팔에서 이틀 밤 자면서 중간에 든 날에 택시를 대절해 보팔로 갔다. 길이 엉망이어서 힘이 들었다. 시간이 많이 소요되고 교통이 불편해 단체관광단은 찾지 않는 곳이다.

그 곳의 탑과 조각은 기원전 3세기에 만든 최초의 불교유적이다. 둥글게 만든 탑 주위 동서남북 네 곳에 세운 문 상하좌우에 새긴 조각이 절묘하고 많은 사연을 말해준다. 아직까지 잘 보존된 것이 또한 놀랍다.

불상이 아직 생기지 않은 시기여서 석가로 보리수 같은 것으로 나타내고 다른 사람들이나 동물을 생동하게 나타냈다. 석가의 전생, 득도 과정, 득도 후의 활약상을 다채롭게 보여준다. 아쇼카 대왕이 두 아내와 함께 부다가야를 찾은 장면도 있다. 두 아내는 나체이고 성기까지 새겨 놓았다. 아잔타 석굴에서 볼 수 있는 것보다 더욱 생생하다. 불교미술이 서역에, 중국에, 다시 한국과 일본에 전해졌을 때에는 생동감이 사라지고 양식화되었다. 삶의 모습에서 벗어나 도상이 되었다.

산치 불탑은 기원전 3세기 것이고, 타지마할은 17세기에 만들었으니 그 사이에 2천년이 경과했다. 그 기간 동안 인도는 세계 최정상의 문명을 누렸다. 그것이 오늘날의 인도가 비참한 이유이다. 선조가 잘 나면 후손이 못 나는 것이 생극론의 이치이다. 그 실상을 인도에서 실감나게 확인했다.

산치의 불탑을 만들 때 영국은 무지몽매의 극치를 보여주다가 타지마할이 들어설 무렵부터 분발해 세계사의 선두에 나섰다. 인도는 위대할 때 누구도 해치지 않고 문명의 선물을 나누어주기만 했는데, 영국은 앞서나가자 가해자가 되었다. 선진이 후진이 되고 후진이 선진이 되는 전환은 한 번만이 아니고 계속 나타난다.

인도가 다시 일어나는 모습을 아직은 상상하기도 어렵다. 그러나 지금 한밤중이니 새벽이 멀지 않았다. 라마크리슈나, 비베카난다, 타고르, 간디, 라다크리슈난 등의 선각자들이 보여준 자세와 예지가 새로운 전환의 단초임은 분명하다. 정보통신 분야에서 나타나고 있는 놀라운 성장을 세계에서 주목하고 있다. 그 둘 사이에는 창조적 사고라는 연관이 있다.

우리에게는 인도를 누비는 삼성·엘지·현대가 있다고 자랑하지 말자. 그런 것들은 물러나야 하는 쪽의 마지막인지 새로 시작되는 쪽의 서두인지 확실하지 않다. 앞섰다고 자부하지 말고 인도를 배우자. 철학을 배우자. 불교를 받아들여 철학을 시작했던 지난 시기의 전환을 재현해야 새로 시작되는 쪽에 들어설 수 있다.

다시 가서

2005년 10월에 인도에 다시 가다. 7일부터 9일까지 인도 네루대학에서 열린 "한국문학에 대한 조망"(Perspectives on Korean Culture)이라는 학술회의에 참가했다. 7일 저녁의 개회식에서 그 대학 어문대학장 아마루 바수(Amar Basu)의 인사말에 이어서 다음과 같은 기조강연을 했다. 내 다음에 인도 주재 한국대사 최정일, 그 대학 총장이 인사말을 했다. 우리의 관습과는 다른 순서이다.

이번에는 30분으로 예정한 시간을 다 사용할 수 있어 준비해간 글 전문을 읽을 수 있었다. 원고 복사물은 개막식이 끝날 무렵에 도착했다. 청중은 글을 보지 않고 말을 듣기만 해야 했다. 모두 너무 열심히 들어 내가 긴장되게 만들었다.

전문을 소개하기 전에 개요를 조금 설명하기로 한다. 서두에서 행사의 의의와 성격에 관해 말했다. 한국학 학술회의가 인도 네루대학에서 열린 것은 획기적인 일이지만 주최자가 일본 및 동북아시아 학과라고 했다. 그 학과에 포함되어 있는 한국학 전공 개설 10주년, 그리고 한글날 559주년을 기념하는 행사를 한국의 지원으로 개최하니 한국이 일본의 식민지 통치를 받던 과거를 기억하지 않을 수 없다고 했다. 나라이든 학문이든 독립을 해야 정상적인 발전을 하고, 다른 쪽과 상호이해와 협력을 바람직하게 할 수 있다고 했다. 한국학 전공이 일본학과에서 벗어나기를 바라고 한 말이다.

그런데 이마루 바수 어문대학장이 앞서서 인사말을 하면서 그 문제에 관해 먼저 언급했다. 학과 이름을 "Japanese, Korean and Other North East Asian Studies"(일본, 한국, 여타 동아시아 연구)로 개명하자고 의논했다고 했다. 나는 원래 준비한 말을 그대로 하고서 방금 들은 소식이 반갑고 고맙다고 했다. 학과가 독립되지 않아도 이름에서 일본과 한국을 병칭해 한국학이 일본학과 대등한 위치를 차지하게 되었다.

강연 원고의 그 다음 내용에서 식민지 통치를 회고했다. 한국은 일본의 식민지가 되어 두 가지 더 큰 불행을 겪었다고 했다. 직접 언급하지 않았지만 특히 인도의 경우와 비교해서 한 말이다. 유럽의 근대지식을 간접적으로 받아들여 제대로 이해하기 어려웠다. 일본은 지배를 합리화할 명분이 없어 폭압을 일삼았다.

그런데도 한국은 독립을 되찾고, 사회가 근대화하고, 경제가 발전한 것은 무슨 까닭인가? 이에 대해 두 가지 대답을 했다. 문명권 전체의 정신 유산을 충실하게 잇고, 민족문화의 다양한 창조력을 발휘한 덕분이다. 이 의문은 국내에서는 의식하지 않고 있으나 외국에 나가면 흔히 받는다. 평소에 깊이 생각해 두었다가 납득할 만한 대답을 해야 한다.

그렇다면 민족문화의 다양한 창조력이란 무엇인가? 이에 대해서 대답하는 것이 그 다음 과제이다. 남북이 분단되어 군사적인 긴장과 정치적인 대립을 겪지만, 그 때문에 민족문화의 전통이 더욱 소중하다고 하고, 상극이 상생이게 하는 능력이 특히 뛰어나다는 것을 여러 예증을 들어 설명했다. 제1강을 시작하면서 소개한 대담의 영어본을 이용해 말을 이었다. 이제 전문을 든다.

나의 기조강연

Korean Studies in the Global Age

Distinguished guests and academic colleagues! Now we are attending an epoch-making academic conference. The international seminar for "Perspectives on Korean Culture," held here in New Delhi from October 7 to October 9 2005 is an important milestone in the international development of Korean studies and in the friendship of our two countries of India and Korea.

This conference is officially offered by The Center for Japanese and North East Asian Studies of Jawaharlal Nehru University, as Korean section is included in it. And this conference is actually planned, with the support of Korea Foundation, to commemorate the 10th anniversary of Korean studies programme and the 559th *Hangeul* Day. *Hangeul*, the Korean alphabet was made at October 9 1446.

Such an unusual situation inevitably brings to mind the unhappy memory of Japanese colonial rule over Korea. Independence is an indispensable condition for the normal growth of a nation as well as an academic field. I do not like isolation, and want cooperation. But each must be free to realize genuine mutual understanding and help.

Korea was one of the countries who lost their sovereignty and became colonies. The colonizer was Japan, a neighbour in the East Asian civilization sphere. This was a peculiar case. East Asia was a single civilization sphere with highly homogeneous and interrelated national cultures. When European powers invaded the whole world, the individual nations went their separate ways. Japan disavowed their membership in the East Asian civilization sphere and sought to join the ranks of the colonial powers. China became a semi-colony and suffered civil war.

Vietnam lost independence and became a colony of France. Korea was colonized not by a European nation, but by an old friend, Japan.

For this reason, Koreans were more unfortunate than other nations in Asia and Africa that also suffered colonial rule. The modern knowledge of the West was introduced indirectly by way of Japan, making a deep understanding of it impossible. Japan failed to secure the moral superiority that would justify their colonial rule, and so enforced a military rule that leaned toward brutal fascism, utterly denying freedom of press or thought.

But Korea succeeded in inheriting two precious traditions: the high level of learning that originated with the East Asian civilization sphere and the creative varieties of national culture. Putting these indigenous abilities to effective use, she obtained independence, modernized socially, and developed economically. That is the reason why Korea became the forerunner of Third World countries.

Korean is divided into North and South. The military tension is still strong. Though a milestone in the journey toward peaceful coexistence has recently been reached, there are still many difficulties ahead before reaching the goal of a unified Korea. As the political situation is gloomy, cultural abilities have to offer a hopeful perspective. It is the great duty of scholars of Korean studies to correct the distortions of culture wrapped up in politics, and to put forward a persuasive alternative view based on wide ranging, in-depth research.

Accumulating the results of extensive research, we scholars of Korean studies have to prove and make widely known the fact that Korean people's long history and splendid tradition are the source of energy that will enable us to overcome the North-South division. While recognizing anew the homogeneity of the East Asian civilization sphere, we have to once again forge closer ties with neighboring countries. At the same time, we have to continue to clarify and discuss the ethnic differences and distinctive characteristics that have contributed to creating variety within this homogeneity. To achieve world peace and attain the kind of development of world history that we all wish to see, Korea has to go beyond pessimism by asking what East Asia can contribute from the viewpoint of idealism.

Currently, there is an argument going on over the assertion that Korea has to play a balancing role in East Asia. In relation to the military aspect this is completely unthinkable. In terms of politics there are also many difficulties, and a consensus has still not been reached. The state of affairs on the Korean peninsula has given rise to an even greater degree of anxiety. But in terms of culture, the claim that Korea can play a balancing role is perfectly reasonable. In this case it is not only possible, but also convincing and desirable.

In the East Asian civilization sphere, China has been at the center, Japan at the periphery, and Korea and Vietnam in intermediary positions. Maintaining a close relationship with both the center and the periphery, Korea had a good understanding of the overall extent and structure of the East Asian civilization sphere and was able to map out a middle way that avoided extremes. By conducting proper research into these historical origins and by being aware of both the center and the periphery, we will be able to make a positive contribution to bringing unity to East Asia once again.

Korea is facing various international challenges these days, including Chinese claims on the history of Goguryeo and Japanese distortion of history textbooks, But narrow-minded national defence is a worn-out countermeasure. Korean scholars must have a universal world view to persuade scholars of Chinese and Japanese studies to move in a different direction. To awake them to the fact that China's superpowerism and Japan's imperialism are impediments to scholarship, a more convincing view of history has to be developed.

To take this point one step further, we have to take up the task of expanding the field of comparative studies and establish a general theory that is applicable on a worldwide level. By going beyond nationalism toward universalism, we have to provide the direction that will lead all of mankind into the next era. Only Korean studies that are not just Korean studies are true Korean studies.

I have long conducted comparative research of Korean literature with the literatures of the other countries of East Asia, China, Japan and Vietnam, have obtained many meaningful and valuable results. If we are aware of the overall nature of East Asian literature, we can also clarify our understanding of the literatures of each country within the region. Furthermore, only by conducting comparative research into East Asian literature and the literatures of Europe and various other civilizations can we recognize their specific characteristics and speak with any authority about the entirety of world literature.

Comparative research is also necessary in order to discard our self-centeredness and come to an understanding of others. It's a big mistake to make the claim that globalization is an inevitable trend at this time while still pursuing the exclusive economic benefit of one's own nation or trying to transplant one's own values into another country. In order to correct this kind of mistake, we need to carry out genuine comparative research based on equality and a wide variety of perspectives.

Until now, comparative literature has tended toward microscopic studies and been devoted to proving relationships of influence. We now have to carry out macroscopic comparisons and make an effort to discover the points of difference and commonality in each independently established literature or culture. Comparative literature's most important tasks and goals must be to discard the bias of Eurocentricism, conduct research into the numerous literatures of the world from an equal viewpoint and illuminate the universal aspects and values of all of world literature.

Through broad comparative studies, I tried to find the Korean role in the global age. This is the answer. The most valuable contribution that the Korean cultural tradition can make is in the creative activity of harmonizing things that are essentially different in order to create new values. The wisdom that establishes harmony while acknowledging conflict and encourages growth while not denying antagonism is the best way of solving the countless problems that we face today.

On the basis of this principle, conflict is reconciliation and reconciliation is conflict. The idea that overcoming is becoming may be termed the "overcoming-becoming theory". The "overcoming-becoming theory is the only way of expressing the term *saenggeuk ron* in English. The dialectic of the "overcoming-becoming theory" functions through the corrective tendency in "overcoming" to move toward "becoming."

We can ascertain the origin of this way of thinking in the Silla period writer Choe Chiwon who maintained that the profound Way (*do*) that existed in our country was also contained in Confucianism, Buddhism and Taoism. He stated that the manifestation and process of recreation that took place as a result of the fusion of our indigenous culture with Confucianism, Buddhism and Taoism was unusual and profound. In every age, figures such as Wonhyo, Iryeon, Choe Jeu and others established new systems of thought by absorbing cultures from various outside sources and recreating them by harmonizing them with the indigenous culture.

Husbands and wives, parents and children, and brothers and sisters, while believing in different religions and even engaging in arguments, still do not break off relations but continue to live together in harmony. From outside Korea this is an amazing thing that is difficult to understand, but Koreans consider it to be completely natural. This kind of wisdom that is necessary for our future is appearing for the first time in human history and is now being tested in Korea.

Korean mask dances dynamically demonstrate the paradoxical idea that conflict is reconciliation and reconciliation is conflict both between the characters that appear in the performance and between these characters and the spectators. In other forms of Korean performing arts as well, the appeal of performances that make our minds feel comfortable even while they increase our feelings of tension has given rise to the phenomenon of the "Korean Wave" (*hallyu*), which is currently receiving a rapturous welcome in many countries in East Asia.

Let's take a look at the Korean dish, *bibimbab*, which demonstrates a unique characteristic of Korea. The various ingredients, while continuing to exist in themselves, come together to form a harmonious unity, showing that overcoming is becoming and becoming is overcoming. New types of electrical products such as mobile phones, for example, are created in this way and are give pleasure all over the world.

Now the whole world is facing crisis. In order for us to be able to go beyond the increasing conflict resulting from competition in the fields of science and technology, and economy and politics, the humanities have the mission of demonstrating the rationality of living in accordance with such ideals as the unity of the human race. That is to say, we have to go beyond the clash of civilizations and strive for their reconciliation and unity. The most valuable tradition of Korean studies is the wisdom of humanities.

The situation in the world today is such that while class conflict has been eased to some extent thanks to the positive contributions of technological and economic development, a different kind of serious conflict, namely ethnic conflict, has become even more severe. Because of these ethnic conflicts, blood is being shed in numerous places around the world, such as Northern Ireland, Palestine, Chechnya, Iraq,

Afghanistan, Sri Lanka and Tibet. The mission and task at hand for the humanities is to carry out research into the true nature of the main causes of these ethnic conflicts, such as religion, language, customs and history, and provide a diagnosis for them and insights with which to solve them. If we doubt the value of the humanities, then the future of the world looks dark indeed.

Even though we have to continue to strive for the improvement of living standards and social equality, life's satisfactions, such as internal, and spiritual fulfillment, which material development alone cannot provide, have to be provided by the humanities. From ancient times until the Middle Ages, the humanities held sway over scholarship. Then in recent times the social sciences have split off from the humanities and have taken pride in their own independent growth, while the natural sciences have emerged demonstrating their own power and pushing the humanities into the background. In order to go beyond the contemporary era and create a new era, the humanities have to come to the fore once again. It is the mission and task of the humanities to play the leading role once again in providing an overarching theory for all branches of scholarship.

The post-modernist idea prevailing in the West that history is coming to an end is a fallacy. There must be hope in the twenty-first century. We have to go beyond the conflicts of the present and create the next era in a more desirable way. The Western philosophy of history, while recognizing the defects and limitations of the present age, has been unable to put forward any alternative. This is evidence of a failure of thinking. We cannot just stand by and watch while all that humanity has considered valuable up to the present, such as history, logic, values, and so on, is held up for ridicule and rendered futile.

We have to engage in rigorous scholarship, equipping ourselves with sound logic and a proper set of values, in order to go beyond the present age and participate creatively in history as we go forward into the new era. The leadership role of the First World has come to an end, the opposition of the Second World has lost its effectiveness, and it is now time for the Third World to take the lead. In this regard, the cooperation between India and Korea is very important.

개별발표의 주제

8일 행사는 국제한국언어학회(International Circle of Korean Linguistics)에서 맡아 창립 30주년을 기념하는 행사를 개최했다. 논문을 11편 발표했다. 처음 4편은 한국어로 발표했다. 인도인 학생에게 물어보니 알아듣지 힘들었다고 했다. 터키 안카라대학 부부 교수의 논문 두 편도 있었다. 대부분 외국인을 위한 한국어 교육에서 제기되는 실제적인 문제를 다룬 내용이었다.

9일에는 한국문화에 대한 다양한 주제를 다루는 개별발표가 있었다. 일본문학 전공의 조지(P. A. George)는 이미 소개한 바와 같이 2월의 행사를 주관한 분인데, 일본에 가 있는 동안에 관찰한 사실을 들어 韓流의 양상을 말했다. 중국학과의 데팍(B. R. Deepak) 교수는 중국의 유교가 한국에 정착한 내력을 설명했다. 이웃 분야에서 관심을 가지는 것은 좋으나 깊이는 없다. 한국문학 전공의 라비케쉬 교수가 이번에는 발표를 했다. 정지용의 시에 관한 미학적 고찰을 했다.

우탐(Jeetendra Uttam) 교수의 <배제와 포괄: 인도와 한국의 교육제도 이면의 원리>(Exclusive vs. Inclusive: Logics and Regimes behind Educational System in India and Korea)는 특기할 만한 발표였다. 서울대학에 유학해 외교학과에서 박사를 하고, 네루대학교 국제관계대학에서 한국학을 강의한다고 한 분이다. 그 쪽에 정치경제 위주의 또 하나의 한국학이 있다는 것을 알았다.

인도에서는 능력 부족인 사람은 배제하고 우수한 인재만 높은 수준으로 키우는 교육을 하고, 한국은 대학에서조차 누구나 받아들여 포괄하는 것이 서로 다르다고 했다. 그래서 생긴 장단점을 서로 받아들여야 한다고 했다. 인도는 한국처럼 포괄에 힘써야 하고, 한국은 인도처럼 수준을 높여야 한다고 했다. 인도 학문의 뛰어난 업적을 보면 그 말이 맞다. 한국은 반성해야 한다.

나의 개별발표 또 하나

내가 맡은 개별발표도 9일에 했다. 그 날이 한글날임을 먼저 말했다. "Today it is *Hangeul* day. It is a very peculiar and unforgettable case to commemorate *Hangeul* day here in India. To deal with a topic directly related to *Hangeul* day, I would speak about the first literary products of *Hangeul*, two Korean vernacular epics."라고 했다.

한글날을 기념해 한글을 창제하면서 바로 창작한 『용비어천가』와 『월인천강지곡』을 소개하고 고찰했다. 그러면서 동아시아 다른 나라와는 다른 한국문학의 전통이 서사시를 풍부하게 갖추고 소중하게 여기는 데 있다고 했다. 작품 내용을 보면 문명의 두 중심지 중국과 인도에서 가져온 발상을 『용비어천가』와 『월인천강지곡』에서 한국 것으로 만든 양상을 주목할 만하다고 했다.

발표를 하면서 시간 부족 때문에 두 작품에 관한 구체적인 고찰 가운데 하나는 생략해야 할 사정이라고 했다. 중국에서 발표를 한다면 『용비어천가』를 택할 것이지만, 이곳은 인도이므로 『월인천강지곡』 대목을 읽겠다고 하니 청중이 웃었다. 논문 전문을 들면 다음과 같다.

Two Korean Vernacular Epics of the 15th Century

1. Introduction

Korean literature is peculiar in that it has many epics. The oral epic transmitted as shaman songs are similar to the traditions of the Ainu in Japan and the minorities peoples in China. The written epics in classical Chinese, such as the famous poet Yi Gyubo's *Saga of King Dongmyeong* (*Dongmyeongwangpyeon*, 1193) (hereafter referred as *King*) and Buddhist monk Unmok's *Eulogy of the Acts of the Buddha* (*Seoggayeoraehaengjeogsong*, 1328) (hereafter referred as *Buddha*), have no equivalent in other East Asian countries.

When the Korean alphabets called the "Proper Sounds for Teaching the People" (*Hunminjeongeum*) was invented in 1443, and begun to be used officially in 1446, written epics in the Korean language appeared. *Songs of Flying Dragons* (*Yongbieocheonga*) (hereafter referred as *Dragons*) and *Songs of the Moon's Impression on a Thousand Rivers* (*Wolincheongangjigog*) (hereafter referred as *Moon*) were written in the same year 1447. Chinese and Japanese literatures does not have such works.

King Sejong, the fourth ruler of new the Joseon Dynasty, invented the Korean alphabet and tested it in for the first time by writing epics. That means that, for a long time there was an unrealized desire to have written epics in the Korean language. He ordered those who collaborated in inventing the alphabet, Jeong Inji and Gweon Je to write *Dragons.* He read its manuscript and gave it its title. He himself composed *Moon.*

2. Relations to Prior Works

Dragons was the dynastic epic needed for a national policy that established the political ideology. The founding heroes of the new kingdom were praised as dragons. The Buddhist epic *Moon* was written as an expression of king's own personal faith or the faith of his family. The moon symbolized the enlightened Buddha giving love to all living creatures.

The prior example of a dynastic epic is Yi Gyubo's *King*. Although *King* sung of ancient history in written Chinese and *Dragons* treated recent history in the Korean language, they embodied the same tradition of praising the heroes who played the leading roles in Korean history. And both of them depicted the great deeds done to establish political order giving maximum benefit to the ruled peoples.

The two epics are the product of medieval universalism. But their ways of realizing it are different. *King* used written Chinese, observing its rules of versification. *Dragons* first described the deeds of the ancient Chinese kings idealized by Confucianists and then compare them with native heroes. In *King* linguistic universalism coexists with nationalism. In *Dragons* the ideological universalism of Confucianism is the other side of linguistic sovereignty.

The life of Buddha was covered in numerous Buddhist scriptures, and the Indian poet Asvaghosa wrote an epic of adoration in his *Buddhacarita*. Other countries in East Asia were satisfied with the written Chinese translation of this work, but Korea wrote two new Buddhist epics. The first was Unmok's *Buddha*, composed in written Chinese, and later *Moon* in vernacular Korean. This was due to a unique interest in epics on the part of Koreans.

The messages of the two Buddhist epics were different. *Buddha* sought to widely teach the proper attitude of faith to those living in the end times spoken of in Buddhism. *Moon* offered Buddhism as the solution to the internal agony that Confucianism, the ideology of the new era, could not solve, thus making it the complement to *Dragons*.

Dragons and *Moon* were written as soon as it became possible to write songs in Korean because both Confucianism and Buddhism, official life and private life, the exterior and the interior, and this world and the next were equally important. Both sides had many things to say and were waiting for a way to express them. The two vernacular epics manifested Korean recreation of the traditions accepted from two centers of great civilizations, one from China and the other from India.

3. *Dragons*

Dragons is a poem that praises the achievements of the founding ancestors and the establishment of the Joseon Dynasty. By writing and singing a song that revealed that the nation was founded with the support of the people, those in the royal court were convinced of the legitimacy of the dynasty and had a sense of duty. It was also vital to sing this song and influence the heart of the people.

When *Dragons* was sung aloud, the music it was sung to was called *Being Merry with the People* (Yeominrag). This name was given in the hope that its influence would extend to the people and that they would share in the enjoyment. After the Japanese Invasion of 1592. *Dragons* was republished, indicating that this intent was not forgotten by future generations.

In order to gain the trust of the people, it was necessary to accept oral tradition. They could not stop at accepting various tales that dealt with the founding of the nation, but needed to approach the deep place where memories of the national foundation epics lay dormant. It was there that they needed to come into contact with the long tradition of the national culture. In carrying out the task of embodying Confucian ideology, they asserted that the founding ancestors of the Joseon Dynasty were on an equal level with the ancient kings of China. What they created was a Korean vernacular national foundation epic that accomplished both of these goals.

The full text consists of 125 cantos. The first canto is one line, and all proceeding cantos are two lines each, with the exception of the last canto, which is three lines. The first two cantos are as follows.

Canto 1

The six dragons of the land east of the sea fly up; all their works are blessed by Heaven, and are just like those of the ancient sages.

Canto 2

A tree with deep roots is not moved by the wind, but bears good flowers and much fruit.

The water from a deep spring does not dry up in a drought, but forms a stream and flows to the sea.

The theme of the entire work is summarized here. The six dragons of the land east of the sea. a term used to refer to Korea, are King Taejong, King Taejo and his paternal ancestors going four generations back. It boasts of the long history of this family, which had pushed as far north as the lands of the Jurchen (Manchuria), and their eventual establishment of a dynasty, and deals with the history of six generations so that the ancestors may be exalted by the glory of their descendants.

The image of six dragons flying up to the heavens borrows symbolism from the Chinese *Book of Changes* to express their ascendance to the royal throne. This is the meaning of the poem's title. The poem goes on to say that they were blessed by heaven and accomplished a great task, just like the sages of old, and it uses metaphor to say that they will continue to prosper because their foundation is firm.

Of the three fundamentals of heaven, earth, and man, the first canto deals with heaven. The second canto deals with earth, and the rest of the poem is the domain of man. Heaven is one line, earth is two lines, and man extends over a number of lines, but in the last canto of the poem it is three lines. This shows the process of realizing the principles of heaven, earth, and man by increasing the number of lines.

The central part from canto 3 to canto 109 showed the trials and struggles of the hero used in the various ancient national foundation epics, praising the founding of the new dynasty. It sung of the trials and life of wandering suffered by the first four generations, followed by the founding of the dynasty through King Taejo's dazzling ability, and then the process by which King Taejong accomplished what remained of the task. The life of the hero was substituted with the history of a family, producing a national foundation epic that spanned a number of generations. Let us take a look at a few important passages.

> Canto 22
>
> He slew the black dragon with one arrow and saved the white dragon, and the divine creature foretold the auspicious fortune of his descendants.

> Canto 83
>
> By a measuring stick institutions are born; that he may rule benevolently, Heaven sent down a golden measuring stick.

The white dragon and the black dragon were fighting with each other, and the white dragon asked King Taejong's grandfather to kill the black dragon. In canto 22, King Taejo's grandfather slays the black dragon with one arrow. There are similar stories all over the world. The epic gives the defeat of the dragon as the best example of the hero's ability, and tells how the grandson carries on the great work begun by his grandfather.

Cantos 63 through 89 praise King Taejo's character and introduce symbolism to show that the foundation of the dynasty did not happen by chance. Canto 83 explains that a measuring stick is needed to establish the system of rule, so the heavens gave Taejo the golden measuring stick so that he might rule wisely. It is only natural that there are such signs when a dynasty is founded.

The golden measuring stick has a dual function: it guarantees royal authority and sets the standard for establishing the system of rule. Measuring sticks are used to measure distance. Only by precisely measuring distances can all institutions be properly established and can the king control himself and rule appropriately. The age was gone when a nation could be controlled by military might alone, and thus the golden measuring stick was introduced to emphasize the importance of excelling in both civil and military matters.

Cantos 110 through 125 are the conclusion of the work and a request to future kings. It asks them to remember the difficulties of their forefathers and not forget their purpose when they founded the nation, and it warns them against bringing about the ruin of the nation through mistakes in ruling. It tells them not to enjoy a life of peace and luxury, making punishments their sole activity, forgetting virtue in their arrogance, listening to the crafty and exploiting the people.

It concludes with the statement that the essence of government is the ruler observing his own standards of conduct, not commands given to the ruled by the ruler. We can see by this that it considered future kings as its most important audience.

4. *Moon*

Moon is an epic that sings of the life of Sakyamuni Buddha It was written in three volumes, but only the first volume and an incomplete version of the second volume have been discovered. The cantos that remain number around 410. It is thought that the entire work consisted of around 580 cantos.

The title of *Songs of the Moon's Impression on a Thousand Rivers* is from a simile that compares the Buddha's appearance in ten billion worlds and his preaching to the moon shining on a thousand rivers. Just as there is only one moon, yet there are countless manifestations of it as it shines on the rivers of the world, so it is for the Buddha, and so it is for humanity. The Buddhas of the ten billion worlds are not different from each other. The numerous people on the earth are bound by their own karma and thoughts, but their thirst for the Buddha is the same. Based on this symbolism, the song begins as follows:

Canto 1

Though taking eons, who can speak of all the unfathomable and unending virtuous deeds of the lofty glorious one?

Canto 2

I will speak of the works of the holy Buddha, and although they happened far away, look at them as if you could see them with your eyes.

I will speak of the works of the holy Buddha, and although they happened one thousand years ago, listen to them as if you could hear them with your ears.

In the first verse, the narrator wonders how it would be possible to speak of all the deeds of Buddha, which cannot be known and have no end. Yet that does not mean he will be silent. There is a way to approach the Buddha, and that is revealed in canto 2. The holy Buddha mentioned in canto 2 refers to the historical person of Sakyamuni, whereas glorious one mentioned in canto 1 is the Buddha of ten billion worlds. Even though the deeds of Sakyamuni occurred far away and one thousand years ago, the narrator tells the reader to consider them as if they were visible to the eye and audible to the ear.

Space and time are divided into three levels. The virtuous deeds of the Sakyamuni Buddha are limitless in both space and time. The actual words and deeds of the historical Buddha are distant in both space and time. However, since the narrator sings of these words and deeds now, they are close in both space and time. He writes a song about what can be seen and heard right now, in order to ensure that the Buddha's teachings will last for all eternity.

From the third verse on, the song speaks of the historical Buddha. The narrator sings of the experiences of the historical Buddha as he lived countless past lives, beginning an unfathomable number of eons ago. He drastically expands the scope of time, relating events that exceed the imagination. When he comes to describe the events that took place around the time that Sakyamuni achieved enlightenment, transcendental things and everyday things coexist in an interesting contrast. The dual nature of Sakyamuni is highlighted: he is an ordinary person, yet he is also the enlightened Buddha. In this way, both the narrator and the audience can personally identify with Sakyamuni, and at the same time discover anew the reason why he should be worshipped.

Let us take a look at the scene were Sakyamuni returns to his hometown after his enlightenment to meet his father, the king. Here, a person named

Utaya appears. Utaya was sent by Sakyamuni's father to find his son, but he became a disciple of Sakyamuni and returned with him. All three of them had much to say.

Canto 115

Utaya tells of having finally achieved enlightenment after practicing asceticism for countless eons.

The father replies that, after twelve years, he finally hears this today.

Canto 116

The king told what happened long ago, and Utaya and his son listened.

But he did not know what had happened recently, so Utaya and his son told him.

In canto 115, Sakyamuni's companion Utaya tells the king of how Sakyamuni practiced asceticism for many eons and only now has been enlightened, and his father the king says that after longing for his son for twelve years he has finally heard news of him. Many eons and twelve years, the joy of enlightenment and the joy of meeting one's son are contrasted with each other.

In canto 116, Utaya and Sakyamuni listen as the king tells of what had happened when Sakyamuni was young, and Utaya and Sakyamuni tell him of what had happened recently. As the son is the Buddha and the father is an ordinary person, they of course have different things to say to each other upon meeting, but they agree in that they are both happy. Utaya is also happy to have reunited a father and son and brought together an ordinary person and the Buddha.

5. Inner Structures

There is also an interesting contrast in the composition of the stories. *Dragons* spans six generations, telling of the trials and struggles experienced by each generation and ultimately the great achievement of founding a new dynasty, while *Moon* tells of a single individual, the Buddha, who was reincarnated, experienced trials, disciplined himself, and finally achieved great enlightenment. They are the same in that the many become one and trials end in glory and praise. At the same time, they are different in that the relationship between the many is different. The level of glory that is achieved is distinct in each story. In telling their own stories, they complement each other.

Dragons excluded commonality in it its attempts to depict a world of heroes unattainable by ordinary people, but in *Moon*, Sakyamuni, who had achieved a high state of enlightenment, was also an ordinary person who lived an ordinary life that anyone could experience. The father-son, mother-son, and husband-wife relationships in Sakyamuni's life were depicted much as any other relationship. His father the king is an ordinary person who sorrows at parting and looks forward to their next meeting. When his son says that he will follow his father, who is now the Buddha, his mother weeps bitterly. All the suffering of life, no matter what kind, is depicted in a touching manner. There is a separate, lofty world that transcends suffering.

Both epics opened different ways for the literature of future generations. *Dragons* was similar to the heroic trials and struggles of the protagonists in later novels. *Moon* was structured in such a way as to deal with the relationships between transcendental principles and common reality, and lofty ideals and ordinary experiences.

발표에 관한 논의

이 논문에 대해서 인도인 학자들 셋이 질문을 했다. 요점을 적으면 다음과 같다.

❑ 문: 일본에도 노래의 오랜 전통이 있고, 불교문학이 풍부하다. 그런데 불교 서사시는 없단 말인가?

❑ 답: 그렇다. 불교서사시라고 할 것은 없다. 그 점에서 한국과 일본은 많이 다르다.

❑ 문 : 조선왕조는 유교를 이념으로 했는데 어떻게 불교문학이 있는가?

❑ 답 : 공식적으로, 표면상으로는 유교만 존중하는 유교사회였다. 그러나 비공식적으로, 내면에서는 불교가 필요했다. 세종 임금도 그런 양면성을 가지고, 두 가지 서사시를 창조했다.

❑ 문 : 서사시란 논란이 많은 개념이고 이해하는 데 문제점이 허다하다. 서사시가 무엇이라고 여기는가?

❑ 답 : 이야기를 가진 시가 서사시이고, 위대한 인물을 주인공으로 하면 영웅서사시이다. 지금 다룬 작품 두 편은 영웅서사시의 특성을 잘 갖추고 있다. 서사시 일반론을 전개하는 데 인도의 사례가 그렇듯이 한국의 사례 또한 소중한 의의를 가진다.

두 가지 뒤풀이

논문 발표 후 한글날 기념식이 있고, 이어서 학생들의 공연이 있었다. 『별주부전』을 재작해 아주 재미있는 연극을 만들었다. 인도에서 유학하고, 또한 부군이 상사 주재원이어서 인도에 머무르고 있는 한국인 여성 강사 세 분이 지도를 했다고 했다. 대본은 인터넷에 올라 있는 것을 가져와 조금 손질했다고 하는데, 예상을 뒤엎는 구상이다. 한 분은 무용 전공이어서 부채춤을 재대로 가르쳐 연극에 삽입했다.

인도 학생들이 열심히 연습해 아주 발발하고 귀여운 모습을 보이면서 감동을 주는 연기를 했다. 한국 노래도 부르고, 태권도 시범도 보이고 하는 등의 다른 순서도 온갖 정성을 다해 아주 잘 해냈다. 순서를 마치고는 난장을 벌이면서 신명나게 뒤풀이를 했다. 노래 부르고 춤추기를 즐기는 인도인의 기질로 한국 것을 받아들여 소강당을 가득 메운 청중이 처음부터 끝까지 함께 즐거워하게 했다. 한국학과가 구속에서 벗어나게 된 것을 널리 알리고 한국문화의 다양한 창조력이 무엇인지 보여주는 행사를 한바탕 걸판지게 했다.

학생들의 뒤풀이가 흥겹게 계속 되고 있을 때 그 자리를 떠나 한국 대사관에서 저녁을 초대한 식당으로 갔다. 먼저 갔던 곳 호텔의 한국 식당이었다. 대사는 오지 않고 공사가 대신하면서 초대인원을 10명으로 한정했다. 네루대학 한국학 교수는 한 분만 참석하고, 한국에서 온 일행 가운데 상당수가 빠져야 했다. 대사관 형편이 얼마나 어려운지 모르지만 납득하기 어려운 처사였다. 식사하는 동안에 대화가 잘 이어지지 않고 내내 분위기가 어색했다. 학생들과 함께 흥겨움을 나누었더라면 얼마나 좋았을까.

이번 행사는 앞에서 말한 바와 같이 국제교류대단(Korea Foundation)에서 경비를 제공했다. 그런데 행사를 시작하고 이틀째 되는 날 비로소 송금이 이루어졌다. 그 때문에 준비에 차질이 있고, 일처리가 제대로 되지 못했다. 2월의 행사를 지원한 일본의 일본재단(Japan Foundation)에서는 일찍 송금해 행사 주관자를 처음 만났을 때 여비를 받은 것과는 너무 달랐다.

국제교류대단은 외교통상부의 산하기관이다. 개회식 때 대사를 만나 왜 송금이 늦어지는가 물으니 곧 올 것이라고 했다. 저녁을 먹으면서 공사에게 다시 말하니, 전날 돈이 온 것도 대사관에서 힘쓰고 대사관 구좌를 이용하도록 해서 된 일이라고 했다. 책임을 추궁하려고 하다가 공치사나 듣고 말았다.

네루 대학의 한국학을 한국에서 지원한다고 한다. 그러나 비능률적인 절차, 무책임한 처사, 고질화된 관료주의 때문에 차질이 빚어지지 않을까 염려된다. 실정을 모르는 무리한 요구를 할 수도 있다. 순진하고 발랄한 인도 학생들이 한국을 공부하겠다고 나서는 의욕을 제대로 알아차리고 적절하게 동와주어야 할 책임을 통감해야 한다.

네팔에 들려

이번에 인도에 갈 때에는 네팔에 들렸다. 밤 12시 30분에 뉴델리 공항에 도착해 근처 호텔에서 눈을 붙이고, 이튿날 아침에 네팔 카트만두로 가는 비행기를 탔다. 카트만두에서 6박 7일을 머무르면서 국내선 항공기와 택시 편으로 여러 곳을 둘러보았다. 네팔은 기차가 없고, 도로 사정이 좋지 못해 버스를 타면 시간이 너무 많이 걸린다.

그러나 네팔은 관광 천국이다. 경치와 유적 양쪽의 볼 것이 많고, 날씨가 좋으며, 음식이 다양하고, 물가가 아주 싸고, 인심이 좋다. 지리적 위치, 다민족 복합의 역사, 근대화 이전의 상황이 그런 장점을 갖추도록 했다. 인도처럼 복작거리지 않고 한층 정갈했다. 네팔은 인도가 아님을 명시해 시차를 15분 둔 처사를 이해할 수 있었다.

석가모니 당시부터 지금까지 이어져온 본바닥의 불교를 견문한 것이 특히 큰 소득이다. 석가모니 탄생지 룸비니에도 갔다. 여러 나라 절을 짓는데 한국 절도 있었다. 그런데 규모다 너무 커서 이상했다. 주지에게 물으니 황룡사처럼 만든다고 했다. 불필요한 허장성세를 하느라고 한국사찰의 우아하고 준수하고 모습을 보여주지 못하니 안타깝다.

그런데 네팔은 아주 큰 어려움을 겪고 있다. 비시누의 현신이라고 주장하는 국왕이 버티고 있어 나라가 제대로 되지 못하게 가로막는다. 명목상으로는 입헌군주제를 실시하면서 권력을 휘두른다. 자주 정전이 될 때에도 왕궁은 높이 둘러싼 담, 엄청난 문을 지나치게 밝은 조명으로 비추고 있는 것이 모순을 단적으로 보여준다.

민주화를 쟁취하고 더 나아가서 왕정을 철폐해야 한다고 하면서 시위가 계속되고 무장 투쟁도 있다. 카투만두 시내 문화재가 즐비한 거리를 구경하다가 데모대를 보았다. 몇 만의 군중이 갖가지 민속의식을 걸치고 춤을 추고, 탈을 쓰고 축제하듯이 행진하는 것이 데모였다. 신문에서 사실 보도를 간략하게 하고 국왕이 아량을 베풀기를 청원한다고 했다.

영국군이 나라를 차지하려고 쳐들어올 때 네팔인은 용감하게 싸워 물리쳤다. 그 덕분에 영국의 간접통치를 받는 데 그치고 명목상

주권을 유지한 것은 다행이라고 하겠지만, 왕정이 철폐될 기회가 없었다. 그것이 아직까지 청산되지 못한 불행이다.

식민지가 되지 않은 아시아 나라들 일본, 타이, 네팔 등만 왕정을 유지한다. 그래서 아주 자랑스럽다고 하는 이면에 민주화와 평등화가 지연된 불행이 있다. 스스로 혁명을 일으켜 왕정을 철폐하는 것은 아주 어렵다. 중국에서는 淸朝가 만주족이 지배해 반감을 샀으며, 반식민지 상태에 들어가 구국의 결단이 반드시 필요해 신해혁명을 성사시켰다.

주권을 잃고 식민지가 된 것은 커다란 불운이다. 그러나 그 덕분에 왕정을 철폐한 것은 대단한 행운이다. 대한민국 임시정부는 민국을 건설한다고 처음부터 명시했다. 독립운동을 하는 동안에 하층민이 전면에 나서서 상하를 뒤집었다. 신돌석, 홍범도, 김구, 김일성 등이 선두에 나선 것이 그 때문이다.

월남이나 인도 또한 식민지 통치에 항거하면서 내부 혁신을 이룩해 역사를 쇄신할 수 있었다. 네팔뿐만 아니라 타이나 일본도 그런 변혁을 이룩할 기회를 얻지 못했다. 불운이 행운이고, 행운이 불운인 것이 생극론의 이치이다.

토 론

❑ 문: 인도의 소수민족 문제나 지역간의 갈등은 어떤 양상인가?

❑ 답: 인도는 영국의 지배에서 벗어나면서 언어권에 따라 주를 나누었다. 각 주는 독립을 해도 손색이 없는 면적과 인구를 갖추었는데 한 나라를 이루고 나가려고 하니 어려움이 많다. 인구의 40 퍼센트 정도가 사용하는 힌디어를 전국 공통의 공용어로 하려고

하는데 잘 되지 않는다.

❑ 문 : 교육은 어떤 언어로 하는가?

❑ 답 : 초등교육은 각기 자기 언어로 하면서 힌디와 영어를 일찍부터 가르친다. 중등교육에서는 일부의 과목, 수학이나 과학에서는 영어를 사용한다. 그러면서 산스크리트와 함께 오늘날 인도의 다른 언어도 배우도록 한다. 대학에서는 영어로 강의한다. 언어 공부 부담이 크다. 그 때문에 탈락자와 우수한 성취자가 갈라진다.

❑ 문 : 산스크리트 실력이 어느 정도인가?

❑ 답 : 우수한 성적으로 대학에 입학한 학생은 산스크리트를 잘 아는 것 같았다. 한국학과 학생에게 물어보니, 힌디어로 하는 어려운 말은 모두 산스크리트에서 왔으므로 산스크리트를 모르면 이해할 수 없다고 했다.

❑ 문 : 인도 학문의 수준이 높은 이유가 무엇인가?

❑ 답 : 산스크리트로 이루어진 고전문명이 세계 최고 수준을 자랑하고, 그 유산을 열심히 공부해 충실하게 이어받기 때문이다. 그래서 영국이나 유럽 학문과 경쟁하는 힘을 얻었다. 우리는 한문문명의 유산을 열심히 익혀 활용해야 한다.

제9강 스웨덴에서 만난 일본학과 한국학

행사 참가

스칸디나비아 일본 및 한국학회(NAJAKS, Nordic Association of Japanese and Korean Studies)가 스웨덴 예테보르(Göteborg)대학에서 2004년 8월 20일부터 22일까지 열렸다. 1989년에 코펜하겐에서 시작한 발표대회를 3년마다 개최해 이번이 제6회라고 했다. 스칸디나비아 각국의 일본학과 한국학 발전을 위해 기여하는 것이 학회 및 대회의 목적이라고 했다.

그 대학 일본학 교수이고 이번 모임의 조직자인 노리코 툰만(Noriko Thunman) 교수가 행사 개최를 알리고 기조강연을 해달라는 편지를 보냈다. 그 분은 일본여성인데 스웨덴 사람과 결혼해 스웨덴에 정착했다. 동경대학 불문과를 졸업하고, 스웨덴 스토크홀름대학에서 일본학 박사를 했다고 했다. 편지 왕래가 있은 다음 서울에 와서 만날 기회가 있었고, 행사가 있는 기간 동안 자주 어울리면서 친교를 나누었다.

스웨덴은 책 사는 여행을 할 때 전에 한 번 들리기만 했을 따름이고 생소한 곳이다. 거기서 오라고 하리라고는 생각하지 못했다. 나를 어떻게 알고 초청하게 되었는가 하고 노리코 튠만 교수에게 물으니, 일본학자들에게서 이야기를 듣고 영문 저서를 소개받고 읽어보았다고 했다. 세상은 넓고도 좁다.

스웨덴까지 가는 직행 항공노선은 없다. 오히려 다행이라고 생각하고 정년퇴임을 기념하는 호사스러운 여행을 하기로 작정했다. 전에 가보지 못한 동쪽 유럽을 찾기로 했다. 자료를 구하고 여행 계획을 세울 때부터 마음이 들떴다.

갈 때에는 프랑크푸르트에서 비행기를 내려 기차를 이용해 여러 날 걸려 독일을 가로 지르고, 네덜란드에 들리고, 덴마크에도 구경하다가 목적지까지 갔다. 올 때에는 배를 타고 폴란드로 건너가 기차로 포즈난·바르샤바·크라코우에 갔다가, 슬로바키아를 거쳐 체코의 프라하까지 이르는 긴 여행을 아내와 함께 했다. 들리는 곳마다 미술관을 찾아, 유럽미술이 다양하고 다채롭다는 사실을 새삼스럽게 확인했다.

이번 여행 대문에 8월말 경에 있던 서울대학 정년퇴임식에는 참가하지 못했다. 나는 예식 절차를 싫어한다. 정년퇴임은 예식 절차가 복잡하기로 악명이 높다. 국내에 있으면서 나타나지 않으면 별난 사람이라고 알려지니 난처하다. 서울대학교 교수 자격으로 공무출장중이어서 당연히 불참한 것이 얼마나 다행인가.

프라하에서 2004년 8월 31일이 끝나고 9월 1일이 시작되는 역사적인 순간을 맞이했다. 12시가 0시인 한밤중에 서울대학교 교수가 계명대학교 교수로 바뀌었다. 별난 경험을 한 행사 참가기를 써서 계명대학교에서 하는 강의원고 한 회분으로 삼으리라고 작정했다. 국내외 학문의 만남을 주제로 한 이번 학기 강의를 그 때 처음 구상했다.

코펜하겐에서 출발해 예테보리로 갔다. 중간 바다를 건널 때에는 기차를 배에 싣고 갔다. 예테보르는 스웨덴에서 두 번째로 큰 도시이며 인구는 60만 정도이다. 넓게 자리 잡고 수목이 우거진 사이사이로, 시가가 있고 집이 들어섰다. 예테보르대학 인문대학이 행사 장소였는데, 주위가 광활한 공원이었다. 깊은 산속에 들어간 느낌이었다. 외곽으로 이전해서 그런 것이 아니다. 도심지에 자리 잡은 곳이 그랬다. 우리는 너무 각박하게 사는구나 하는 한탄이 절로 나왔다.

노리코 튠만 교수는 예테보르대학 동양 및 아프리카학과의 일본학 책임자이다. 일본학을 가르치는 사람은 부교수가 한 사람 더 있고, 강사가 여럿인데, 모두 일본 여성이다. 중국학을 한 명이 담당하고, 한국학은 개설되지 않았다. 스칸디나비아 전역의 사정이 비슷해서 일본학은 크게 자리를 잡고 있지만, 한국학은 그렇지 못하다.

개회식에 두 나라 대사가 참가해 일본 · 한국 순서로 축사를 했다. 한국대사는 의례적인 말을 적어온 대로 읽고, 귀한 손님을 관저에서 대접해야 한다고 하면서 서둘러 돌아갔다. 일본대사는 축사를 할 때부터 유창한 영어를 마음대로 구사해 웃기더니 점심 식사를 할 때에도 화술로 좌중을 압도하고 스웨덴 노래를 부르는 실력을 자랑했다.

세 사람의 기조강연

기조강연을 세 사람이 했다. 첫날 20일에 미국 택사스대학 교수인 여성학자 수산 나이퍼(Susan Napier)가 <일본 환상: 서양인의 마음속의 일본 대중문화>(Fantasy Japan: Japanese Popular Culture in the Mind of the West)에 관해 말했다. 서양인은 일본문화에 대해서 자기네 나름대로의 환상을 가지고, 서양과는 다른 무엇, 서양에는 결핍되어 있는 무엇을 일본에서 찾는다고 했다. 일본여성 예찬도 그 가운에 하나라고 했다. 산만한 내용을 불분명한 발음으로 급하게 몰아치면서 말해 알아듣고 이해하기 힘들었다.

미국에서 온 동포 학자 한 분도 방금 들은 영어에 대해서 불만을 나타냈다. 자기가 미국에 가서 공부하기 시작할 때 그처럼 마구 지껄이는 영어를 알아들으려고 몇 시간 긴장을 하면 너무 피곤했다고 했다. 영어를 세계에서 널리 사용하려면 발음을 정확하게 해야 한다. 이상하게 변한 미국영어를 누구나 따라 하라는 것은 무리이다.

스웨덴 사람들은 영어 사용에서 모범을 보였다. 표준영어를 정확하게 말해 어렵지 않게 이해할 수 있었다. 영어와는 거리가 먼 언어를 국어로 쓰는 나라에서 온 참가자들의 영어는 알아듣기 더 쉽다. 특히 일본인과 영어로 잡담을 주고받을 때 마음이 편하고 소통이 잘 된다. 공식석상에 나서면 그렇지 못하다. 내가 영어를 너무 딱딱하고 힘들게 말해 듣기 민망할 정도였다고 아내가 말했다. 의사 전달을 정학하게 하려고 지나치게 애쓰다가 그렇게 되었다. 영어를 어떻게 할 것인가 두고두고 고민이다.

둘째 날 21일에 내가 먼저 나서고, 그 다음에 일본에서 초청된 가와모도(Koji Kawamoto) 교수가 강연을 했다. 가와모도 교수는 동경대학 비교문학 교수였다가 정년퇴임한 뒤에 다른 대학에 가 있는 분이다. 국제비교문학회(ICLA) 회장을 하면서 홍콩 발표대회를 주관하고 임기를 마쳤다. 여러 나라에서 만나 함께 발표를 한 사이이다.

한국에서 열린 학술회의에서 이런 일도 있었다. 가와모도 교수의 영어 발표를 듣고 누가 불어로 질문해도 되느냐고 물은 적 있었다. 그래도 좋다고 하니, 장광설을 늘어놓는 말이 발표 내용을 잘못 이해해서 하는 수작이었다. 사회자가 내게 신호를 보내는 것을 보고 일어서서 질문자의 잘못을 영어를 써서 일러주었다. 질문자가 내 말을 알아듣고 의문이 풀렸다고 했다.

끝난 뒤에 사회자에게 왜 신호를 보냈는가 하고 물으니, 불어 질문을 영어로 통역하라는 뜻이었다고 했다. 질문이 길어지자 가와모도 교수가 알아듣지 못했기 때문이었다. 나는 그런 줄 모르고 질문을 나무랐다. 가와모도 교수는 내가 도와주어 고맙다고 했다. 이번에 만났을 때에도 여러 사람이 있는 자리에서 그 일을 다시 말하고 거듭 고맙다고 했다.

가와모도 교수는 남아프리카 프레토리아에서 국제비교문학회 회장이 되었을 때, 한국은 빼놓고 일본에서 직책을 맡아 미안하다고 말했다. 나는 일본만이 아닌 동아시아를 대표한다고 생각해서 고맙게 여긴다고 했다. 성격이 소탈하고, 권위주의 같은 것은 없는 사람이다. 이번에 만났을 때 "당신은 국제적인 마음을 가진 학자이고, 예사 일본인과는 다릅니다"라고 하니, "그렇기를 희망합니다"고 대답했다.

가와모도 교수의 발표 제목은 <문학연구의 변화와 지속: '사랑'을 위한 탄원>(Changes and Continuities in Literary Studies: A Plea for 'Love')라고 했다. 문학연구는 문학에 대한 사랑을 근거로 삼는데, 그런 풍조가 사라지는 추세가 서양에서 생겨 일본에도 닥쳐 유감스럽다고 하는 것이 대체적인 내용이었다. 많은 사항을 나열하면서 산만한 논의를 전개해 핵심이 무엇인지 불분명했다. 영문학자가 흔히 할 수 있는 이야기라고 하겠고, 일본학계에서 특별히 연구한 바를 말한 것은 아니다. 국제적인 마음을 가지고 예사 일본인과는 다르고자 하는 자세가 발표에서는 그렇게 나타났다.

나이퍼와 가와모도 두 사람의 기조강연은 둘 다 서양과의 관계에서, 서양을 기준으로 삼고 일본을 말했다. 서양학문의 통상적인 방식으로 논의를 전개하고, 새로운 이론을 제시할 의도는 없었다. 서양의 관점에서 일본을 보고, 서양의 풍조를 일본에서 받아들인다고 했다. 어느 쪽에서든지 일본은 서양의 변방이다. 일본이 서양 다음으로 중요한 곳일 수는 있어도 서양과 맞서고, 서양과는 다른 방향으로 나아가 대안을 제시하는 곳은 아니다.

내 발표는 <한국 · 동아시아 · 세계문학사의 중세>라고 했다. 원고를 미리 보냈으니 당연히 복사해 배부하리라고 생각했는데 그렇게 하지 않았다. 그 이유가 무엇인지 물어보지 않고 스스로 생각했다. 나이퍼와 가와모도는 원고를 배부되지 않았고, 제출하지도 않는 것 같았다. 다른 개별 발표자들도 이용하는 자료나 일부 나누어줄 따름이고 논문 전문은 자기만 가지고 읽어나갔다. 발표 방식이 다른 것을 생각하지 못하고 우리식의 진행을 기대했다.

청중 손에 원고가 없으니 정확한 전달을 염려하지 않을 수 없었다. 내 논문에 다수 포함되어 있는 동아시아문학에 관한 고유명사를 그 쪽 사람들은 평소에 모르고 있었고 발음하기만 해서는 이해하기 어려워 어떻게 할까 고민이 되었다. 휴식시간을 이용해 모두 흑판에 적고 한자어는 한자를 병기했다. 하나씩 짚어나가면서 설명하니 전달 가능한 것 같았다. 그런 특별한 사정이 있어 영어 발음이 평소보다 더 딱딱해졌다.

논문의 요지는 한국문학사 이해에서 얻은 동아시아문학사에, 다시 세계문학사에 적용해 학문의 역사를 바꾸어놓겠다는 것이다. 한국에서 시작해 동아시아를 거쳐 세계로 나아가는 긴 여행을 하겠다고 하면서 발표를 시작했다. 세계에 스칸디나비아도 포함된다고 했다. 중세는 지방분권의 봉건제도를 채택한 시대라는 견해가 유럽중심주의 소산이고, 문학사에는 적용되지 않는 사회사의 편향된 주장임을 지적하고, 이제 넘어서야 한다고 했다. 세계사를 서유럽 위주로 논의할 때 스칸디나비아가 동아시아와 함께 제외되어온 잘못을 시정하는 이론적인 방안을 함께 제시했다.

중세는 공동문어어와 민족어를 함께 사용하면서 두 가지 문학을 이룩한 시대이다. 이런 중세가 동서로 일본에서 모로코까지, 남북으로 마다카스카르에서 아이슬랜드까지 광범위한 지역에 들어섰다. 그러면서 공동문어문학에 힘쓴 중심부, 민족어문학을 일직부터 가꾼 주변부, 그 둘의 성격을 겸한 중간부가 서로 다른 것이 어느 문명권에서든지 동일하다. 중국 · 한국 · 일본에서 중심부 · 중간부 · 주변부의 전형적인 모습을 볼 수 있다.

일본과 스칸디나비아는 주변부여서 倭寇와 바이킹, 軍記物語와 사가(saga)가 동질성을 가진다. 중심부를 향한 주변부의 반란이 민족구어문학의 발전과 연결되었다. 바이킹에 관한 연구는 가해자와 피해자의 자료를 차등을 두지 않고 활용해 납득할 만하게 이루어졌는데, 왜구 연구는 아직도 민족의 경계를 넘어서지 못하고 있는 것을 반성해야 한다.

스칸디나비아 여러 나라 가운데 덴마크는 중간에 가까워, 기독교의 성직자 삭소 그라마티쿠스(Saxo Grammaticus)가 자국의 역사서 『덴마크의 위업』(*Gesta Danorum*)을 라틴어로 써서, 거의 같은 시기에 이루어진 一然의 『三國遺事』와 비교할 만한 업적을 남겼다. 동아시아와 스칸디나비아는 서로 멀리 떨어져 있고 직접적인 교섭이 없었지만, 구체적인 비교가 가능하고 필요하다고 했다.

그 두 역사서는 세계종교를 받아들이기 전에 신화적 전승에 의해 입증되는 민족사의 오랜 연원이 있었음을 말하고, 보편주의와 민족주의 공존을 문제 삼았다. 문명권 중심부의 보편주의 존중과 주변부에서 내세우는 민족주의를 함께 보여준 것이 중간부의 특징이다.

발표가 끝나자 노리코 튠만 교수가 말했다. 스웨덴에서 세계문학사를 쓰려고 하는데 내 견해가 많은 도움이 된다고 했다. 내가 대답했다. 내 발표는 한국어로 쓴 여러 책에서 말한 것의 간략한 요약에 지나지 않는다. 그 전부를 알리지 못하는 것이 유감이다. 『세계문학사의 허실』에서 8개 언어로 쓴 38종의 세계문학사를 검토한 것부터 참고로 해야 할 것이라고 했다.

여러 사람이 좋은 발표를 해서 고맙다고 했다. 카와모토 교수도 대단한 발표라고 치하하고, 많이 배웠다고 했다. 스칸디나비아와 일본이 문명권의 주변부여서 많은 공통점을 가진다는 사실을 그 양쪽 사람들이 모르고 있었다. 귀국한 다음, 노리코 튠만 교수는 세계문학사 이해의 새로운 관점을 동아시아에서 제시한 것을 보고 충격과 감명을 받았다는 편지를 보내왔다.

발표한 논문 전문은 다음과 같다. 조금 손보아 『비교문학』 35(한국비교문학회, 2005)에 실은 것이다.

The Medieval Age in Korean, East Asian, and World Literary Histories

1

When I wrote 5 volume *Hangugmunhag Tongsa* (*A Comprehensive History of Korean Literature*) (the first edition was published in 1982-1988, the fourth and most recent edition was published in 2005) [(1)], it was not easy to formulate a general scheme for the work. Listing relevant materials in a chronological order was not sufficient. Theoretical argument was indispensable from the outset.

I seriously examined the popular periodization that is consisted of the ancient, medieval, and modern ages. Its defects are plain to see: as a eurocentric conception, it may distort the histories of other civilizations, and, as it is cultivated and promoted in social history, it neglects the autonomy of literary history.

A proponent of so called the total history, Marc Bloch recently reaffirmed that the medieval age was the feudal society which divided power and land. [(2)] And he insisted only Western Europe and Japan honourably passed such a stage. Scandinavia was mentioned reluctantly when it had undeniable relations with the core of Europe. [(3)] The other civilizations were not considered. Such a one-sided theory makes the situation worse. The hope of a universal understanding of world history seems to be a fantasy.

The periodization of the ancient, medieval, and modern ages explains only a specific aspect of world history, and without any convincing result. What is the common characteristic of the literary products of those two societies, Western Europe and Japan, that divided power and land ? There is no answer forthcoming.

One way to avoid such an absurd universalism is isolationism. That is, to write each nation's literary history within its particular framework.

Most works of national literary histories prefer to use indigenous terms which refuse to be translated into other languages.

This is not a desirable solution. There are two fatal defects in it: various doctrines of isolationism conflict with each other without any reasonable solution, and the hope of a general view of world literary history disappears. Then literary historians will not be able to defend themselves against the accusation that they are the most retrogressive, narrow minded, and nationalist of all academic researchers.

2

I was determined to find a new starting point. That is to define the ancient, medieval, and modern ages in the context of the Korean literature, and to test the validity of this definition in East Asian, and world literary histories. The criterion I used was not social history but linguistic change. The key concept in my definition of the medieval age is diglossia, the relation between high and low languages. [(4)]

When the common written language of East Asia, classical Chinese (漢文, *hanmun* in Korean, *kanbun* in Japanese, *hanvan* in Vietnamese) was adopted as high language in Korea, the stage of diglossia began. This was the medieval age. Medievalization [(5)] was more clearly manifested in linguistic history than in other histories.

Before that time there was only oral literature. That was the ancient age in Korean literary history. In the modern age, diglossia was abandoned, and the former low language, vernacular Korean took the place of the official language and became the national language. An understanding of such changes leads to a very simple, clear, and useful way of periodization.

The introduction of classical Chinese was accompanied by ideological change. [(6)] Official recognition of Buddhism in 372 was an important landmark, and Confucianism followed. From that time on, classical Chinese played an indispensable role in religious and political life. The monumental inscription at the tomb of king Gwangaeto (廣開土, whose name means "the opener of wide territory"), made in 414, is a good example of a early literary work using classical Chinese.

Written literature in the Korean language began with songs inscribed in Chinese characters. The writing system was called as *hyangchal* (鄕札, "native writing"), the literary genre was *hyangga* (鄕歌, "native song"). "The Song of the Comet" (彗星歌), composed by master Yungcheon (融天師, whose name means "coordinator of the heavens") in 594, is the earliest known example. From 1446 literature in the Korean language was written in the newly made alphabet *Hunminjeongeum* (訓民正音, "The Propper Sounds for Teaching the People").

During the long medieval age, high language, classical Chinese, and low language, vernacular Korean, produced different literatures. But themes and motifs were used interchangeably. Yi Gyubo (李奎報), the 13th century poet used classical Chinese to write a national epic recreating the tradition of a nation-founding myth. The leading neo-confucianist of the 16th century, Yi Hwang (李滉) composed his *sijo* (時調) works, a type of lyric poetry, in vernacular Korean, with philosophical themes.

There were many translations between high and low literatures. The interrelationship between the two literatures is an everlasting and fruitful field of study for Korean literary historians. Such experiences help open a new horizon for understanding literary history in a wider scope.

The balance between the two literatures was changing. During the first period, which I call the early medieval age, high literature dominated low literature. In next period, the late medieval age, from the 13th century, there were noticeable attempts to promote low literature. In the age of the transition from medieval to modern literatures, from 17th to 19th centuries, low literature flourished and made high literature come close to it.

To clarify the sub-divisions of the medieval age, I added a second criterion of periodization, that is to say the change in literary genres. In ancient literature, the oral epic was the most important. But dominant genre of medieval literature was lyric poetry.

In late medieval literature, the lyric poetry *sijo* coexisted with the didactic poetry forms of *gyeonggichega* (景幾體歌) and *gasa* (歌辭). *Gyeonggichega* is rather short stanzaic verse and *gasa* is rather long verse without stanzas. In the age of the transition from medieval to modern literatures, the canons of existing genres were shaken and a new genre, the novel appeared.

Changes in literary genres were related to social history, especially to the replacement of literature-creating groups. When the warriors' hegemony passed on to the intellectual aristocrats, the lyric got the leading role instead of the epic. Newly emerged literati with realistic world views, called *sadaebu* (士大夫) created the didactic poetries of the late medieval age. From the age of the transition from medieval to modern societies, newly emerging bourgeois contributed much in promoting the novel.

3

What I have said so far can be summarized in four propositions: (a) written literature began in the medieval age; (b) The coexistence of high language, classical Chinese, and low language, national vernacular, is the characteristic of medieval literature; (c) the dominant genre of medieval literature was the lyric, but in latter medieval literature the lyric poetry coexisted with didactic poetry; (d) in the age of the transition from medieval to modern literatures, the canons of existing genres were shaken and a new genre, the novel appeared.

Can these propositions be applied to the literatures of other East Asian countries, using classical Chinese as common written language ? (7) I selected China, Japan, and Vietnam as representative examples of East Asian countries. The result of the investigation is as follows:

	China	Japan	Vietnam
(a)	-	+	+
(b)	+	+	+
(c)	-	-	+
(d)	+	+	+

Vietnam has 4 +and no -, just like Korea. In (b) Vietnamese authors using classical Chinese produced not only national but also anti-Chinese works, best exemplified by the works of Nguyen Trai (阮廌) (c) Vietnam had the didactic poetry *fu* (賦), similar to Korean *gasa*. The two poetic forms dealt widely with living experience, moral problems, and practical knowledge.

Japan has 3 +and 1 -. (c) is -, as there was no didactic poetry in Japan. There is also a speciality in (b): national vernacular literature played an important role the from early medieval age. The Japanese *waka* (和歌) produced more abundant works than the Korean *hyangga*. *Genjimonogatari* (源氏物語) also exemplified that tendency.

China has 2 + and 2 -. (a) is -, as Chinese written literature began in the ancient age. So in (b) the distinction between languages is not clear. The literature using low language, *baihua* (白話), developed later. (c) is -, as the Chinese didactic poetry *fu* (賦) appeared before the medieval age. Though Chinese *fu* and Vietnamese fu have same name, their historical positions were quite different.

My theory can be said to have gotten 9/12 (3/4) approval in East Asian literatures. Now it has become possible to have a common periodization of East Asian literature, through which each nations' specialties can be closely compared. Such a result suggests that a general theory of world literary history may be possible.

4

Classical Chinese was not a unique common written language. Other civilizations also have their own common written languages: Sanskrit in South and South-east Asia, classical Arabic in West Asia and North and East Africa, and Latin in Europe.

Just as classical Chinese was the vehicle of Confucianism and Buddhism, the other common written languages were used respectively as the official medium of the religions of their civilizations: Sanskrit for Hinduism and Buddhism, classical Arabic for Islam, and Latin for Christianity. Common written languages are the most distinctive mark by which civilizations were divided.

The era of the common languages was the medieval age in world history. During that time, from approximately the 4th to the 19th centuries, the diglossia of high language literature and low language literature coexisted in a large part of the world. It ranged from Japan in the East to Morocco in the West, from Iceland in the North to Madagascar in the South. In such homogeneity we can best see the unity of world literary history.

Unity does not exclude diversity. Innumerable literary works have their own peculiarities, and it is impossible to make a general theory comprising all of them. But such diversity is not chaotic. With a macroscopic view, we can identify much of this diversity as systematic transformations of this unity.

The relationship between the unity and diversity of literary history can not be identified in any single national literature. I tested it by comparing East Asian literatures. The results achieved in one civilization have to be compared with the cases of the other civilizations. This is the best way to formulate a general theory.

China's characteristics, written literature beginning in the ancient age and low langage literature developing later, were well manifested in the central parts of other civilizations. Also in the cases of Sanskrit, classical Arabic, Latin, the homelands of the common written language lagged behind in vernacular literature.

Japanese national vernacular literature played un important role from the beginning of the medieval age, and this was a common trait of the peripheries. Java, Swahili, and Scandinavian literatures showed similar achievement. It is quite natural that among Scandinavian countries, the most remote country of Iceland was the best pioneer of national vernacular literature. The Icelandic *saga* (8) led medieval national vernacular literatures all around the world.

The problem of didactic poetry needs more detailed investigation. Not only Classical Chinese but also Sanskrit and Latin literature produced many written works of didactic poetry in ancient age. (9) That is the characteristic of civilization centers.

Japan did not participate in making didactic poetry, so the lyric completely dominated the domain of poetry. Such an exceptional tendency similar to the modern conception of poetry, can be said to be a peripheric choice. It is necessary to find other literatures to compare with the Japanese case.

Korea and Vietnam are situated in the intermediate area of East Asian civilization, between the center and the periphery. (10) There are many other countries, also in the intermediate area of their respective civilizations, that eagerly wrote didactic poetry in the vernacular. Tamil, Persia, France and Germany are good examples.

Their vernacular didactic poetries offered new insights into problems of understanding and evaluating living condition, impacted from the center. That was the most valuable achievement of late medieval literature. The age of the transition from the medieval to modern literatures continued this trend and broadened its scope.

The fact known from Korean literature that newly emerged literati with realistic world views made the didactic poetry is also true in other countries. In Europe they are identified as first intellectuals. (11) They had a deep bond with the peasantry, in some places with the bourgeois. The world view of vernacular didactic poetry is a joint work of the reasoning and experience of intellectuals and lower people. This is a typical instance that shows how changes in literary genres were related to the replacement of literature-creating groups. (12)

5

The periodization of the ancient, medieval, and modern ages obtains new meaning by my approach using two tactics. One tactic is to start with Korean literature and continue on to East Asian literature and world literature. The other is to begin from linguistic history and move to the change in literary genres and the replacement literature-creating groups.

The former tactic can be changed according to researcher's situation. One uses the literature which one is familiar as a starting point for broader view and deeper insight. But the latter is unchangeable in any case. The epistemological process going from known result to hidden cause is a reliable means to restore the relationship between literary history and social history

There is no single key to understand world literary history. The distinction between major literatures and minor literatures is mistaken. All literatures, in any place, contributed respectively to making world literature. We have to make an unlimited effort to find the whole process systematically by comparative studies on a broader scale.

To advance the study of literary history to a desirable level, we have to go beyond national limits. Each nation's literature has to be understood as a part of the literature of a civilization. Further, inter-civilizational comparative study is a better goal, from which general theories can be formulated.

During the medieval age, the nations in the center, in the intermediate, and in the periphery of each civilization each played important role. The literatures produced by nations in a similar situation within their respective civilizations show remarkable homogeneity. There are many interesting themes for comparative study to be found here.

6

Roughly speaking, Korea and Middle Europe as the intermediates, Japan and Scandinavia the peripheries, offer many interesting themes for close comparison. Japan and Scandinavia were the homes of the *Waegu* (倭寇, *Wakou* in Japnese, *Wokou* in Chinese) and the Viking, two forces of peripheric revolt. The fact that Japan and Scandinavia were promoters of vernacular literature might be closely related to this. Japanese *gunkimonogatari* (軍記物語) can be compared to the Icelandic *saga*.

The divisions between the intermediate and the periphery vary. Among Scandinavian countries Denmark is close to the intermediate. Denmark's search for identity in the common heritage of medieval Europe is similar to the Korean case. [13]

The Christian monk Saxo Grammticus' Danish history *Gesta Danorum* written in Latin has a good counterpart in Korea. Buddhist monk Iryeon (一然) wrote Korean history *Samkukyusa* (三國遺事, *Memorabilia of the Three Kingdoms*) in classical Chinese, at almost the same time during the late medieval age. These two authors insisted that there were glorious national histories based on mythical evidence before Christianity or Buddhism came and imposed a new order.

Mutual dependence as well as conflict between the religious universalism of the whole civilization and the national identity with original tradition are the principal subjects of these two historical writings. This can be understood as a typical intellectual orientation of intermediate countries. To formulate a general theory from this idea, broader examples from other civilizations must be examined.

Notes

(1) Seoul: Jisigsaneopsa. One-volume abridged version has been published in French: Cho Dong-il et Daniel Bouchez, *Histoire de la littérature coréenne des origines à 1919* (Paris: Fayard, 2002)

(2) In *Société féodale* (Paris: Albin Michel, 1968)

(3) Marc Bloch's Europe is "Europe Occidental et Centrale"(*ibid.*, p. 15)

(4) The conception of diglossia is well defined and used in Francis Britto, *Diglossiá, a Study of Theory with Application to Tamil* (Georgetown: Georgetown University Press, 1968). Tamil's case is similar to Korea's.

(5) The word "medievalization" is not found in the *Oxford English Dictionary* (Oxord: Claredon, 1987). But it must be used as a basic term equivalent to "modernization".

(6) I summarized the outline of Korean literary history in my book written in English, Cho Dong-il, *Korean Literature in Cultural Context and Comparative Perspective* (Seoul: Jipmundang, 1997), pp. 7-30

(7) To answer this question I wrote *Dongasiamunhagsa Bigyoron* (*A Comparative Study of East Asian Literary Histories*, Seoul: Seouldaehaggyochulpanbu, 1993) and *Hanaimyeonseo Yeoreosin Dongasiamunhag* (*One and Many East Asian Literatures*, Seoul: Jisigsaneopsa, 1999)

(8) Régis Boyer, *Histoire des littératures scandinaves* (Paris: Fayard, 1996), pp. 39-57

(9) In Arabic case it was oral didactic poetry, as there was no written literature. See Albert Arazi, *La réalité et fiction dans la poésie arabe ancienne* (Paris: G.-P. Maisonneuve et Larose, 1989)

(10) Immanuel Wallestern's terms "the center", "the semi-periphery", "the periphery" are the product of the center oriented prejudice. His opinion that world system was made with the capitalism reflects the modernist view of history.

(11) Jacques Le Goff, *Les intellectuels au Moyen Age* (Paris: Seuil, 1957)

(12) My theory of literary history explained in this paper is discussed in detail in many books written in Korean. *Gongdongmuneomunhaggwa Minjogeomunhag* (*The Literature of Common Written Language and the Literature of National Languages*, Seoul: Jisigsaneopsa, 1999), *Segyemunhagsaeu Jeongae* (*The Development of World Literary History*, Seoul: Jisigsaneopsa, 2002) are the most important.

(13) Brian Pastrick McGuire ed., *The Birth of Identities, Denmark and Europe in the Middle Age* (Copenhagen: C. A. Reitzel, 1996)

개별발표에 대한 소감

노리코 튠만 교수는 <한국인도 아니고 일본인도 아닌 李良枝(1955-1992)>에 관한 발표를 했다. 한국어는 모르지만, 일본과 한국을 연결시켜 다루기 위해 선택한 주제이다. 일본어로 창작한 재일교포

작가 이양지가 느끼고 작품에서 심각하게 다룬 이중의 소외를 고찰했다. 일본어 원문을 영어로 옮겨 소개하면서 한국어 단어를 별도로 제시했다. 이 발표에 대해서는 내가 논평했다. 영어로 말한 내용을 옮긴다.

노리코 튠만 교수의 연구를 돕기 위해, 이양지에 관한 개인적인 기억을 말하고자 한다. 나는 1987년에 이양지를 만났다. 이양지는 그 해에 한국에 와서 서울대학교 국문학과 학생이 되었으며, 내 강의 '고전문학연습'을 선택했다. 나는 학생들에게 한국문학의 구체적인 문제를 다루는 논문을 준비하라고 하고, 새로운 자료를 이용하면 높이 평가한다고 했다. 힘들다고 소문난 강의였다. 발표 논문이 훌륭했다. 수강자 가운데 여럿이 교수가 되었다.

그런데 이양지가 말한 것은 소설이었다. 증거가 없고 논리를 갖추지도 않았다. 상상을 전개할 따름이었다. 나는 이양지에게 수긍할 수 없는 발표를 했다고 나무랐다. "한국에 와서 한국문학을 공부한다면, 한국문학의 본령에 들어와야 한다. 밖에서 머뭇거리는 구경꾼 노릇이나 하고 있다니!" 강의실에서 쫓아내고, 다시 들어오지 말라고 했다.

그래서 이양지는 사라졌다. 중퇴를 한 것 같았다. 뒤에 들으니 이화여자대학에 가서 한국무용을 배운다고 했다. 귀국 후에 한국에서 맛본 실망을 다룬 소설을 썼다고 신문에 보도되었다. "내 이야기를 썼구나"하고 당황해 하다가, 작품을 보니 그렇지는 않았으나 내가 실망을 보탠 것은 부인할 수 없다.

노리코 튠만 교수는 "한국인도 아니고 일본인도 아닌"이라는 말을 썼다. 재일한국인은 양쪽에서 다 제외되었다는 것이다. 그래서는 두 나라의 갈등을 키운다. 그렇지 않고 "한국인이면서 일본인인" 것이, 양쪽에 다 포함되는 것이 바람직하다. 그러면 두 나라의 화해에 기여한다. 세계화 시대를 맞이한 지금 두 나라 이상에 소속되는 사람들이 많아져야 한다. 그것이 세계가 하나이게 하는 길이다.

여러 분과로 나누어 사흘 동안 발표한 논문을 총괄해보면, 한국학에 관한 발표는 전체의 4분의 1정도의 분량에 지나지 않고, 한국어를 가르치는 경험에서 나온 것들이었다. 한국에서 온 발표자는 내 외에 한 사람 더 있었다. 한국정신문화연구원의 이길상 교수가 세계 2차대전 직후 군정시기에 미국이 교육 개혁을 한다면서 한국과 일본에 파견한 사절단의 활동을 비교해 고찰했다. 미국의 개입을 한국은 환영하고 일본은 기피해 끼친 결과가 다르다고 했다. 한국에서 여러 사람이 참가하기를 주최 측에서 바랐지만, 경비를 자담해야 하는 조건이어서 희망자가 더 없었다.

한국인이 아닌 다른 나라 사람이 한국학에 관한 발표를 하는 것은 거의 없었다. 이스라엘 학자가 한국의 역사상의 위인 숭배 동향을 고찰한 것을 하나 기억할 수 있다. 일본학 전공자가 한일 두 나라에 걸친 주제를 발표하는 노리코 튠만의 경우 외에도 이따금 있었다. 덴마크 학자가 일본이 우편제도를 한국에 이식해 식민지화를 위해 이용한 사실을 밝힌 것이 그 가운데 하나이다.

일본학에 대한 발표는 다양했다. 일본에서 온 사람, 스칸디나비아 각국 대학에서 가르치는 일본인 외에 스칸디나비아 각국, 다른 여러 나라 사람들이 일본학 발표에 참가했다. 역사, 문학, 언어 등에 관해 많은 주제를 다루었다. 하이쿠(俳句)가 대단한 인기를 가져 스웨덴어로 모작하는 것이 유행이라고 하는 발표도 있었다. 스웨덴어로 하이쿠를 짓는 사람들이 내는 잡지도 있었다. 일본어 교육에 관한 한 분과는 발표를 일본어로 진행했다.

우리가 해야 할 일

일본학의 우세와 한국학의 열세를 멀리 스칸디나비아에서 분명하게 확인했다. 불균형을 시정하려면 어떻게 해야 하고, 또한 우리 학문이 나아갈 길이 무엇인지 생각하지 않을 수 없었다. 양적인 면에서 한국학이 일본학과 대등하게 되는 것은 기대하기 어렵다. 국력을 기울인다고 해도 되지 않을 일이다.

이번 행사를 위해 일본과 한국의 두 재단(Japan Foundation과 Korea Foundation)에서 지원했다고 주최 측에서 밝히고 감사를 표시했다. 액수는 미상이지만, 일본에서 더 많은 돈을 내놓았으리라고 보는 것이 당연하다. 한국이 일본보다 더 많은 지원을 하면 한국의 비중이 더 커질 수 있는 것은 아니다.

하이쿠에 관한 관심을 보고 시조의 경우를 생각했다. 시조는 하이쿠에 비해 너무 복잡해 널리 관심을 끌 수 없다. 시조의 흥취를 번역으로 전달할 수 있을까 의문이다. 다른 나라 말로 시조를 흉내 내서 짓는 것은 불가능하다. 그런 차이점이 일본문화와 한국문화의 특징을 단적으로 나타낸다고 할 수 있다. 한국문화의 여러 표현형태는 단순한 것을 찾는 호기심을 불러일으키기 어렵다.

그러면 어떻게 해야 하는가? 한국문화는 이론을 갖추어 설명해야 한다. 특수성의 범위를 넘어서서 인류가 이룩하는 창조적 활동의 보편적인 원리를 밝히는 이론을 새롭게 만들어 내놓으면서 한국 것이 다른 나라 것들과 어떻게 같고 다른지 말해야 한다. 내 발표가 그런 본보기이다. 한국에서 시작해 일본 것을 말하고, 동아시아와 스칸디나비아를 비교하는 원리를 제시했다.

일본의 대중문화가 널리 알려진 것은 부러워하지 말자. 일본에 대한 인식이 대중문화의 차원에 머무르고 상향되지는 않는다. 그 이유가 일본문화의 특징에도 있고, 서양인이 일본을 자기네 좋은 대로 그릇 이해하는 데도 있다. 그러나 가장 중요한 이유는 일본학계의 동향에서 찾을 수 있다. 일본문화를 일차적인 대상으로 해서 세계문화나 세계사의 보편적인 양상을 새롭게 해명하는 이론을 만들어내지 않으니 기존의 인식을 시정할 길이 없다. 이번 학술회의에서 발표한 내용만 보아도 그렇다. 개별적인 사실에 대한 특수한 관심을 보여주는 일본학의 경향을 멀리서도 잘 보여주었다.

일본은 대중문화를 널리 알려 사회 저변을 선전장으로 삼고 있는 것과 다른 작전을 우리는 써야 한다. 고도의 수준과 논리를 갖춘 이론으로 학계에 내놓아 들어가는 길을 위에서 찾는 것이 우리가 할 일이다. 그 이론에서 한일 비교론을 당연히 갖추어 일본에 대한 기존의 관심을 진출의 발판으로 삼아야 한다. 그래서 일본을 이기자는 것은 아니다. 각기 장기를 발휘하면서 상생의 관계를 가져야 한다.

한국 방송극 <겨울 연가>가 일본에서 인기를 끌고 있는 것을 일본대사가 축사를 할 때 언급하면서 한일 관계가 좋아지고 있는 증거로 들었다. 일본의 총리대신이 그 방송극의 주연배우가 자기보다 인기 있다고 했다는 말을 전했다. 가와모토 교수 및 다른 일본인 몇 사람과 환담을 할 때에도 화제가 거기까지 미쳤다. 그 자리에서 나는 그 방송극을 보지 못하고 주연 배우를 모르고 있다가 근래 일본에서 들려오는 소리를 듣고 뜻밖의 일이라고 여겼다고 했다. 한국에서는 잊혀지고 있던 무엇이 일본에서 화려하게 재생되어 되돌아오는 사례 가운데 하나라고 했다.

애상의 느낌을 절묘하게 갖춘 대중문화 공연물에 대해 지나치다고 할 정도의 관심을 보이는 것은 일본 특유의 취향이다. 한국에서 이룬 것이 일본 취향과 맞아 들어갔다. 한국에서 재창조한 일본문화가 본고장으로 되돌아가 환영을 받는다면 지나치다고 할 것인가? 대중가요에도 그런 것이 흔하다.

사물놀이라면 사정이 다르다. 일본에서 인기를 얻고 있지만 깊은 감명을 주는 것은 아니다. 판소리는 어떤가? 한국인의 혼을 흔들어 놓는 판소리가 일본인뿐만 아니라 다른 어느 나라 사람에게도 받아들여지지 않는다. 관심을 끌기는 해도 사랑받지는 못한다. 그러면 전달을 포기해야 할 것인가? 아니다. 판소리의 원리를 해명하는 이론으로 음악일반론을 새롭게 이룩하고, 세계음악사를 다시 쓰면서 판소리를 들려주어, 최상급 학자들의 동의를 얻어야 한다.

그렇게 하기 위해서 판소리와 비슷한 것이 세계에 또 있는지 찾아내서 비교론을 전개해야 한다. 한국에 관한 논의는 한국 것만 대상으로 하지 않고 비교론을 갖추어야 한다. 한국문화는 잘 알려지지 않았고, 이해시키기 어려워 그런 것만은 아니다. 보편적 가치를 가진 모든 일반론을 광범위한 비교를 근거로 한다. 유럽, 그 가운데 서부유럽의 우월성을 입증하기 위해 만든 부분적인 사실에 대한 편향된 논의를 전하는 그릇된 보편주의를 넘어서서 진정한 보편주의를 찾는 데 힘쓰는 것이 우리가 할 일이다.

토 론

❏ 문 : 동아시아를 중심부 · 중간부 · 주변부로 나누어 고찰했다. 몽고고원 초원지대는 그 어느 쪽인가?

❏ 답 : 아주 좋은 질문이다. 중심부 · 중간부 · 주변부라고 한 것은 한문문명권의 내부 구조를 두고 한 말이다. 한문을 사용하지는 않는 곳들까지 들면 더 넓은 주변부가 있다. 북쪽에는 유라시아대륙을 가로지르는 '초원의 길'이 있고, 남쪽에는 동남아시아로 이어지는 '바다의 길'이 있다. 초원의 길에서는 몽고인이, 바다의 길에서는 일본인이 주도적인 구실을 했다. 일본학자들은 근래 바다의 길을 중심으로 동아시아 역사를 연구하는 데 열의를 가지고 한국 · 중국의 경우까지 포함시켜 다룬다. 우리는 하기 어려운 작업이므로 주목하고 수용해야 한다.

❏ 문 : 스웨덴은 어떤 곳인가?

❏ 답 : 좋은 환경에서 풍요롭게 사는 부러운 곳이다. 그러나 물가가 놀랄 만큼 비싸고, 먹거리는 너무 단조해 즐기면서 들 만한 것을 찾기 어려웠다. 폴란드에서는 전통문화의 향취가 물씬 풍기는 음식을 어디서나 쉽게 만나 놀랄 만큼 싸게 맛볼 수 있는 것과 극단의 대조를 이루었다. 스웨덴에서 받은 발표 사례비를 폴란드에서 다 쓰지 못했다. 둘 다 미술을 사랑하는 나라지만, 스웨덴의 미술은 값진 장식이고, 폴란드의 미술은 절실한 신앙이다.

❏ 문 : 덴마크에 대해서 잘 모르고 있다. 한국과의 공통점을 더 말할 수 있는가?

□ 답 : 잘 모르지만 두 가지는 들 수 있다. 코펜하겐대학에서 덴마크학 단기강좌를 영어로 하면서 "덴마크적인 것이 무엇인가" 하는 물음까지 다룬다. 덴마크에서도 민족문화대백과사전을 만들었다. 둘 다 첫 학기 강의에서 거론하고 책 첫째 권에서 거론한 사실이다. 자세한 내용을 알아 우리의 경우와 비교해 고찰할 필요가 있다. 덴마크의 대학에서는 미흡하지만 한국학을 하는데 한국의 대학에서는 덴마크를 공부하지 않아 비교해 고찰할 능력이 없다.

□ 문 : 해외 한국학이 중국학이나 일본학에 비해 많이 뒤떨어진 이유는 무엇인가?

□ 답 : 한국학을 해온 역사가 짧고, 우리 국력이 미약한 탓이라는 등의 일반론은 그만두고 문제를 구체적으로 고찰하자. 한국학을 강의하는 사람들의 실력이 모자라는 것이 가장 심각한 이유이다. 현지인이 그렇다는 것만은 아니다. 우리 동포 학자들의 자격 미달이 치명적인 저해 요인이다.

□ 문 : 왜 그런가?

□ 답 : 해외에서 한국학을 강의하는 동포 학자들의 형편을 세대별로 갈라 말해보자. 제1세대는 일본인으로 교육받아 우리 것은 모르니 당연히 일본학을 맡아야 하는데 그렇지 못해 한국학 쪽을 기웃거린다. 제2세대는 전쟁의 참상에서 벗어나려고 떠나갔다가 생업을 찾아 한국에 관해 말하면서 열등의식을 전달한다. 제3세대는 외국학을 하러 유학을 갔다가 공부할 기회가 없었던 한국학 강의를 맡는다.

한국학 강의를 무식하게 하니 한국이 못나 보인다. 실력의 차이

탓에, 중국학이나 일본학에서 한국학을 얕본다. 한국학을 제대로 전공자해 뛰어난 업적을 이룩한 유능한 학자가 해외에서도 한국학을 강의하는 시대가 빨리 와야 한다.

□ 문 : 해외 한국학 진흥을 총괄하는 곳이 있어야 할 것이다. 한국학중앙연구원에서 맡아야 한다는 주장이 타당한가?

□ 답 : 한국학중앙연구원에는 그럴 만한 돈도 사람도 없다. 돈이 있는 다른 몇몇 기관에는 사람이 더 없어 돈을 함부로 뿌린다. 해외 한국학의 문제점과 해결방안을 투철하게 아는 여러 善知識를 초빙해 위원회를 만들고 돈 쓰는 방법을 정할 권한을 부여하는 것이 마땅하다.

그 경우에 내놓을 방안의 하나가 해외에서 한국학을 가르치는 사람들은 국내에 불러 하기강좌를 계속 수강해 박사과정을 이수하고 박사를 받도록 하는 것이다. 외국인뿐만 아니라 해외에서 한국학을 강의하는 우리 동포 학자들이 그 대상이 되어야 한다. 국가 예산의 지원으로 그 일을 한국학중앙연구원이 주관하고, 강의와 논문지도를 위해 학계 최상의 인력을 동원하도록 조처할 만하다.

제10강 東京의 국제비교문학 대회

소개하는 말

1991년 일본에서 열린 비교문학 국제학술회의에 참가해 발표하고 토론한 경험을 검토하는 것이 이 강의의 내용이다. 2004년 스웨덴에서 있었던 일을 다루다가 여러 해 전으로 되돌아가고 가까운 곳으로 발길을 돌리는 것을 납득할 수 없다고 여길지 몰라 해명을 한다. 앞의 제9강까지에서 취급한 국제학술회는 한국학 또는 동아시아학에 관한 것들이다. 그 작업을 일단 마치고 이제 지역의 한계를 넘어서서 세계 전체가 함께 하는 국제학술회의에 참가한 내력을 보고한다. 비교문학 국제학술회의가 바로 그런 것이다. 비교문학 국제학술회의에서 참가해 발표하고 토론한 내력을 지금부터 시작해 세 차례 다룬다.

1991년 일본 대회 참가기는 전에 썼던 것이다. <국제비교문학회에서 벌인 세계문학 논란>이라는 제목으로 『비교문학』 17 (한국비교문학회, 1992)에 발표하고 『한국문학과 세계문학』(지식산업사, 제2판 1992)에 수록한 것을 다시 내놓는다. 내용이 소중하고, 새로 쓰기 어렵기 때문이다. 서두와 마지막에 덧붙이는 글을 추가하고, 중간 부분도 수정하고 보충했다. 인명과 글 제목을 원어를 노출해 적었었는데 괄호 안에 넣고 다소 무리하지만 번역어를 앞세운다. 내 논문의 개요를 설명한 대목은 전에 없던 것이다. 일본이 이 대회에서 무엇을 했는가에 관한 총평도 새로 써넣었다.

다시 읽어보니 젊음의 정열이 넘친다고 할 만하다. 행사 기간 내내 다른 곳에 가지 않고 대회장에 있으면서 개회식에서 폐회식까지 전 순서에 적극적인 자세로 참여했다. 되도록 많은 발표를 경청하고 기회 있을 때마다 토론했다. 내 발표에서도 토론이 많았다. 그 경과를 메모해 두었다가 열기가 식기 전에 글을 썼다.

국제학술회의라는 것이 흔히 두세 나라 사람들만의 모임인데, 이것은 그렇지 않다. 참가자의 국적을 헤아려보지 않았으나 30개국은 넘으리라고 생각한다. 참가자 총인원은 6백 명 내외이다. 한국인 참가자도 열 명 정도 되었다. 장소가 일본이고, 일본어로 발표하는 곳이 마련되어 많이 늘어난 것이다.

그런데 한국인 참가자들은 다른 기회에도 대개 그렇지만, 특별하게 설정된 모임에서 발표하면서 서로 돌보아주기나 했다. 낯선 사람들의 발표에는 나타나지 않고 토론에 참가하지 않았다. 어디선가 지원을 받고 와서 잿밥에나 관심을 가져 여행을 하려고 대회장을 일찍 떠났다. 나는 지원을 받을 곳이나 방법을 알지 못해 자비로 참가했으며, 혼자 돌아다니면서 여기저기에서 열심히 토론했다.

토론의 풍속에 대해서 조금 말하고자 한다. 서양 사람들은 토론에 적극적이다. 발표가 끝나자 사회자가 청하기 전에 말하겠다고 나서는 사람이 여럿이다. 점잖게 있으면서 차례를 기다리다가는 한 마디도 하지 못한다. 발표가 진행되는 동안에 토론할 말을 적어놓았다가 남보다 먼저 손을 들고 나서서 어물거리지 말고 짧은 시간에 많은 말을 분명하게 해야 한다. 그 비결을 터득한 것이 큰 소득이다.

행사의 성격과 전체 주제

행사의 주최자는 ICLA(International Comparative Literature Association)라고 약칭되는 국제비교문학회이다. 이 학회가 3년마다 여는 연구발표대회는 문학에 관한 학술회의로서 가장 규모가 크다. 문학연구의 유엔총회나 올림픽이라고 할 수 있다. 그런데 서양이 아닌 곳에서 열린 것은 이번이 처음이다. 11회 대회는 프랑스 파리에서, 12회 대회는 독일 뮌헨에서 열렸고, 다음의 14회 대회는 캐나다가 유치했다.

13회 대회를 일본이 맡아 1991년 8월 23일부터 28일까지 6일 동안 東京 靑山學院大學에서 열렸다. 그 모임에 참가해 논문을 발표하고 토론을 하면서 많은 것을 보고 듣고 깨달았다. 비교문학의 현황과 문제점을 파악하고, 앞으로의 방향을 생각하는 데 크게 도움이 되는 소중한 경험을 얻었다.

서양이 아닌 곳에서 처음 열린 이번 13회 대회는 비교문학 또는 문학일반론의 유럽중심주의를 시정하는 데 좋은 계기가 되리라고 기대했다. 그러나 일본인이 아닌 외국인 참가자는 대다수가 서양인이고, 아시아 각국 또는 제3세계의 학자들은 그리 많지 않았다. 내건 주제가 비교문학 또는 세계문학 이해의 방향 전환을 위해 적합하지도 않아 성과가 그리 크지 못했다.

전체 주제를 "The Force of Vision"이라 했다. 번역하기 아주 어려운

말이다. 일본어 번역에서는 "ヴイジヨンの力"라 하고, 'vision'이라는 말을 번역하지 않았다. 우리말로도 "비전의 힘"이라고 할 수밖에 없다. 알아들을 수 있게 풀어 말한다면 "세상을 제대로 보면 힘을 얻는다"는 말이다.

취지 설명에서는 "비전의 힘은 무한과 절대를 향한 열망"이라 하고, "사랑과 증오를 넘어선, 아름다움, 풍요로움, 不死의 경지에 대한 동경"을 거기다 결부시켰다. 동서 각국의 문학에 그런 비전이 구체적으로 나타난 양상을 비교해 고찰하자고 했다. 목표가 너무 막연하고, 오늘날 세계문학 이해의 구체적인 쟁점을 포괄하지 못하고 있다. 문학이론의 유럽문명권중심주의를 극복하고 세계문학의 보편성을 새롭게 논의하는 전망을 세우는 것과는 거리가 멀다.

비전의 개념을 다시 나누어 일곱 분과의 개별 주제를 마련했다. 대회의 공용어가 영어・불어・일본어여서, 세 가지로 적힌 용어 가운데 일본어 용어를 직역해 앞에 적고 영어 용어를 괄호 안에 적으면 다음과 같다.

Ⅰ 욕망의 드라마 (Dreams of Desire)

Ⅱ 美의 비전 (Vision of Beauty)

Ⅲ 역사를 움직이는 비전 (Vision of History)

Ⅳ 이야기하는 힘 (Power of Narration)

Ⅴ 문학이론의 재검토 (Vision and Re-vision of Literary Theory)

Ⅵ 他者의 비전 (Vision of the Other)

Ⅶ 아시아 비교문학 (Inter-Asian Comparative Literature : Assimilation and Diffusion)

개별발표의 내용을 보면, 내건 용어와는 다소 다르게 Ⅰ이 비교연극학의 영역으로 이해되고, Ⅲ에서 역사와 문학의 관계를 다루었으며, Ⅳ에서 서사문학에 관해 논의했다. 특별히 내세운 소주제는 Ⅵ이다. Ⅵ에서 서로 다른 문명이나 민족을 이해하는 "他者의 비전"을 문제 삼는 것이 이번 대회의 독자적인 계획이나 할 수 있는데, 대부분이 발표가 상식적인 비교문학론에 머물렀다. 모처럼 기획한 Ⅶ도 각국의 사례를 산만하게 거론하는 데 그쳐 관심을 집중시키지 못했다. 청중이 많고 토론이 활발했던 영역은 Ⅴ이었다. 의도와 결과가 서로 달라졌다고 할 수 있다.

23일 개회일에 "비전의 힘"이라는 전체 주제에 관한 기조강연이 있었다. 인도의 다스(Das), 캐나다의 발데스(Valdes), 일본의 사에기(Saeki, 佐伯彰一) 세 사람이 세 문명권을 대표하기라도 하는 듯이 나서서 자기 나름대로 한 마디씩 했다. "비전의 힘"에 대한 공통적인 이해는 없고, "他者의 비전"에 많은 거리가 있다는 것을 확인했다.

다스는 지역이나 민족에 따라 서로 다른 문학의 독자성을 존중하면서 세계문학의 보편성을 새롭게 인식해야 한다는 적절한 지론을 폈다. 발데스는 문학이 문학 아닌 것과 어떻게 구별되는가에 관한 다소 진부한 발표를 했다. 사에기는 일본문학의 전통은 神道에 있다 하며, 일본문학의 독자성을 칭송하는 발언을 했다. 자기 자신이 神道의 신도라 하고, 신도 신앙을 옹호하기까지 했다. 사에기의 국수주의적인 관점에 대한 시비가 있었다. 발표자 발데스가 일본의 신도 비슷한 것으로 유지되는 고유문학의 전통이 세계 어느 나라에는 없겠느냐 하며, 자기 모국인 멕시코의 기층문화도 같은 방식으로 설명할 수 있겠다고 빈정댔다.

한층 적극적인 반론이 필요하다고 판단하고 내가 나섰다. 우리 한국인은 일본 신도에 대해 좋지 못하고 불행한 기억을 가지고 있다 하고, 일본 식민지 통치자들이 우리 민간신앙은 억압하고 신도를 믿으라고 강요했기 때문이라고 했다. 일본 식민지 통치의 종교 신도를 이제 다시 들고 나오는 것이 세계문학의 보편적 이해를 위해 무슨 적극적인 의의가 있는지 따졌다. 일본 신도만 대단하다고 우기지 말고 그 비슷한 토착 민간신앙이 문학과 어떤 관계를 가지는가 하는 문제를 광범위하게 다루어 새로운 형태의 원형비판을 전개할 용의가 없는가 물었다.

발표자는 한국에서 신도를 믿으라고 일부 관리들이 강요한 것은 사실이나 기독교 전도에 비할 바는 아니었다고 했다. 논의의 일반화에 대해서는 대답하지 않고 말을 얼버무렸다. 토론이 끝나고 나올 때 네덜란드에서 온 한 젊은이가 내가 한 발언에 열렬한 지지를 나타냈다. 그 뒤에도 국제비교문학회의 기본 취지에 어긋나게 일본의 국수주의를 내세운 사에기의 발언 비판에 동조하는 서양인 참가자들을 이따금 만날 수 있었다.

사에기 교수는 東京大學 비교문학과를 이끌어가는 위치에 있다가 정년퇴임 했으며, 그 후계자인 하가(Haga, 芳賀 澈), 히라가와(Hiragawa, 平川祐弘) 교수 등이 이번 대회를 주도했다. 히라가와는 일본문화에서 신도가 커다란 구실을 해왔으므로 그 의의를 강조한 것이 아주 자연스럽다고, 개인적인 대화를 할 때 설명했다. 나는 일본인 학자가 사사로이 그런 의견을 가지는 것은 자연스러울 수 있어도 비교문학의 국제학술회의를 주최해 세계문학의 보편적인 이해를 꾀하는 마당에 그런 기조강연을 한 것은 납득하기 어렵다고 했다. 큰 행사를 벌인 기회에 일본에 관해 더 알리고, 일본 고유문화를 선전하는 데 힘쓰려는 의도가 앞서서, 내세운 주제에 관한 학술적인 논의의 성과를 스스로 제약했다고 생각된다.

개별발표 논란

8월 24일부터 시작해 25일과 27일로 이어진 개별 발표는 Ⅰ에서 Ⅶ까지의 소주제를 다시 세분해 열 곳 이상의 장소에서 동시에 진행되었다. 발표자가 너무 많아서 그럴 수밖에 없었다. 몇 가지 발표를 묶어서 오전에 두 차례, 오후에 두 차례, 소분과 모임을 같은 시간대에 여기저기서 열었으므로, 그 가운데 하나씩만 택해서 참가해야 했다. 논문 전문이나 요지를 배부하지 않고 말로만 하니, 가서 듣지 못한 발표에 대해서는 알 길이 없다. 현장에서 듣고 기억할 만한 내용이 있다고 생각한 것이나, 특별히 경청했거나 토론에 참가한 것들만 소개하면서 논의를 계속하기로 한다.

24일 오전 첫 순서에 들어 있는 "비교문학의 체계를 위하여"(Towards a System of Comparative Literature)라는 분과에서 인도에서 온 라마찬드란(Ramachandran)이 발표했다. 제목이 <인도·중국·러시아 형식주의 비평에서 논한 문학적 표현의 특수성 개념>(The Concept of Deviation in Indian, Chinese and Russian Formalist Schools of Criticism)이었다. 문학적 표현은 언어의 일상적 용법을 비켜나간다는 이론이 여러 문명권에 거의 동일하게 마련되어 있다는 내용이다.

나는 발표가 러시아 형식주의 문학론이 새삼스럽지 않다고 한 의의는 있으나, 많이 모자란다고 했다. 인도와 중국, 그리고 한국의 전통적 문학론은 시적 표현이 일상의 언어에서 떠나서 본질적 인식으로 나아간 다른 일면을 함께 논해야 한다고 했다. 카비르(Kabir)에서 타고르(Tagore)에 이르기까지 인도의 시가 일상생활 이탈과 본체 체험 두 단계 작업을 함께 한 좋은 본보기가 된다고 했다.

토론이 깊이 있게 진행되지는 않았으나 피차의 관심사를 확인한 소득이 있었다. 발표와 토론이 끝나고 둘이 이야기를 나누었다. 라마찬드란은 남인도 카난다어를 모국어로 한다고 했다. 내가 인도 문학에 관심을 가지는 것이 아주 반갑다고 했다.

24일 오전 두 번째 순서에는 다른 곳에 들렀다가 재미가 없어, "인도문학"(Indian Literature) 분과를 찾아갔다. 청중이 없어 발표를 하지 못하고 있다가 반색을 했다. 미스하라(Mishara)의 <언어 사용과 토지 소유: 이른 시기 오리야 소설에 나타난 역사 서술의 태도>(The Use of Language and the Ownership of Land : Attitudes to History Writing in Early Oriya Novels)를 혼자서 듣고, 의견을 많이 나누었다.

오리야는 인도 동쪽, 벵골주 남쪽 오리사주에서 사용하는 언어이다. 19세기 말에 생겨난 그곳의 근대소설이 어떤 문화적 · 역사적 · 사회적 성격을 지녔는지 논해 비교문학이라고 하기 어렵고, 널리 관심을 끌기에 적합하지 않았다. 그래도 나는 캐고 싶은 것이 많았다. 오리야의 경우를 한국 근대소설 형성과 대비하면서, 궁금한 점을 하나씩 물었다. '카타'(katha)라고 하는 재래의 서사문학 필사본이 인쇄화된 근대소설 성립의 토대가 된 점에 대해서 새로운 관심을 가져야 하겠다고 하니, 발표자가 동의했다. 내가 한국소설의 경우를 27일 오후에 발표한다고 했더니, 과연 와서 듣고 토론을 했다.

24일 오후 첫 순서인 "문학이론에 관한 일반적 논의"(General Consideration in Literature Theory)라는 분과에 가서, 스페인 학자 가리도-

가랴르도(Garrido-Gallardo)의 <문학이론의 현황 : 스페인과 라틴아메리카>(Les chemins actuels de la théorie littèraire : L'Espagne et I'Amérique latine)를 시비했다. 갖가지 문학이론이 공존하고 있는 양상에 대해서 장황한 설명을 하고, 자기 나름대로의 특별한 소견은 없었다. 라틴아메리카의 경우에는 제3세계의 관점에서 전개하는 문학일반론 또는 문학사회학이 과연 없는가 물었더니, 그런 것이 없다고 했다. 그러자 옆에 앉아 있던 캐나다인 참가자 모제르(Moser)가 라틴아메리카에는 탈식민주의 노선의 제3세계문학론이 응당 있을 터인데 왜 딴소리를 하는가 하면서, 다시 자세하게 대답하라고 공박했다.

매일 오후 두 번째 순서에 '원탁'(round table)이라는 모임이 있었다. 발표장의 수를 넷 정도로 줄여 청중을 많이 모으고, 발표자들끼리 토론을 하면서 공동의 문제를 집약적으로 다루게 하는 방식을 원탁이라고 했다. 24일 오후에는 <비교문학의 체계를 위하여>(Towards a System of Comparative Literature)라는 주제를 네덜란드의 포케마(Fokkema), 인도의 싱(Singh), 헝가리의 스질리(Szili), 캐나다의 쿠쉬스너(Kushner)가 다루는 데 참관했다. 관심이 큰 주제이고, 포케마가 이름난 학자여서 청중이 많았다.

포케마는 <동서양의 전통적 시학과 미학적 체험에 관한 현대이론>(Traditional Poetics East and West and Modern Theories of Aesthetic Experience)이라는 제목을 걸고, 문학이론의 유럽중심주의를 넘어서서 동서고금의 다양한 이론을 모두 중요시하는 문화적 상대주의를 택하고자 했다. 타당한 주장이나 특별히 주목할 만한 내용은 없었다. 다른 사람들의 발표도 막연한 원칙론을 제시하는데 그쳤다. 비교문학의 방향전환은 절실하지만 새로운 전망은 아직 불명확하다는 것을 확인할 수 있게 했다.

인도에서 온 싱의 <비교문학의 미래방향>(Futuristic Directions for Comparative Literature)을 듣고 시비를 걸지 않을 수 없었다. 오늘날 서양에서 제기된 비교문학 및 문학일반론의 갖가지 동향을 소개하고, 학자 이름을 다수 들먹이는 데 그쳤다. 자기가 인도의 편잡 지방에 있어도 세상 소식을 알만큼은 안다는 말이었다. 발표에 미래의 방향이 없으며, 인도에서 비교문학을 어떻게 하는지 말하지 않았다고 지적하고, 인도에서 생겨나는 비교문학의 학파가 세계문학의 보편성을 새롭게 이해하는 데 어떤 적극적인 기여를 하는지 알고 싶다고 했다.

발표자는 서양의 여러 이론이 모두 인도에 들어와서 인도 것이 되었으며, 인도 것이 따로 없다고 했다. 수입업을 이야기하지 말고 무엇을 만들어내는가 하는 생산업을 이야기하라고 했더니, 대답할 말이 없었다. 좌중에 있던 인도인 학자가 싱 교수는 서양과 인도 중간에 있다가 이제 인도로 돌아오고 있으니 너무 나무라지는 말라고 했다.

나중에 이야기를 해보니, 싱 교수는 편잡 주의 시크교도이지만 미국에서 7년 동안이나 유학하고 자기 대학에서 영문학 교수를 한다고 했다. 터번을 두르고 있고 외모에는 서양 냄새가 전혀 나지 않지만, 남들이 제공한 지식을 생활 수단으로 삼고, 인도문학에 대해서는 실제로 아는 바가 없는 것 같았다. 같은 호텔에 투숙한 것으로 밝혀져 친하게 지내고, 지하철을 갈아타느라고 진땀 빼는 경험도 함께 나누었다.

제3세계의 참가자들 가운데 그처럼 영문학자가 적지 않아 제3세계문학의 의의를 세계문학 이해의 새로운 전망과 연결시켜 이해하지 못했다. 일본어는 이번 대회에만 공용어로 추가되었고, 비교문학 발표대회의 공용어는 영어와 불어이니 말이 통하는 사람이라야 발표를 할 수 있어 그렇게 되었다. 다음에 계속 참가해본 대회도 세계영문학와 불문학자 모임 같았다.

25일 오전 첫 순서에는 “동남아시아 문학”(South East Asian Literature)이라는 분과를 찾아갔더니, 청중에 없어 발표를 시작하지 못하는 딱한 형편이 재현되고 있었다. 제3세계 발표자의 논문에 서양인들은 관심이 없고, 제3세계 참가자들도 서로 들어주지 않아 그렇게 되는 것이다. 잘못을 반성하고 상호 이해에 힘쓸 일이다.

말레이사아에서 온 주하라(Zuhra)라는 여류학자가 <말레이 근대극에 관한 문명교류론적 조망>(Cross-Cultural Perspective on Modern Malay Drama)라는 발표를 했다. 영국 연극 특히 셰익스피어의 연극이 말레이시아에 수용되어, 대중적 인기를 얻는 연극으로도 변용되고, 민족적 영웅을 다룬 사극에도 원용되었다는 내용이었다. 동남아시아문학을 논할 다른 두 발표자는 나타나지 않아 시간이 남았다. 질문을 독점하고 여러 가지 의견을 나누었다.

한국에서는 셰익스피어 극이 소수의 지식인들에게서만 호응을 얻었는데 말레이시아에서는 그렇게까지 대중화된 이유가 무엇인가 물으니, 교육을 통해 널리 소개되었기 때문이라고 했다. 말레이시아인들이 셰익스피어 극의 비극 또는 삶의 비극적 의미에 대해서 얼마나 공감하는지 의문이라고 하자, 역사적 영웅을 다룬 말레이시아 연극에서 셰익스피어 사극의 수법은 가져왔어도 비극을 재현한 것은 아니라고 했다. 말레이시아문학의 전통은 비극에 대해서 친근하지 않다고 했다.

말레이시아 전통극 특히 그림자극이나 말레이시아 전통적 서사문학 '히카야트'(hikayat)가 근대극과 어떻게 연결되는지 물으니, 전통극은 시골에서 공연되다가 쇠퇴하고 도시의 근대극이 그것과는 별도로 생겨났다고 했다. 오늘날의 연극은 고전극이나 고전문학의 분위기를 빌렸을 따름이라고 했다. 나중에 다시 이야기해 보니, 발표자는 셰익스피어를 가르치는 영문학 교수여서 자기가 관심을 가진 영역에 대해서만 말했다.

남편도 함께 참가했는데, 필명을 케말라(Kemala)라고 하는 시인이다. 발표를 듣고 질문을 많이 한 것이 고맙다고 했다. 내가 말레이시아 작가 사마드 사이드(Samad Said)의 소설 번역본을 강의 교재로 쓴다고 하자 더욱 감격해서, 자기의 영역 시집, 사마드 사이드의 소설 영역본 하나, 그리고 전혀 읽을 수 없는 말레이시아어 원본까지 주었다.

후일담을 하나 보탠다. 케말라는 자기 나라로 돌아가 『문학』(*Sastra*)이라는 잡지 1991년 10월호에 국제비교문학 발표대회 참관기를 싣고, 내가 인도의 싱에게 질의한 내용을 말한 데 이어서, 나의 논문을 소개하고 깊이 공감한다고 했다. 말레이시아에 유학하면서 말레이문학을 전공하는 고영훈이라는 분이 그 자료를 복사하고 번역과 함께 우송해 주어 알게 된 사실이다. 고영훈은 말레이문학을 연구해 박사학위를 취득하고 귀국해 한국외국어대학교 교수가 되었다.

25일 오전 두 번째 순서에는 "동서의 문학이론"(Eastern and Western Literature Theory)이라는 분과를 찾아갔다. 홍콩의 타틀로우(Tatlow), 미국에서 활동하는 일본인 우에다(Ueda, 上田眞), 중국 北京大學의 위에(Yue, 樂黛雲)가 동서문학 비교론을 전개했다. 그런데 문제 제기가 대단치 않고, 사소한 사례를 비교하는 데 그쳐 거기 간 것이 후회되었다. 우에다의 <영시와 일본시의 결말>(Closure in English and Japanese Poetry)에서 결말 방식이 양국 시에서 서로 다르다고 한 것이 어떤 의의를 가지는지 의심스러웠다. 위에의 <서양 및 중국의 시학에 나타난 거울의 은유>(Mirror as Metaphor in Western and Chinese Poetics)는 재미있는 내용이기는 하지만, 비교문학의 방향 개척을 위해 기여를 한다고 하기 어려웠다.

이번에 중국에서 10여 명의 학자가 참가했는데, 발표 내용에서 특별히 주목할 만한 것이 있는 것 같지 않았다. 그렇지만 영어는 비교적 잘했다. 위에는 여류학자인데, 미국에서 다년간 영문학을 공부하고, 자기 대학에서 영문학과 비교문학을 가르친다고 했다. 중국의 경우에도 영문학자들이 왔기 때문에 자기 나라 학문의 역량을 제대로 보여주지 못했다.

25일 오후 첫 순서에는 "상호 이해의 역사"(History of Inter-Visions)라는 주제를 다루는 곳을 찾아갔는데, 불어를 쓰는 네 발표자가 모두 동부유럽에서 왔다. 베를린의 문학사연구소(Institute of Literature History)에서 온 클라인(Klein)은 동독의 학풍을 보여주었다. <부르주아문학의 퇴폐상: 노동자운동의 관점>(La littérature bourgeoisie en décadence: une idée du mouvement ouvrier)이라는 표제를 내걸고, 부르주아문학의 퇴폐적인 기풍을 노동운동의 건강함으로 극복해야 한다는 루카치의 지론을 발표 내용으로 삼았다.

그런 주장이 동부 유럽의 새로운 상황에서 어떻게 지속될 수 있는가 물으니, 장래의 일은 아무도 모른다고 했다. 퇴폐적인 기풍이라 한 것이 자본주의사회이든 사회주의사회이든 서양사회의 특징과 밀착되고 동양이나 제3세계의 새로운 의지로 극복되리라고 생각하지는 않느냐고 하자, 별다른 의견이 없다고 했다. 그러자 다른 토론자가 무책임한 대답을 한다고 공박했다. 별다른 연구 없이 늘 하던 이야기로 대회 참가의 구실을 얻기나 한 것 같았다.

소련의 과학원(Academy of Sciences) 소속인 쿠데린(Kudeline) <아랍 중세시에 나타난 시간의 범주>(La catégorie du temps dans la poétique arabe médiévale)에 관해 발표하면서 고전적 규범의 지속상을 시간론의 관점에서 풀이했다. 같은 논의가 다른 문명권의 중세문학에서도 가능할 수 있어 비교론과 일반화가 필요하다고 생각했다. 그 점을 지적해 논하려다가 기회를 얻지 못했다. 헝가리의 스자볼치시(Szabolcsi)와 트베르도타(Tverdota)의 논문에서도 사실 설명 이상의 작업이 시도되지 않아, 별다른 논란이 일어나지 않았다. 동부 유럽의 문학연구가 이론적인 난문제는 비켜두고 사실 정리에 힘쓰고 있는 모습을 확인할 수 있었다.

25일 오후 두 번째 순서의 '원탁' 토론회에서는 네 가지 주제를 다루었다. 첫째는 <죽음>(Death)라는 표제를 내걸고, 문학에 나타난 죽음의 양상을 서로 비교해 고찰하는 것이었다. 둘째는 <세계대전 시대의 역사적 비전>(Historical Visions of the Age of World War)에서 전쟁문학을 논하는 것이었다. 셋째는 <여성의 저술, 정치와 性>(Feminist Writings : Politics and Gender)을 말한다 하고, 여성비평의 이론을 점검했다. 넷째는 <서양인의 동양관>(The Western Vision of the East)을 다루는 것이었다.

꼭 듣고 싶은 내용이 없고, '원탁'이라는 모임을 진행시키는 방법이 각기 어떤지 궁금하기도 해서 네 곳을 다 돌아보았다. 우선 여성비평을 논하는 곳에 가보니 발표자도 청중도 거의 다 여성이었다. 문학이론을 전개한다기보다는 여권운동의 강령을 선포하는 듯한 인상을 주었다. 다른 세 모임에서는 특별한 주장을 내세우지는 않고 구체적인 사례를 보고하는 데 치중했다. 각기 관심이 다르고 논의의 집약점이 없으니 열띤 토론이 일어날 수 없었다.

26일에는 하코네(Hakone, 箱根) 관광이 있었고, 27일에 발표와 토론이 다시 시작되었다. 오전 첫 순서에는 "텍스트, 언술, 역사"(Text, Discourse, History)라는 표제를 내건 분과에 가서 루마니아 학자 마리노(Marino)의 발표를 들었다. 마리노는 비교문학자로 널리 알려져 있다. 프랑스의 에티앙블(Etiemble)을 "전투적 비교문학자"라고 평가한 저서를 불어로 써서 파리에서 출판한 것이 주지의 사실이다. 발표를 하기 전에 그 책 일본어 번역판을 보이며 자랑을 했다.

발표 내용은 지금까지 동구에서 사용한 문학연구 방법은 비교문학을 하는 데 적합하지 않았다 하고, 이제 역사의 전환기를 맞이해 비교문학도 쇄신해야 한다는 것이었다. 그런데 쇄신의 방안을 프랑스의 에티앙블이 유럽문명권중심주의를 극복하고 세계문학에 대해서 널리 관심을 갖자고 한데서 찾아야 한다고 했다. 에티앙블의 책을 읽어 한계를 이미 알고 있으므로, 그런 주장에 대해 반론을 제기하지 않을 수 없었다.

발표자의 지론에 대해서 대체로 동의하지만 몇 가지 견해를 덧보태야 하겠다고 하고서, 핵심 문제를 거론했다. 당신이 "전투적 비교문학자"라고 명명한 에티앙블은 "진정으로 보편적인"(vraiment universelle) 문학을 논하겠다는 표제를 걸고 책을 썼으나, 그 관점이 의도한 바와는 다르게 보편적이지 못하다고 했다. 발표자는 질문을 가로막고, 그 이유가 무엇이냐고 물었다. 나는 말을 이어, 유럽문명권중심주의를 시정하고 극복하겠다한 에티앙블의 의도는 그 밖의 지역 또는 제3세계의 문학에 대한 실질적인 이해의 결핍 때문에 실현될 수 없었다고 했다. 발표자는 에티앙블의 책에 유럽 이외의 문학에 대한 다양한 논의가 있는데 무슨 소리냐고 했다. 내가 말을 받아, 세계 여러 곳의 문학에 대해서 산만하게 언급하기나 하고, 아무런 새로운 원리도 제시하지 못했다고 했다. 토론이 그 정도로 끝나지 않았다.

나는 거기다 덧보태, 유럽문명권중심주의를 극복하고 진정으로 보편적인 세계문학을 이해하고 세계문학사를 쓰는 과업은 이제 유럽문명권이 아닌 곳 또는 제3세계 학자들의 임무가 되었다고 했다. 그런 작업의 일환을 구체화해서 그날 오후에 발표를 할 터이니 와서 들어보라고 했다. 발표자는 내 주장에 대해서 선뜻 동의하지 않았다. 유럽의제2세계 또는 제1세계 학자들이 제3세계문학에 대해서도 관심을 가지고 비교문학의 방향 전환을 꾀하면 그만이라고 막연히 생각한 것이 잘못이라고 쉽사리 시인하지 않았다. 자기 발표에 대해서 과격한 반론을 제기했다고 화를 내기만 했다. 토론이 끝난 뒤에 나의 논문에 "당신의 발표를 영원히 기억하면서"라는 문구를 넣은 헌사를 써서 주고 잘 사귀어보자고 하니 비로소 화를 풀고 기분 좋아했다. 내가 발표할 때에는 나타나지 않았다.

그 뒤를 이어 프랑스에서 온 로랑(Lorant)이 발자크 소설에 나타난 외국 취향에 대해서 발표했다. 그 사람은 전날 관광을 할 때 유람선상에 나란히 앉아 인사를 나눈 적 있었다. 파리 12대학 교수라 하고, 일본으로 오는 길에 서울대학교에 초청되어 불어권문화연구소에서 자기 전공인 발자크에 관한 강연을 했다고 했다. 프랑스에 발자크 전공자가 있는 것은 당연하다. 발자크에 관해서 더 알고자 하면 이런 사람의 말을 들어보아야 한다.

그런데 발표 내용에 특기할 만한 내용이 없었다. 늘 하던 이야기를 자리를 옮겨 다시 하는 것 같았다. 비교문학회에 참가하려고 발자크 소설의 외국 취향을 논제로 삼았을 따름이다. 별다른 문제의식을 보여주지 않았고, 따라서 토론거리도 없었다. 여유 있는 자세로 유람을 겸해 이 나라 저 나라 다닌다고나 할까. 루마니아 학자가 분투하는 자세와는 좋은 대조를 이루었다.

27일 오전 둘째 순서에는 "국제주의와 他者"(Cosmopolitanism and the Other)라는 분과에 가서 독일 학자 쉼메링(Schmeling)과 프랑스 학자 몽따동(Montadon)의 발표를 들었다. 두 사람 다 불어를 사용하면서 유럽문학의 국제적인 성격에 대해서 논했는데, 새삼스러운 쟁점이라고는 없었다. 독일 학자들까지도 불어를 능숙하게 구사하면서 유럽문학은 하나로 통합된 공동영역임을 거듭 확인하는 것이 너무나도 당연하지만, 아시아의 상호 몰이해를 극복하지 못해 고민인 처지에서는 충격이었다.

오후에는 "동양주의: 유럽과 이집트"(Orientalism: Europe and Egypt) 분과를 찾아가면서, 첫 순서가 이집트 학자 아부센나(Abousenna)의 <세계문학과 여러 문화 사이의 대화: 괴테와 타마 무세인>(World Literature and the Dialogues of Cultures: Goethe and Tama Mussein)이어서 큰 기대를 가졌다. 그런데 발표자가 나타나지 않았다. 다음 순서로 독일의 비루스(Birus)가 <괴테의 동양주의>(Goethe's Orientalism) 대해서 발표하는 것은 듣다가 나왔다. 구체적인 관심이 없고, 다음 시간에 내 발표가 있어 준비 시간이 필요했기 때문이다.

나의 발표와 그 반응

나의 발표는 27일 오후 둘째 순서에 들어 있었다. 그 때의 '원탁' 모임 가운데 하나가 "세계문학의 서사"(Narrative in World Literature)이었다. 발표자가 넷이고 내 순서가 세 번째였다. 네 논문의 발표자와 제목을 들고, 개요를 소개한다.

돌레제로바(Dolezelova): <17세기 중국의 서사문학이론: 현대 서양 서사문학론의 유력한 선구자인가?>(Seventeenth-Century Chinese Theory of Narrative: A Dynamic Forerunner of Modern Occidental Narratology?) 돌레제로바는 여성이며, 폴란드 출신의 캐나다 학자이다. 중국 고전소설에 관한 연구업적이 이미 알려져 있다. 이번 발표에서는 17세기 중국소설 특히 『金瓶梅』 같은 작품은 19세기 서양소설과 유사하다고 할 정도로 복합적인 구성과 성숙된 수법을 갖추었으며, 그 때의 중국소설론은 오늘날 서양의 구조주의 이론에 근접된 수준을 보여주었다고 했다.

베네데크(Benedek): <실제로 움직이는 서사문학: 바시 서사문학에 나타난 서양의 영향>(Narrative in the Works: Western Influence in Bashi Narratives) 베네데크는 헝가리 출신의 미국 인류학자라고 했다. 사회를 맡아 진행을 담당하면서 자기 발표를 했다. 필리핀 북부 작은 섬들의 바시족 신화를 현지에서 조사한 자료를 소개하고, 지금은 신화가 민담으로 해체되면서 스페인의 필리핀 통치기간 동안에 전파된 서양민담의 영향이 나타난다고 했다.

조동일(Cho Dong-il): <한국 및 기타 제3세계문학에서 본 전통적 서사문학 형태와 근대소설>(Traditional Forms of the Narrative and the Modern Novel in Korean and Other Third World Literatures) 이 논문은 전문을 들고 고찰한다.

고메즈(Gomez): <라틴아메리카 현대문학에 나타난 허구와 기억>(Fiction and Memory in Latin-American Contemporary Literature) 고메즈는 브라질의 여성학자이다. 라틴아메리카의 현대소설이 사회문제에 대해서 어떤 주장을 펴고 어떤 사회적 기능을 하는지 논했다

세계의 서사문학에 관한 네 가지 발표는 사실과 주장의 다양성을 보여주는 데 그치고 적절한 집약점이 없었다. 발표가 끝나고 토론할 때에는 나의 논문에 대해서만 질문이 거듭 나오고 다른 것들은 논의의 대상이 되지 않았다. 내가 답변을 하면서 총괄론도 시도해야 되었다.

내 논문은 주에서 밝힌 바와 같이 <서사시의 전통과 근대소설>, 『한국문학과 세계문학』(지식산업사, 1991)을 축약해서 옮긴 것이다. 나중에 『소설의 사회사 비교론』 1-3 (지식산업사, 2001)을 다시 써서 더 자세하게 다룰 내용의 기본착상이다. 개요를 쉽게 파악하고자 하는 분들을 위해 간략한 설명을 하기로 한다.

근대소설의 형성에 관한 유럽학계의 기존 이론을 비판하고 세계 전체에 널리 타당한 대안을 제3세계문학의 다양한 사례를 들어 마련하고자 한다. 헤겔과 루카치가 시민문학이라고 한 소설은 민중・귀족・시민의 합작품으로 이루어졌다. 루카치는 서사시가 가고 소설이 시작되었다고 하고, 바흐친은 격식을 갖춘 서사시가 타락해 무형식의 소설이 되었다고 한 것은 일방적인 판단이다. 하층의 구비

서사시가 상승해 소설로 전환된 과정이 널리 발견되어 새로운 일반 이론을 수립하게 한다. 근대소설이 이루어진 다음에도 구비서사시의 전통을 의도적으로 활용해 주인공의 성격을 규정한 작품들도 있다.

한국에 채만식의 『탁류』의 여주인공은 판소리에서 형성화된 심청의 전례에 따라 자기희생의 길을 갔다. 터키의 야사르 케말은 『메메드』에서 도망꾼의 신세가 된 소작인이 그 곳의 구비서사시 '데스탄'으로 전승된 영웅이야기를 재현해 투쟁의 주역으로 등장했다. 제3세계 다른 여러 곳의 소설에도 전통적 서사문학을 이은 것들이 많이 있다. 근대소설과 밀접한 관련을 가진 전통적 서사문학의 갈래들에 관한 광범위한 비교연구가 필요하다. 그런 작업을 영어로 글을 써서 진행하려면 영문학 특유의 의미를 가진 용어를 일반화해서 사용해야 한다.

Traditional Forms of the Narrative and the Modern Novel In Korean and Other Third World Literatures

The shaman epic and *pansori* are two representative types of Korean oral narrative poetry in long form. The shaman epic is a part of shaman rites. (1) It presents, in sublime tones, heroic lives that follow traditional patterns. More than one hundred versions of the shaman epic have been collected. *pansori* is a very popular performing art that is practiced by the Korean singer of the tales, called the *kwangdae*. The characters of *pansori* are ordinary people confronting social conflicts. Their fates are revealed in both realistic and satiric style, in a combination of sung passages and spoken passages.

These two types of narrative poetry played an important role in the formation of Korean *sosoel*. *Soseol* is called *xiaoshuo* in Chinese, and *shosetsu* in Japanese. It is a written form of prose narrative or fiction. If we use the terminology for English literary genre, it is a romance as well as a novel. Applied to Korean literature, the English terms are troublesome. In French, it can be identified as a *roman*. There is no problem in referring *soseol* more generally as prose fiction. But the modern novel, it must be remembered, is a sub-genre of *soseol*. Another sub-genre is traditional *soseol*, or the traditional novel. So, in spite of English convention, the *soseol*, prose fiction, and the novel will be used as interchangeable terms. Not only traditional prose fiction but also the Korean modern novel is deeply connected with the shaman epic and *pansori*.

The assumption that the Korean modern novel is an imitation of a Western model is not valid. Traditional prose fiction with a history of five centuries was transformed into the modern novel through a process of indigenous change. Western impact was a secondary factor. Some writers utilized traditional techniques of narration with new intentions and effects. For example, Chae Man-shik's *Tangnu* (*The Muddy Stream*, 1937) is a social novel criticizing Japanese colonialism. Nevertheless, it borrowed its story pattern from one transmitted through the shaman epic and the technique of the narrator's ironical interference was introduced from *pansori*. The protagonist is a pitiful girl who sacrifices herself to save her family from bankruptcy. However, such a deed is not praised but mocked. A naive moralism must be denied to confront the realities of colonial society without illusion. Traditional techniques of narration effectively stimulate the reader's perception of this dilemma.

A similar case is found in a Turkish novel. Yasar Kemal's *Memed*(1955) is directly related to rich traditions of the oral epic and of *destan*. *Destan* is a widely distributed form of traditional storytelling in verse and prose, sometimes written and published. *Destan* is (*dastan* in Persian), is equivalent to Arabic *qissa* and Malayan *hikayat*. It is a truly international genre of traditional fiction. Any theory of the narrative that fails to consider it cannot have a general implications.

Yasar Kemal's *Memed* is a modern novel that faithfully follows the tradition of *destan*. In this novel, a young tenant reluctantly becomes a bandit to escape the landowner's oppression. He is feeble, and has no way to cope with the police. But his misfortune arouses a deep sympathy among the humble people in the story as it does from the readers of the novel. So he becomes easily identified with the great heroic bandit of the epic and *destan*. He cannot be defeated in any circumstances. These two novels, *Tangnu* and *Memed* are not identical. In the Korean case, the traditional technique of narration was mainly used to arouse critical consciousness, while in the Turkish case was to stir fighting spirit on the basis of the precedent heroic narratives. But the fact that both novels inherited a common element indicted why the modern novel in many Third World nations cannot be presumed to be an imitation of the European models.

While it is true that European novel, as if it were a mirror, likes to depict social life, *Tangnu* and *Memed* belongs to a tradition in which the author and the readers meet in an arena of literary performance to dispute about social problems. A basically identical process of the development of narrative literature, from oral epic to written prose fiction, from traditional prose fiction to the modern novel, is found in many countries with different cultures. But eurocentricism in literary theory, of which English terminology is the harbinger, hindered the realization of this aspect of universality in the history of world literature.

The relation between traditional genres and the Third World modern novel can be discussed in a wider scope. Classical biography is another archetype of the modern novel. The Egyptian writer Najib Mahfuz has shown us a good example. His novel *al-Miraya*(*The Mirrors,* 1972) is a direct adaptation of Ibn Khallikan's biographies of the 13th century, which presented 865 historical figures of the Arabic world in alphabetical order. Mahfuz introduced the biographies of 55 contemporary persons, in alphabetical order. But they are fictive characters meant to demonstrate Political conflicts within Egyptian society. Occasionally, folk customs and folklore determine the basic orientation of the modem novel. Nigerian novelist Chinua Achebe's *Things Fall Apart*(1958) and *Arrow of God*(1964) are well known examples.

Now it would be a good time to reconsider the fixed theory of the novel. The insistence that the genuine novel was produced in eighteenth century England can not be sustained. A little generalized view that the novel is the bourgeois epic of European civilization also must be revised, in the light of the fact that novels of other continents are not imitations of the European novel. The various types of prose fiction or native novels widely distributed around the world have their own histories. In many cases, the novel was derived from the epic. But the relationship between these two genres cannot be generalized along lines of European theories.

Geeorg Lukacs and Mikhail Bakhtin have formulated two influential European theories regarding the relationship between the epic and the novel. Lukacs said the novel is “die Epopöe der gotverlassenen Welt”(the epic of a world that has been abandoned by God). He insisted that the harmony “aporischen Heimat”(*a priori* home), the Greek epic, was lost so that the novel can not get rid of “transzendentalen Obdachlosigkeit” (transcendental homelessness). But this theory does not clarify the connection between the two genres on a factual level. The assumption that the Greek epic is the lost paradise of the novel has only a metaphoric meaning. It is a typically eurocentric barrier which hinders finding a general theory of the novel in world literature.

Bakhtin presented a more plausible opinion. He used the term epic not as a specific type of literature in a certain period. Rather, the epic is a high narrative with established norm and the novel is a low genre with anticanonical form. The epic and the novel, he insisted, coexisted from ancient times. What he called the epic is not limited to any specific example such as the Greek epic. The novel as he defined it can be also identified widely around the world. Thus Bakhtin seemed to furnish a more useful suggestion for a general theory of world literature. But as he considered the novel to be a nonhistorical genre, it is impossible to answer the question about the situation of the novel in literary history. The contrast of the epic and the novel as high and low narratives is also doubtful, as in wider spread of examples the novel posses more formal qualities as high literature than the epic.

The basis of Lukacs' theory that the epic disappeared and then the novel appeared may be true in European literary history, but not true in many other civilizations. Bakhtin's assumption that the epic continuously coexisted with the novel is imaginative. Examples from many other places like Korea and Turkey suggest that two genres related and coexisted for a while. Such epic is the oral epic. Only the oral epic is directly connected with the novel. The epic written early with cannonical style has the high prestige of classical literature. But the oral epic is a low genre in literary society. It sinks even lower when it becomes popular entertainment, and generates more vulgar variants, such as Korean *pansori* and Turkish *destan*.

The written versions of lower or vulgar oral narrative are the narrative prose fiction or the novels of the age of transition from the middle ages to modern times. From the outset, the novel was of higher status than the oral epic, because it had to adopt highly respected canons of written literature. The essential parts of the novel are derived from the epic and its later variants, but the novel evidenced an impulse to overcome its too humble origins by disproportionately imitating already respected norms.

Lukacs adopted Hegel's view that the novel is a bourgeois epic. Bakhtin regarded the novel as a low people's literature, in terms so broad as to be vague. But I think the novel was born as a joint effort of the people, the aristocracy, and the bourgeoisie. Popular tradition and aristocratic norms are introduced into it by forerunners of the bourgeois writers. The multifarious characters of its world do not make its form loose but, rather, produce intensified conflicts in structure as well as in world view. Faced with Western impact, the traditional techniques of non-European narrative could either become disintegrated or be fortified. To fortify it, one had to revitalize even already neglected attributes oral narrative poetry, just as Chae Man-shik's *Tangnu* and Yasar Kemal's *Memed.*

There have been continuous attempts to prove an indigenous rise of the modern novel among Indian, Arabic, and African literary historians. But the results are not so satisfactory. One reason lies in terminology. In most cases, the terms epic and novel are used only in their European meanings. So there cannot be a general discussion of world literature. It is not also desirable to use each scholar's own native terms. The words, narrative poetry, fiction, modern fiction seem to be neutral. But they do not designate specific genres in literary history. So I have used the epic and the novel as general terms, regardless of English convention. If English Is to be used as a international language, its terms must have general meanings, at least in an expressly comparative framework.

Another reason why Third World literary historians cannot explain the indigenous rise of their modern novels is their own neglect of popular, vulgar forms of the traditional narrative. In India, hundreds of thousands of copies of *dastan*(*qissa*) were sold. (2) But those who search for the origin of the Indian modern novel do not give attention to them. (3) A large scale comparative study about various forms of traditional novels in the Third World, such as *soseol*(*xiaoshuo, shosetsu*), *destan*(*dastan, qissa*), *hikayat*, must be planned. A general theory of a world history of the novel can be formulated upon such a study.

The eurocentricism of literary theories, which reduces world literature to a literature of the First World, is an old fashioned world view, but not one easily overcome. The negation of the universality of First World literature was initiated the theorists of the Second World. But it was not carried out to a satisfactory stage, because the authorized methodology of the Second World was inadequate for the understanding of literature, and continued to neglect Third World literature. The scholars of the First and Second World gradually lost their enthusiasm and the perspective for developing general theories of world literature and rewriting its history. In great measure, that task falls to Third World literary theorists and historians. But such a change is not so clearly recognized among the poisons immediately concerned. Mutual exchanges and discussions ate very limited.

One concrete difficulty In formulating theories of world literature, which Third World scholars try to initiate, lies in the problems of language. I myself currently depend on English as working language, instead of any Third World language. Literary works and studies of Third World countries cannot be comprehended mutually. It is impractical and difficult to abandon already established terms of literary theories. So I think it is indispensible and desirable that the scholars of the First, Second, and Third Worlds co-operate to re-examine world literature.

Such a macroscopic, intercultural comparative literature is very important. The theory of the novel, which is, in a sense, a worn-out subject of study without any expectation of remarkable results, has changed into a crucial issue by a newly enlightened view of world literature. This paper has only be begun to turn in that direction.

Notes

(1) This paper is based on my book written in Korean, *Hangugmunhaggwa Segyemunhag* (*Korean Literature and World Literature*)(Seoul: Jisiksaneobsa, 1991)

(2) Such a fact is well explained in Frances W. Prichett, *Marvelous Encounters, Folk Ramances in Urdu and Hindi* (Riverdale, Maryland: The Riverdale, 1985)

(3) There is no mention of *dastan* not only in T. W. Clark ed., *The Novel in India: Its Birth and Development* (Berkeley: University of California Press, 1970), but also in Meeakshi Mukherjee, *Realism and Reality*: *The Novel and Society in India* (Delhi: Oxford University Press, 1985); and C. D. Narasimhaiah and C. N. Srinath eds, *The Rise of the Indian Novel* (Mysore: Dhanynloka, 1989)

이 논문에 대해서 여러 사람의 다양한 질문이 있었다. 서울대학교 심명호 교수는 소설이 민중·귀족·시민의 합작품으로 시작되었다는 견해는 전에 있던 것인가 물어, 그것은 내가 처음으로 내놓은, 세계소설사 이해를 위한 새로운 시각이라고 보충설명을 할 기회를 마련해 주었다.

캐나다인 질의자가 영어 용어를 사용하면서 'romance'와 'novel'의 구분을 무시하고, 'novel'의 의미를 부당하게 확대했다고 지적했다. 이에 대해서, 'romance'라는 것은 영문학에서만 따로 구분하고 불문학이나 독문학에도 없으므로 유럽문학의 보편성마저 획득하지 못했으니 받아들일 수 없다고 했다. 발표에서 말했듯이, 영어가 국제적인 언어로 사용되려면 영어로 나타내는 용어가 보편적인 의미를 가져야 하므로 'novel'의 의미도 세계문학의 보편성에 합당하게 재규정해야 한다고 했다. 세계 여러 곳의 'novel'을 비교 연구해서 그 개념을 귀납하는 것이 커다란 과제라고 했다.

인도인 라마찬드란(Ramachandran)이 말을 막으면서, 'novel'의 새로운 의미를 영어 사용자들이 받아들이겠느냐고 했다. 나는 가만있지 말고 논쟁을 해야 한다고 했다. 인도 근대소설의 성립에 관한 연구에서도 커다란 장애가 되는 영어 용어의 횡포에 함께 대응하자고 했다.

토론을 마칠 때 모자라는 시간을 쪼개 총괄적인 소감을 피력했다. 세계의 서사문학에 관한 오늘의 발표는 집약점이 없어 유감인데, 내 논문이 집약의 구심을 어느 정도는 한다고 했다. 한국에는 베네데크가 필리핀 현지에서 조사한 바와 같은 서사문학의 원형이 아직 살아 있으면서, 그것이 또 한편으로 돌레제로바가 논한 17세기 중국소설과 같은 수준으로 발전하고, 고메즈가 말한 라틴아메리카 현대소설처럼 사회의식이 두드러진 작품이 적지 않다고 했다. 세계 서사문학 발전의 보편적 단계랄까 할 것이 한국문학에 두루 구비되어 있어 연구할 의의가 크다 하고, 그런 사례로 한국 외에 터키 여러 민족과 아프리카 스와힐리의 서사문학이 더 있어 비교연구에 힘쓸 만하다고 했다. 그런 규모의 거시적인 안목을 가지고 여러 문명권에 걸친 비교문학연구를 하는 것이 커다란 과제로 제기된다고 했다. 국제비교문학회 다음 모임에서 그런 문제를 집중적으로 다루어 보도록 힘쓰자고 했다.

내 논문은 큰 반응을 얻었다. 베네데크가 아주 훌륭한 발표를 했다고 찬탄하고, 그 밖의 다른 참석자들도 공감과 지지를 나타냈다. 나중에도 좋은 발표를 했다면서 찾아와 치하하는 사람이 여럿 있었다.

마무리와 소감

대회 기간 동안 '연습'(workshop)이라는 이름의 행사도 여러 가지로 이루어져, 문학이론이나 번역 등의 문제 등에 관한 논의를 하고, 작가와 만나 이야기를 나누고, 즉흥시를 창작하기도 했다. 서울대학교 김용직 교수가 즉흥시 창작에 참가한 것은 특기할 만한 일이다. 그러나 정규적인 논문 발표에 참가하느라고 가보지 못했다.

공연행사도 여럿 마련해, 25일 저녁에는 가부기(歌舞伎)를, 37일 저녁에는 노오(能)를 보여주었다. 둘 다 가서 보았다. 전통극을 그대로 공연하지 않고 현대의 창작물로 바꾸었다. 세익스피어의 『햄리트』를 노오로 만들어 공연했는데, 어색하기만 하고 재미가 없었다.

드디어 28일에는 폐막 행사가 있었다. 먼저 오전에는 "他者의 비전"라는 주제에 관한 '공개토론'(panel discussion)이 있었다. 주최 측이 의도한 가장 긴요한 성과를 집약하는 마무리 행사라고 할 수 있는 것이었다. 모두 다섯 사람이 발표를 했다. 예고된 순서에는 이름이 나와 있지는 않은 아프리카 콩고의 작가 로페스(Lopès)가 먼저 발언을 하면서 왜 자기 언어가 아닌 불어로 창작을 할 수밖에 없는가 하는 고민을 정확한 영어로 설명했다. 자기 언어로 글을 쓰면 독자가 아주 제한되고, 자기 언어로 교육을 해서는 독서량이 빈약해 동족의 문화수준이 향상되기 어렵다고 했다.

인도인 학자가 토론자로 나서서, 케냐의 은구기(Ngugi)처럼 독자에 따라 다른 언어를 사용하는 것을 어떻게 생각하는지 물었다. 그런데 사회를 보던 네덜란드의 포케마가 은구기가 누군지 몰라 되물었다. 지식의 한계를 드러낸 점이다. 발표자는 은구기의 경우가 그리 바람직하지 않다는 반응이었다. 자기는 불어 이외 다른 언어로 글을 쓰는 것을 생각하기 어렵기 때문에 그렇게 생각하는 듯했다.

홍콩의 위안(Yuan, 袁鶴類), 캐나다에서 교수를 하는 일본인 오오타(Ohta, 太田雄三), 미국의 멀헌(Mulhern), 미국의 히고네트(Higonnet), 이스라엘의 벤-포르타(Ben-Porta)가 이어서 발표를 했는데, 길게 거론할 만한 내용은 없었다. 동서간의 상호이해가 필요하다는 말을 그럴듯하게 한 것이 대부분이다. 이스라엘 학자는 아랍인들과의 오해가 문제라고 했다. 여러 형태의 선입견이나 편견이 상호이해를 해친다는 발언이 거듭되어 공감을 샀으나, 비교문학 또는 문학이론에서 그 문제에 어떻게 접근해야 할 것인가에 관한 학문적인 대응책이 모색되지는 못했다. 비교문학회의가 아닌 국제적인 우의와 평화를 위한 회의에서 전문 학자들이 아닌 상식인들이 발언을 하는 수준에서 마지막 행사가 끝났다.

거대한 규모, 많은 발표, 열띤 연회, 유람, 구경이 여러 날 계속되어 들뜨게 하고 피곤하게 했으나, 학문적인 성과는 무엇인가 의문이 아닐 수 없었다. 소문난 잔치 먹을 것 없다는 속담을 너무나도 큰 규모로 실증했다고나 할까. 그렇지만 참으로 소중한 경험을 했다. 여러 나라를 다니며 세계를 두루 돌아보아야 얻을 수 있는 견문을 한곳에서 얻었다. 별별 나라 사람들과 토론하고, 개인적인 친분을 나누고, 이야기를 많이 한 것이 보람 있는 일이었다.

유람 길에 옆에 앉은 포르투갈의 여류학자와 동서양 문명의 특징들에 관해서 서로 묻고 답했다. 서양에서 온 여러 사람들이 한국인과 일본인은 어떻게 다른가 알고 싶다고 했다. 그래서 한국인인 나는 대회장 안팎에서 계속 토론하고 대화하기를 즐기는데, 보다시피 일본인들은 그림으로 그린 듯이 앉아 있기만 하는 것이 가장 큰 차이점이라고 했다. 한국인은 속마음이 따로 없지만, 일본인이 이면에서 무슨 생각을 하고 있는지 참으로 알기 어렵다고 했다.

일본에서 열린 대회에서 일본은 무엇을 했는가? 준비 실무를 담당하고, 장소를 제공하고, 진행과 사회를 맡는 등으로 많은 수고를 했다. 경비도 일부 부담했다. 그러나 주목할 만한 발표나 토론을 했다고 말할 것은 없다. 손님들을 배려해 주인은 뒤로 물러나 있었으니 처신이 훌륭했다고 할 것은 아니다. 발표와 토론을 통해 깨달음을 나누고 자극을 주는 것이 최상의 봉사이다. 최상의 봉사는 마다하고, 사람들이 많이 모인 기회에 일본을 알려 호감을 가지게 하는 저급 봉사를 하느라고 애쓰기만 했다. 일본은 호감이 가는 나라이지만, 학문은 대수롭지 않다. 이런 평가를 자청했다.

한국에서도 언젠가 이 대회를 열어야 한다. 준비와 진행을 잘 할 수 있을까 염려되고 경비 부담에도 어려움이 있지 않을까 해서 주저하고 있다. 그 점에서는 일본보다 뒤떨어졌다. 그러나 대회를 잘 조직하고 진행하면 되는 것은 아니다. 한국의 학문이 대단한 경지에 이르러 세계를 위해 큰 기여를 한다고 알리는 것이 더 큰 과제이다. 이 점에서는 일본처럼 되어야 할 이유가 없다.

덧붙이는 말

대규모 국제학술회의가 끝나면 발표된 논문 가운데 좋은 것을 골라 책을 내는 것이 관례이다. 이번 모임의 결과가 *The Force of Vision ICLA '91 Tokyo, Proceedings of the XIIIth Congress of the International Comparative Association* (University of Tokyo Press, 1995)라는 이름으로 모두 여섯 권이 나왔다. 그 셋째 권 *The Force of Vision 3 Power of Narration. Editors Gerald Gillespie, André Lorant, Literary Theory Editors Will van Peer, Elrud Ibsen*라고 한 데 내 논문이 실렸다.

나와 함께 같은 분과에서 같은 발표한 논문 네 편 가운데 내 것 하나만 채택되었다. 경쟁이 심하다는 것을 알 수 있다. 다음에 소개하는 국제비교문학회 네덜란드 대회에서 발표한 논문도 선정되어 출판되었다. 국제학술회의 참가도 중요한 일이지만 발표한 논문이 채택되어 출판되는 것이 더욱 값지다.

위에 수록한 내 논문을 이 책에 수록할 때 편집장의 조언에 따라 수정한 것으로 바꾸어놓았다. 그것을 다시 내 책에 수록했다. 이번에 내놓은 것은 한 번 더 손보아 만든 최종수정본이다.

토 론

❏ **문** : 비교는 대조와 어떤 관계에 있는가?

❏ **답** : 비교문학을 처음 시작할 때에는 비교와 대조(또는 대비)를 구별했다. 영향관계가 있는 것들은 비교, 그렇지 않은 것들은 대조의 대상이라고 했다. 그러다가 영향관계가 없는 것들을 더 많이 다루면서 연구대상에서는 비교가 대조에 포함되고, 용어에서는 대조가 비교에 포함되었다. 지금은 비교와 대조를 구별하지 않는 것이 일반화된 경향이다.

❏ **문** : 그런 변화가 연구의 범위 확대와 관련되는가?

❑ **답** : 그렇다. 영향관계가 있는 것들을 비교할 때에는 인접한 두 나라의 문학만 문제로 삼았다. 한 문명권을 이루는 여러 민족의 문학을 다각도로 비교연구하면서 연구의 영역이 대폭 확대되었다. 이제는 문명의 경계를 넘어서서 다른 문명 문학과의 공통점과 차이점을 밝히고자 한다.

❑ **문** : 비교연구의 대상은 문명을 이룩한 문학이라야 하는가? 문명이란 무슨 뜻인가? 새삼스러운 의문이 생긴다.

❑ **답** : 민족문화의 범위를 넘어선 더 큰 공통점을 문명이라고 한다.

❑ **문** : 한문문명·산스크리트문명·아랍어문명·라틴어문명을 말하는가? 그 넷에 포함되지 않는 문명 밖의 문학은 비교연구의 대상이 아닌가?

❑ **답** : 중세에 공동문어 성립과 함께 이루어진 그 네 문명만 문명인 것은 아니다. 중세를 거치지 않고 공동문어를 사용하지 않았어도 문명을 이룩했다. 남태평양, 사하라 이남의 아프리카, 북극권, 미주대륙 원주민 등도 각기 문명을 이루었다. 구비문학의 비교연구에서는 이러한 문명들끼리의 같고 다른 점이 특히 중요시된다.

❑ **문** : 문명들끼리의 비교연구가 잘 진행되고 있는가?

❑ **답** : 그렇지 못해 고민이다. 유럽문학이 세계문학의 중심이고 표준이라는 주장이 부당함을 입증하고, 여러 문명의 문학을 대등하게 고찰하는 연구가 제대로 이루어지지 못하고 이다. 국제비교문학회에서 그런 일을 하지 않는다. 연구소 단위로 하는 작업도

볼 만한 것이 없다. 개인의 힘으로는 서론을 전개하고 예증을 조금 드는 데 그칠 수밖에 없다. 내가 할 수 있는 일이 그 정도이다. 비교연구를 어느 말로 하는가도 문제이다. 영어를 사용하면서 영어 용어 특유의 편파성을 시정하는 힘들다. 내가 한국어를 가지고 한 작업을 영어뿐만 아니라 일본어나 중국어로 옮기는 것도 아주 어렵다. 그래도 좌절하지 않고 노력해야 한다.

❏ 문 : 비교연구의 출발점은 공통점인가 차이점인가?

❏ 답 : 공통점에서 출발해서 차이점 해명으로 나아갈 수도 있고, 차이점에서 출발해서 공통점 해명으로 나아갈 수도 있다. 연구의 목적이 어디 있는가에 따라서 선택할 일이다. 그러나 공통점에서 출발해서 차이점 해명으로 나아가는 경우가 더 많다. 추상적인 공통점에서 출발해 구체적인 차이점으로 나아가는 것이 그 반대의 경우보다 연구 진행에 더욱 적합한 순서이기 때문이다.

❏ 문 : 어느 정도의 공통점이 있어야 비교연구를 할 수 있는가? 예컨대 일본 平安시대 궁정여류문학을 한국 조선후기 궁정여류문학과 비교해 연구하면 어떤가?

❏ 답 : 여류문학이라는 공통점은 비교연구의 대상을 그 둘로 한정하기에 너무 크다. 다른 곳에서 더 많이 사례를 찾아야 하겠다. 궁정여류문학은 조금 한정된 공통점이지만, 그런 것이 일본문학에서는 뚜렷한 위치를 차지하고 한국문학에서는 인정되기 어렵다. 불균형 때문에 공통점이 흔들린다. 또한 예로 든 두 사례가 시대에서 너무 차이가 있다.

❏ 문 : 일본 平安시대 궁정여류문학 전공자가 한국문학과의 비교

연구를 하고자 하면 어떻게 해야 하는가?

□ **답** : 갈래나 작품을 다루는 데 머무르지 말고 좋은 주제를 잡아내는 것이 바람직하다. 내용을 잘 모르므로, 아무 것이나 예로 든다. 사랑과 미움, 술책과 진심의 관계 같은 것이 어떻게 나타나 있는지 일본문학의 다른 영역에서 사례를 찾아 고찰한 다음 한국문학에서도 그런 작업을 하면 쉽사리 연결된다. 주제의 역사를 비교연구하는 본보기를 동아시아 山中詩가 한일에서 전개되어온 양상 고찰에서 보여주었다. 그런 작업을 얼마든지 더 할 수 있다.

□ **문** : 오늘날 소설에서 가족을 떠난 혼자만의 삶을 다룬 것들도 비교연구의 대상으로 삼을 수 있는가?

□ **답** : 가족과 개인의 관계는 문학의 오랜 주제이다. 아버지와 아들의 관계가 그 가운데 핵심이다. 아버지와 아들은 모든 소설에서 반드시 사이가 나쁘다. 그런 내력과 연결시켜 오늘날의 작품을 다룰 만하다. 혼자만의 삶을 다룬 고전소설도 있다. 『숙향전』이 그런 것이다.

제11강 네덜란드에서 논의한 비교문학

네덜란드 레이덴이라는 곳

제15회 국제비교문학회 발표대회는 1997년 8월 16일부터 22일까지 네덜란드 레이덴(Leiden) 레이덴대학에서 열렸다. 행사 개최의 주기는 3년이다. 1991년 제13회 동경 대회 이후 1994년의 제14차 대회는 캐나다에 열렸는데 참가하지 않았다.

개회하기 전에 열흘 정도 먼저 도착했다. 레이덴대학 한국학과 왈라벤(Walraven) 교수가 공항에 나와 반갑게 만났다. 왈라벤 교수에게 큰 짐은 맡기고 가벼운 차림으로 책 사는 여행을 떠났다. 좋은 기회를 얻어 오랜 소망을 이루었다.

네덜란드 암스테르담, 독일 함부르크와 베르린, 덴마크 코펜하겐, 스웨덴 룬드와 스토크홀름, 노르웨이 오슬로, 그리고 대회 중에 시간을 내서 벨기에의 부뤼셀과 루벤에 가서, 대회를 하는 동안에는 레이덴에서 세계문학사를 연구하는 데 필요한 책을 구했다. 국내의 도서관에서는 볼 수 없는 유럽 주변부의 문학, 제3세계문학에 관한 자료를 열심히 찾았다. 인터넷에서 서점 정보를 얻고, 도착하면 시내 지도를 구하고, 서점에서 가서 책을 골라 사서 우체국에 가서 부치고, 다시 다음 도시로 떠났다.

네덜란드 · 벨기에 · 덴마크 · 스웨덴은 영국 · 프랑스 · 독일과 같은 강대국이 아니므로 자국을 내세우지 않고 유럽의 나라라고 자처한다. 여러 언어를 능숙하게 구사하면서 유럽의 학문을 아울러 높은 수준으로 발전시킨다. 명문 대학이 있는 학문 중심지의 서점이 그 점을 분명하게 보여주었다. 특히 레이덴, 암스테르담, 루벤, 코펜하겐, 룬드 등 몇 곳이 대단한 책의 도시였다. 책을 많은 가진 신구서점이 있고, 자국 책보다 유럽 다른 나라 언어로 된 책을 더 많이 팔았다. 세계 각국에서 나온 책을 모아놓았다.

레이덴에는 그리스 · 로마 연구서 전문점이 있고, 인도 서적을 파는 서점도 인도 밖의 어느 곳보다 알차다. 암스테르담에는 인도네시아 전문서점도 있다. 루벤의 동양학 서적 전문 서점에 소중한 자료가 있었다. 코펜하겐의 불어서점은 좋은 책을 잘 골라 놓았다. 룬드는 고서점이 도시의 중심을 이루었다. 모두 부러운 곳이다.

레이덴은 서점의 도시이기 이전에 대학 도시이다. 레이덴대학(Universitet Leiden)은 네덜란드에서 가장 오래 되고 가장 좋은 대학이다. 왈라벤 교수의 초청으로 그 대학 한국학과에서 가서 두 차례 강연을 한 적 있다. 동양학에 일찍부터 힘써 유럽의 동양학을 선도하고 있다. 영문을 적은 안내서에 적힌 순수대로 들면, 아프리카, 아랍 · 페르시아 · 터키, 중국, 인도, 인도네시아, 일본, 한국, 중동의 언어와 문화를 가르치는 학과가 있다.

네덜란드는 문을 활짝 열어 놓은 나라이다. 중세의 규제에서 벗어나고 종교적 편견을 없애 자유롭게 사는 데 유럽의 다른 어느 곳보다 앞섰다. 데카르트를 비롯한 많은 선각자들이 네덜란드에 망명해 자국에서는 허용되지 않은 새로운 사상을 편 것은 잘 알려진 사실이다. 스피노자도 네덜란드에 살았으므로 박해를 피할 수 있었다. 네덜란드 사람들은 일찍 해외로 나가서 장사를 하면서 식민지를 만드는 데는 앞장서지 않아 뒤늦게 인도네시아를 차지했을 따름이다. 지금도 외국인에 대한 편견이나 차별이 적어 누구나 편안하게 살 수 있다고 한다.

네덜란드 레이덴대학에서 국제비교문학 발표대회가 열린 것은 당연한 일이다. 누구나 환영하고 좋아할 만한 최적의 장소이다. 참가자가 52개국에서 오고 6백이나 되었다고 공식 집계했다. 6백명보다 52개국이 더 대단하다. 6백명은 다른 모임과 그리 다르지 않으나, 52개국은 전에 볼 수 없었다.

번역학 분과의 발표 내용

이번 대회는 "문화 기억으로서의 문학"(Literature as Cultural Memory)을 전체 주제로 삼았다. 모두 여덟 개의 분과로 나누어 발표를 진행했는데, 그 가운데 하나가 번역이었다. 문화 기억을 언어권을 넘어서서 가져와 간직하는 데 번역이 결정적인 구실을 한다고 보아 중요한 연구 과제로 삼았다. 번역에 대한 연구가 근래에 번역학이라는 이름의 새로운 학문으로 등장해 많은 관심을 끌고 있다.

나는 번역 분과에서 발표를 했다. 그렇게 해달라고 요청을 받고 논문을 준비했다. 발표가 며칠 동안 계속되어 번역 및 번역학에 관한 논의가 풍성하게 이루어졌다. 좋은 논문이라고 평가되는 것들을 선정해 대회가 끝난 뒤에 내는 책에 수록했다. 책 이름을 들면 다음과 같다.

Reconstructing Cultural Memory: Translation, Script, Literacy: Volume 7 of the Proceedings of the XVth Congress of the International Comparative Association "Literature as Cultural Memory", Leiden 16-22 August 1997, Edited by Lieven D'Hulst and John Milton (Amsterdam: Atlanta, GA, 2000)

번역하면 『문화기억의 재구성: 번역, 글쓰기, 문자 해득: 국제비교문학회 제15차 발표대회 발표논문집, "문화 기억으로서의 문학", 레이덴 1997년 8월 16-22일』라고 하는 말이다. 설명하는 말이 다 들어가서 길어졌다. 출판지는 암스테르담이다.

대회에서 발표한 논문을 다 거론할 수 없다. 몇 개를 임의로 택하기보다 이 책에 수록된 것을 검토의 대상으로 삼는 편이 더욱 적합하다. 책 차례를 옮겨 적는다. 서두에 있는 필자 이름을 글 제목 뒤로 옮기고, 글 말미에 있는 소속을 괄호 안에 적는다. 번호를 붙어 거론하기 편리하게 한다. 논문 제목을 번역하지 않고, 논의를 하면서 필요한 것을 소개한다.

(a) "Between Translating and Rewriting: Parallels and Differences in Transmitting Literature", Marina Gueliemi (University of Cagliari)

(b) "Hoffmann en France: Loève-Veimars traducteur du *Der Sandmann*", André Lorant (Université de Paris XII)

(c) "Les hiéroglyphes de Hugo", Rainier Grutman (Université d'Ottawa)

(d) "La réception de la littérature brésillienne en France: Machado de Assis", Lea Mara Valezi Stuat (UNESP-Assis, Brésil)

(e) "Translation and Cultural Images: Portrait of Japanese Images in D'Annunzio's work", Hirashi Noriko (Mie University, Japan)

(f) “Statut et fonctionnement des traductions polonises du roman baroque italien au XIIe et au début du XVIIIe siècle”, Jadwiga Miszalaska (Université de Cracovie)

(g) “Translations of Russian Literature in a Local and Intercultural Context, ”, Sergia Adamo (University of Trieste, Italy)

(h) “The Relation between System and Literary Translation in 19th Century Argentina”, Nicoás Jorge Dornheim (Universida Nacional de Cuye, Argentina)

(i) “Translation and Popular Culture”, John Milton (University of São Paulo, Brazil)

(j) “De-theorizing the Textual Order: Intertextual Semiotics and the Translation of Chinese Poetry”, Da'an Pan (Muhlenberg College, USA)

(k) “Chan Ai-ling's Fictional Evolutions and English Translations”, Shirley P. Paolini (University of Houston Clear Lake, USA)

(l) “Japanese Adaptations of 19th and Early 20th Century Western Children's Literature”, Sato Mokoto (Chiba University, Japan)

(m) “Historical Changes in the Translation from Chinese Literature : a Comparative Study of Korean, Japanese and Vietnamese Cases”, Cho Dong-il (Seoul National University, Korea)

(n) “Reading Us into the Page Ahead: Translation as a Narrative Strategy in Daphne Marlett's *Ana Historic* and Nicole Brossard's *Le désert mauve*”, Beverley Curran (Aichi Shukutoku Junior College, Japan)

발표자가 어느 나라에서 왔는지 보자. 나라 이름이 표시되어 있지 않은 (a)는 이탈리아, (b)는 프랑스, (c)는 캐나다, (f)는 폴란드이다. 일본 3, 이탈리아 2, 브라질 2, 미국 2, 프랑스 1, 캐나다 1, 폴란드 1, 아르헨티나 1, 한국 1이다. 일본 3 가운데 (n)는 이름과 논문 내용을 보면 캐나다 사람이다. 어느 나라 사람인가에 따라 조정하면,

일본 2, 캐나다 2이다. 유럽문명권이 압도적인 비중을 차지하고, 동아시아인은 3이며, 다른 문명권은 없다.

다룬 주제에서도 유럽 언어 상호간의 번역을 다룬 논문이 5이다. (a)는 프랑스 → 이탈리아, (b)는 독일 → 프랑스, (d) 브라질 → 프랑스, (f)는 이탈리아 → 폴란드, (g)는 러시아 → 이탈리아가 그런 것들이다. (n) 프랑스 → 영어권 캐나다 영어, (h) 유럽 → 아르헨티나, (j) 유럽 → 브라질은 그 확대판이어서 포함시켜 헤아리면 8이다.

(e)는 일본 → 이탈리아, (j) 중국 → 영미, (k) 중국 → 영미, (l) 유럽 → 일본, 이 넷은 유럽과 동아시아의 관계를 다루었다. (c)는 이집트 → 프랑스는 유럽과 동아시아가 아닌 다른 문명권의 관계를 살폈다. 여기까지 들어도 유럽과 그 외곽지역으로 세계를 파악했을 따름이다. 그 밖의 여러 곳에는 관심을 두지 않았다.

내 논문 (m)은 중국 → 한국·일본·월남은 동아시아 나라들의 관계를 문제 삼았다. 유럽이 아닌 다른 문명권 문학의 상호관계에 관한 유일한 논문이다. 남-동남아시아문명권, 서아시아-북아프리카 문명권에서도 많은 번역이 있었으나 거론하지 않았다. 남-동남아시아문명권과 동아시아문명권 사이의 번역도 관심 밖에 두었다.

발표자와 다룬 논제에서 유럽문명권중심주의가 뚜렷하다. 번역은 인류 전체가 해온 일이며, 어느 문명권에서도 활발하게 진행되고 문명권을 넘어서도 광범위하게 이루어졌다. 그러나 전모를 이해하려는 노력은 없다. 유럽이 아닌 다른 문명권 내부에서 진행된 번역을 다룬 논문은 다시 말하지만 내가 발표한 것 한 편뿐이다.

왜 그런가? 유럽문명권에서만 자기네 중심의 번역 연구를 하고, 다른 문명권에서는 아직 연구를 제대로 하지 못한 탓일 수 있다.

다른 문명권에서도 상당한 연구가 이루어졌는데 국제비교문학회에 소개되지 않은 탓일 수도 있다.

앞에서 든 것이 그 이유라고 할 수 있는 근거가 충분히 있다. 산스크리트 불경의 티베트어, 한문, 한국어 등 여러 언어 번역에 관해서는 이미 많은 연구가 있다. 산스크리트 서사시 『라마야나』(*Ramayana*)가 남-동남아시아문명권의 여러 언어로 옮겨지고 재창조된 양상에 관해 다각도의 고찰이 거듭 이루어졌다. 그런 것들이 국제비교문학회에 등장하지 않았다.

소중한 연구가 있어도 등장하지 않은 것은 국제비교문학회가 지닌 특수성 때문이다. 비교문학이 대단치 않은 것이라고 여겨 정작 중요한 연구를 하는 학자는 참가하지 않는다고 할 수 있다. 비교문학에 대한 인식보다 사용 언어가 더 큰 문제이다. 영어와 불어로 발표를 해야 하는 조건 때문에 참가가가 제한된다. 다른 국제학술회는 여러 언어를 쓰지 않으니, 사정이 다를 바 없다. 둘째로 든 이유가 심각하다.

대회 기간 안에 레이덴 대학의 동양학 연구소에서 아시아-아프리카에서 간 참가자들을 따로 모아 리셉션을 개최했다. 유럽인은 아닌 사람들이 수백 명 모였다. 술을 한 잔 들고는 이리 저리 어울리면서 말을 많이 했다. 자기소개를 하고 상대방은 어디서 무얼 하는지 물었다. 나도 많은 사람과 이야기를 나누었다.

그런데 말을 걸어 물어볼 때마다 상대방은 자기 나라에서 영문학 또는 불문학을 가르친다고 했다. 아시아-아프리카 영문학자 및 불문학자 총회를 연 것 같았다. 그 둘이 아닌 유럽 다른 언어의 문학을 하는 사람은 아주 드물었다. 일본인 참가자 가운데 (l)의 논문 발표자는 영문학자로 생각된다. (e)의 논문 발표자는 이탈리아문학을 하는 것 같다.

한국에서 간 참가자에는 한국 현대문학 전공자들도 있었다. 다른 나라의 경우에는 자국의 현대문학을 한다는 사람마저 찾을 수 없었다. 자기 나라 고전문학을 가르치면서 비교문학을 하는 사람은 한국인 참가자들까지 포함해서 나 이외에 하나도 더 없는 것 같았다. 그 때문에 유럽문명권중심주의가 청산되지 않는다.

비교문학을 하려면 여러 언어를 알아야 한다. 둘만으로는 부족하고 셋 이상이어야 한다. 유럽문명권의 언어는 셋 이상 활용한 사람들이 있었다. 문명권을 넘어서서 여러 언어를 다룬 사람은 나 혼자만이다. 유럽이 아닌 다른 곳의 언어는 (e)・(l)에서 일본어만, (j)・(k)에서 중국어만 다루었다.

나의 발표

나의 논문은 불어와 영어 서적을 들고, 한국어, 한문, 중국어, 일본어 등의 자료를 활용했다. 언어 사용의 범위를 상당히 넓혔다고 할 수 있다. 이런 논문이 많아져야 번역 또는 비교문학 연구가 정상화된다.

활용한 언어보다 더 중요한 것은 내용이다. 다른 모든 논문은 개별적인 문제를 미시적으로 다루었지만, 나는 문제를 크게 제기하고 거시적인 고찰을 했다. 개별논문에서는 감당할 수 없는 너무 큰 과제를 들고 나온 것이 잘못이라고 하면 변명의 여지가 없다.

그러나 동아시아에서 이루어진 번역에 관한 논의를 처음하면서 번역 일반론을 재정립하고자 했으므로 범위를 크게 잡아 총괄론을 시도하지 않을 수 없다. 구체적인 연구가 아직 없기 때문이 아니다. 세부로 들어가면 청중이 이해하지 못한다. 동아시아문학에 대해 아무런 예비지식이 없는 사람들 앞에서 생소한 논의를 전개하는 것은 무리이다. 지식의 정도에 맞추어 꼭 필요한 말을 해야 한다.

내용을 간추려 보자. 번역이 무엇이고 번역 연구가 어떤 의의가 있는지 말하는 일반론을 전개한 한 다음, 동아시아 번역 연구의 현황을 고찰했다. 중국문학을 동아시아 다른 나라 한국·일본·월남에서 번역한 양상이 크게 셋으로 나눌 수 있는 단계에 따라 달라졌다고 했다.

첫 단계는 고전을 읽었다. 둘째 단계는 고전을 자국어로 옮겼다. 셋째 단계에서는 고전이 아닌 흥미로운 작품을 받아들여 개작했다. 이것이 번역의 유형, 번역의 역사를 재정립하는 출발점이 된다고 했다. 기본적으로 같은 단계를 거치면서 한국·일본·월남에서 한 번역의 구체적이 차이가 또한 소중한 연구 대상이 된다고 했다.

이 논문은 <번역으로 맺어진 관계>, 『하나이면서 여럿인 동아시아문학』(지식산업사, 1999)에서 이미 다룬 내용을 간추려 영어로 다시 쓴 것이다. 전체의 윤곽은 더욱 뚜렷하게 하고, 세부적인 고찰을 생략했다. 국내의 독자에게는 영문논문이 필요하지 않다. 영어를 잘 알고 한국어는 서툰 독자를 위해 영문논문이 원본에 입문하는데 도움이 된다.

관례대로 영문논문을 아래에 제시한다. 괄호안의 한자는 글을 쓸 때에 넣었다가 뺀 것인데 다시 넣는다. 한글 로마자 표기법은 요즈음 것으로 바꾼다.

Historical Changes in the Translation from Chinese Literature: a Comparative View of Korean, Japanese and Vietnamese Cases

1. Introduction

Translation is a core means to develop human civilization. Human civilization can be defined as the total sum of the creative inventions of all nations or ethnic groups in the world. But such an idealist view is denied by the fact that each nation or ethnic group uses its own language which can not be understood by others. The only way to overcome the barrier, which hinders the unification of human wisdom, is translation.

Not only the verbal forms of the cultural products but also even the material devices can be exchanged and accumulated as far as they are translated or explained by translation. In the framework of the history of translation, the main currents of the development of human civilization can be revealed. But such a book as the world history of translation is not yet written and published. We are so much ignorant about ourselves.

In the European case, I can find Henri Van Hoof's *Histoire de la traduction en occident* (Paris: Duculot, 1991). This book explains histories of translation in France, England, Germany, Netherlands, and Russia, one by one, with many details. The author's erudition deserves admiration. But translation is an international process, intermingled with each other among language groups. Partitioned into national divisions, its complexity is unreasonably simplified.

Now it is the time to try to formulate a dynamic theory of translation. Assembling data even carried out over the national levels can not solve the problems in the theoretical perspective. Both the traductology as an independent discipline or the translation studies within the field of comparative literature are until now too microscopic to understand the vital structure of translation.

2. The situation in East Asian translation studies

To find out an intercultural, dynamic theory of translation, the cases of the other civilizations beyond Europe must be verified. East Asian civilization can contribute much to this. But the actual situation is not encouraging. The translation studies in East Asia started late with European impact, and is preoccupied mainly with the topics about the one way traffic of importing European literature into each one's nation.

The reason of such undesirable deviation is that those scholars trained in Western academic societies have interests in translation studies, with an inner motivation to moderate the cultural shock felt by themselves. The East Asian classics are hard to understand for them. The wider problems of the translation among East Asian languages in the premodern age are left beyond their ability.

The specialists of classical literature of each East Asian country sometimes produced precious works of translation studies. But they are unknown not only to the readers of Western languages but also to the compatriots studying modern literature. And the scope of the translation studies of the specialists of classical literature are limited within the interrelation of two countries. The whole area of East Asian literatures has not come into view of modern scholarship.

Literary Migrations, Traditional Chinese Fiction in Asia (Beijing: International Culture Publishing Corporation, 1987), edited by Claudine Salmon, is a remarkable. It provides wide information about how the traditional Chinese novels are translated in Asian countries, including Korea, Japan, Vietnam, Thailand, Malaysia, and Indonesia. Some outstanding papers of the specialists of each country are assembled by translation.

But it lacks a systematic view. There is no attempt to compare various cases to draw some general conclusion. The idea to understand the translation is too naive. China is the giver, and the other countries are the receivers. That is all. The problem of cultural interaction between the giver and the receiver is not considered.

To understand the case of the novel, we must think of its situation in the history of translation. The novel is the latest property of the translation from Chinese literature. So it must be compared with the previous items of classics. The history of translation has to be based upon the periodization, and to contribute to improving it.

3. My idea to open a new horizon

So I would propose a new study in this paper. It is not an accomplished work, but a study plan with hypothetic assumptions. As it is impossible for me to provide all the details necessary for this work, I want helps from literary historians and comparists of the other countries. It is much desirable to meet counterparts for an international cooperative study.

As a scholar studying Korean classical literature, I wrote in the first time *Hangumunhagtongsa* (*A Comprehensive History of Korean Literature*) (Seoul: Jisigsaneopsa, 1982-1986) in 6 volumes, and then enlarged the main scheme for understanding literary history into *Dongasiamunhagsabigyoron* (*Comparative Study of East Asian Literary Histories*)(Seoul: Seoul National University Press, 1993). Now I am approaching the third goal, the world literary history.

In *Segyemunhagsaueheosil* (*Fiction and Facts in Writing World Literary Histories*)(Seoul: Jisigsaneobsa, 1996), I criticized 38 kinds of world literary histories, written in 8 Western and Eastern languages. And I proposed some new theoretical perspectives overcoming the eurocentric prejudice about understanding world literary history. [(1)] This paper is a partial work to prove the perspective ideas.

Now what is needed above all is a macroscopic insight to understand the historical changes in the interaction between the unity and the variety of the literature on the civilizational level. In the medieval age, the unity of a civilization was supported by the common written language, while national vernacular languages promoted the variety. The interrelationship of these two aspects is the main point of my immediate research.

East Asia is a good example of a civilization which had a common written language in the medieval age. The translation from the literature with the common written language is the best item to identify the dynamics of a civilization. That is the reason why I selected the theme of this paper, "Historical Changes in the Translation from Chinese Literature: a Comparative Study of Korean, Japanese and Vietnamese Cases."

China, Korea, Japan and Vietnam were East Asian countries with a common heritage of medieval civilization. China was its center, and the other three were the peripheries to receive the influences coming from the center, in the relation of literary exchange as well as in other spheres of culture. But we must not think that the giver is superior and the receiver is inferior. The dynamics of the cultural hegemony were not so simple.

Korean, Japanese, and Vietnamese peoples regarded themselves as the legitimate heirs of the common heritage of classical literature. The literati of the three countries not only modified and recreated the borrowings from China, but also competed with Chinese counterparts to make their own distinct cultural world within the broader framework of the same civilization.

There were continuous translations from Chinese literature. But the characteristics of the translation were changed according to the historical stages. Changing characteristics mean shifts in cultural interaction and hegemony.

4. First and second stages of the translation from Chinese literature

In the first stage, the way to read Confucianist and Buddhist scriptures, written in classical Chinese, with each one's unique linguistic devices, was invented. Vietnamese people learned Chinese under Chinese rule. But they read Chinese texts with Vietnamese pronunciation. Koreans and Japaneses also invented respectively their own pronunciations to read classical Chinese.

The texts of classical Chinese read by Vietnamese, Korean, and Japanese pronunciations are not intelligible to Chineses. The visual aspect of the common classical language of East Asia confirms the unity of a civilization, the audial aspect its diversity. The term classical or written "Chinese" is inadequate, as it leads to misunderstanding of both aspects.

Vietnamese usage to call the common language of East Asian civilization as the "Han" is excellent. (2) It is an abridged form of the common term of the three countries, "漢文" *hanvan* (in Vietnamese), *hanmun* (in Korean), *kanbun* (in Japanese). But in Chinese "漢文" *hanwen* means another thing, Han dynasty prose. In this case, by majority rule, the Chinese term loses the qualification of the standard.

The literati of the three countries inherited preciously their ways of understanding the Han, the written language of East Asian civilization. And they did not study the colloquial Chinese, as it was regarded as without value. Only small numbers of professional interpreters were trained to speak Chinese.

A scholar of the seventh century, Sheolchong(薛聰) is known as a forerunner to invent the Korean method of reading the Chinese texts. Japan seems to have adopted the same method. In Japan it is used even now, as what is called *kundoku*(訓讀). That is the way to read the Han translating it.

During the first stage, until about the twelfth or the thirteenth century, the important Han classics were understood well by Vietnamese, Korean, and Japanese men of learning. So the Han classics became the common property of East Asia. Each member of the civilization had the equal right to use them with their own way. The examination selecting government officers by testing the ability to read and write the Han was launched in Korea in 958, in Vietnam in 1075.

In the second stage, Confucianist and Buddhist scriptures and some important works of the literary classics were translated into national languages. Vietnamese king Ho Quy Ly(胡季犛)'s translation of Confucianist scriptures, in the early fourteenth century, made the starting point of the new stage. Korean alphabet, *Humninjeongeum*(訓民正音), invented in the fifteenth century, played an excellent role for the same work.

In Japan the way of reading Han texts by translating was used continuously. So it was sufficient for Japanese people to publish the texts adding the marks for Japanese way of reading. The editing Han texts with such mark was called *Kundai* (訓解). *Tōshi Kundai* (唐詩訓解, *Poems of Tang Dynasty with Japanese Way of Reading*) is a good example of it.

Koreans abandoned such a method after inventing the Korean alphabet. By the new writing system, well designed for describing Korean oral language, the three domains of classics of the Han, Buddhist scriptures, literary works, and Confucianist scriptures, were widely translated. The second stage was clearly distinct from the first stage in Korea.

But in that period, the translated text did not replaced the original. It was a close translation to help to understand well the everlasting classics, and published with them in bilingual editions. The translation of Buddhist scriptures was rather freer than that of Confucianist scriptures, as it was designed to be read even by women. In the case of the literary works, the style or expression of Korean language used in the translation had to be an issue. So *Tusieonhae*(杜詩諺解, *Translation of Dufu 杜甫's Poems*) offered some excellent examples of the beauty of Korean language.

5. Third stage of the translation from Chinese literature

In the third stage, a new genre of Chinese literature, the novel became the favorite item for translation. The three other East Asian countries developed their own genres of the novel along with the Chinese one. (3) So the Chinese novel was not a classical model but a companion as well as a rival of the same age.

The novels of the four countries needed multiple exchanges of themes and techniques. But Chinese novel was the giver, and the others were the receivers, as in the previous stages. The reason is in the linguistic situation that Chinese novels could be understood by others, and the reverse was impossible. The translations among other three countries are very limited because of language barriers even nowadays.

Chinese novels, though they were popular literatures, were written in the classical Han. Some of them used a mixed style adopting colloquial Chinese. But is was not so difficult to read for the literati of the other three countries trained in the Han.

As the novel was not a classic, it was translated freely with wide adaptations. There was no idea about the copyright. Nor was there any distinction between the translation and the creation. Korean, Japanese, and Vietnamese novels increased rapidly owing to active import of ideas and motifs. What they received was not decided by the giver's choice. Three countries showed their own tastes in selection and transformation.

In Korea Chinese *yanyi*(演義), the historical novel was particularly popular. *Sanguozhi yanyi* (三國志演義, *The Romance of Three Kingdoms*), by

Luo Guanzhong(羅貫中) was read most widely with pleasure and had great influence. There were original works with many complete translations, partial translations, partial translations with additional adaptations, rewritings, and works using its motifs.

The Japanese favorite work was *Shuihu Zhuan*(水滸傳, *Water Margin*). Its Japanese translation, *Suikoden* produced many adaptations, such as *Honchō Suikoden* (本朝水滸, *Our Country's Suikoden*). In Vietnam the adaptations of *Xiou Ji*(西遊記, *The Pilgrim to the West*) enjoyed much popularity.

Some novels, which are evaluated as masterpieces, adopted Chinese sources effectively in discussing their own social problems. Korean *Ch'eonsus대k* 泉水石(*Spring, Water, and Stone*), Japanese *Nansō Satomi Hakkenden* 南總里見八犬傳(*The Story of Eight Warriors Named Dogs of the Satomi Family in Nanso Province*), Vietnamese *Kim Van kiew* (金雲翹, *Mr. Kim and Van-Kiew Sisters*) are such works. They showed the culmination of East Asian premodern novel.

The unknown author of *Ch'eonsus대k* borrowed the historical background and some minor characters from Luo Guanzhong's another historical novel *Cantang Wudai Yanyi*(殘唐五代演義, *The Romance of the Remained Tang and Wudai Period*). The fact that as the huge empire of Tang was collapsing, every traditional value was shaken was depicted vividly in it. But there is no catastrophe for those who understand the inner process of historical change and join in a new start. Such a theme was used, I think, to suggest the author's philosophy to overcome the medieval society.

Nansō Satomi Hakkenden was a major work of an outstanding Japanese professional novelist, Takizawa Bakin(瀧澤馬琴, 1767-1848). During the long period from 1814 to 1842, he worked diligently to write a huge masterpiece, even losing his sight. He gathered every thing precious and astonishing in it. Adopting some plots from the most important rival work

Shuihu Zhuan was indispensable. That made his novel colourfully and wonderfully interesting. He interposed in the novel several manifestations, written in classical Han, to announce his ambitious ideas to make un unprecedently novel.

Vietnamese writer Nguyen Du(阮攸, 1767-1820), during in diplomatic mission to China from 1813 to 1814, found a Chinese novel *Jin Yuan Qiao Zhun*(金雲翹傳, *Mr.Jin and Yun-Qiao Sisters*), and translated it into Vietnamese with free adaptation. As he used a Chinese setting, it was possible to depicted the decayed society vividly with critical sight. His inner message to regret the lost hope of people's revolution was expressed through the story that the heroine could not forget the lost love, living as a prostitute, sacrificed by cruel violence of merciless fate.

6. For further study

The three stages in the historical changes in the translation from Chinese literature were almost the same in Korea, Japan, and Vietnam. The three stages can be identified as the early medieval age, the late medieval age, and the transitional period from the medieval to modern ages. The peripheral countries began to approach to the universal civilization in the early medieval age, and made it their national properties in the late medieval age. and finally opened widely the polycentric directions of literary creation in the transitional period from the medieval to modern ages.

Similar stages of the historical changes in the translation from the literature of the common written language can be identified in other civilizations. Not only the East Asian civilization but also Sanskrit, Arabic, and Latin civilizations experienced a fundamentally same process of transformation from the early medieval age to the transitional period from the medieval to modern ages.

The changes of the characteristics of translation from the literature of common literary languages to the national literatures is a good proof to formulate a theory of the universal periodization of the literary history of the world. To prove such hypothetic assumptions, comparative studies covering wide ranges of human history are needed.

Notes

(1) Its outline is presented in an article, "Toward a new periodization of world literary history" in my book *Korean Literature, in Cultural Context and Comparative Perspective* (Seoul: Jipmundang, 1997) It was presented originally at the congress of "Comparative Literature in Arab World" held at Cairo University, 20 December 1995.

(2) Its usage is easily identified in the books written in Western languages and published in Vietnam. Nguyen Khac Vien et al., *Vietnamese Literature* (Hanoi: Foreign Languages Publishing House, date unkwown) is a good example.

(3) The Korean term for the novel was *soseol*(小說, minor saying), which came from China. Its meaning was redefined according to the actual characteristics of Korean novel. Japanese term commonly used was *gesaku*(戲作, playful composition). The emphasis on the pleasure is given in the term, as Japanese novel was developed as a favorite article of commerce. Vietnamese novel *tryennom*(傳喃, tale in popular script) was written in verse.

종합토론에서 한 말

번역 분과의 개별발표를 한 다음 마지막 순서인 종합토론의 발제를 해달라고 요청받았다. 개별발표에서는 이 논문의 둘째 대목 동아시아 번역의 연구 상황을 다룬 데부터 읽었다. 종합토론 발제를 위해서 첫 부분의 총론은 아껴두었다. 번역이 무엇이며 어떻게 연구해야 하는가에 관해 광범위한 의견을 나누는 것이 종합토론에서 할 일이었다.

종합토론의 사회자는 영국에서 교수 노릇을 하는 네덜란드인, 토론자는 벨기에인, 오스트랄리어인, 그리고 나 세 사람이었다. 청중이 교실에 가득 찼는데, 둘러보니 유럽인이 아닌 사람들은 몇뿐이었다. 한국인은 서울여자대학의 조성원 교수 한 사람이 있었다. 내 차례가 되었을 때 이 논문의 서두에 쓴 것을 말했다. 그 대목을 번역해 제시한다.

번역은 인류문명을 발전시키는 핵심 수단이다. 인류문명이란 세계 전체 모든 나라나 민족이 이룩한 창조적 발명품의 총계라고 할 수 있다. 이런 이상주의적인 정의가 나라든 민족이든 각기 자기네 언어를 사용해 서로 이해할 수 없기 때문에 부정된다. 인류의 지혜를 합치지 못하게 하는 장벽을 넘어서는 유일한 방법은 번역이다.

문화의 산물은 물론이고 물질적인 창안물도 번역하거나 번역으로 설명해야 교환될 수 있다. 번역의 역사에서 인류문명사의 주된 흐름이 드러날 수 있다. 세계번역사와 같은 책은 아직 집필해 출판하지 못했다. 그 때문에 우리 자신에 대해서 그만큼 무식하다.

유럽의 경우에는 앙리 반 후프(Henri Van Hoof)의 『서양 번역사』(Paris: Duculot, 1991)라는 책을 찾을 수 있다. 프랑스 · 영국 · 독일 · 네덜란드 · 러시아의 경우를 하나씩 자세하게 살핀 책이다. 저자의 박식을 찬양할 만하다. 그런데 번역은 여러 언어권이 뒤섞여서 이루어지는 국제적인 과정이다. 국가별로 구분하면 복합성이 부당하게 단순화된다.

이제 번역에 관한 역동적인 이론을 이룩해야 한다. 국가 구분을 넘어서서 자료를 모은다고 해서 이론적인 전망에서 제기되는 문제를 풀어나갈 수 있는 것은 아니다. 독립된 번역학이든 비교문학의 한 분야이든 지금까지의 해온 작업은 번역의 생동하는 구조를 이해하기에 너무나도 미시적이었다.

세 발제자가 발언을 하고 청주의 질문을 받으면서 얼마 동안 토론을 했다. 오스트랄리어 학자에게 불어로 질문하는 사람이 있어 내가 대신 대답해준 일도 있었다. 토론을 끝내면서 사회자는 내게 폐회사에 해당하는 말을 해달라고 해서, 다음과 같은 요지의 발언을 했다.

오늘날 탈식민시대를 맞이해서 새로운 사고를 해야 한다든가, 오리엔탈리즘을 극복해야 한다거나, 유럽문명권중심주의에서 벗어나야 한다는 말은 유행이 되고 있다. 이번 모임에서도 그런 말을 많이 하고, 지금의 토론에서도 표제로 내걸었다. 그러나 유럽문명권 안에 들어앉아서 다른 문명권에 대해서는 알지 못하면서 그런 말을 되풀이하기만 해서 아무런 진전이 없다.

한국에서 온 동아시아학자인 나는 동아시아문학의 동질성과 이질성에 관해 광범위한 고찰을 하는 논문을 영어로 발표하고, 동아시아에서 하는 일을 다른 문명권에서도 해서 서로 비교하자고 했다. 여러 문명권을 세계적인 범위에서 비교하는 일은 나도 아직 하지 못했다. 그러나 나는 동아시아에 관한 논의를 유럽의 언어로 전개한다. 지금 영어로 말하고 있을 뿐만 아니라 불어도 할 수 있고, 독일어도 조금 안다. 누구나 이런 범위에서 문명권을 넘나드는 비교연구를 해야 비교문학이 비교문학답게 된다.

학문은 유식의 소관이지 무식의 소관이 아니다. 한 문명권만 아는 것은 무식이고 여러 문명권을 아는 것이 유식이다. 당신네들 유럽문명권 학자들은 다른 문명권을 이해하기 위한 진지한 노력이 없다. 외국어를 여럿 알아도 유럽의 언어뿐이다. 동아시아 사람인 나는 유럽문명권을 이해하기 위해 오랫동안 애쓴 결과 두 문명권은 어느 안다. 세 문명권이나 네 문명권을 아는 것보다는 무식하지만, 한 문명권만 아는 것보다는 유식하다.

지금까지의 전개된 근대학문은 유럽문명권에서 주도했다. 그러나 이제 전환의 시기가 왔다. 두 문명권 이상을 아는 유럽 밖의 학자들이 근대를 넘어서서 다음 시대로 나아가는 학문 연구를 주도해야 할 때가 되었다.

이렇게 말하는 데 대해서 그 자리에서 사회를 보고, 함께 발표를 하고, 또한 참석해서 질의하고 토론한 유럽문명권 각국 학자들이 한 마디 반론도 불만도 말하지 않았다. 해야 할 일이 무엇인가 알면서도 경험과 지식이 편벽되어 어쩔 도리가 없다고 시인하는 것 같았다. 그런 형편을 타개하는 데 유럽문명권에서 앞장설 수는 없으므로 다른 문명권에서 분발해야 한다.

유럽에서 잘못하고 있다고 나무라는 것이 능사가 아니다. 유럽에서 잘못하고 있으면 그 대안이 되는 새로운 연구를 다른 문명권에서 내놓아야 한다. 그 점에서 동아시아는 커다란 의무를 지니고 있다.

모든 불만과 비난이 우리 자신에게로 되돌아온다.

막중한 임무를 혼자 수행하자는 것은 아니다. 이제 동아시아가 다른 문명권은 젖혀두고 세계사의 주역이 되어야 하고, 한국이 그 중심이 되어 마땅하다는 착각은 하지 말아야 한다. 다원화된 세계에서 누구나 해야 할 일을 동아시아에서도, 한국에서도 해야 한다. 한국의 학자들은 마땅히 자기 장기를 살리면서 그런 연구에 적극 참여해 널리 도움이 되는 결과를 얻을 수 있어야 한다.

토 론

❑ **문** : 비교문학 학술회의에서 문학을 "문화 기억"이라고 한 것이 새롭다. 그렇게 보는 것이 어떤 의의가 있는가?

❑ **답** : 그 말은 문학의 의의를 키우고, 역사의 폭을 넓힌다. 문학은 사실 전달에서는 부정확한 기억이라고 나무라지 말자. 의미 구현에서 소중한 기여를 한다. 의미의 역사, 의식의 역사를 밝혀 논하려면 문학을 찾아야 한다.

본보기를 하나 들자. "이천만 동포"라는 말은 언제부터 썼는가? 국사학자들은 알지 못한다. 정확하게 기록된 사료에서 증거를 찾을 수 없기 때문이다. 그 말은 1866년 병인양요를 맞이했을 때 申在孝가 지은 작품에 처음 나온다. (『한국문학통사』 4, 지식산업사, 59-61면을 보기 바란다.) 시골 아전이 "이천만 동포" 운운하는 국문으로 적어 노래 부르도록 한 것은 삼중으로 건방진 일이다. 그렇기 때문에 시대 전환을 선도했다.

❑ **문** : 오늘의 주제는 번역이다. 번역은 아주 어렵다고 생각한다.

정확한 번역은 기대할 수 있는가?

❑ 답 : 원문과 일치되는 번역은 있을 수 없으니 기대하지 말아야 한다. 정확한 번역보다 잘 된 번역이 더욱 소중하다. 정확한 번역을 하려고 하다가 잘 못 된 번역을 하고 말 수 있다.

❑ 문 : 의역을 하자는 말인가?

❑ 답 : 원문 해독에 도움을 주려고 하면 직역을 해야 하지만, 원문을 떠나 번역을 읽도록 하는 번역은 의역이어야 한다. 무슨 말인지 이해할 수 있게 옮기고, 원문의 가치를 훼손하지 않고 더 보태기까지 하는 것이 두 가지 기본 요건이다.

❑ 문 : 번역학이란 어떤 내용과 의의를 지닌 학문인가?

❑ 답 : 번역 원론, 번역문화사의 전개, 번역을 하는 실제 방법 등을 두루 다룬다. 중요성이 날로 커져서 인문대학에는 반드시 개설할 만한데 그렇지 못하다. 번역학 전공과정을 두는 것도 바람직하다. 번역학에서 여러 학문이 만날 수 있다.

번역학에 관한 논저가 더러 있으나, 영어와 독어 사이에 오고간 사례를 정리한 유럽의 전례를 알려주는 데 그치는 것이 예사이다. 번역학도 수입에서 창조로 나아가야 한다. 한문을 국문으로 번역하기 위한 우리 선인들의 고심, 불경 번역의 여러 양상 등을 연구해 내용을 충실하게 하고 번역학의 새로운 경지를 개척하는 데 기여해야 한다. 세계번역사 집필에 긴요한 참고가 되는 논저를 다수 내놓아야 한다.

불교와 관련된 연구주제가 아주 풍부하다. 불경의 티베트어 번역, 한문 번역, 한문 번역의 국역, 불교 설화의 구전 변이와 재창조가 여러 언어에서 이루어진 양상 등에 대한 넓고 깊은 연구기 필요하다. 그렇게 하고서 번역학 일반론을 재정립해야 한다.

❑ 문 : 중국 明淸소설의 번역과 번안에 관한 연구를 했다. 번역은 창작이 아니어서 그리 대단하지 않고 번안이라도 높이 평가할 수는 없다는 통설이 장애가 되었다. 이에 대해 어떻게 대처해야 하는가?

❑ 답 : 독창을 지나치게 숭상하고, 無에서 나와야 독창이라고 하는 것이 한 때 유행한 그릇된 견해이다. 이미 있는 것을 새롭게 이용하면 독창이다. 모든 문학창작은 번역이고 번안이라고 할 수 있다. 원전과의 관계보다 결과를 더욱 중요시해서 평가해야 한다. 월남문학의 자랑스러운 고전인 『金雲翹』는 중국소설을 고친 것이다. 셰익스피어 희곡은 모두 기존의 소재를 이용했다.

❑ 문 : 한국문학을 외국어로 번역해 알리기 위해 어떤 노력이 필요한가? 정부가 해야 할 일이 많을 것 같다.

❑ 답 : 번역 하나하나를 지원하지 말고, 한국인의 번역에 기대를 걸지 않아야 한다. 한국어와 한국문학을 깊이 이해해 번역을 잘 하고 평생의 일거리로 삼을 외국인이 많아지고, 나타나고 생계를 해결하면서 일할 수 있도록 해야 한다. 그런 사람들이 스스로 선택해 마음껏 진행하고 자기 나라에서 출판한 번역이라야 생명이 있다.

번역의 대상이 되는 한국문학 작품은 언어 구사에 지나치게 의존하지 말고 보편적인 내용을 갖추어야 한다. 김소월 시는 힘들여 번역해도 평가를 얻지 못하고, 한용운의 시는 그 반대인 것을 명심해야 한다. 박경리의 『토지』 번역이 기대하는 호응을 얻지 못한 이유가 김소월 시의 경우와 상통한다. 너무 길지 않고 말이 절제되어 있으면서 널리 감동을 줄 수 있는 작품이 아쉽다.

제12강 남아프리카까지 가서

멀고 험한 곳

국제비교문학회 제16회 발표대회는 2000년 8월 13일부터 19일까지 남아프리카 수도 프레토리아(Pretoria)의 프레토리아대학에서 열렸다. 1997년의 레이덴 대회에서 다음 개최지를 두고 투표를 했다. 북경과 프레토리아 양쪽이 신청해서 어디가 좋은지 회원들이 택하도록 했다.

나는 프레토리아 쪽에 투표했다. 북경은 여러 번 가본 곳이고, 프레토리아는 미지의 세계이기 때문이었다. 인종차별로 악명 높던 남아프리카가 만델라 대통령이 등장해 흑인이 주인이 되어 백인과 화합하는 새로운 나라로 다시 태어나고 있다고 알려져 가보고 싶고, 비교문학 발표대회를 주최할 만한 하다고 생각했다.

남아프리카까지 가는 직항로는 없다. 비행기를 갈아탈 수 있는 곳이 홍콩, 쿠알라 룸푸르, 싱가포르, 이 셋이다. 이 가운데 쿠알라 룸푸르를 택했다. 싱가포르는 가서 보았고, 홍콩은 중국이어서 드나들기가 번거로웠다. 말레이시아의 수도 쿠알라 룸푸르는 관심의 대상이 되는 곳이고, 들려서 할 일도 있었다.

서울에서 쿠알라 룸푸르까지 일곱 시간, 쿠알라 룸푸르에서 다시 열 시간, 장시간의 비행 끝에 마침내 요하네스버그 공항에 도착했다. 새벽 5시경이었다. 대중교통 수단은 없다는 것을 알고 프레토리아까지 가는 관광버스 편을 예약하고 갔다. 관광회사 사람이 나타난 것은 10시쯤이고, 차가 출발한 것은 12시경이었다. 일곱 시간이나 공항에서 기다렸다. 다음 비행기 편으로 오는 사람들까지 모아서 한 차가 차게 하자는 것이었다.

공항에서 인근 도시까지 대중교통이 없는 것은 이해할 수 없는 일이다. 선불하고 예약했는데도 관광회사에서 시간을 마구 어겼다. 알아들을 수 없는 말, 그러니까 네덜란드 말이 변한 아프리칸스(Afrikaans)라는 언어를 쓰는 백인 남자 둘이 빗발치는 항의에도 아랑곳하지 않고 여러 시간 뒤에 도착하는 손님들까지 기다렸다가 한 차로 데려갔다. 그럴 줄 알았으면 택시를 타고 들어갈 걸 하고 후회해도 소용없었다.

중간에 하루 여행을 가는 날에도 그 회사 버스를 이용했는데, 내가 있는 호텔에 한 시간 정도 늦게 도착해서는 시내 안팎을 빙빙 돌면서 여러 숙소에 들리는 바람에 반나절이 갔다. 공항으로 나오기 위해서도 그 회사 버스를 이용해야 했다. 늑장 부리다가 비행기를 놓치지 않을까 염려했는데, 다행이 제때 왔다.

호텔에 여장을 풀고, 밖에 나가 점심을 먹을까 해도 돌아보니 음식을 받아 가지고 가는 곳뿐이고 앉아서 먹는 제대로 된 식당이라고는 없었다. 호텔에 돌아와 어디 가면 식당을 찾을 수 있는지 물으니 식당은 호텔에만 있다고 했다. 며칠 계속 있어보니 동네 사람들도 외식을 하려면 호텔로 왔다.

호텔 식당 음식은 아주 맛이 있었다. 다른 사람들도 같은 의견이었다. 왜 그런가 하고 논란이 벌어졌다. 남아프리카에 온 백인은 네덜란드 사람과 영국 사람인데, 그 두 나라는 음식 맛이 없기로 유명하다. 남아프리카는 딴판인 것이 무슨 까닭인가? 조리를 잘 하는 사람들만 선발되어 왔을 수는 없다. 궁리 끝에 내가 학설을 하나 만들어 발표하니 듣는 사람들이 과연 그렇겠다고 했다.

음식 맛은 일조량에 비례한다는 것이 학설의 요점이다. 식물은 물론 동물도 햇빛을 많이 받으면 건강하게 잘 자라 최상의 식품이 된다. 영국과 네덜란드 음식은 맛이 없는 것은 일조량 부족 때문이다. 남아프리카는 정반대인 이유가 일조량이 많은 데 있다. 일조량이 많아 무엇이든지 잘 되는 천혜의 땅을 음산한 나라에서 온 백인들이 차지했다. 과분한 일이다.

같은 학설에 의해 일본과 한국의 음식 맛 차이도 이해할 수 있다. 일본은 일조량이 부족해 음식 맛이 있을 수 없다. 한국은 일본보다 해가 나는 날이 많아 음식이 맛이 있다. 일조량이 부족한 나라의 사람들은 스스로 설명하기 어려운 불편을 느껴 밖으로 나가 일조량이 많은 땅을 차지하려고 한다. 빈 땅은 없기 때문에 남들을 침공하고 억압해야 한다. 하늘이 공평하지 않아 분란이 일어난다.

지금까지 한 말에 두 가지 요점이 있다. 하나는 남아프리카가 정말 좋은 땅이라는 것이다. 차를 타고 가면서 보면 강렬한 햇빛이 비치는 비옥한 땅이 끝없이 펼쳐져 있다. 날씨도 그리 덥지 않다. 또 하나는 남아프리카는 교통이 불편해 마음대로 나다닐 수 없는 곳이라는 것이다. 이 둘이 무슨 상관관계를 가지는가? 논의를 좀 더 해보자.

첫날 호텔에서 점심을 먹고 밖에 대기하고 있는 택시를 타고 박물관에 갔다. 근처 암각화를 재현해놓은 훌륭한 전시회를 보았다. 『세계문학사의 전개』(지식산업사, 2002)를 쓸 때 활용한 소중한 지식을 얻었다. 한 대목을 인용해보자.

> 암각화에서는 동물과 사람이 서로 겹친 모습을 보여주고, 춤을 추고 노래를 부를 때에도 그렇게 한다. 그 이유는 두 층위에서 이해할 수 있다. 사람이 짐승의 모습을 흉내 내면 짐승이 많이 모여들어 사냥을 잘 할 수 있다고 한 것이 첫째 층위이다. 둘째 층위에서는 사람과 짐승은 하나여서 서로 구별이 없다고 했다. 춤을 추면서 열광을 하면 현상 이면의 본질적인 영역인 둘째 층위에 들어서서 신통력을 가질 수 있다고 믿었다. (24-25면)

박물관 구경을 마치고 돌아오면서 택시가 있으면 타려고 했는데 전연 없었다. 버스라도 있겠지 하고 살펴보았으나 전연 없었다. 나중에 알고보니 택시는 불러서 타야 하고, 버스는 다니지 않았다. 먼 길을 걸어서 호텔로 돌아왔다. 와보니 경찰서장 명의로 된 주의서를 방에 넣어놓았다. 치안이 불안하니 함부로 나다니지 말라고 했다. 혼자 박물관까지 갔다온 것이 무얼 모르고 한 대모험이었다.

백인이 사는 저택에는 전기 철조망을 두르고, 무기를 들고 경비를 하는 판이었다. 다투어 팔고자 해서 가격이 폭락했다. 백인은 점차 남쪽 케이프 타운 일대로 모이고, 그 위는 모두 흑인의 세상이 되어간다고 했다. 그 동안의 횡포 때문에 당연한 대가를 치루고 있다.

공항에서부터 이상하게 생각한 사실, 대중교통 수단이 없는 이유를 나중에야 알 수 있었다. 백인은 자기 차로 다니고, 흑인은 다니지 못하게 하느라고 대중교통 수단을 만들지 않았다. 흑인이 함부로 나다니면 잡아가 요하네스버그 근처 소웨토(Soewto)라는 곳에 격리 수용한 결과 그 곳이 인구 몇 백만의 대빈민가가 되었다. 인종차별에 반대하는 흑인의 투쟁을 그 곳에서 주도해 많은 사상자를 냈다. 이제는 백인의 학대보다는 흑인의 투쟁을 말해주는 곳으로 이해되어 聖所로 숭앙된다.

대회 중에 하루 관광을 가는 날 소웨토 행을 신청해 가보았다. 광대한 시궁창이나 쓰레기 더미에 많은 사람이 살고 있었다. 관광버스가 식당에서만 서고 다른 곳을 지나가기만 하면서 밖을 내다보라고 했다. 또 한 군데 들린 곳은 만델라 기념관이었다.

빈한하게 살던 집을 기념관으로 삼고, 넬슨 만델라가 아닌 위니 만델라(Winnie Mandela) 기념관이라고 했다. 위니는 아내 이름이다. 20여 년 동안의 옥바라지를 정성껏 했는데, 남편은 출옥하자 아내를 버리고 다른 여자와 결혼했다. 그 곳 사람들이 남편을 나무라고 아내를 옹호하면서, 둘이 살던 집을 아내 위니 만델라의 기념관으로 삼았다.

남아프리카는 밖에서 알려진 것처럼 흑인의 나라가 된 것은 아니다. 중요한 자리는 아직 백인이 장악하고 있다. 프레토리아 시장은 흑인이었다. 초대 잔치에 나타난 시장 부인의 진홍색 옷이 아주 인상적이었다. 그러나 시청 간부들은 백인인 것 같았다. 대학 총장도 흑인이었다. 그러나 대회에서 발표하는 남아프리카 학자는 거의 다 백인이었다. 발표 내용은 아프리카와는 아무 관련이 없고 유럽 학자들이 유럽에서 발표하는 것들과 다를 바 없었다.

겉만 달라지고 속은 그대로 있다. 전문지식을 요구하는 분야는 백인이 장악하고 있다. 백인은 아직도 남아프리카가 아프리카라고 인정하지 않는다. 흑인과 더불어 아프리카 사람으로 살아갈 생각을 하지 않고, 유럽인의 삶을 멀리까지 연장시킨다고 여기는 것 같았다.

아프리카가 아닌 아프리카

아프리카에서 열리는 비교문학 발표대회에서 아프리카의 소리를 듣기를 바랐다. 프레토리아 개회를 위해 투표하고, 먼 길을 무릅쓰고 고생스럽게 찾아간 것이 그 때문이었다. 그러나 결과는 딴판이었다. 세계 많은 나라 사람들을 모아놓고 남아프리카는 아프리카가 아니고 유럽의 연장이고 백인의 세상이라는 것을 널리 널리 알렸다.

아프리카에 관해 말해주는 순서는 국제적으로 알려진 작가들을 초청해 기조강연을 하도록 한 것뿐이었다. 그 가운에 몽고 베티(Mongo Béti)가 특히 이름난 사람이다. 1954년에 내놓은 『잔인한 도시』(*Ville cruelle*)가 식민지통치를 비판하고 항거를 촉구하는 제3세계문학을 선도한 의의가 있어 높이 평가되었다. (『소설의 사회사 비교론』 3, 지식산업사, 2001, 162-168면에서 이 작품을 고찰했다.) 독립을 획득한 자기 나라 카메룬에서 용납되지 않아 식민지 종주국이던 프랑스에서 오랜 망명생활을 하다가 얼마 전에 귀국했다.

몽고 베티가 본명은 아니다. 불어로 작품을 쓰면서 사용한 필명 가운데 하나이다. 그런데 일자무식인 어머니가 자기를 몽고 베티라고 부르는 것을 듣고 놀랐다고 강연을 하면서 말했다. 고국에 돌아오니 밖에서 얻은 명성을 대단하게 여기면서 어느 대통령 출마자가 자기더러 헌법에 없는 부통령 후보가 되라고 했다고 했다. 정치가라야 훌륭하고, 훌륭한 사람은 정치를 해야 한다고 여기기 때문이라고 했다. 자기 나라 사람들은 불어로 쓰는 소설을 읽지 않고, 읽을 수도 없고, 뜬소문만 가지고 자기를 평가하더라고 했다.

몽고 베티가 기조강연을 하기 전날 아프리카 흑인 발표자 한 사람이 제3세계문학과 제1세계문학의 비교연구에 힘써야 한다는 지론을 불어를 사용해 폈다. 나는 듣고 있다가 토론을 하고 나섰다. 나는 두 가지 행복을 느낀다고 했다. 하나는 제3세계에서 오고, 불어를 할 줄 알기 때문이라고 했다. 발표자는 제3세계문학과 제1세계문학의 비교연구를 하자고 했는데, 제3세계문학끼리의 비교연구가 더 중요하다고 했다. 이번 발표대회가 제3세계에서 열리면서 제3세계문학이 무시되고 제3세계문학 사이의 비교연구에 관해서는 내 논문 한 편을 제외하고는 아무도 말하지 않는 것이 크게 잘못되었다고 했다.

발표자는 나의 지적을 고맙게 받아들인다고 하고 다른 의견이 없었다. 그 순서가 끝나 밖으로 나오는데 몽고 베티가 가까이 와서 말을 걸었다. 어째서 한국이 제3세계인가? 자동차 몇 대 판다고 제1세계로 여기는 것 같았다. 내가 말했다. 한국은 식민지 통치를 받고 그 때문에 분단의 고통을 겪고 있는데 어째서 제3세계가 아니라는 말인가. 제3세계문학끼리 가까워지고 힘을 합치는 길을 찾으려고 멀리까지 와서 실망하고 있다고 했다. 동지는 찾기 어렵고 적대자만 많다고 했다.

몽고 베티는 내 말을 수긍하고 한국도 제3세계라고 인정했다. 기조강연을 할 때 그 말을 했다. 불어로 하는 기조강연을 영어로 번역한 말을 화면에 띄어 영어만 아는 사람도 이해할 수 있게 배려했다. 제3세계의 나라를 들 때 한국도 넣는 말을 붙어 강연에서는 하고 영어 자막에는 없었다. 원래는 없던 말을 추가한 증거이다.

몽고 베티는 제3세계문학의 세계사적 사명 같은 것을 역설해 감동을 주기를 바랐다. 그러나 작품에서 보인 모습과 너무 달라 실망시켰다. 문학이 어째서 소중한가 말하면서 기독교에서 가져오고 유럽에서 얻은 지식을 늘어놓기나 했다. 아프리카 사람들이 창조하고 전승해 인류를 위해 기여하는 문화유산에 대한 탐구는 하지 않은 것을 알렸다. 제1세계가 역시 위대하다는 것을 입증해 제3세계는 공허한 이름이 아닌가 하는 의심이 들도록 했다. 그것은 문학창작에서 거둔 성과를 문학이론으로 정리해내지 못한 탓이라고 생각한다.

몽고 베티 같은 아프리카 작가의 작품은 여전히 위대하다. 『소설의 사회사 비교론』에서 몇 작품을 들어 자세하게 논하고 높이 평가한 것이 조금도 잘못되지 않았다. 그러나 작품은 위대해도 이론은 그렇지 못하다. 작품의 원천을 찾고, 작품 평가의 논거가 되는 이론을 스스로 만들어내지 못했으며 세계문학사의 진로를 적극 개척하는 예지를 보이는 것과는 더욱 거리가 멀다. 제1세계의 문학 이론을 가져와 적용하기나 하고, 아프리카 전통문학에 대한 깊은 탐구를 제3세계 비교문학으로 확대해 세계문학 일반론을 이룩하는 데까지 나아가지 못하고 있다.

나의 발표

멀리서 책을 보고 느끼는 실망감을 떨쳐버리고 아프리카는 문학 작품뿐만 아니라 이론에서도 위대하다고 알려주는 발표가 이번 대회에 몇 개라도 있을 것으로 기대했다. 동아시아에서 출발해 그렇게 하고자 하는 나의 작업과 만나 깊이 있는 토론을 나누고 공감을 확보할 수 있는 상대가 있으리라고 믿었다. 그러나 전혀 그렇지 않았다.

행사일정을 받아보고 실망했다. 아프리카 전통문학에 관한 발표라고는 없었다. 밀림을 헤치고 나온 학자는 없었다. 멀리서 간 나 혼자 아프리카 전통문학의 핵심인 구비서사에 관해 말하도록 되어 있었다. 마침내 아프리카에 간다고 가슴 두근거리면서, 아프리카 구비서사시에 관해서 논하고, 백인을 대항해 위대한 투쟁을 벌인 용사 차카(Chaka)에 대해서 말하기 위해 많은 노력을 한 것이 부끄럽게 되었다.

이 비통한 사실을 확인하고 준비한 원고를 고쳤다. 글 서두에 아프리카가 없는 아프리카의 대회를 나무라는 말을 강경한 어조로 써넣었다. 논문이라기보다 격문처럼 되었다. 주최측이 아주 못마땅하게 여길 내용이다. 출판할 때 채택하지 않은 것이 당연하다.

논문 내용은 『동아시아 구비서사시의 양상과 변천』(문학과지성사, 1997)의 일부를 간추려 보완한 것이다. 그 책에서 다룬 동아시아 구비서사시가 아프리카의 경우와 어떻게 같고 다른지 살펴, 서사시 일반론을 다시 이룩하는 근거를 마련하고자 했다. 요점을 정리해보자.

(가) 서사시 이해의 유럽문명권중심주의는 세계문학에 대한 그릇된 이해의 한 표본이므로 반드시 시정해야 한다.

(나) 아프리카에서 열린 국제비교문학 발표대회에서 그 잘못을 시정하는 자리를 만들지 않은 것은 유감이다. 대회를 주최한 남아프리카에 학문의 인종차별은 아직 철폐되지 않고 있는 증거이다.

(다) 영어로 'epic'이라고 한 것의 편협한 의미에서 벗어나, 세계 모든 곳의 자료를 두루 해당되는 '서사시'의 개념을 다시 설정해야 한다. 영어로 논문을 쓴다고 해서 영미의 용어를 그대로 사용해야 하는 것은 아니다. 영어를 세계어로 사용하려면 편협된 용어를 바로 잡아야 한다.

(라) 구비서사시의 보고인 아프리카 구비서사시에 대한 관심이 고조된 것은 다행이지만, 자료를 지역별로 소개하는 데 그쳤다. 서사시의 개념을 다시 설정하고, 전개 과정을 일반화하려는 노력은 이루어지지 않았다.

(마) 동아시아 구비서사시를 총괄해서 연구한 나의 작업을 아프리카에 적용해서 양자의 공통점을 찾는 비교연구를 해야 세계 서사시에 관한 보편적인 이해를 마련할 수 있다. (바) 아시아와 아프리카 사례의 비교고찰하면, 신령서사시(신앙서사시, 창세서사시)에서 시작해 영웅서사시(남성영웅서사시, 여성영웅서사시)로 바뀌고 다시 범인서사시(신앙비판서사시, 성자서사시, 애정서사시)가 되는 것이 보편적인 과정임을 확인할 수 있다.

(사) 서사시 전체 또는 그 가운데 어느 유형이 없는 것은 상실의 결과이다. 다른 민족을 정복하고 통치하는 가해자는 자기 서사시를 상실하고, 거기 맞서서 싸우는 피해자는 서사시를 소중하게 지켜 상이한 문학사를 만들어냈다.

내 논문을 발표한 날은 공교롭게도 8월 15일이었다. 그 날의 의미를 말하지 못하고 마음속에 새겨두기만 하면서, 한국이 제3세계라고 몽고 베티에게 설명한 말을 되새겼다. 동조해줄 사람이 없는 자리에서 감격을 나타내는 것은 어리석은 짓이다.

논문 전문을 제시하면 다음과 같다. 『영어를 공용어로 하자는 망상』(나남출판사, 2001)에서 내가 영어로 쓴 글의 본보기로 선보이고, “누구든지 애쓰면 이 정도는 쓸 수 있으니 영어 때문에 주눅이 들지 말자”고 한 것이다. 미국인 학생 나수호가 손보고 내가 다시 다듬어 발표용을 삼았다.

From Oral to Written Epics: Toward a Comparative Study of Asian and African Cases

1

Here I am in Africa. As a scholar of comparative literature especially interested in oral literature, I have wanted for a long to time to have the opportunity to experience and join directly in the discussion of the African tradition of the oral epic. The oral epic, one of the most archaic and enduring types of oral literature, can open a new horizon in the understanding of world literary history. Africa is not only the home of the human race, but that of the oral epic as well, and the fact that the 16th congress of the ICLA is being held in Africa is good news to all sincere scholars who are seeking the true history of the epic.

But looking over the programme of the congress, I was disappointed to find only a few papers on African oral literature, and none on the oral epic. It makes me wonder whether South Africa is Africa, and whether or not the notorious apartheid has been abolished in the field of literary study. Almost all the papers presented during this congress have been selected to demonstrate European discourses. Fashionable epithets, such as "postcolonial", "multicultural", and "global", in the titles are merely empty clichés, as there is no sincere desire to study African and other Third World literatures in their original contexts.

Apartheid in academic study is not overcome through a political struggle, but by logical counterargument supported by sufficient evidence. The postcolonial theory of literature must be formulated on a global scale through true multicultural studies. Crucial to this is the cooperation of Asia and Africa in the comparative study of oral literature before the impact of Europe.

2

The assumption that the true epic can be found only in European literature, especially in the works of Homer, is false. Such Eurocentricism hinders our understanding of world literary history as it really is. We must move away from the fixed conception of the epic and examine the wide range of variations and transformations in this genre, accepting the various heritages of the many cultures around the world.

For the purpose of our study, let us select some intact examples that attest to the living history of the epic. Greek examples are deformed, as they are only written epics of ancient times. The endeavor to find its lost partner, the oral epic, in the Serbo-Croatian tradition did not produce any convincing results. The interrelation of oral and written epics, as well as the transformation of the written epic, can best be investigated through materials found intact in many parts of Asia and Africa. A comparative study of these two cases will offer a fresh new approach to world literary history.

The oral epics that maintain the ancient ways of thinking are the best starting point for the study of the epic's world history. Such precious treasures have been preserved to this day in Asia by the Ainu, some minorities of China, and Korean. The epics *Mwindo* and *Sunjata* occupy the same place in Africa. Some epics, such as the Mongolian *Jangar*, the Tibetan *Gesar*, the Korean *Barigongju*(*Abandoned Princess*), and the Egyptian *Hilali* reflected in their transmission the changing consciousness of the masses and became popular literature of the medieval era.

The rich heritage of the oral epic produced its written successor. The written epics, which adhered to an orthodox medieval ideology were composed at a certain time to announced the coming of a new age. The Korean epic *Yongbieocheonga* (*Songs of Flying Dragons*) and the Swahili epic *Heraklios* are good examples. In modern times, new epics are written to inspire nationalism. African poems praising Chaka's heroic struggle against colonialism have their counterparts in modern Korean epics.

The long history of Asian and African epics plays a vital role in promoting discussions about the direction in which contemporary society is headed. With its foundation in oral tradition, the epic provides us with the creativity and imagination needed to overcome the Eurocentric model of modern literature and to open up a new age in world literary history.

3

I published a book titled *Dongasiagubiseosasieui Yangsanggwabyeoncheon* (*Aspects and Changes of the East Asian Oral Epics*, 1997). It is not only the first systematic study of the East Asian oral epic, but also a new attempt to draw a world map of the epic tradition. It is regrettable that the book is written in Korean, and there is no translation, but writing in Korean is advantageous, since I can use Korean terms and framework.

I call the object of the study "seosasi". "Seosa" means "narrative", while "si" means "song". The Korean term "seosasi" designates all kinds of narrative songs, without any special cultural connotations derived from the ancient Greek epics. Using a term with such a wide meaning allows me to develop a comprehensive discussion. The term "epic" as used in this book is defined as the whole range of narrative songs, both heroic and non-heroic. The areas covered are as follows:

(1) Jeju Island, Korea
(2) Mainland Korea
(3) The Ainu, Ryukyu, and Manchurian peoples, and the minorities of Southwest China
(4) China, Japan, Vietnam
(5) Mongolia, Tibet, Kirgiz
(6) Philippines, Thai, Tamil, Rajastan
(7) Nyanga, Hawaii, Quiche, Babylonia
(8) The entire world

This divisions are basically concentric circles, starting at the core of Jeju Island, Korea, and developing gradually to the outer circle of the entire world. As the scope is widened, the accuracy decreases. Although an African example, the Nyanga epic *Mwindo*, is used, the African case is only partly covered as a distant view.

The core is the important part. From the Korean case, including Jeju Island and Mainland Korea, I have drawn the following three main categories of the oral epic: '1. The epic of the god', '2. The epic of the hero', '3. The epic of the commoner'. These three categories are further divided into seven subcategories: '1.1. The laudatory epic', '1.2. The creation epic', '2.1. The epic of the female hero', '2.2. The epic of the male hero', '3.1. The god-degrading epic', '3.2. The hagiographic epic', '3.3. The lovers epic'.

1.1. and 1.2. are rooted in the primitive age, 2.1. and 2.2. are the epics of the ancient age, and 3.1., 3.2., and 3.3. are all products of the post-medieval world. The heritage of the written epic is also rich in Korea.

Types 1.1. and 3.3. appear often in written form in classical Chinese as well as in Korean. Nowadays Korean poets are eager to write national epics.

The categories drawn from Korean epics (K) are also found in the traditions of other East Asian peoples. The above-mentioned types are distributed as follows among the Ainu of Japan (A), the Ryukyuan of Japan (R), the Manchurian of China (M), and the minorities of Southwest China (SW):

	K	A	R	M	SW
1.1.	+	+	+	+	+
1.2	+	+			+
2.1.	+				
2.2.	+	+	+	+	+
3.1.	+			+	
3.2.	+				
3.3.	+	+			+

The Ainu version of type 1.1. is the most archaic of the five examples. There is much similarity between Korea and the minorities of Southwest China in type 1.2.. Type 2.1. is not found outside of Korea, while 2.2. is quite common and widespread. The heroic life pattern is particularly well manifested in the Korean and Ainu examples. The Korean version of type 3.1. is quite similar to the Manchurian version even down to the details. No other Asian peoples possessed type 3.2., while type 3.3. flourished among the Koreans and the minorities of Southwest China.

The general process of the epic's transformation, from the primitive, through the ancient and medieval, and into the early modern period, can be reconstructed through a historical typology. Each people show certain aspects of this process. In Korea, the continuity and the change in the whole range of epic history is very clearly defined.

China and Japan are not shown in the chart, primarily because there are no noticeable epics in their literary histories. The reason for this may be found in their conquering and assimilation of other peoples, which may have caused them to lose their own substrata of oral tradition, the wellspring that offers a continuous renewal of the written epic. The peoples threatened by imperial China and Japan protected their oral epics as symbols of ethnic pride. The oral epic is the opposite of the state of political hegemony. Korea occupied the intermediate position, connecting and unifying the oral tradition with the written creation as she succeeded in developing a nation-state in the face of foreign aggression.

4

Now I want to compare the Asian cases with African cases. The title of this paper reflects a hope, in that the comparison of the two cultures cannot be carried out by a specialist from one side only, but it demands a committed cooperation. So I have come here to Africa to understand the current academic state in Africa and to find a partner in this cooperative work.

The age of ignorance concerning the African epic, typified by Ruth Finnegan's *Oral Literature in Africa* (1970), has passed. The endeavor to defend the African epic using European criteria, as in Isodore Okpewho's *The Epic in Africa* (1979) is unconvincing. The rich heritage of the African oral epic must be investigated, sampled, and studied by indigenous investigators according to their own conceptions. So far, an abundant harvest of materials has been reported.

But, as I cannot read African language texts, I must rely on books written in European languages. *Oral Epics from Africa* (1997), edited by John William Johnson et al, and Stephen Belcher's *Epic Traditions of Africa* (1999) are good guides reporting on the wide range of new knowledge. There are, however, some important problems to reconsider.

The view of Oral Epics from Africa, stating that "the variety of terms for long poetic narratives suggests that we need to redefine the notion of epic form from a global rather than a Western perspective" (p. xix) is good. It is the same with the East Asian cases I have investigated. Yet in the actual work of selecting and analyzing materials, I wonder whether or not the African traditional concepts are really used.

The two books classified their materials regionally, avoiding any participation in conceptional discussions. Such an irresponsible attitude only prolongs Eurocentric prejudice. Stephen Belcher's vague categorizations of the hunter's epic and the other epics, or his division of the mythical epic and the historical epic, cannot cover all the varieties of "long poetic narratives".

In order to overcome such confusion, it is recommended that the oral traditions within written works be compared. As revealed in Jan Knappert's *Epic Poetry in Swahili and Other African Languages* (1983), the Swahili epic *utenzi* includes, in my terms, not only 'The epic of the hero' (*Liongo and Heraklios*), but also 'The epic of the commoner' (*Fatima*), without any discrimination between the two.

I think the whole range of the East Asian epic, defined as '1. The epic of the god', '2. The epic of the hero', and '3. The epic of the commoner', has its counterpart in Africa. This is the true history of the epic, extending through the oral tradition and the written work. Europeans define the epic as 2. only and deny 1. and 3.. The reason is that they do not understand the connection between each type. Having lost the oral epic, they cannot understand the aspect of transformation in world literature.

The seven subcategories of the East Asian epic, '1.1. The laudatory epic', '1.2. The creation epic', '2.1. The epic of the female hero', '2.2. The epic of the male hero', '3.1. The god-degrading epic', '3.2. The hagiographic epic', and '3.3. The lovers epic', may be common criteria for all of world literature. I would like to test this hypothesis through a comprehensive comparative study.

The facts that some peoples have all the epic types, while others have only some of them, and still others have none of them, can be explained, I think, by the ideas of maintenance and loss. A political power that conquers and assimilates often destroys its own precious cultural tradition. Overdevelopment causes collapse, while oppressed peoples recreate human wisdom on a higher level.

남아프리카에서 본 국제인

그 모임에 서울대학교 대학원에서 한국문학을 공부하는 미국인 학생 나수호(Charles La Shure)도 참가했다. 거기서 나와 함께 지낸 일을 회고하는 글을 쓰고 <남아프리카에서 본 국제인>이라는 제목을 붙였다. 정년퇴임 기념 회고록 『학문에 바친 나날 되돌아보며』(지식산업사, 2004)에 실려 있는 75인 제자의 글 가운데 하나이다. 전문을 든다.

선생님을 처음으로 직접 만난 것은 석사 2학기에 선생님의 과목을 수강하면서였다. 그러나 그 전에 이미 많은 상상과 기대를 하고 있었다. 미국에서 한국으로 유학 와서 한국문학을 공부하기로 결심했을 무렵, 교보문고에 가서 한국문학에 관한 책을 훑어보았다. 당시에는 한국어를 잘 못했기 때문에 솔직히 말하면 책의 내용을 잘 알 수가 없었으나, "조동일"이라는 이름이 쓰여 있는 책이 엄청 많은 것을 보고 이상하게 여겼다. "도대체 어떤 분이 이렇게 책을 많이 썼을까?"라고 생각하면서 한참 책을 쳐다보았다.

입학한 다음 선생님에 대한 이야기만 하면 학생들이 막연한 경외심인지 공포감인지에 사로잡힌 것처럼 보였다. 한 교수님은 선생님을 지칭할 때마다 "괴물 같은 조동일"이라고 하기도 했다. 그래서 선생님의 강의를 처음 신청했을 때에 적지 않은 긴장감을 느낄 수밖에 없었다. 그러나 수업을 실제로 들어보니까 선생님은 나의 기대와 상상과 달랐다. 물론 과제가 많아서 조금 힘들기는 했지만 공부만 열심히 하면 무서울 것이 없다는 것은 알게 되었다.

2000년 1학기에 선생님이 여름에 국제비교문학회(ICLA)에서 발표한다고 했다. 장소는 남아프리카 행정수도 프레토리아였다. 나도 우연히 그 무렵에 남아프리카에 갈 일이 있어, 한국으로 돌아오는 날짜를 연기해 학회에 참여하기로 했다. 일정에 큰 무리가 없고, 국제학술회의에 참가하는 경험을 해보고 싶었다. 한국이 아닌 외국에서 보는 선생님의 모습이 어떨까 궁금하기도 했다. 선생님을 직접 만난 이후 많이 존경하게 되었고 연구하는 것을 보면서 참으로 국제적인 학자라는 생각을 하게 되어, 국제무대에서 활약하는 선생님의 모습을 직접 보고 싶었다.

그 학회와 여행에 대한 인상 깊고 좋은 기억이 많이 남아 있지만, 내 머리 속에 가장 깊이 박힌 추억은 선생님과 같이 보낸 시간이다. 무엇보다도 선생님의 발표가 생생하게 기억난다. 선생님은 나에게

“내 발표 시간이 되면 이것 좀 나누어줘라”고 하시면서 발표논문 복사본 뭉치를 주었다. 바쁘게 돌아다니면서 발표 장소에 온 사람들에게 하나씩 나누어주기 시작하자 바로, 다른 사람들이 나를 이상하게 쳐다보고 있다는 것을 알게 되었다. 나는 머리를 긁적이며 “저, 발표하시는 분이 우리 선생님이라서, 그냥 발표문을 나누어드리는 거예요”라고 말했다. 그때 스승과 제자의 관계에 대해서 생각하며, 새삼 “역시 한국 문화는 특별한 데가 있구나”라고 생각했다.

선생님의 발표는 구비서사시에 관한 것이었다. 서구의 영향을 받기 전의 동아시아와 아프리카 구비서사시 비교론을 시도하면서, 아프리카의 경우는 자세히 모르므로 공동연구를 제안한다고 했다. 그래야 서사시를 유럽 중심의 관점에서 이해해 얻은 편견을 극복하고 세계문학사의 진면목을 찾을 수 있다고 했다. 그런데 거기 모인 학자들은 그 제안에는 관심을 보여주지는 않으면서 시시한 문젯거리만 꺼내 토론이 엉뚱한 방향으로 빗나가게 했다.

처음에는 놀라고 그 다음에는 실망하다가 마지막에는 조금 화가 나기 시작했다. 머리 속에서는 하고 싶은 말이 분수처럼 쏟아졌다. “왜 이렇게들 모르고 있는 거냐?”, “그따위는 중요하지 않고 같이 협조해서 대단한 연구를 이루는 것이 중요하다”, “좁은 시야 때문에 중요한 것을 볼 수 없으니 참 안타깝다.” 하지만 아무 말 없이 그 토론 속에서 선생님의 희망이 점점 사라지는 것을 지켜볼 수밖에 없었다.

그런데 선생님은 그런 사태에 담담하게 대처했다. 내 생각에는 쓸데없다고 느껴지는 지적까지 차분한 목소리로 꼬박꼬박 답변해 주었다. 선생님이 그 와중에서도 최선을 다 하시며 진지하게 대처하고 있는데, 어떻게 제자가 함부로 말을 하랴? 지금 생각해 보면 선생님의 희망이 곧 내 자신의 희망이었을지 모른다. 그래서 큰 기대를 가지고 아프리카에 갔다. 국제학술회의에 처음 참가하면서 무슨 대단한 일이 벌어지기를 기대했다.

눈에 아무 것도 보이지 않아 낙심했는데, 신기하게도 선생님은 낙심하지 않았던 것 같다. 학회에서 놓친 것보다 거둔 것에 관심을 가졌다. 나는 그제야 국제적인 학자란 무엇인지 깨달았다. 사소한 차이점을 찾아서 지적하는 것이 아니라, 국경과 민족을 초월하는 비전을 가지는 학자가 바로 국제적인 학자이다. 그리고 도중에 나타난 장애물에 관심을 가지지 않고 항상 궁극적인 목표 달성에 전념한다. 이것이 바로 선생님의 발표를 듣고 배운 가장 큰 교훈이다.

아프리카에서 선생님과 보낸 시간의 마지막 추억은 동네 음식점에서 간단하게 저녁식사를 하고, 또 호프집에 가서 내가 제일 좋아하는 맥주 기네스를 한잔하며 이야기를 나누면서 선생님의 웃는 얼굴을 보던 것이다. 선생님은 여러 나라에 다니며 먹어본 각국의 맛있는 음식 이야기를 많이 하고, 그렇지만 사모님이 하는 음식이 으뜸이라고 자랑스럽게 말하던 것이 가장 인상적이었다. 외국 사람인 나는 아내를 자랑하는 것이 자연스럽다고 생각했는데, 한국에서 오래 살다보니 그렇게 하는 것은 부끄럽다고 여기게 되었다. 그런데 남아프리카 프레토리아 대학생들이 드나드는 호프집에서 선생님의 아내 자랑을 듣다니. 우리가 국경을 넘어서 같은 세계인이라는 느낌이 들었다.

나는 서울대학에서 석사를 하고 박사과정에서 공부하고 있다. 전공은 계속 한국고전문학이다. 요즈음은 선생님과 함께 『한국문학통사』를 축약해 영역하면서 새로운 추억을 만들고 있다.

위의 글에서 말했듯이 내 논문에 대한 반응은 실망스러울 정도였다. 듣는 사람은 보통 크기의 교실을 반쯤 채울 정도여서 적지 않았으나, 구성이 문제였다. 아프리카 사람은 아무도 없는 것 같았다. 아프리카의 구비서사시에 대한 논의가 없다고 분개하는 데 대해 반론을 제기할 사람은 있지 않았다. 비교 연구 제안에 동의하고 자기 나름대로 의견을 제시할 유자격자는 아무도 오지 않았다.

생긴 모습을 보면 세계 각처 사람이 다 모인 듯한데, 질문하는 말은 대수롭지 않았다. 인도인이 나서서 아시아를 말하면서 왜 인도를 제외했는가 하고 따진 것이 가장 큰 반론이었다. 동아시아를 아시아라고 해서 미안하다고 하고, 남아시아의 경우도 어느 정도 고찰했으나 함께 다루지 못했다고 했다. 다른 사람들은 몰라서 묻는다고 하면서 사소한 것들을 들고 나왔다. 위의 글에서 "왜 이렇게들 모르고 있는 거냐?"라고 하는 말이 내 입에서 나오는 것을 간신히 참고 성의껏 대답했다.

그래도 실망하지 않았다. 아프리카는 아직 잠들고 있을 따름이다. 구비서사시를 직접 전승하는 노인의 자손들이 언젠가는 깨어나 세계문학사 이해를 바로잡는 큰일을 할 것이다. 그 때 나와 만날 수 없더라도 내가 해놓은 연구가 도움이 되기를 간절하게 바란다. 그쪽에서 한국어를 할지 못하고 내가 해놓은 일이 그 쪽에서 아는 말을 번역되어 있지 않아 안타깝다.

돌아올 때의 소득

남아프리카를 왕래하면서 말레이시아 쿠알라 룸푸르에서 비행기를 갈아탄 것은 앞에서도 말했다. 갈 때에는 비행기를 갈아타기만 하고, 올 때에는 며칠 머무르면서 말레이시아가 어떤 곳인지 살폈다. 전에 갈 뻔한 곳을 뒤늦게 찾아가서 궁금증을 해소했다.

1991년경으로 기억한다. 말레이시아에서 와달라고 한 적 있다. 그 나라 문학연구소에서 아시아 각국의 전통적인 문학관이 오늘날 어떻게 계승되는지 살피는 학술회의를 하고자 하니 한국의 경우를 발표해달라는 초청을 받았다. 그러나 그 무렵 외국에 가는 일이 많아 너무 피곤할 것 같았다. 경비는 대줄 수 없으니 스스로 마련할 수 없겠는가 하고 말했다. 그 두 가지 이유가 겹쳐 가지 못했다.

쿠알라 룸푸르에서 4박 5일 동안 머물면서 숙박비가 싸서 놀랐다. 음식 값도 부담이 되지 않으면서 다채롭고 모두 맛이 뛰어났다. 말레이, 중국, 인도, 타이 등의 음식이 경쟁을 벌이는 것이 싱가포르의 경우와 같으면서 값은 절반 정도이다. 식도락 여행을 하고자 한다면 적극 추천할 곳이다. 음식만큼 다채로운 문화를 살피는 것도 큰 소득이었다. 박물관, 미술관, 서점, 대학 등을 돌아보면서 알고 싶은 것을 확인했다.

특히 영어를 공용어처럼 써서 생기는 손익에 대해서 알고 싶었다. 직접 관찰하고 책을 사서 본 결과 영어를 일부 특권층만 활용해 분열과 반목의 원인을 만든다는 것을 알았다. 그 사실을 『영어를 공용어로 하자는 망상』(나남출판사, 2001)에서 요긴하게 이용했다. 그 대목을 간추려 적는다. 논의의 출처에 관한 주는 생략한다.

말레이시아는 다언어 국가이다. 말레이어를 사용하는 말레이인이 46퍼센트, 중국인 34.1퍼센트, 타밀(Tamil)인을 위시한 인도 각지에서 이주한 사람들이 9퍼센트이고, 나머지는 여러 소수민족이다.

말레이인이 다수이고 정치적인 지배력을 행사하지만, 중국인은 경제력을 가져 강력한 견제세력 노릇을 한다. 타밀인은 인도 안의 자기 고장과 연결되어 그 나름대로의 독자성을 견지한다. 말레인의 이슬람교, 중국인의 도교, 타밀인의 힌두교가 그 나름대로의 정신세계를 구축하고 있다.

말레이시아는 독립하자 말레이어를 국어로 하고 국어 이외에 공용어를 따로 두지 않겠다는 확고한 방침을 세웠다. 말레이시아는 말레이인의 나라라고 선포하고, 말레이어를 국어로 삼았다. 말레이어를 '말레이시아의 언어'라는 뜻의 '바사하 말레이시아' (Bahasa Malaysia)라고 명명해 위상을 높이고 교육에 힘썼다.

그러나 말레이어가 중국어나 타밀어보다 앞서기는 했어도 영어의 위세를 누를 수는 없었다. 그 뒤 10년 동안 영어가 말레이어보다 더욱 긴요한 공용어로 쓰이는 것을 막지 못했다. 말레이인이 아닌 다른 민족은 자기네 언어를 계속 사용하고 있다. 어느 민족이든 말레이어로 교육을 받으라고 강요할 수는 없다. 1967-1968년에 각 민족이 어느 언어로 교육을 받았는지 백분율로 정리해 보인 통계가 있다.

교육언어	전체	말레이인	중국인	인도인	기타
영어	14.2	8.6	14.3	28.3	60.9
말레이어	42.3	89.2	0.7	1.6	21.2
중국어	33.1	0.1	84.9	0.3	4.9
타밀어	9.0	0.1	0.0	66.8	0.9
기타	1.4	1.9	0.1	2.8	12.1

중국인이나 인도인이 말레이어로 교육을 받는 비율은 아주 낮아, 말레이어를 국어로 받아들이지 않는다는 것을 알 수 있다. 여러 민족이 공통되게 사용하는 교육언어는 영어이다. 전 인구의 14.2퍼센트가 영어를 제대로 배워 영어가 공용어이게 하면서 사회 지도층 노릇을 한다. 다른 사람들도 길거리 영어는 익혀 말하는 데 쓴다. 말레이인들끼리 말할 때에는 영어와 말레이어를 섞은 어법을 흔히 사용한다.

말레이시아 사회는 영어 없이 유지되지 않는다. 이민족끼리 의사소통을 하려면 영어를 사용할 수밖에 없다. 그뿐만 아니라 말레이어로 교육을 받는 말레이인도 말레이어의 효용에 대해서 회의적이다. 고등교육, 사법기관, 의학, 과학, 기술 등의 분야에서는 영어를 말레이어로 대치할 수 없다고 여긴다.

영어가 사실상의 공용어여서 영어를 잘 하는 것이 말레이시아 사람들로서는 다행이라고 할 수 있을 것 같다. 그것이 경쟁력이라는 주장이 나올 수 있다. 영어를 잘 하는 덕분에 말레이시아가 어떤 경제적인 이득이 있는지 분석하는 것은 나로서는 능력 밖의 일이다. 그러나 문화적인 측면에서는 영어가 경쟁력을 키우지 않고 없앤다는 사실을 명확하게 확인할 수 있다.

말레이시아에 가서 발견한 사실 가운데 가장 큰 충격을 주는 것을 들면, 서점에 자기 나라 출판물이 거의 없다는 점이다. 영미에서 영어로 출판한 책이 서점을 메우고 있다. 한 구석에 "Local Interest"(지방 관심사)라고 한 서가가 하나쯤 있어 말레이시아에 관한 책을 팔고 있는데, 모두 영미에서 출판된 것들이다.

자국에서 영어로 출판된 책은 대학 구내서점에 가야 볼 수 있다. 말레이어 출판물은 어디서도 찾기 어려운 것이 더욱 놀라운 일이다.

몇 년 전에는 있었는데 지금은 거의 없다. 대학 구내서점에서 가까스로 발견한 것이 몇 권 되지 않았다. 지질이나 편집이 수준 이하여서, 신뢰감을 가질 수 없게 하는 것들이었다.

독립을 얻고, 어느 정도 번영을 누린다고 하며, 쿠알라 룸푸르 시내 도처에 초고층빌딩을 지어 이목을 현란하게 하는 지금에 이르러 말레이시아의 정신적 주체성은 심하게 훼손되었다. 초고층빌딩의 쇼핑센터에서 팔고 있는 값나가는 물건은 모두 외국제이다. 말레이시아는 원래 직물이 훌륭하고 색감이 뛰어난 나라인 줄 알고 찾아 나섰는데, 사고 싶은 옷을 노점상에서 가까스로 발견했을 따름이다.

말레이시아 역사에 관한 영어책은 모두 세 종을 발견했다. 하나는 이미 가지고 있는 것이고, 둘은 새로 보여 사왔는데, 모두 외국인의 저작이다. 말레이사아 역사를 연구하는 것 같이 힘은 들고 수입이 나오지 않는 일은 경쟁력이 없으니 국력을 낭비하지 말고 외국인에 맡기는 것이 좋을 듯하지만, 전혀 그렇지 않다.

아시아의 장래에 대해서 낙관적인 기대를 표명하는 데 말레이시아 사람들은 특별한 관심이 있다. 아시아의 경제가 번영하기를 바라고, 아시아의 가치관으로 인류문명의 위기를 극복해야 한다고 주장하고, 다음 시대는 아시아의 시대여야 한다고 하는 책을 거듭 영어로 써냈다. 그런데 내용이 충실하다고 하기 어려우며, 구체적인 연구를 뒷받침으로 삼지 않아 주장하는 바가 공허하다. 이슬람사상에 관한 연구는 어느 정도 진척되고 있으나, 유럽문명권중심주의에 대한 아시아의 대안을 제시하기에는 역부족이다. (이런 사정을 『영어를 공용어로 하자는 망상』에서 자세하게 설명했다.)

영어를 공용어로 해서 기른 역량으로 자국인이 영어로 써서 자국에서 출판한 책을 국내는 물론 외국에서도 많이 팔아 널리 알려야 세계화를 성공적으로 수행했다고 할 수 있다. 그런데 나타난 결과는 그것과 정반대이다. 문화는 수입하고 상품은 수출할 수 있을까? 경제 논리로 생각한다면 그렇게 하는 것이 이익이라고 할 수 있다. 수지가 맞지 않는 문화는 남에게 내어주어도 그만이고, 소득이 보장되는 상품 생산에 힘을 모으는 것이 현명한 작전일 듯하다.

그러나 문화의 역량을 스스로 키우지 않고 수출할 수 있는 상품을 만들 수는 없다. 문화는 수입하고 상품은 수출하는 전략을 세우는 것이 국가경영의 비결이라고 할 수는 없다. 쿠알라 룸푸르의 번영이 그 비결의 성공을 입증하고 있다고 판단하면 오해이다. 화려한 빌딩 안의 대형서점이 자기상실의 증거를 너무나도 명백하게 보여주고 있었다.

남아프리카에서도 말레이시아에서도 유럽문명권의 세계 지배는 끝나지 않았다. 자기 나라 사람이 정권을 장악하고 독립국가의 위신을 높이고 해도 유럽에서 가져다놓은 문화는 그대로 있다. 반론은 미미하고 특수성을 보여주기나 해서 세계적 보편성을 획득하지 못했다.

유럽문명권중심주의를 극복하고 여러 문명권에서 이룩한 유산을 대등하게 이어받아 인류 전체가 평화와 번영을 함께 누릴 수 있는 날이 과연 올 것인지 의문이기까지 하다. 그래도 좌절할 수는 없다. 내가 하는 학문이 조금이라도 도움이 되기를 바라면서 안에서 분투하는 데 그치지 않고 멀리까지 나다니면서 속 태우고 목청을 높인다.

토 론

❏ 문 : 구비서사시 비교연구에서 무엇을 얻고자 했는가?

❑ 답 : 아프리카와 동아시아 양쪽의 구비서사시의 개념, 양상, 변천 과정 등에서 공통된 점을 찾아, 서사시 이해의 유럽문명권중심주의를 타파하고 세계문학사 이해를 바로잡으려고 했다. 아프리카 서사시를 영어로 소개한 책을 통해 얻은 공통점에 관한 가설을 진면목을 아는 사람들과 공동작업을 통해 확인하려고 했다. 가망이 없이 크게 실망했다.

❑ 문 : 아프리카 구비서사시는 알려지지 않았으나 음악은 관심의 대상이 되고 있다. 아프리카 음악을 어떻게 평가하는가?

❑ 답 : 아프리카 음악을 미국의 흑인이 변형시켜 세계 대중음악을 휩쓴 것은 널리 알려진 사실이다. 그 원형에 해당하는 아프리카 자체의 음악은 이제 들리기 시작하는데, 아프리카인이 예술의 천재임을 말해준다. 아프리카의 미술 또한 대단해서 유럽 현대미술에 많은 영향을 끼쳤다. 아프리카의 음악이나 미술은 특정 예술가의 창조물이 아니고 누구나 참여하는 일상생활의 일부라는 점이 더욱 소중하다.

❑ 문 : 아프리카의 대학에도 국문과가 있는가?

❑ 답 : 영문과나 불문과가 국문과 노릇을 한다. 케냐의 작가 은구기(Ngugi)가 영문학 교수를 하면서 영문학과를 자기 언어로 창작한 문학을 다루는 학과로 바꾸어야 한다고 주장했으나 뜻을 이루지 못했다. 아프리카의 문학, 음악, 미술 등의 창작은 놀랍지만, 이에 대한 연구는 제대로 이루어지지 못하고 있다.

아프리카의 영문과나 불문과에서는 모든 강의를 영어나 불어로 하고, 수준이 아주 높다. 자기 나라에 있는 영문과만 나와도 영어로 소설을 쓴다. 널리 알려지고 높이 평가되는 작가가 모두 그런 이력을 가졌다. 남의 말로 하는 문학 창작에서는, 연구가 부족하다고 지적한 아프리카 구비문학의 유산을 적극 활용한다. 유럽문학과 경쟁해 앞서는 길이 거기 있다고 여긴다.

한국의 영문과는 아프리카 각국보다 많이 뒤떨어져 세계 꼴찌급이다. 영미 쪽과 경쟁하려고 하지 않고 추종하기만 하는데 족탈불급이다. 한국의 국문과는 제3세계 다른 어느 곳보다 앞서고 세계 전체로 보아도 정상급이다. 그런데도 국내에서는 영문과의 성가가 국문과보다 더 높다. 좋으면 나쁘고, 나쁘면 좋은 양상이 이렇게 나타나는 것을 흔히 볼 수 있다.

❑ **문** : 아프리카의 국경은 식민지통치의 경계 구획을 그대로 이어 아주 잘못 되어 있다는데 사실인가?

❑ **답** : 그렇다. 민족이나 언어의 경계와 무관하게 그어져 있는 잘못을 바로잡아야 한다. 동부 아프리카 스와힐리어(Swahili) 사용자들은 탄자니아, 케냐, 우간다, 이 세 곳에 나누어져 있는데 한 나라를 이루는 것이 마땅하다. 하우사어(Hausa) 사용자들은 나이지리아의 일부를 이루는데 독립해야 한다.

그런데 흔히 부족이라고 하는 작은 민족이 아주 많고 각기 다른 언어를 사용하고 있어 국경을 다시 정한다고 가정해도 적절한 대책을 찾기 어렵다. 작은 국가가 무수히 많이 생겨나는 것은 바람직하지 않다. 국가는 규모가 작으면 운영이 어렵다. 국가가 점차 해체되는 것이 해결책이다. 국가보다 작은 단위의 자치가 확대되고, 국가보다 큰 단위의 지역공동체가 생겨나 지금 국가가 하고 있는 일의 많은 부분을 관장하는 쪽으로 나아가야 한다는 세계사 진행의 새로운 방향이 아프리카에서 커다란 의의를 가진다.

❑ **문** : 부족끼리의 싸움이 왜 그치지 않는가?

❑ **답** : 부족이라고 하지 말고 민족이라고 하자. 수가 작아도 민족이라고 해서 차별하지 말자. 중국에서 정립한 민족 개념을 널리 사용할 만하다. 민족끼리의 싸움은 통상적인 삶의 방식이었다. 싸우면서 화해하고 화해하면서 싸웠다. 그런데 지금의 싸움은 두 가지 점에서 달라졌다. 총포로 싸워 대량 살상이 벌어진다. 화해를 가로막는 이념이 수입되었다. 시대 변화에 휩쓸려 싸움을 격화하고 화해를 잃은 것이 잘못이다.

수입된 방식의 싸움을 제어하고 화해를 다시 이룩하는 지혜는 스스로 마련해야 하는데, 그렇지 못해 통탄스럽다. 마을, 민족, 국가, 국가를 넘어선 지역 공동체 등의 단위에서 화해의 사상을 찾고 되살리는 운동을 힘써 전해야 한다. 싸움과 화해의 관계를 다시 정립하는 그 쪽 나름대로의 생극론을 정립하고 실행해야 한다.

❑ **문** : 아프리카는 일부다처제 사회라는데 사실인가?

❑ **답** : 그렇다. 은구기나 다른 여러 작가의 소설에서 일부다처제를 보여주고 있다. 그런데 多妻이지 妻妾은 아니다. 여러 처가 대등한 관계를 가지고 사이좋게 지낸다. 아랍에서도 다처제를 전통으로 하고 있다. 왜 그런지 알아야 한다. 잦은 전투로 남자들이 일찍 죽어 과부가 많았다. 이웃에 있는 과부를 처로 삼지 않고 그대로 두는 것은 잘못이라고 했다. 다처제의 전통을 받아들여야 생

계의 방도를 잃고 버림받는 사람들이 없어 사회가 안정되고, 인구가 줄지 않았다. 인구는 전통사회에서 최대의 경쟁력이었다. 지금은 전투가 줄어들어 남자들이 일찍 죽지 않는데 다처제를 지속시키는 것은 잘못이다. 그런 줄 알아 점차 일부일처제로 가고 있다.

남의 사정을 우리 잣대로 평가하는 것은 잘못이다. 인도에 가는 사람들이 노숙자를 보고 눈살을 찌푸리는 것도 그런 경우이다. 미국형 노숙자, 미국에서 시작해 일본이나 한국에서도 나타난 노숙자 유형과 인도의 노숙자는 아주 다르다. 미국형 노숙자는 전에 누리던 위치를 잃은 실패자이지만, 인도에서 노숙은 대대로 이어온 삶의 방식이다. 그 때문에 절망하지 않고 열심히 살아간다. 노숙하면서 도로공사에서 일하는 사람들이 그 좋은 예이다.

❑ 문 : 남아프리카는 치안이 불안하다고 했는데, 말레이시아는 어쨌는가?

❑ 답 : 아무 문제도 없어, 마음 놓고 혼자 돌아다녔다.

❑ 문 : 왜 그렇게 다른가?

❑ 답 : 한 말로 말해 영국인이 남아프리카에는 머물러 있고, 말레이시아에서는 떠나갔기 때문이다. 남아프리카는 금강석이 나고, 기후가 좋아 자손대대로 눌러 살려고 하고, 말레이시아에는 잠시 머물면서 이득을 챙기려고 했다. 영국인이 떠나자 말레이시아에는 심각한 민족모순이 없다. 말레이인, 중국인, 인도인 등은 인종이나 문화가 다르지만 처지가 비슷해 다투면서도 화합할 수 있다. 지배와 착취가 없으면 여러 민족이 화합하면서 살 수 있다.

제13강 카이로에서 로마로

가게 된 내력

"아랍세계의 비교문학"(Comparative Literature in the Arab World)이라는 학술회의가 이집트 비교문학회 주최로 1995년 12월 20일부터 22일까지 카이로대학에서 열렸다. 당시 한국비교문학회 회장이던 김용직 교수가 그 모임에 참석하고자 하니 함께 가자고 했다. 이집트 비교문학회 회장 아흐메드 아트만(Ahmed Atman)이 한국에 왔을 때 잘 대접했더니 돌아가서 이번 모임의 초청장을 보냈다고 했다. 가면 답례가 있을 것이라고 했다.

이집트라? 가고 싶은 곳이지만 엄두가 나지 않았다. 너무 멀고, 어떻게 가야 하는지 생각이 떠오르지 않았다. 여비도 문제였다. 김용직 교수가 대산문화재단에 이야기해서 두 사람의 여비 각 200만 원씩을 받았다. 비행기 편을 알아보니 카이로 행 대한항공 비행기 좌석이 매진되었다고 했다. 가능한 방법은 여행사의 단체여행에 들어가는 것뿐이었다. 이집트 · 그리스 · 터키를 9박 10일 여행하는 단체관광 경비가 카이로에 가는 비행기 값보다 적었다. 무슨 계산이 그런가 싶었으나 시비할 처지가 아니었다.

비행기는 중간에 들리는 곳이 있어 거의 종일 갔다. 카이로 공항은 시골 기차역 같았다. 한국에 전화를 하려고 공중전화 카드를 샀더니, 파는 사람이 카드를 썼으면 자기를 주고 가라고 했다. 아직 돈이 많이 남았는데 무슨 소리냐 하고 따지니, 공항 밖에 나가면 쓸 곳이 없을 것이라고 했다. 그 말이 맞았다.

이집트가 어떤 나라인가 말해주는 일화를 둘 더 들자. 김용직 교수와 둘이서 택시를 타면서 사전 흥정을 단단하게 했다. 도착해서 그 돈을 내니 아니라고 했다. 미리 말한 것은 한 사람분이니 갑절을 내라고 했다. 달라는 돈을 다 주어도 얼마 되지 않았다. 우리 택시비 절반이 되지 않았다.

룩소르라는 유적지에서 일행과 해어져 혼자 박물관에 가느라고 마차를 탔다. 이번에도 사전 흥정을 분명하게 해서 10파운드 달라는 것을 8파운드로 깎았다. 그 돈을 주니, 마부가 말했다. 자기는 8파운드를 받기로 했으므로 그대로 받지만, 말을 가리키면서 "이 말도 2파운드는 받아야 하지 않겠는가?" 타기 전에 깎은 것이 무효가 되었으나 기분 나쁘지 않고 도리어 즐거웠다.

단체관광에 동행하는 동안에는 이집트 음식이 별 것 아니라고 생각했다. 도저히 한식이라고 할 수 없는 정체불명의 음식을 주면서 생색을 냈다. 그런데 우리 두 사람이 따로 행동하면서 아무 식당에나 들렀을 때에는 딴판이었다. 관광객은 오지 않은 곳이어서 카이로의 진미가 나왔다. 불편한 것을 감수하더라도 개인 여행을 즐겨야 한다. 영어가 웬만큼 통해 꼭 필요한 볼일은 볼 수 있는 곳이다.

어렵게 참가한 행사

마침 다른 사람들은 카이로 시내 구경을 하는 날 학술회의가 시작되었다. 일행을 떠나 학술회의에 참석했다. 다행히 우리 두 사람의 발표는 첫 날 순서에 들어 있었다. 그렇지 않았으면 상당한 차질이 생길 뻔했다.

카이로대학은 규모가 컸다. 문을 따로 낸 여러 건물이 있어 어디가 어딘지 알기 어려웠다. 안을 기웃거리니 무엇을 하는 곳인지 알리는 말을 아랍어와 불어 둘로 써 붙인 것이 예상 밖이었다. 행사가 열리는 곳을 어렵게 찾아가 아트만 회장을 만났다. 인사를 나눈 것뿐이고 더 말이 없었다. 너무 바빠 그럴 수밖에 없다고 이해하고, 나중에 우리를 찾을 것으로 기대했으나 그런 일은 없었다.

실무자가 참가비 100 달러 내라고 해서 냈다. 중식대가 포함되어 있다고 했다. 점심시간에 식당에 가서 주는 음식을 보고 놀랐다. 닭 한 마리, 양고기 구이, 그리고 다른 몇 가지, 커다란 빵, 마실 것. 4분의 1정도만 먹고 일어서면서 보니, 이집트 사람들은 남기지 않은 것 같았다.

100 달러를 내고 혜택을 본 것은 그뿐이니 너무 비싼 식사를 했다. 행사에 계속 참가하면 저녁도 주는 모양인데 그럴 수 없었다. 다음 날은 단체관광을 함께 하는 일행이 지방으로 가게 되어 있고, 곧 딴 나라로 향하는 일정이어서, 학술회의에 계속 참석하면 귀국할 길이 없는 딱한 신세였다.

돈 이야기를 마저 다 하기로 한다. 돌아오니 발표 논문을 모아 책을 냈다고 하면서 책 값 100 달러를 보내라는 편지가 왔다. 한국 같으면 책을 그냥 준다. 서양의 풍속은 별쇄는 그냥 주고 책은 사도록 한다. 이집트 식은 별쇄도 보내지 않고, 나중에 보니 만들지도 않았다.

논문이 실렸는지도 모를 책을 100 달러나 선불하고 사다니. 형편이 좋지 않은 나라라 출판비를 글 쓴 사람들이 내는 돈으로 충당하지 않을 수 없을 것이라고 이해하고 돈을 보냈더니 표지에 다음과 같이 적은 책이 도착했다. 발표한 논문을 모두 수록한 것 같았다.

> The Egyptian Society of Comparative Literature (ESCL)
> *The Proceedings of the International Conference*
> *Comparative Literature in the Arab World*
> Centre for Comparative Linguistics and Literary Studies (CCLIS)
> Faculty of Arts- Cairo University
> 20-22 December 1995
>
> Editor Ahmed Etman
> Cairo-1998

책 표지가 둘이다. 한쪽은 영어로, 다른 쪽은 아랍어로 썼다. 영어와 불어, 그리고 이탈리아어로 쓴 논문 한 편이 380면 분량이다. 아랍어 논문은 더 많은 분량인데 아랍어 숫자를 읽지 못해 몇 면이나 되는지 말할 수 없으나 더 많은 분량이다. 아랍어를 읽지 못하면서 혼자 가지고 있는 것이 부질없는 짓이어서 한국외국어대학교 아랍어과 송경숙 교수에게 빌려주고 복사한 다음 돌려받았다.

무엇을 논의했는가

첫날 발표 서두에서 이집트문명에 대한 재인식을 역설한 기조강연이 있어 오래 기억에 남는다. 이집트문명이 전해져 그리스가 일어난 사실을 외면하고, 그리스인이 지닌 독창적 능력의 산물이어서 유럽문명은 특별하다고 하는 것은 잘못이라고 했다. 고고학과 언어학 연구에서 증거를 찾았을 따름이고 문학과는 거리가 멀었다.

유럽문명권중심주의를 극복하고 세계문학의 다양한 모습과 가치를 재인식하는 데 아랍세계가 적극 기여하는 길을 찾고자 하는 것이 대회를 개최한 취지였다. 기대한 바와 같아 좋은 결과가 있기를 바랐다. 그런데 두 가지 제약 조건이 있어 무어라고 말하기 어렵다. 첫날 발표만 듣고 말아 전모를 알 수 없었다. 회의에서 사용한 공용어는 영어・불어・아랍어이고, 아랍어 논문이 가장 많았다. 아랍어 논문은 이해할 수 없어 대회에서 거둔 성과에 대한 평가가 가능하지 않았다.

모임에서 발표한 논문을 모아 낸 책을 자료로 삼아 사후 점검을 하는 수밖에 없다. 영・불・이탈리아어로 쓴 논문은 "1 비교문학의 이론 및 최근 경향"(The Theory of Comparative Literature and its Contemporary Trends), "2 응용 연구"(Applied Studies), "언어학과 번역"(Linguistics and Translation)의 세 부분으로 이루어져 있다.

1은 원론이고, 2는 각론이다. 2에 수록된 많은 논문은 개별적인 주제를 각기 다루기만 하고 대회를 개최한 취지와 밀착된 논의를 펴지 않았다. 비교문학에 대한 이해도 각기 달랐다. 김용직 교수는 한국 현대시에서 받은 유럽의 영향을 고찰했다.

1의 원론 발표자들은 주최하는 쪽에서 바라는 바를 짐작하고 논문을 준비했다. 그런데 단 세 편뿐이다. 세 편의 필자와 제목을 들면 다음과 같다. 성은 모두 대문자로 쓴 것을 그대로 옮긴다. 거론하기 편리하게 부호를 붙인다.

(a) Armando GNISCI, "La littérature comparée comme discipline de décolonisation"

(b) Dong-il CHO, "A New Theory of the Periodization of the History of World Literature"

(c) Magdi YOUSSEF, "Le Mythe de la littérature européenne"

(a)의 발표자 아르만도 그니시는 이탈리아 로마대학 비교문학 교수이다. 논문 제목을 번역하면 <탈식민지 학문으로서의 비교문학>이다. 비교문학이 식민지 학문의 편견을 버리고 세계문학에 대한 진정한 이해를 위해 힘써야 한다고 역설했다.

(c)의 발표자 마그디 유세프는 이름이 아랍인이다. 나중에 확인해보니 카이로대학 비교문학교수이다. 논문 제목은 <유럽문학의 신화>이다. 유럽문학은 단일체라고 하는 거짓된 이해에서 벗어나 다양성을 주목하면서, 장차 다른 여러 곳들 문학과의 광범위한 비교를 거쳐 진정한 세계문학을 이해해야 한다고 주장했다.

(b)는 나의 논문이다. 제목을 번역하면 <세계문학사 시대구분의 새로운 이론>이다. (a) · (c)에서 제시한 당위론을 구체적인 논거를 가지고 가시적인 형태로 발전시켰다고 할 수 있는 내용이다. 그 둘에서는 유럽 안의 사정만 시비했으나, 나는 다른 문명권의 문학을 광범위하게 들어 논했다.

지금까지의 세계문학 이해가 잘못된 증거를 유럽문명권의 네 곳 미국 · 프랑스 · 독일 · 러시아에서 나온 대표적인 세계문학사에서 찾았다. 세계문학사 이해의 유럽문명권중심주의를 극복하는 대안을 여러 문명권의 문학을 대등하게 고찰해 제시했다. 『세계문학사의 허실』(지식산업사, 1996)에서 기존의 세계문학사를 총괄해서 비판한 성과를 간추리고, 세계문학사의 새로운 이해를 위한 구상을 보탠 내용이다.

나의 발표

논문을 제시하고 논의를 계속하기로 한다. 이 논문은 국내의 독자가 읽을 수 있게 『비교문학』 21 (한국비교문학회, 1996)에 발표했다. 영문저서 *Korean Literature in Cultural Context and Comparative Perspective* (Jipmundng, 1997)에도 넣었다. 조금 수정해 다시 내놓는다.

내용은 『세계문학사의 허실』(지식산업사, 1996)에서 전개한 기존의 세계문학사 비판론을 간추린 것이다. 거기서 다룬 8개 언어로 이루어진 38종의 세계문학사 가운데 특히 중요한 위치를 차지하는 미국, 프랑스, 독일, 러시아 것들을 본보기로 들어 잘못을 나무라고 나가 생각하는 대안을 제시했다. 『세계문학사의 전개』(지식산업사, 2002)에 이르러서 구체화되는 구상의 개요를 미리 알렸다.

Toward a New Theory of the Periodization of World Literary History

The theory of the periodization of world literary history on the basis of temporal division into the ancient, the medieval, and the modern ages was established by European scholars in the nineteenth century. This approach can explain well the development of European literature. Although there is continuous discussion about the problem of how to define the distinctive characteristics of each age, there seems to be no fundamental question raised as to its validity. However when this theory is applied beyond its own territory, it is most likely to distort the history of world literature by virtue of its eurocentric prejudice.

Let us take a well known example as a starting point. John Macy's *The Story of the World's Literature*(New york: 1925) is perhaps the most systematic work on the history of world literature ever written in the English speaking world. The author showed convincingly the process of change in European literature, dividing the periods into the ancient, medieval, and modern ages.

But in his schema all non-European literatures are regarded as stuck within the period of ancient age. Only some scanty examples of Chinese, Japanese, India, Arab, and Persian literatures are mentioned in one chapter entitled "The Mysterious East," included in the part on ancient literature. Something one does not understand seems to be mysterious.

The reason why the author denied even the existence of the medieval age in the non-European literature history is not a matter of mere ignorance. To prove European superiority, it might have been indispensable for him to damage the totality of world literary history. What is more disappointing is the fact that in England or in the United States until now there is no new work published to replace this scanty book.

In France, a massive and ambitious history of world literature, 6 volumes of *Histoires générales des littératures*(*General Histories of Literatures*) (Paris: 1961), edited under the direction of Piere Giaon, was published. The general scheme of its periodization is more extended, as follows.

1 The first known literatures
2 The ancient age
3 From the ancient to medieval ages

4 The medieval ages in Europe and other places
5 Sixteenth century Europe: dawn of a new age
6 European "royal authorities" (seventeenth-eighteenth centuries)
7 Romanticism through 1848
8 1848~1945
9 After 1945

In 4 "the medieval ages", not only European but also many non-European literatures of the medieval age are introduced. In this respect, we can say this book advanced beyond the level of a rudimentary Eurocentric obstinacy. But the modern age, from 5 to 7, is a European monopoly. Other literatures are not allowed to get share in it. So the discrepancy that the history of European literature is continuous while that of non-European literatures is manifested at a glance. The spans of inclusion for some representative examples of individual literatures are distributed as follows. The numbers indicate the ages.

Latin		2	3	4	5	6			
Italian				4	5	6	7	8	9
French				4	5	6	7	8	9
English				4	5	6	7	8	9
German				4	5	6	7	8	9
Russian				4	5	6	7	8	9
Indian	1	2	3	4				8	9
Chinese	1	2	3	4		6		8	9
Iranian		2		4					9
Japanese			3	4		6		8	9
Arab			3	4				8	9
Indonesian								8	9
Vietnamese									9

This chart distinctly betrays what is a Eurocentric prejudice. The pride of the European literary history is its continuity. Latin literature is directly followed by Italian, French and some other literatures. Every national literature in Europe, once started, enjoys everlasting life. But the histories of non-European literatures are interspersed with vacancies. Such discrepancy is, in fact, the main theme of this book.

In the histories of non-European literatures, the ages of 5, 6, 7 are generally omitted. It is an unusual exception that Chinese and Japanese literatures are acknowledged to have 6. China and Japan must thank the writers for such preferential treatment. On the contrary, Iranian literature is notably in tatters. The history of the indonesian classical literature, in Javanese or in Malay, is cut off. Almost the whole history of Vietnamese literature, which is indeed not shorter than French literature, is virtually eliminated.

The non-European literatures of the age of 8, or 9 are considered not to be indigenous but transplanted from Europe. So the Vietnamese and many other peoples not shown in the chart, such as the Burmese, the Thai, and the Cambodian, are treated as incompetent in literary creation. Korea is not enlisted even in the chart of the failures.

From the nineteenth century to recent times, Germans have been more enthusiastic than other European peoples in writing histories of world literature. Among their abundant works, the most voluminous and the most up-to-date one is in 25 volumes, with a rather unsuitable title of *Neues Handbuch der Literaturwissenchaft*(*New handbook of Literature Study*) (Wiesbaden: 1978-1984), edited under the direction of Klaus von See. this book seems to be the largest product of literary study ever published in the world. But its view point is more disappointing than the previous works.

Each volume of this book is planned so as to cover an age. Some important ages extend over two or three volumes. Among 25 volumes, only four are for non-European literatures. Volume 1 is for the ancient

Orient. Volume 5 is for the Orient of the medieval age. Volumes 22 and 23 are for Asian literatures. In this book the terms "Orient" and "Asia" designate different regions. West Asia and north Africa belong to the "Orient", while "Asia" is East Asia.

From volume 1 to volume 2, the literary history of Europe and the Orient is treated in chronological order. But there is a distinct inequality. Europe is the main area; the Orient is an adjunctive part of it. Every stage of the European literary history, from the ancient to the contemporary age is fully explored in as many as 22 volumes, while the whole literary heritage of the Orient is crammed in two volumes. According to this book, Oriental literature, including Arab literature, ceased to grow after the medieval age. Such a view is a typical Orientalism.

The literature of East Asian peoples is not degraded to an adjunctive part of European civilization. It is cut off from the main part of the world history, and exiled to last few volumes. which are in fact the appendix. Chinese, Japanese, and Korean literary heritages are introduced separately without a common periodization, so they are scattered in isolated fragments. In this case, the term Orientalism is too gentle to describe such a wild apartheid.

On the other hand, Russia attacked the fallacy of the bourgeois view of the world history and boasted of presenting a progressive and scientific alternative. Among Russian critical works, the literary history appeared rather late, when soviet ruling system was collapsing. The ambitious work of Gorky Institute of World Literature, *Исторця Всемиой Литратуъы* (*History of World Literature*)(Moscow: 1987-1995) was planned to be completed in 10 volumes. 8 volumes dealing with the period from the beginning of literature to 1917, have been published. The other 2 volumes are unpublished, or not yet written. Each volume deals with a specific age as follows.

1 Primitive and ancient literatures
2 Medieval age literature, from the second-third century to the early thirteenth-fourteenth century
3 From the late thirteenth-fourteenth century to the sixteenth century
4 The seventeenth century
5 The eighteenth century
6 From the French revolution to the middle nineteenth century
7 The late nineteenth century
8 From 1880, the beginning of imperialism to 1917, Russian socialist revolution

In the magnificent introduction, two important principles are manifested. One is to follow the Marxist view of history. And the other is to overcome the Eurocentricism. These two are, however, contradictory each other. Marxist periodization of world history is, from the beginning, essentially a Eurocentric view; whether or not the troublesome insistence on an Asiatic mode of production is accepted. There is no way to overcome its inherent deviation. The only possible means to avoid the Eurocentric view is to adapt Marxism rather flexibly.

In the above chart designating each period, the term "modern age" is not used. From the late thirteenth-fourteenth century, the periods are in fact divided according to the stages of development of capitalism in Europe. But as such division is not explicit. It seems to be natural to arrange non-European literature from volume 3 to volume 6 in a sequence. Eurocentricism is overcome in appearance. But in the inner reasoning, non-European literatures are troublesome parts of world literary history, because they do not adhere to the law of historical development.

Non-European literatures are treated in each period covered on the grounds that they are contemporary with the European literatures introduced. There are no diachronic and synchronic connections made among non-European literatures. And the insistence that, from the age of volume 7, non-European literatures could join in the world literary history thanks to the extending influence of Europe is reaffirmed. In this respect, the second world's theory of the history of the world literature is not different from that of the first world.

Now it is time to formulate a truly universal theory for the writing of a history of world literature. It is waste of time only to blame the Eurocentric prejudice or to bog down in analyzing and criticizing Orientalism. We must clearly realize the Third World's mission is to open a new horizon for human wisdom, and begin the creative process of writing the true history of world literature.

The theory of the periodization of literary history is at the very core of the project. I began to formulate the Third World's alternative theory of the periodization, from the history of Korean literature. In *Hangugmunhagtongsa*(*A Comprehensive History of Korean literature*) in 6 volumes (Seoul: first edition 1982-1986, third edition 1994), I proposed my theory for the first time. And in my next work, *Dongasiamunhagsabigyoron*(*Comparative History of East Asian Literatures*) (Seoul: 1993), those already formulated ideas were extended and verified. Now I want to apply them to the literatures of the other civilizations, and to map out a general theory of world literary history.

Until now Korean literature has often been excluded from the world literary history. East Asian literatures have been pushed far away from the European cultural center of the world. So it is quite natural that there should be a revolt from these outlying districts, from these proletarian regions. But we do not want to forcefully overthrow the European hegemony, but rather to present a new philosophy of peaceful harmony.

In my theory, the criterion of vital importance for the periodization is the existence of a common literary language of a civilization. Literary Chinese in East Asia, Africa, and Latin in Europe, Sanskrit in South and Southeast Asia, classical Arabic in West Africa and North Africa are four main common languages of world civilization. The existence or non-existence of "the literature of the common language of a civilization"(from now on I will call it LCLC) is the best criterion for dividing ages. Three main ages of the world literary history are "the ancient age before LCLC", "the medieval age with LCLC," and "the modern age after LCLC." Because this theory reveals the equal process of historical change, the conception of the ancient, the medieval, and the modern age acquires a universal meaning.

The ancient literature before LCLC were scattered in pluralistic units. Some of them formed large empires. But small cultural units without a written civilization did not accepted willingly the stronger's cultural hegemony because there was no universal view of humanity in that time. The ideology of the ancient age consisted of egocentricism in empires as well as in villages, in contrast with the medieval universalism.

The history of the medieval literatures is that of LCLC. The fact that the universalism of LCLC played fundamentally the same role in every ethnic unit of a civilization is common to the four main civilizations. Alongside the high stratum of LCLC, there were also the low stratum of vernacular literatures in every civilization. The same kind of dualism was found in all other aspects of medieval life. In the early medieval age the high stratum predominated over the low stratum, whereas in the late the medieval age the relation between two was reversed.

The medieval vernacular literatures became national literatures in the modern age. Universalism was replaced by nationalism. But the process of change is not so simple. In all cases, there was an age of transition from the medieval to the modern ages, that extended over several centuries. European literature interfered widely in non-European areas during this transitional period. But its impact did not bless them with gift of modern literature, but distorted the indigenous course of its formation. The struggle against the European imperialism made the Third World modernize its literature consciously with a high level of nationalism, although there remain some unsolved problems in formulating national languages.

By analyzing the relationship between the social context of language use and ideological orientations, the periods of the history of world literature can be subdivided as follows. The approximate standard dates are added.

1 Ancient literature
2 Early medieval literature, from the fifth century
3 Late medieval literature, from the thirteenth century
4 Transitional literature from medieval to modern ages, from the seventeenth century
5 Modern literature, from the late nineteenth century

What is more important is to find the typically flourishing genre of each age and the relationship between the thought patterns of its creators and social stratification. I would present only some results of such work briefly. Four outstanding examples from four civilizations are enumerated. Abbreviations are of each periods.

1 AL : the epic poetry of the proud conquering warriors: Ainu Yukar epic, *Mahabharata, Gilgamesh, Illias*
2 EML : the lyric poetry of the idealistic court aristocrats: Li

Bai, Kalidasa, Al-Mutanabbi, Alcuin

3 LML : the philosophic poetry of the critical literati: Nguyen Trai, Kabir, Sadi, Dante

4 TL : the performing folk literature of the discontented low class: Korean *pansori*, Indonesian *ludruk*, Egyptian Hilali epic, Italian *commedia dell'arte*

5 ML : the novel the middle class in agony: Luxun, Premchand, Mahfuz, Thomas Mann

The social context of language use, the ideological orientation, the flourishing genre, the leading group of cultural creation, these four factors, mutually interacting, make the distinctive features of each ages, on the three levels of national, civilizational, and worldly literary histories. The whole secret of the literary history may be revealed by understanding the complex process of the interaction of these factors. We can seek precious proofs for such understanding in all neglected parts of the world. The priority of investigation can be selected according to actual situations of disclosing the secret.

We are now on the start line of an entirely new field of research which will to overcome Eurocentric prejudice and present a truly universal understanding of world literature. Literary historians and comparists of the Third World must accomplish this mission in cooperation. Each civilization and every nation in the Third World has its own special contributions to make for a philosophy of the peaceful and harmonious world. We must unite them.

논문 발표가 끝나자 그 자리에 있던 사람들이 일제히 박수를 치고, 좋은 논문이라고 찬탄하는 말을 했다. 위에서 든 논문 (a)의 발표자 그니시 교수는 자기 논문에서 하고자 한 이야기를 분명한 근거를 갖추어 발전시킨 점을 높이 평가한다고 했다. 논문을 이탈리아어로 번역해 소개해도 좋은가 물었다. 좋은 일이라고 했다.

발표한 논문을 모아 출판한 책에 "반응" (Responses)라는 대목이 있다. 글 두 편이 실려 있는데, 첫 번째가 <보고>(Reports)라고 한 것이고 집필자는 "Mohamed-Salah Omri, Washington University, St. Louis" 라고 했다. 미국에서 활동하고 있는 아랍인이라고 생각된다. 학술회의에서 거둔 성과를 네 면에 걸쳐 쓰면서 내 논문에 대해 다음과 같이 말했다.

> Korean Cho Dong-il, whose paper "A New Theory of the Periodization of the History of World Literature" raised some interest, expressed weariness with claims to the universality of the Western canon in Western histories and anthologies of world literature. There was considerable interest in the search for satisfactory definitions and a rationale for Comparative Literature (a concern shared by American and European comparists, although from different perspective.)

유럽문명권에서 나온 세계문학사류의 보편성에 의문을 가지고 바람직한 대안을 모색한 것을 온당하게 주목했다. 그런데 문장이 그리 선명하지 않고 괄호 안에 쓴 말이 문제이다. 미국이나 유럽의 비교문학자들과 공유한 관심사를 다른 시각에서 보여주고 있다고 한 말은 사실과 상당한 거리가 있다. 그쪽에서는 공허한 서론만 전개하기나 하고, 나는 새로운 이론을 제시했다.

로마에서 온 소식

카이로에서 열린 모임에 하루만 참가하고 아랍어 발표는 알아듣지 못해 이이야기 거리가 얼마 되지 않는다. 그런데 뜻하지 않은 인연이 생겨나 길게 이어지는 후속작업이 마련되었다. 나는 돌아와 가만있는데 써서 발표한 글이 카이로에서 로마로 가고 세계 전체로 퍼졌다.

그니시 교수가 말한 대로 카이로에서 발표한 논문이 이탈리아어로 번역되었다. "Verso una nuvoa idea di periodizzazione della storia letteraria mondiale"라는 제목으로 이탈리아 비교문학 잡지 *Rivista italiana di letteratura comparata*, 12 1998(Roma: Lilith Edizioni, 1998)에 실려 우송되어 왔다. 번역자는 그니시가 아니고 프란카 시노폴리(Franca Sinopoli)였다. 그니시 교수의 제자인 여성학자이고 로마대학 비교문학 교수이다. 로마대학 비교문학 연구의 중심사업을 그니스 교수에게서 넘겨받아 맡고 있다.

1997년 네덜란드에서 열린 국제비교문학 발표대회에서 그니시 교수를 다시 만났다. 영문저서 *Korean Literature in Cultural Context and Comparative Perspective*(Jipmundang, 1997)를 주었더니, 시노풀리 교수가 서평을 했다. 같은 글을 두 말로 써서, 국제비교문학회의 잡지(*Literary Research* 29, London, Canada: University of Western Ontario 1998)에는 영어본을, 이탈리아 비교문학회 잡지(*Rivista Italiana di Letteratura Comparata*, n.12, 1998)에는 이탈리아어본을 냈다.

그 책에 관한 서평이 둘 더 있다. 오스트랄리어 사람 에번(Gregorg Nicholas Evon)의 서평이 국내의 영문학술지(*The Review of Korean Studies* vol. 3. no. 1, The Academy of Korean Studies, 2000)에 있다. 일본 학자 오사

와 (大澤吉博)도 서평을 써서 자기 나라 학술지(『比較文學研究』 76, 日本比較文學會, 2000)에 실었다. 에번은 한국학 강의를 위해 어떤 기여를 하는 책인지, 오사와는 일본문학에 대한 언급이 적절한지 검토했으나, 시노폴리는 세계문학의 새로운 이해에 기여하는 바를 논의했다. 세계의 중심이라고 자부하는 곳에 있어 시야가 넓다고 할 수 있다. "Toward a New Theory of the Periodization of World Literary History"에 대해 고찰한 대목을 보자.

> The last chapter of the book intimates a new theory of the periodization of world literary history, summarizing the thesis presented in one of his previously untranslated works, whose title in English sounds like "The True and False in Writing Histories of World Literature" (1996). Attacking the Eurocentric prejudice which is at the base of Western histories of world literature, the author argues that in such works very little space is devoted to non-European literatures. He contends that the literature of East Asian peoples is degraded as an adjunct to European literatures, or it is utterly excluded and omitted. Cho thus proceeds to formulate his major conclusion: a "Third World's alternative theory of periodization" as a consequence of the outcomes achieved in his previous works on the history of Korean literature, (1982-86) and on the comparative history of East Asian literature (1993). This theory takes as its starting-point the existence of a common literary language within a particular civilization (literary Chinese in East Asia, Sanskrit in South and South East Asia, classical Arabic in West Asia and Africa, Latin in Europe), with the aim of inviting each civilization to offer its contribution

> in the elaboration of a truly global and thus more rigorously comparative understanding of world literatures, and their respective, interrelated literary histories.

요약을 잘해 무엇을 말했는지 충실하게 소개했다. 유럽문명권중심주의의 편견을 시정하고, 세계문학사를 새롭게 이해하고 서술하는 이론을 제시했다고 했다. "The True and False in Writing Histories of World Literature"라고 한 것은 『세계문학사의 허실』의 제목을 내가 그렇게 옮겼기 때문에 들어간 말이다. 논문을 책에 수록할 때 기존의 저서를 간추린 내용이라고 설명을 추가했다.

유럽문학을 시비하라는 주문

시노폴리는 그 뒤에 유럽문학에 관한 책을 두 권 내는 계획을 알려왔다. 유럽문학이란 무엇이며 어떻게 평가해야 하는지 첫 권에서는 유럽사들이 고찰하고, 둘째 권에서는 유럽 밖의 사람들이 고찰하도록 한다고 했다. 18세기 이래의 주요 논의를 수록한 첫 권을 보내고, 둘째 권에 실을 글을 한 편 달라고 했다. 이탈리아를 사용하지 못하니 번역을 해야 한다. 한국어로 보내도 되는지 물으니 번역하기 어려우니 영어로 써달라고 했다.

『소설의 사회사 비교론』 1 (지식산업사, 2000) 서두의 한 대목을 옮겨 "Against European Theories of Novel"라고 한 글 한 편을 만들었다. 문학 이론을 시비의 대상으로 삼아 유럽문학론이 세계문학론이라는 잘못을 시정하고자 한 내용이다. 변증법에 입각해 전개한 헤겔, 루카치, 바흐친 등이 소설 이론을 비판하고, 생극론에 입각한 나의 소설 이론을 대안으로 제시했다.

생극론에 대한 영어 번역을 다시 이탈리아어로 옮기는 과정에서 문제가 생겼다. 생극론을 영어로 옮겨 “Becoming-Overcoming Theory”하고 했는데, 무엇을 말하는지 도저히 이해할 수 없어 번역이 불가능하니 납득할 수 있게 설명해달라는 전자우편을 보내왔다. 내가 대답한 말을 다음과 같았다.

The Becoming-Overcoming Theory is contradictory. The truth is in the contradiction. If we disbelieve and exclude the contradictory truth, all extremisms fighting each other with one sided instances must be allowed. Such a confusion is undesirable. In the Western philosophy, the metaphysics and the dialectics, the static structuralism and the genetic structuralism are two separate sects denying each other. But in the Oriental philosophy, they are two as well as one. Fighting is cooperating in itself. I recreated such tradition of thinking with more convincing arguments to make a general theory of literary history. The contradictory proposition that the harmonious way of Becoming is the conflicting process of Overcoming solves many difficult problems of literary history. The rise and changing of the novel in the global perspective can be understood by the Becoming-Overcoming theory. We have to realize well the fact Oriental and Western traditions of thinking are quite different even nowadays. So it is not easy, I think, to understand my point of view to criticize Western literary theories. But one thing is very clear. There is no crisis of literature, such as the demolition of the novel, in East Asian countries. The fundamental reason can be found in the philosophical tradition. So it is an indispensable duty for me to revise the literary theories imported from the West, to open a really general horizon.

이 대답을 이탈리아어 번역문 주에 옮겨놓았다. 이탈리아어로 번역하지 않고 영어를 그대로 두었다. 이해를 돕기 위해 우리말로 바꾸면 다음과 같다.

생극론은 모순되어 있다. 진실은 모순에 있다. 모순된 진실을 불신하고 배제한다면, 일방적인 주장을 가지고 서로 싸우는 모든 극단론이 허용되어야 한다. 그런 혼란은 바람직하지 않다. 서양철학에서는 형이상학과 변증법, 정태구조주의와 생성구조주의가 별개의 것들이고 서로를 부정한다. 그러나 동양철학에서는 그것들이 둘이면서 하나이다. 싸우는 것 자체가 협력이다. 나는 그런 사고의 전통이 더욱 설득력 있는 논의를 갖추도록 재창조 문학사의 이론을 만들었다. 상생의 조화로운 과정이 상극의 투쟁 과정이라는 모순된 명제가 문학사의 많은 난문제를 해결한다. 세계 전체의 범위에서 소설의 형성되고 성장한 과정은 생극론에 입각해 이해할 수 있다. 동서양의 사고방식은 오늘도 아주 다르다는 사실을 인정해야 한다. 그러므로 서양의 문학이론에 대한 나의 비판을 이해하기 어려울 것으로 나는 생각한다. 그러나 한 가지 사실은 분명하다. 소설의 해체 같은 문학의 위기가 동아시아 여러 나라에는 없다. 기본 이유가 철학의 전통에서 발견된다. 그러므로 서양에서 수입된 문학이론을 재검토해서 보편적인 시야를 마련하는 것이 나에게 주어진 불가피한 과제이다.

기다리고 있으니 책이 도착했다. 제목을 *La letteratura europea vista dagli altri* (Roma: Meltemi, 2003)라고 했다. 번역하면 『다른 쪽에서 본 유럽문학』라는 말이다. 내 글을 제목을 "Contro le teorie europee del romanzo"라고 했다. 책 한 권을 부산외국어대학 이탈리아어과 박상진 교수에게 보냈더니 <타자의 시선으로 본 유럽문학>, 『세계의 문학』 112 (민음사, 2004)라고 한 서평을 썼다.

그 책에 글이 실은 필자를 순서대로 소개하면 다음과 같다. 소속과 전공을 괄호 안에 적고, 설명을 조금 붙인다.

Franca Sinopoli (로마대학, 비교문학): 편자 서문을 쓰고, 유럽문학의 독점적인 지위를 검토하고 시정해야 할 때가 되었다고 했다.

Peter Carravetta (City University of New York, 비교문학): 유럽문학의 형성과 정체성에 관한 문제를 다루었다.

Magdi Youssef (카이로대학, 비교문학): 카이로 모임에서 발표한 논문 <유럽문학의 신화>를 불어에서 이탈리아어로 번역해 수록했다.

Armando Gnisci (로마대학, 비교문학): 위에서 여러 번 말한 사람이다. 유럽 안의 사람인데 글을 실었다. 제목이 "Letteratura globale e letteratura dei mondi"여서 <지구문학과 세계문학> 정도로 번역할 수 있다. 유럽문학이 지구 전체에서 행세하는 문학이기는 해도 세계문학은 아니라고 한 것 같다.

Amiya Dev (인도 캘커타 Jadvavpur대학, 비교문학): 문화 상대주의와 문학의 가치를 논했다. 인도의 경우를 유럽과 비교했다.

Yue Daiyun (북경대학, 비교문학): 동경 대회에 참가했던 樂黛雲이다. 미국 유학을 한 영문학자이면서 비교문학도 한다. 문화의 차이 문제에 관한 유럽에서 하는 말에다 중국 근대문학의 사례를 다소 보탰다.

Abdelfatah Kilito (모로코 Rabat대학, 프랑스문학): 아랍세계를 대표한 또 한 사람의 논자이다.

Roberto Fernándes Retamar (쿠바 아바나대학): 은퇴한 교수라고만 하고 전공은 말하지 않았다. 라틴아메리카문학이 20세기문학에 기여한 바를 논했다. 라틴아메리카를 대표한 셈이다.

Cho Dong-il (서울대학, 한국문학 및 비교문학): 그 책에서 전공을 이렇게 소개했다.

세계 곳곳을 대표하는 논자들이 각기 한 마디씩 했다. 유럽문학이 세계문학을 지배하는 것은 마땅하지 않다는 것을 이구동성으로 말했다. 그러나 대안은 제시는 미흡하다. 유럽 주도의 문학론을 따르면서 불만을 가지기나 하고, 대안을 제시할 만한 연구를 축적하지 못했기 때문이다. 유럽문학과는 다른 여러 문명권 문학의 독자적인 가치를 주장하면서 세계문학에 대한 다원론적 이해를 새롭게 마련해야 한다고 역설한 사람은 나 혼자이다.

다시 보기

세계문학사 이해를 바로잡는 지론을 펴려고 이집트 카이로에 갔다가, 이탈리아 로마로 향하게 되었다. 모든 길이 로마로 통한다는 옛 말을 지금도 살리려고 로마대학 비교문학자들이 사통팔달의 통로를 만들어놓은 덕분에, 내 말이 널리 전해졌다. 지구는 둥글어,

할 일이 꼬리를 물고 이어진다.

도전 정신을 가지고 진출해 우리 이익을 확보해야 하겠다는 것은 아니다. 국위 선양 운운하지 말자. 경쟁해 이기려고 하지 말고 협동을 소중하게 여겨야 한다. 인류 전체를 위해 봉사하기 위해 널리 교류하면서 새로운 탐구를 힘써 해야 한다.

유럽문명권중심주의를 넘어서서 진정으로 세계문학에 대한 진정한 이해를 해야 한다고 하는 동지가 어디나 있다는 것을 알고 힘을 합쳐야 한다. 그렇게 하는 데 내가, 우리가 적극 기여하기를 바라면서 열심히 공부해야 한다. 널리 도움을 주려면 능력이 있어야 한다.

토 론

❑ 문 : 오늘의 강의에는 구체적인 내용이 부족하다. 이집트는 어떤 나라이고, 카이로대학은 어떤 대학인지 시원하게 말하지 않았다.

❑ 답 : 며칠 계속 머무르지도 못하고 잠시 다녀올 수밖에 없었던 사정 때문에 그렇게 되었다. 이집트에 대해서 누구도 할 수 있는 이야기는 부질없어 하지 않았다. 카이로대학이 어떤 대학인지는 참으로 궁금한데, 대학이 크고 복잡해 길을 찾기 어렵다는 것 외에 더 할 말이 없어 유감이다. 발표장을 가까스로 찾아 교실에 들어앉아 있다가 구내식당을 다녀오기만 했다. 다시 가서 알 것을 알아야 하는데, 언제 기회가 올지 의문이다.

카이로에서 로마로 간 이야기가 없으면 오늘의 강의는 성립되지 않는다. 그런데 로마로 가면서는 비행기가 아닌 인터넷을 이용했다. 만난 적 없는 상대와 전자우편을 주고받으면서 카이로에 직접 가서는 하지 못한 성과 있는 교류를 했다. 참 좋은 세상이라는 말이 다시 나온다.

❑ 문 : 아랍어는 단일 언어인가?

❑ 답 : 고전아랍어라고 하는 공동문어를 이은 근대 표준아랍어는 단일 언어이다. 학문, 출판, 언론 등에서 사용한다. 일상생활에서 쓰는 구어는 곳곳이 달라 서로 알아듣지 못한다. 카이로에서 만난 한국인 관광안내자는 이집트 구어를 익혀 생활하는 데 지장이 없으나 표준아랍어는 몰라 신문을 읽지 못한다고 했다. 문학작품에서는 두 가지 말을 쓰고, 갈래에 따라 비중이 다르다. 그 점에 관해 『공동문어문학과 민족어문학』(지식산업사, 1999)에서 논한 바 있다. 중세의 상황이 이어지는 것 같은 후진성이 국가 구분을 넘어서서 아랍문명이 하나이게 하는 선진적인 의의를 가진다.

❑ 문 : 다른 세 공동문어는 이제 쓰지 않는가?

❑ 답 : 다른 세 공동문어도 과거의 것이 되고 만 것은 아니다. 라틴어는 1960년대까지 가톨릭교회에서 사용했다. 산스크리트학은 산스크리트로 강의한다. 한문으로 필담을 할 수 있다. 그러나 오늘날의 쓰임새에서 고전아랍어가 단연 앞선다. 그래서 나라에 따라 나누지 않고 아랍문명을 총체적으로 연구한다. 동아시아 철학사는 없고, 한문학사는 자국의 것을 독립시켜 서술하는 동아시아는 반성해야 한다.

❑ 문 : 세계문학을 제대로 알려면 얼마나 많은 외국어를 공부해야 하는가?

❑ 답 : 이제 영어는 누구나 다 하니 젖혀놓아야 한다. 흔한 외

국어 중국어, 일본어, 불어, 독어 가운데 하나 이상, 흔하지 않은 외국어 가운데 하나를 하는 것이 비교문학을 하고 세계문학에 관해 논하는 학자가 갖추어야 할 자격이다. 서울대학교 대학원에서 내 지도를 받는 학생은 그래야 한다고 미리 다짐하고 흔하지 않은 외국어 가운데 하나를 익혀야 한다고 했다. 월남어를 택한 최귀묵은 목표를 훌륭하기 달성하고, 산스크리트를 공부하겠다고 한 이종석도 목표에 다가가고 있다. 한국문학을 전공하는 모든 학자가 흔한 외국어는 물론, 흔하지 않는 외국어도 하나씩 해야 많은 것을 알아야 넓은 식견을 가지고 탁월한 업적을 낼 수 있다.

❑ 문 : 세계문학사는 누가 어떻게 쓸 수 있는가? 앞에서 말한 사람들이 협력하면 가능한가?

❑ 답 : 세 단계 작업이 있어야 한다. 건축에다 견주어 말하겠다. 기본설계를 먼저 하고, 다시 본설계를 한 다음, 끝으로 시공을 해야 한다. 기본설계는 혼자 해야 일관성이 있다. 내가 그 일을 하겠다고 자원해 『세계문학사의 전개』(지식산업사, 2002)를 내놓는 데까지 이르렀다. 그 기본설계의 타당성과 유용성을 관심과 전공이 각기 다른 국내외의 많은 학자와 함께 검토해 훨씬 자세한 본설계를 하는 것이 소원이다. 규모가 큰 연구소가 있어야 할 수 있는 일이다. 본설계를 가지고 세계문학사를 실제로 쓰는 시공에는 세계 곳곳 문학 최고급 전문학자들이 두루 참여해야 한다. 한 연구기관이나 한 나라의 학계에서 감당할 수 없고, 유네스코 같은 데서나 추진할 수 있는 일이다.

첫 단계 작업인 기본설계조차 없는 것이 지금의 형편이다. 넓은 지식과 깊은 식견이 있어야 할 수 있는 일이어서 감당하기 어렵지만, 포기하지 말아야 한다. 내가 한 것과 같은 일을 다른 여러 곳에서 진행해 서로 비교해 검토해야 한다. 그래야 한다고 문자 그대로 주유천하하면서 외치고 다녀도 달라지지 않는다. 빈말을 일삼으면서 이래라 저래라 하는 사람은 많아도 맡아 나서는 사람은 보이지 않는다.

흔한 외국어는 물론, 흔하지 않는 외국어도 하나씩 아는 한국문학 전공자라야 그 세 단계에서 큰일을 할 수 있다. 기본설계를 자기 나름대로 다시 하고, 본설계를 하는 공동연구에 적극 참여하고, 시공 단계에서 한국문학에 관한 서술을 설계를 더욱 빛내면서 할 수 있다. 그런 일꾼이 많이 나와야 한다고 강조해 말하면서 분발을 촉구한다.

제14강 北京에 모인 세계학문

모임의 내력

중국 북경에서 2005년 11월 15일부터 18일까지 北京論壇(Beijing Forum)이라는 모임이 있었다. 중국어와 영어를 공용어로 하고, 모든 것을 두 말로 나타냈다. 중국어 쪽을 적고 영어는 괄호 안에 병기한다. 文明的和諧與共同繁榮(The Harmony and Prosperity of Civilizations)을 목표로 내걸고, 세계화를 인류의 소망으로 삼아 바람직하게 이룩하는 방향을 찾는다고 했다. 2008년 올림픽 경기를 앞두고 문화 올림픽을 먼저 연다고 이해할 수 있는 행사이다.

북경은 바야흐로 신장개업을 위해 온통 뜯어고치는 중이다. 엄청나게 큰 건물을 여기저기 세워 놓고, 또한 새로 짓고 있다. 가장 오래 된 나라가 가장 새로운 나라인 척한다. 대형 백화점 안은 어느 나라인지 알 수 없다. 세계 각국에 있는 것이 다 있다. 한국 상품도 너무 많다고 생각될 정도로 진열되어 있다. 텔레비전 방송극도 듣던 바와 같이 대거 진출했다. 남의 나라 망치는 데 한몫 거들고 있는 것이 아닌가 싶어 미안하다는 생각이 든다.

北京論壇이라는 모임이 작년 2004년에 처음 열렸고, 이번이 두 번째이다. 첫 모임에서 발표한 논문선집 영문본을 주어 선행 행사에 관해 알 수 있었다. 33개 외국에서 183명, 중국 국내에서 203명의 학자가 참가해 발표한 300편 이상의 논문 가운데 20편 정도를 골라 내놓는다고 했으니 아주 엄선한 셈이다. 중국학자들 논문은 최상급을 가려내어 전시했다고 잘 아는 분이 일러주었다.

그런데 서두와 결말의 개막연설, 특별강연, 기조강연, 폐막연설 등의 겉치레가 아주 야단스럽다. 국내외 중량급 명사를 널리 동원해 위세를 과시했다. 유엔 사무총장이 보낸 글도 있고, 태국 공주의 연설도 한몫 끼었다. 그런 것들은 多多益善이라고 여겨 행사 후에 여럿 보탠 것 같다. 벼슬 높은 사람을 학문하는 사람 위에 두고 받들고, 하나마나 한 수작을 애써 연구한 성과보다 앞세우는 풍조를 확인할 수 있다. 인민의 나라라고 자랑해온 나라가 실제로는 고위층의 나라임을 알려주려고 거듭 노력하는 것 같다.

볼 만한 것이 없이 없다는 말은 아니다. 한국에서 간 김광억(Kwang Ok Kim) 교수도 개막연설을 하는 데 한몫 끼는 영광을 누리면서 <단편화된 세계화: 수사학과 실제 사이>(Globalization Fragmented: Between Rhetoric and Practice)를 말했다. 한국과 중국에서 세계화를 둘러싸고 벌어지는 혼란을 다각도로 살피고, 말만 앞세우지 말고 성과가 있어야 한다고 했다. 단일화가 아닌 다원화의 방향에 대한 인식과 실천이 필요하다고 했다.

중국인이라고 생각되는 탕 이지에(Tang Yijie)의 <인류문명의 충돌과 공존>(On the Clash and Coexistence of Human Civilization) 또한 기조강연의 하나인데, 훈시조의 일반론에서 벗어나 논문이라고 인정할 수 있는 내용을 갖추었다. 반드시 다루어야 할 적절한 주제를 중국 측에서 맡아 중국어로 다룬 것을 영역해서 실었다. 仁이니 道니 하는 것을 말한 중국 전통사상이 문명의 공존을 가져올 수 있다는 것을 본론으로 삼아 자기중심주의에 머물렀다.

문명의 화합이 어떻게 이루어질 수 있는가 하는 것이 커다란 문제이다. 이에 관한 고찰을 구체화하고자 한 논문이 개별발표에서 이따금 보였다. 미국학자 암스(Roger T. Ames)는 유교에서 내세운 和가 오늘날 필요한 화해의 사상일 수 있는 가능성을 찾았다. 인도에서 온 파라크(Parakh)는 인류는 하나라는 사상이 근대 힌디어 시에 나타나 있다고 했다. 둘 다 그 나름대로 수긍할 수 있지만, 논의의 범위가 한정되어 있다.

국제정치의 관점에서 세계화를 다룬 논문이 몇 편 있는데 현황 소개에 그쳤다. 대부분의 발표는 개별주제에 대한 자기 나름대로의 검토이고, 공동의 관심사와는 거리가 멀다. 문명의 화해와 공동번영을 근거 있게 다루어 널리 깨우쳐주는 논문은 찾을 수 없었다. 행세차로 내건 표제를 두고 너무 진지하게 생각하는 것이 잘못인가?

이번 모임 둘러보기

작년과 같이 이번 모임도 중국을 대표하는 초대형 호텔 北京飯店(Beijing Hotel)에서 열고, 개회식은 人民大會堂에서, 폐회행사는 北京大學에서 했다. 개회식에는 국내외 고위 인사가 여럿 연설하게 되어 있었다. 기껏해야 교수이기만 하고 다른 거창한 직함이 없는 말단 참가자는 30분 전에 입장 완료해 대기해야 한다고 한 것이 마음에 들지 않아 나는 불참했다.

행사 일정표에는 없었는데, 나중에 들으니 미국 부시 대통령의 아버지인 전직 대통력도 와서 한 마디 했다고 한다. 현직 대통력인 아들을 부르니 30만 달러인가 하는 너무 많은 돈을 달라고 해서 아버지로 대신했다는 뒷소문이었다. 꿩 대신 닭이라는 말이 적용되는 경우인데, 꿩과 닭의 존수가 예사롭지 않다.

만찬에는 빠질 이유가 없어, 텔레비전 화면에서만 보던 인민대회당에 들어가는 대단한 경험을 했다. 자세를 낮추어 초청장을 내밀고, 보안 검색기를 무사히 통과해 마침내 입장이 허락되었다. 예상한 대로 사람 겁주려고 지나치게 크게 지은 집이었다. 긴요한 곳마다 우뚝 서 있는 도자기의 덩치가 놀라운 것까지는 미처 생각하지 못했었다. 어떤 고위인사가 나타나는지 궁금했는데 초대한 사람이 북경대학 총장이었다.

만찬은 소문난 잔치 먹을 것 없다는 속담을 세계 최대 규모로 입증했다. 맛은 생각하지 않은 듯한 음식을 군인 같은 거동으로 날라다놓았다. 끝으로 한 바구니 내놓은 각종 과일은 깎지 않았음은 물론이고 씻었는지 의심되기도 하는 것들이었다. 감히 손대는 사람이 없는 것을 보고 분통이 치밀어, 만만한 바나나를 하나 들고 반으로 잘랐다. 여러 시간 뒤에 밖으로 나와 숨을 마음껏 쉴 때까지 공연히 긴장되고 위축되어 기분이 나빴으나, 별난 구경을 하려면 그만한 대가를 치러야 한다고 내 자신을 달랬다.

이번에 열린 두 번째 모임을 소개한 북경대학 신문을 배부해 모임의 규모와 조직을 알렸다. 46개국에서 543명의 학자를 부르고 모아 규모를 더 키웠다 했다. 작년에는 14개였던 분과를 6개로 줄여 관심을 집약화하고, 각분과 조직자들이 구심점이 분명한 회의를 마련했다고 자찬했다.

6개 분과를 열거한 순서대로 들면 경제, 국제관계, 역사, 철학, 공공위생, 대중문화이다. 오늘날 당면한 현실을 다루는 데 치중하는 것이 전반적인 특징이다. 경제, 국제관계, 공공위생은 물론 역사·철학·대중문화에서도 이론보다 실용을 앞세우고자 했다. 실용주의 노선을 택해 중국의 국익과 직결된 문제에만 관심을 가진다고 할 수 있어, 문명의 화해와 공영을 표방한 전체 주제와 어긋난다. 회의를 더 잘 조직한다고 한 결과 표리부동이 한층 심해졌다.

국제관계에서는 미국과 동아시아의 관계를 다룬다고 하고, 중국이 미국과 가까워질 수 있는 길을 찾는 데 힘썼다. 공공위생이 한 분과로 들어간 것이 특이하다. 중국은 공공위생에 문제가 있는 나라라는 오명을 씻으려고 한 것 같다. 작년에는 있던 문학 분과와 예술 분과가 없어지고, 이번에는 대중문화만 다루었다.

나는 대중문화 분야의 발표를 해달라는 초청을 받았다. 마음에 들지 않았으나 어쩔 수 없었다. 가지 않겠다고 할 정도의 사태는 아니었다. 철학에 끼어들겠다고 할까 하고 생각하다가 그만두었다. 문학을 위해 별도로 마련한 집이 없어 동네 공회당에 거처하지 않을 수밖에 없는 신세를 그대로 받아들였다. 현장에서 겪어보니 대중문화에 포함시켜 다루는 다양한 내용이 모두 흥밋거리였다.

여러 분과의 발표가 동시에 진행되어 다 들을 수는 없었다. 철학·역사·대중문화 분과의 발표를 듣고 배부된 논문을 보아 구체적으로 할 말이 있다. 우선 총괄적인 논의를 하고 개별사례를 다시 다루기로 한다. 철학 분과에서 유교와 기독교의 관계를 집중해서 다루면서 상호 이해를 하는 데 힘쓰고자 했다. 역사 분과에서는 역사 이해의 다양한 시각이 논의되어 얻을 것이 있었다. 대중문화 분과는 구심점이 없고, 종교도 다루고 공연물도 들추어냈다.

국제학술회에 참가해도 대면하기 어려웠던 아시아 여러 나라 미얀마, 터키, 월남, 이란 학자의 발표를 들은 것이 소득이다. 몽골·라오스·캄보디아·타이·말레이시아에서 온 사람들의 발표도 있었는데, 시간이 중복되어 가보지 못한 것이 유감이다. 유럽 각국이 망라된 것은 물론이다. 러시아는 참가했는지 기억하지 못할 정도여서 의외이다. 그렇게 만은 나라와 관계를 가지고 널리 초청한 것은 평소에 축적해놓은 중국의 저력이라고 생각된다.

우리는 그렇지 못해 관계를 가지는 나라가 아주 제한되어 있다. 장사를 하려 가는 곳은 많아도 문화 교류는 등한시한다. 북경외국어대학의 학과가 한국외국어대학의 학과보다 월등하게 많은 것이 좋은 비교 자료이다. 이번에 들으니 북경외국어대학에 학과를 넷 증설해서 더 많은 외국어를 가르치려고 한다고 했다. 필요한 사람이 소수인 학과는 4년에 한 번씩 학생 모집을 하면서 없애지 않고 신설해 늘인다. 우리는 구조조정을 능사로 삼아 지원자가 적은 학과는 폐쇄하려고 한다.

이번 모임의 공용어는 영어와 중국어였다. 중국어는 중국인 참가자만 사용하고, 외국인은 중국계까지 포함해 영어를 택했다. 중국인도 더러 영어를 발표했다. 두 말을 서로 동시통역을 했지만 이해하는 데 어려움이 있었다. 동시통역은 비슷한 언어끼리는 가능해도 구조와 어법이 많이 다르면 차질이 생긴다. 배부한 원고와 다른 말을 하면 통역이 따르지 못해 더듬거리지 않을 수 없었다. 미리 와서 묻길래 나는 원고에 쓴 대로 읽겠다고 하니 아주 좋아했다.

여러 나라 사람이 하는 영어 발음은 제 각각이었다. 써서 배부한 원고가 있어 발음이 나빠도 이해하는 데 지장이 없었다. 그 점이 유럽문명권에서 하는 국제학술회의와 아주 달랐다. 말보다 글을 더 중요시하는 동아시아의 전통이 살아 있다. 영어를 잘 못하는 사람일수록 원고를 정성들여 써왔다. 영어가 유창한 것이 당연한 미국인 발표자는 더러 원고는 내지 않아 볼 수 없게 하고 너무 빠르게 얼버무려 알아듣기 어렵게 말했으며, 원고를 배부한 경우에도 특별히 경청할 내용이 없는 경우가 많았다. 영어를 잘 하는 것과 내용이 좋은 것은 반비례하는 원리를 발견했다.

철 학

철학분과에서 중국학자든 초청되어온 외국학자든 마르크스에서 毛擇東까지의 유물변증법에 관해서는 언급조차 하지 않는 것이 놀라운 일이었다. 중국철학은 유교라고 표방하면서 유교의 인간관에 대한 초보적인 논의를 펴면서 기독교와 비교했다. "東西方哲學對話"라고 표방한 주제를 그런 범위 안에서 다루었다. 변증법과 陰陽論의 비교는 시도할 생각이 없었다. 문제 제기가 단순화하고 철학하는 수준이 후퇴했다. 자기네가 유교로 돌아간다고 하려고 서양사상은 기독교라고 하는 낡은 명제를 새로운 연구 없이 들먹였다.

북경대학 교수 趙敦華(Zhao Dunhwa)가 영어로 발표한 <人性善與原罪>(The Goodness of Human Nature and Original Sin: the Point of Convergence in Chinese and Western Culture)가 제시한 주제의 중심을 잡은 논문이다. 양쪽이 서로 다른 점을 이해하면서 또한 가까워지는 길을 찾아야 한다고 했다. 人性에 관한 중국 이외 동아시아 다른 나라의 논의는

돌보지 않고, 유럽의 경우에는 후대의 논란까지 문제 삼아 이중의 불균형을 보여주었다. 동아시아에서는 유교의 정통을 넘어서고, 유럽에서는 기독교에서 벗어난 견해가 나타나 서로 근접된 변화에 관해서는 말하지 않았다. 홍대용과 볼테르(Voltaire)의 비교 같은 것은 생각하지 못했다.

투 웨이밍(Tu Wei-ming, 杜維明)은 대만에서 건너간 중국계 미국학자이다. 하바드대학 동아시아학과에서 중국철학을 강의한다. 유교가 동아시아 근대화에 어떤 기여를 하는가 하는 문제에 관해 잘 모르는 사람들을 상대로 입문 수준의 해설을 잘 해 이름을 얻었다. 마르크스주의와는 거리가 멀고, 중국철학사에 관한 깊이 있는 연구를 한 것도 아니다.

그런데 작년 모임에서 기조연설을 하고, 다시 초청되어 <天人合一的 創造觀>(An “Anthropocosmic” Perspective on Creativity)을 발표했다. 유교의 인간관인 천인합일에서 창조를 어떻게 이해하는가 하는 문제를 다루었다. 하늘이 계속 그대로 있지 않고 새로운 것들을 창조하는 활동을 사람도 실현한다고 했다. 요령을 얻은 설명이라고 할 수 있으나 특별히 연구해 얻은 성과는 아니다.

모임을 마치고 서점에 가니 杜維明의 유교 근대화론에 관해 중국학자가 고찰한 책이 있었다. 마르크스에서 모택동까지를 다 버리고 유교로 돌아가 무엇을 어떻게 해야 하는가 하는 의문을 푸는 데 도움이 된다고 여긴 것 같다. 서점에 나와 있는 중국철학 책을 둘러보니, 온통 그쪽으로 가고 있는 것은 아니다.

중국의 장래를 위해 어떤 철학을 해야 하는지 여러 사람이 참여해 논란을 벌여 철학의 전성시대를 맞이한 것 같다. 철학에서 제공하는 창조적인 사고의 의의가 아주 강조된다. 그러나 새로운 철학을 만들어내기 위해 과감한 시도를 하는 것은 아니다. 지금까지 존중하던 공식 노선에서 이탈하지 않으면서 현실 문제를 새롭게 해결하는 철학을 해야 한다는 주장이 주류를 이루었다.

高清海라는 사람이 쓴 여러 저서가 대체로 그런 내용이다. 그 가운데 『找回失去的"哲學自我"』<北京: 北京師範大學出版社, 2004)를 사와서 보았다. '哲學自我'를 상실해 창조적 중국의 운명을 개척하지 못하는 사태를 타개하자고 하면서 마르크스주의에서 모택동사상까지를 이어받으면서 중국철학의 전통을 계승해야 한다고 했다.

李瑞環, 『學哲學 用哲學』(北京: 中國人民大學出版社, 2005) 상하권을 王府井書店 입구에 쌓아놓고 크게 선전을 하면서 팔고 있었다. 철학이 대단한 관심거리인 것이 신기해 들추어보니 짧은 글을 모은 책이다. 투자할 가치가 없는 것 같아도, 동향을 알아보기 위해 사와서 이곳저곳 읽었다. 마르크스주의에서 모택동사상까지를 이어받으면서 중국철학의 전통을 계승해 중국의 현실을 타개하는 실천적 지침이 되는 철학을 해야 한다고 여기저기 다니면서 연설한 내용이다. 중국 공산당 이론 담당자인 같다.

"物質第一 客觀第一 存在第一"을 표방했다. 그러나 그 셋을 상식적인 수준에서 거론하면서 개혁개방, 시장경제 등의 당면 정책을 해설하는 데 그치고, 철학적 논의를 새롭게 전개하지 않았다. 중화민족은 위대하다는 말을 자주해 애국주의를 고취한 탓에 철학이 요구하는 보편적 사고와 더욱 멀어졌다. 철학을 얕게 배워 값싸게 쓴다고 하지 않을 수 없다.

<弘揚中華民族"和"的思想>이라는 글은 자못 심각한 문제를 다루

었다. 요지를 셋으로 간추릴 수 있다. (가) '和'의 사상이 필요한 시기가 되었다. (나) '和'의 사상은 마르크스주의에도 있어 새삼스러운 것이 아니다. 마르크스・엥겔스・레닌・모택동은 투쟁을 중시하느라고 "대립면의 동일성"을 경시한 것은 아니다. 모택동은 <矛盾論>에서 "矛盾的 同一性" 또는 "對立面的 相互依存"과 "相互轉換"을 말했다. (다) 중화민족은 '和'를 소중하게 여기는 사상의 풍부한 전통이 있어 이어받아야 한다. "人和"나 "家和"를 중요시한 것이 그 증거라고 했다.

(가)는 전적으로 타당한 말이다. 그렇기 때문에 나는 生克論을 마련한다. (나)는 억지이다. 마르크스주의에서 모택동사상까지는 相克에 치우치고, 相生을 相克의 한 양상으로 보는 데 그쳤다. (다)를 들먹이는 것은 (나)에 결함이 있다고 인정한 증거이다. 그런데 '和'를 소중하게 여기는 사상의 전통은 찾아내지 못하고 상식 수준의 논의를 전개했다. 중화민족 홀로 잘 났다는 착각에 사로잡혀 철학을 잃지 말고, 내가 한 것처럼 相克이 相生이고 相生이 相克이라고 해온 동아시아철학의 전통을 들어 문제를 해결해야 한다.

뒷말이 너무 길어졌다. 모임에 관해 말하는 본론으로 돌아가자 이번 모임 철학 분야 발표에서는 마르크스주의에서 모택동사상까지를 이어받고 중국철학의 전통을 계승하면서 새로운 철학을 창조하자는 주장은 전연 없었다는 사실을 다시 말하기로 한다. 유교와 기독교의 관계를 논하기만 하면서 유럽문명권에서 좋아할 말이나 했다. 외국인 초청자도 변증법 또는 유물변증법과 관련된 발표를 하는 사람이 없었다.

노선 대전환의 조짐인가? 올림픽을 앞두었다고 얼굴 다듬기를 지나치게 했는가? 심각한 논란이 필요한 고민거리는 손님들에게 알려주지 않으려고 했는가? 이 여러 가지 추정 가운데 끝으로 든 것이 타당하지 않을까 한다.

역 사

역사 분과의 발표는 대부분 다양한 내용의 개별적인 연구이다. 중국학자들이 평소에 하던 연구를 들고 나온 것이 많았다. 역사 이해에 관한 총론은 얼마 되지 않아, 철학과는 많이 달랐다. 그런 가운데 특별히 거론할 것이 몇 있다.

한국에서 간 이훈창(Hun-Chang Lee)이 <지리와 국제관계가 한국의 경제발전을 어떻게 이루었는가>(How Geography and International Relations Shaped Economic Development in Korea)에 관해 고찰한 것을 보자. 18세기까지의 최선진국 중국, 20세기의 최선진국 일본 및 미국과 가까운 관계를 가진 것이 한국이 경제발전을 이룬 이유라는 것이 기본 요지이다. 그럴 듯한 견해인 것 같지만, 한 말로 운이 좋았다는 것이다.

운이 좋았다고 말하는 것은 학문 연구의 결론일 수 없어 토론을 맞지 못한다. 최선진국과 가까우면 어느 나라든지 경제발전을 이룩하는지, 경제발전을 이룩하는 내부적인 동력은 없는지 의문이 제기된다. 이런 의문을 감당하지 못해 일반이론과는 거리가 먼 학문이나 하고 있지 말아야 한다.

대안이 되는 내 견해를 말하기로 한다. 한국은 동아시아의 중간부에서 문명권의 동질성과 민족문화의 독자성을 함께 존중하고 결합시킨 점이 중국이나 일본과 다르다. 중국의 시대인 중세, 일본의 시대인 근대를 넘어서서 다음 단계로 나아가면서, 동아시아문명의 정수를 이어받고 민족문화의 다양한 창조력을 발현하는 것이 우리가 마련한 발전의 길이다. 발전이 경제에 국한되지 않은 총체적인 발전이다.

이것은 세계적인 범위에서 일반화할 수 있는 이론이다. 문학의 경우를 구체적인 예증으로 들어 다각도로 구체화해 세계 도처에서 발표했다. 그 경과를 이 강의에서 계속 다루고 있다. 인도에 가서 기조강연을 하는 원고로 삼았다고 제8강에서 소개한 글이 특히 중요하다.

(a) Arian Shubert, “Teaching European History Today”

(b) Aryan Gholipour, “Information Technology, Institutional Dynamics and Changes in History”

(c) Nguyen Quang Ngoc, “The Conception on Compiling a New Text Book of Vietnamese History in Vietnam National History, Hanoi”

이 셋은 역사 분야 발표 마지막 시간에 (a)・(c)・(b) 순서로 나란히 발표했다. 거론하기 편하게 하려고 순서를 바꾸어 적었다. 역사 이해의 방향 전환을 말한 공통점이 있다. 발표자의 국적을 들면, (a)는 캐나다, (b)는 이란, (c)는 월남 학자이다. 여러 나라 학자들이 하는 서로 다른 발표를 들은 것이 큰 소득이다. 논문 제목을 번역하면 다음과 같다.

(a) <오늘날의 유럽사 교육>

(b) <의사소통 기술, 조직의 역동성, 그리고 역사의 변화>

(c) <하노이 국립대학에서 편찬하는 새로운 월남사 교과서의 개념>

(a)에서는 지금까지의 유럽사 교육에서 두 가지 잘못이 있어 시정해야 한다고 했다. 유럽사는 서부유럽사라고 하고, 다른 곳들은 무시한 것이 잘못이다. 유럽은 언제나 세계사 발전을 선도했다는 것도 잘못이다. 유럽 전체의 역사를 함께 다루면서 다른 문명권들보다 뒤떨어졌던 시기의 실상을 바로 알려야 한다. 이런 반성론이 이제야 공식화하는 것을 크게 환영해야 한다. 유럽사는 우월하다는 억지 주장 때문에 세계사 이해를 그릇되고 한 더 큰 잘못을 반성한다는 말은 하지 않았다.

(b)에서는 세계사 이해의 잘못을 바로잡는 제3세계의 지론을 역사철학의 차원에서 전개했다고 할 수 있다. 의사소통 기술이니 조직의 역동성이니 하는 것들이 역사 변화에서 핵심적인 구실을 했다는 사실을 알면 그릇된 역사관을 바로잡을 수 있다고 한 것이 기본요지인데, 납득하기 어렵다. 서방과 동방이 대등한 관계를 가지고, 토착의 문화와 외래의 기술 사이에 갈등이 없는 미래를 이룩하자고 결론에서 편 지론이 앞부분의 논의와 밀접하게 연결되는지도 의문이다.

(c)에서는 자기 나라 하노이 국립대학에서 사용할 전 8권의 월남사 교과서를 만들고 있으며 2006년에 출간한다 하고, 편찬의 기본설계를 말했다. 대학에서 하는 월남사 교육을 크게 중요시하고, 교과서 편찬을 대단한 일로 여기는 것이 우선 주목할 일이다. 그 작업을 하는 연구소의 소장이 와서 자세한 내용을 알려주었다. 그 사람 명함과 함께, 영어로 “Institute of Vietnamese Studies and Development

Sciences"라고 한 연구소 안내서를 받았다. 월남학과 함께 국가 발전 방안도 연구한다는 말이다.

발표한 요지를 둘로 간추릴 수 있다. (가) 외침에 저항한 전쟁의 역사를 지나치게 존중한 잘못을 시정하고, 생활 전반을 다룬다. (나) 지배민족 월남인만의 역사를 버리고 여러 소수민족과 함께 이룩한 역사를 다시 쓴다. 북부에서 월남인이 이룩한 역사뿐만 아니라, 중부의 참파, 남부의 부남, 그리고 그 두 곳의 선조들이 이룩한 고대문명도 월남사에 포함시켜 소중하게 여긴다.

(가)와 (나)가 함께 말해주는 것은 전쟁을 끝내고 평화를 이룩한 시기를 역사를 쓴다는 것이다. 그러면서 (가)와 (나)는 많이 다르다. (가)는 전적으로 타당하다. 세계 어디서도 해야 할 일이다. (나)는 국가사를 쓰기 위해서 민족사를 버린다는 말이다.

참파는 산스크리트문명권의 일원이었으며, 월남과 싸워 망한 나라이다. 그 나라를 차지했으니 역사도 받아들인다고 했다. 당연하다고 할 수 있으나, 참파의 역사는 참파의 역사라는 독자성을 무시하지 말아야 한다. 부남은 캄보디아로 이어지는 나라이다. 캄보디아 땅을 상당한 부분 차지하고 부남을 월남사에 편입하는 것은 부당하다. 부남의 역사는 월남이 차지한 땅에서 이룩한 것까지 캄보디아의 역사이다.

이에 대해서 내가 질문했다. 한자어는 글로 써서 보이고 필담을 겸해 이야기를 나누었다. 지금 쓰고 있는 책이 월남사의 고전『大越史記』에서 보여준 역사관과 많이 다르지 않는가?『大越史記』에서 월남사의 시발점이라고 한 南越의 역사는 중국사인가 월남사인가?

질문의 의미를 이해할 수 있게 하기 위해 보충설명을 한다. 南越은 오늘날 중국에 중심을 둔 나라이면서 북부 월남까지 다스리다가 漢나라의 침공으로 망하고, 한나라가 그 강역에 9郡을 설치했다. 9군 가운데 6군은 오늘날의 중국, 3군은 오늘날의 월남 땅에 있었다.

질문에 대한 대답이 이렇게 나왔다. 『大越史記』는 월남 북부 李朝의 역사이다. 월남사의 연원을 만들었을 따름이다. 영어로 적어준 그대로 들면 "origin of our history"라고 했다. 南越은 중국사라고 했다. 그 시기에 있던 百越 가운데 한 가닥이 오늘날의 월남이고, 다른 사람들은 중국인이 되었다고 했다. 중국인이 된 사람들의 역사는 중국사라고 했다.

중국사이면서 월남사인 공유영역을 인정하지도 않았다. 사람의 역사는 버리고 땅의 역사를 택해서 오늘날 월남 강역 밖의 역사는 남을 주고, 오늘날 월남 강역 안의 역사는 모두 차지한다. 민족사를 국가사로 바꾸어놓는다.

그것은 여러 외국에서 쓴 월남사와도 다르다. 南越의 역사를 중국사라고 하는 중국의 주장을 고구려사 차지하기와 연결시켜 논한 나의 작업은 헛되다고 하지 않을 수 없다. 이 책 제1권 『길을 찾으면서』 266-274면에 쓴 내용을 재고해야 할 것 같다. 월남이 포기한 논란을 밖에서 맡아 열을 올리니 어리석지 않은가 하는 생각이 든다.

그러나 결론이 난 것은 아니다. 월남은 남쪽을 차지한 것을 고대까지 거슬러 올라가 합리화하는 국가사를 위해 북쪽과 얽혀 있는 민족사를 포기했다. 큰 것을 얻으려고 작은 것을 버렸다. 역사는 이익을 다투는 자리가 아니다. 국가사도 있고 민족사도 있어야 한다. 참파나 부남의 역사를 월남사라고 하는 것은 국가사와 민족사 양쪽에서 잘못이다. 월남이 통일되고 강성한 국가임을 말하려고 무리를 하고 있다.

월남이 프랑스와 미국의 침공을 물리치고 독립을 하고 통일을 이룩한 것은 세계사의 선두에 나서서 이룩한 쾌거이다. 제국주의 침략을 종식시키고 누구든지 대등한 관계를 가지고 평화를 누릴 수 있는 새로운 시대로의 전환을 선도했다. 그러나 자기 나라의 역사를 다시 쓰는 월남의 과업은 국가사로 후퇴했다. 국가사를 넘어서는 것이 세계 전체의 과업인 시대에 미완의 국가사를 만들기 위해 애쓰고 있다.

월남 국가사가 별개의 영역을 뚜렷하게 하고 배타적인 우월성을 가진다는 것은 사실과 이론 양면에서 그릇되었다. 민족사와 국가사의 관계를 동남아시아 전역에서 어떻게 다루어야 하는지 고민하고, 그래서 얻은 성과를 세계사로 확대해야 한다. 새로운 시대로의 전환을 선도한 과업을 역사 이해에서도 성취하려고 노력하는 것이 마땅하다.

그것은 월남만의 과제가 아니다. 모두 함께 힘을 쓰면서 공동으로 연구해야 한다. 민족사와 국가사, 그리고 그쪽과 문명사 · 세계사의 관계에 심각한 문제가 있다는 것을 솔직하게 시인하고 심각하게 검토하면서 바람직한 해결책을 찾는 국제학술회의를 거듭 열 필요가 있다. 역사를 정치사로 이해하면 논의의 진전이 없다. 역사 이해의 폭을 넓혀야 한다. 문학사를 출발점으로 삼아 내가 해온 작업이 도움이 되기를 간절하게 바란다.

대중문화

대중문화 분야에서 발표한 논문 가운데 거론할 만한 것들을 든다. 셋 다 적절한 내용을 갖추면서 한국에 관해 논해 주목할 만하다.

(a) Virgilio Almaio, "Locating the Filipino Popular Imagination in the Age of Globalzation"

(b) Anuta Sharma, "Globalization and Buddhism in East Asia"

(c) Chen Weixing, "On Narrative about Modernity: an Analysis of South Koran Movies: *Peppermint Candy*, *Oasis,* *and Address Unknown*"

(a)의 발표자는 필리핀 사람이다. <세계화 시대 필리핀 대중 상상력의 위상>이라는 제목을 내걸고, 자기 나라가 혁명을 해서 독립을 이룩했으나 문화에서는 주체성을 지니고 못하고 수입품이 판을 친다고 했다. 영화는 한국 것을 본다면서 몇 차례 거론했다.

(b)에서 인도인 여성학자가 <세계화와 동아시아 불교>에 관해 말했다. 불교가 과거의 종교로 밀려나지 않고 동아시아에서 살아 있어 국제적인 유대를 이룩한다고 했다. 한국불교의 사회참여를 그 좋은 본보기로 들었다.

(c)는 중국학자의 논문이다. 중국어로는 陳衛星, <現代性的 一種敍事: 對當代韓國的電影的一種認識>이라고 했다. 이창동과 김기덕의 작품을 들어 한국영화가 현대사회의 문제를 잘 다루어 아시아 영화 발전을 선도한다고 했다.

종교에 관한 발표도 몇 있었다. 이슬람교과 근대화와 세계화에서 어떤 구실을 하는지 중국학자가 논했다. 무슬림인가 하고 물으니 아니며, 사회과학원 종교연구소에서 이슬람을 연구한다고 했다. 일본학자는 일본의 신도와 불교가 멀고 가까운 관계를 고찰했다. 그 다음 순서가 내 발표였다.

나의 발표

내 논문은 제목을 "Mutual Understanding of Hagiographical Traditions"라고 했다. 번역하면 <성자전 전통의 상호 이해>라는 말이다. 중국어로는 <聖徒傳記傳統的相互理解>라고 소개했다.

기독교, 이슬람, 힌두교, 불교 등 여러 종교의 수행자 성자는 교리의 차이를 넘어서서 출가해 수도하고 세상을 구하려고 자기희생을 하는 생애가 거의 같다는 사실을 서로 이해해 인류가 화합하는 길을 찾자. 교조의 종교는 배타적이만 성자의 종교는 상호이해를 가능하게 하는 대중문화이므로 관심의 방향을 돌리자. 새로운 매체를 이용하는 대중문화에서 그 전통을 적극 활용하고 널리 나누어 가지자. 이것이 요지이다.

1998년 경주에서 열린 '98 세계문화엑스포 국제학술회의에서 발표하고, 『문명권의 동질성과 이질성』(지식산업사, 1999)에 수록한 글을 수정하고 보완해 다시 활용했다. 이번 모임의 취지와 일치하기 때문이다 가장 중요한 보완사항은 중국 선승의 일화를 추가한 것이다. 이름을 잃어 亡名이라고 한 승려의 기이한 행동을 들어 자세를 어디까지 낮출 수 있는가 말했다.

중국은 위대한 나라라고 자랑하면서 거만하게 놀지 말라. 가장 밑바닥까지 내려가 잘나고 못난 구분을 타파한 선각자들이 있어 인류의 화합을 말하는 자리에 참여한다. 이런 말을 하려고 했다.

중국에 훌륭하다고 이름 난 스님이 많은데 왜 그런 사람을 택했는가 하고 시비하는 말이 있지 않을까 염려했는데 그런 일은 없었다. 그런 경우에 대답할 말은 가장 낮은 것이 가장 높고, 가장 미천한 것이 가장 고귀하다는 지론이다.

발표가 상당한 반응을 불러일으켰다. 발표 도중 여러 나라에서 온 많은 사람이 고개를 끄덕였다. 끝난 뒤에 터키, 인도, 미얀마인 등의 참가자들이 찬탄하는 말을 했다. 중국학자 한 사람이 길게 논평을 했는데, 지지 발언이었다. 그 사람은 종교학을 한다고 해서, 문학에서 하는 연구가 또한 소중하고 종교학에서 할 수 없는 일을 한다고 응답했다. 내가 발표한 내용을 지금까지 세계 어디서 누구도 말하지 않았다고 하고, 인류의 무지를 반성해야 한다고 했다. 전문을 들면 다음과 같다.

Mutual Understanding of Hagiographic Traditions

1. Introduction

Does religion cause conflict or harmony? That depends on how and from what aspect one perceives religion. A new answer to this old question can be gained from a comparative study of hagiographies.

The exclusive dogmas of various religions can be the cause of long-standing conflicts. Such religion is maintained by orthodox scriptures and their authoritarian interpreters. The main content of the scriptures consists of episodes and teachings from the life of the founding father. He might have been a liberal thinker who wanted to remove the barriers of the former religion, but once he became the hero of the scriptures, everything became fixed.

Absolute truth was not to be questioned. Even the languages used in the scriptures were sacred. No one can change the fixed scriptures. Adding new experiences from later ages or other places is not permitted. Scriptural religions, rigorously applying the original theology to different situations, create conflicts not only between religions but also among believers of the same religion.

There is, however, another aspect of religion. This aspect is reflected in hagiographies. The religion of hagiographies is different from the religion of scriptures in many ways. The heroes of hagiographies are saints who are not fixed or limited. Hagiographies can be changed and supplemented. Any age or peoples may add their own saints. Any individual worthy of respect may become a saint. Hagiographies are typically regional products.

Hagiographies are religious as well as literary works. As they can be written or orally transmitted in various forms and recomposed in diverse ways, anyone can participate in creating and changing them. The religion of hagiographies is open and free. It transforms theology into folklore, philosophy into popular culture.

The theological doctrines fixed in the scriptures of the Christian, Islamic, Hindu, and Buddhist religions are mutually exclusive. But the stories in hagiographies do not conflict with each other. They can contribute to a harmony that is beyond the limits of each religion, and offer a common ideal for humankind. Unfortunately, our knowledge of hagiographies has been very limited. Different peoples are only aware of their own religious and national heritage. We should broaden our views to foster mutual understanding and carry out multifaceted comparative studies.

2. Renouncing the World to Seek the Truth

The Christian hagiographies of medieval Europe offer a theoretical model for the comparative study of their conception, formation, and function. (1) Thus it is natural to begin our journey with the European case. The goal of comparative study, though, is to overcome a Eurocentric prejudice.

The best European Christian hagiographies are collected in *Legenda aurea* (*The Golden Legend*), written in the late 13th century by Jacobus de Voragine, an Italian monk. It contains the life stories of 164 Christian saints of various ages. (2) Eastern Europe, from the Byzantine Empire to Russia also had a rich tradition of Christian hagiographies. (3)

Among the important protagonists of *Legenda aurea*, Saint Francis of Assisi is especially outstanding. His story begins as follows.

> He became a merchant and, until he was twenty years old, lived a vain and frivolous life. The lord chastened him with the whip of ill health and quickly made a different man of him, and he began to exhibit the spirit of prophecy. (4)

He then left home, renounced the world, became a wandering beggar, and practiced asceticism to seek the truth. He became a charitable man. He loved not only humble people but also all living creatures that were yet despised. It is said that "He preached to the birds and they listened to him," and that "He called all animals brothers and sisters." (5)

His actions are similar to that of a Buddhist monk. While Saint Francis was made a new man by his lord, Buddhist monks follow the same way voluntarily. It is astonishing that even the details of the story are similar.

The Tibetan Buddhist monk Milarepa is famous for being a saint who enjoyed a wondrous enlightenment after practicing severe asceticism. *The Life of Milarepa*, a biography written in the 15th century by Tsangyon Herika, one of his followers, is a precious classic of Tibetan literature. His poems are presented here and there in the book. I would like to quote some lines revealing his oath.

> Until I have attained *Siddhi* [(6)], unto this solitude will I hold fast;
>
> Of starvation though I die, I'll not go to seek alms given in the faith or dedicated to the dead.
>
> For that would be to choke myself with dust.
>
> E'en though of cold I die, I'll not descend to beg for garments.
>
> E'en though of misery and sorrow I should die, I'll not descend to join in pleasures of worldly life. [(7)]

His reason for renouncing the world in such an extreme way is to save the world. After overcoming many difficulties, he became at last a spiritual teacher who would solve the disastrous problems of human life. His case is typical, in a broad sense. Saints' lives presented by all other major religions consisted of the motifs of renouncing the world, practicing asceticism, attaining enlightenment, and saving the world.

3. Charity for Humble People

In the Islamic world, *awaliya* or *auliya* means "friend of God". That term is equivalent to the word "saint". One who was called *sufi* was a member of the laity, not the clergy, but he had amazing experiences and became an intimate friend of God. *Sufi* stories are Muslim hagiographies. [(8)]

The Persian poet Farid al-Din Attar wrote a collection of Muslim hagiographies with the title, *Tadhirat al-Auliya* (*Memorials of the Saints*). One of the outstanding 75 saints included in this book is Abu Yazid al-Bestamini, a Persian *sufi*. His story says that he had a mystic encounter with God. After the experience he returned to ordinary life.

> 'A man encountered me on the road," Abu Yazid recalled.
> "'Where are you going?' he demanded.
> 'On the pilgrimage,' I replied.
> 'How much have you got?'
> 'Two hundred *dirhams*.'
> 'Come, give them to me,' the man demanded. 'I am a man with family.
> Circle around me seven times. That is your pilgrimage.'
> I did so, and returned home." [9]

This story shows the means of his spiritual awakening. A meeting with God takes place once again in the lower world. The best pilgrimage is to give all one has to another who needs it.

The Indian word for the hero of a hagiography is *sant*. The *sant* was known to have experienced ultimate truth through the devotional practice called *bhakti*. They expressed such experiences in vernacular songs that could be easily understood. Kabir, Tulsidas, Surdas, and Mirabai are well known poet-saints. [10]

Such is the Hindi case. Other languages cherish the heritages of their own poet-saints. The Tamil tradition is particularly rich and proud; Appar, Campantar, and Cuntartar are worshipped widely and enthusiastically. Their songs are everlasting guides to spiritual awakening. [11]

Among Hindi poet-saints, Kabir receives special respect. His life story and his poetry offer deep inspiration to a wide range of people. During the 16th century, a devout admirer named Ananta-das wrote his life story in verse, *Kabir Parachai*. I would like to quote an impressive passage from it.

> He said: "Kabir, I have heard about you. For that reason, I have come to you."
>
> Hari had taken the form of an emaciated devotee. He requested cloth very humbly.
>
> When Kabir began to tear a cloth in half, Hari said: "Give me all of it, devotee, for I am naked."
>
> Kabir gave it to him immediately, without hesitation. Kabir did not return home. [12]

Kabir made a living with his family as a weaver, this being the caste into which he was born. If there was any profit, he used it all to feed others. One day God Hari visited him in human form to test him. God fully proved the charity of Kabir.

4. An Unusual Way of Enlightenment

Buddhist hagiographies appeared in India. [13] Other Buddhist countries developed their own traditions by adopting these hagiographies and adding new sources. Tibet was especially enthusiastic in this; hagiographies were the most precious part of Tibetan literature. We have already discussed one good example, the life story of Milarepa.

In North East Asian countries, Buddhism had to compete with Confucianism. Confucian historical records contain many biographies of important persons. Buddhist historians compiled "lives of eminent monks" (高僧傳, *gaosengzhun in* Chinese, *goseungjeon* in Korean, *kousouden* in Japanese). The word "eminent" was a conventional honorific title. These books were a kind of bibliographical dictionary. Materials concerning almost all known Buddhist monks were gathered in them.

The Chinese *Gaosengzhun* (高僧傳, *Lives of Eminent Monks*), written by Huijiao(惠皎) in the 6th century, initiated such a tradition. Among the books that followed, Zanning(贊寧)'s *Gaosengzhun* (高僧傳, *Lives of Eminent Monks*), which deals with 656 persons, was the largest. [14] The Korean monk Gakhun(覺訓) wrote *Haedonggoseungjeon* (海東高僧傳, *Lives of Korean Eminent Monks*) using a literary style. The Japanese version, *Genkousyaksho* (元亨釋書, *Buddhist Book of 1322*), compiled by Kokan Shiren(虎關師錬) included even non-Buddhist persons.

Most of the monks in these books conform to the desirable norms of religious life. Selfless ascetics dedicated to self-cultivation are praised. Sometimes, however, there are exceptional persons who break the rules. They wear rags, shout or sing with foul language, and even fall down drunk in the middle of the street. Through such behavior they are thought to tear down all kinds of fixed conceptions.

A Chinese monk of the 9th century, Wangmin(亡名)'s story in Zanning's book is particularly astonishing. "Wangmin" means lost name. That is his name. He often took wine and meat and acted crudely in public. The following is the most remarkable episode of his strange behavior.

> One day he made a large cake. Calling his fellow monks, he said "let us go out for picnic to the graveyard." On the outskirts of the city there were many graves. People abandoned corpses there. He squatted on the ground and filled the cake with pieces

> of flesh from a rotting corpse. Putting it in his mouth, he swallowed it with pleasure. The other monks ran away, covering their noses and vomiting. He shouted. "If you eat this meat, you can eat other meat." The monks were suddenly enlightened. [15]

The graveyard is the world of the dead. It is also a working place of grave makers, the lowest people. He used it as a holy temple to get enlightenment. Enlightenment is nothing but transcending the distinction between pure and impure, life and death.

Wonhyo(元曉), a Korean monk of the 7th century, is a well-known hero of Chinese, Korean, and Japanese versions of *Lives of Eminent Monks*. His life was also a sequence of renouncing the world, practicing asceticism, attaining enlightenment, and saving the world, as it was with other Buddhist monks and the saints of other major religions.

At the same time, though, he was an exceptional person. He turned back while on his way to China to study Buddhism, realizing that the Buddha is in the mind. After he attained enlightenment, he married and became a layman.

The reason he did so is explained by interesting legends in Zanning's book. Pictures showing episodes from his life are national treasures of Japan. *Samgukyusa* (三國遺事, *Memorabilia of the Three Kingdoms*), a Korean historical record that includes many Buddhist hagiographies derived from oral sources, presents more meaningful stories.

> He met an entertainer who danced with a gourd mask, which he thought quite strange. He made his own gourd mask and called it "Unhindered," after a passage in the *Flower Garland Sutra* that says, "All unhindered men leave birth and death through a

single path." He then sang this phrase until many people learned it. He toured thousands of villages, singing and dancing to convert the people, so that even the poor and ignorant knew the name of the Buddha, and to call on Amitabha in order to be born into his Pure Land. [16]

This story tells us more about Wonhyo's unusual way of enlightenment. He abandoned the scriptures and adopted a strange method of preaching, dancing and singing in the street. Through this he attested that the ultimate truth of religious idealism and the worldly life of humble, poor people are one in the same.

5. The Common Ideal of Different Civilizations

Were there any influences or adaptations among these saints or hagiographies? It is possible. Proof has been found that shows mutual relations between Muslim *sufis* and Hindu *bhaktis*. Kabir wanted to reconcile two religions. Such facts, however, can not explain the whole range of similarities. We must leave behind the diffusion theory in order to gain a deeper understanding of human civilization.

Humankind has a common ideal of an egalitarian community without privilege or prejudice. Such a view was well manifested in the medieval hagiographies of various religions. This was forgotten for a long time, though, as modern times presented a different set of values that placed winning above all else. Religions became the cause of conflicts.

To begin a new era, we have to reevaluate the message of harmony manifested in medieval heritages. The common ideal found in different hagiographies is a precious indicator for mutual understanding and cooperation in future. With it we can overcome the so-called clash of civilizations.

6. Contributions to the Global Age

Hagiographies are the story of unusual saints who are not fixed or limited. Persons worthy of respect chosen by local criteria are freely added to them to realize humble peoples' desire for egalitarian society. They are typically regional products denying the centralist authority of religion and state.

They are transmitted as valuable heritages of popular culture. All peoples around the world can boast of and enjoy their own traditions through various ways of storytelling. The invention of animation and computer games has made them more interesting. Through developments in communication, hagiographies of different origins are able to be exchanged and shared widely.

Hagiographies can lead to an ideal pattern of globalization without one-sided dominance or hegemony. We can expect that they will help to overcome the so-called clash of civilizations and make a hopeful future. Hagiographic traditions are one of the best heritages of human civilization. Mutual comparison and general understanding of them are crucial tasks for the humanities and social sciences.

Notes

(1) Barbara Abou-El-Hj, *The Medieval Cult of Saints, Formations and Transformations* (Cambridge: Cambridge University Press, 1977), and Peter Brown, *The Cult of Saints, its Rise and Function in Latin Christianity* (Chicago: University of Chicago Press, 1982) offer a general introduction.

(2) Alain Boureau, *La légende dorée, le système narratif de Jacques de*

Voragine (Paris: Cerf, 1984)

(3) Hans-Georg Beck, *Das byzantinische Jahrtausend* (Münche: C. H. Beck, 1994); Jostein Bortnes, *Vision of Glory, Studies in Early Russian Hagiography* (Oslo: Solum Forlage, 1998)

(4) Jacobus de Voragine, William Granger Ryan tr., *The Golden Legend, Readings on the Saints* (Princeton, N. J.: Princeton University Press, 1993), vol. 2, p. 220

(5) *ibid.*, p. 225

(6) This word refers to supernatural power.

(7) W. Y. Evans-Wentz tr., *Tibet's Great Yogi, Milarepa, a Biography from the Tibetan* (Oxford: Oxford University Press, 1969), p. 192

(8) Henri Chamber-Loire et Claude Guillot dir, *Le culte des saints dans le monde musulman* (Paris: École Française d'Étrême-Orient, 1995)

(9) A. J. Arberry tr., *Muslim Saints and Mystics, Episodes from Tadhirat al-Auliya* (*Memorials of the Saints*) *by Farid al-Din Attar* (London: Routeledge and Kegan Paul, 1966), p.114

(10) R. D. Ranade, *Pathway to God in Hindi Literature* (Nimbal: Shri Gurudev Ranade Samdhi Trust, 1986); Karine Schomer and W. H. McLeod ed., *The Sants*: *Studies in a Devotional Tradition of India* (Delhi: Motilal Banrsidass, 1987); Vijay Mishra, *Devotional Poetics and the Indian Sublime* (Albany: State University of New York Press, 1998)

(11) Indira Viswanathan Peterson, *Poems to Siva: the Hymns of the Tamil Saints* (Delhi: Motilal Banrsidass, 1989)

(12) David N. Lorenzen, *Kabir Legends and Anananta-das's Kabir Parachai* (Delhi: Sri Satguru, 1991), p.96

(13) Reginald A. Ray, *Buddhist Saints in India: a Study in Buddhist Values and Orientations* (Oxford: Oxford University Press, 1994)

(14) These books are introduced in English by John Kieshnick, *The Eminent Monk: Buddhist Ideals in Medieval Chinese Hagiography* (Honolulu: University of Hawaii Press, 1997)

(15) Zanning's *Gaosengzhun*, volume 21, part 11
(16) *Samgukyusa*, volume 4

풀리지 않는 의문

이 모임을 한국고등교육재단(The Korea Foundation for Advanced Studies)이 후원했다고 거듭 밝혔다. 어느 재단인가 알아보니 국가 기관은 아니고 선경그룹에서 만든 것이다. 영문명의 'Korea Foundation'은 국가 기관과 같아 혼동을 일으킨다. 영문 'Advanced Studies'는 학문을 뜻하는데, 국문명에서는 '고등교육'이라고 했다. 해외유학생을 선발한다는 광고를 본 적 있어 그런 일을 하는가 싶었으며, 학문 연구를 지원한다는 말은 들어보지 못했다. 국내에서는 하지 않는 일을 외국에서 크게 한다.

후원하는 액수는 듣자 하니 매년 100만 달러라고 했다. 모든 경비를 쓰고도 남을 돈이다. 왜 그만한 돈을 주는지 이해할 수 없다. 한국이나 기업을 선전하기 위해서 한 일이라고 보기는 어렵다. 재단 이름만 나와 있고, 기업 이름은 없다. 재단 대표가 연설을 했으며, 기업 총수가 다녀갔다는 소문이었다. 그 정도로는 왜 지원을 하는지, 무엇이 어떻게 돌아가지 알기 어려웠다. 외국인 참가자들의 이해는 기대할 수 없었다.

중국은 국민이 가난할 때에도 나라는 부자였다. 이제 국민도 부자가 많고 나라는 엄청난 능력을 가지고 무엇이든지 한다. 부자 총수와 국력에서 우리가 도저히 따르지 못한다. 그런데 왜 돈을 가져다 주어야 하는가? 100만 달라면 10억이다. 중국은 큰 나라이므로 돈을 덩치에 걸맞게 많이 주어야 고맙다는 말을 들을 수 있는가? 액수가 많지 않으면 돈 자랑을 할 수 없는가?

우리나라에서 하는 학술행사에 중국이 돈을 준 적 없다. 중국학을 해도 지원하지 않는다. 중국에 가서 중국학을 공부할 때에도 돌보아 주지 않는다. 일본이 일본학을 위해 돈을 쓰는 것과 많이 다르다. 국제관계는 호혜평등의 원칙을 따르는 것이 마땅하다. 중국의 한국학을 위해 우리가 많은 지원을 한 것만 해도 호혜평등에 어긋난다. 그런데 이제 그 범위를 넘어선 중국 자체의 학문 사업에 큰 돈을 내놓기까지 한다. 민간단체가 하는 일이라도 납득할 수 없다.

국내에서 하는 학술회의에서 10억이나 되는 돈을 쓴 일은 없다. 언제나 경비 부족으로 어려움을 겪었다. 그 액수면 국제학술회의를 아주 잘 할 수 있다. 돈을 국내에서 써서 외국 학자들을 불러 모으면 한국을 알리고 기업을 선전하는 데 더 큰 효과가 있을 것이다. 30개국 학자들을 불러 모아 큰 규모의 학술회를 하는 행사를 우리도 할 수 있기를 바란다. 우리 학문이 알차게 발전하면서 세계화의 마땅한 방향을 찾아 널리 도움을 줄 수 있게 지원하는 것은 더욱 바람직하다.

토 론

❏ **문** : 강의 자료로 제시한 논문은 외국어로 써서 그런지 몰라도 예사 논문과 다르다. 논문 작법을 바꾸려고 하는가?

❏ **답** : 모두 논문이 아니고 논문 개요이다. 논문 작법의 규칙을 지켜 국문으로 더 자세하게 다룬 내용을 간추려 쉬운 말로 소개한 것들이다. 발표 시간이 제한되어 있는 모임에서 말을 길고 번다하게 늘어놓는 잘못을 피하고, 이해 가능한 논의를 최소한의 논증을

갖추어 선명하게 전개하고자 했다.

❑ 문 : 학문은 좁게 해야 하는가, 넓게 해야 하는가?

❑ 답 : 양쪽 다 갖추어야 한다. 좁은 중심에서 넓은 외곽까지 동심원이 여럿 그려져 있어야 한다. 선후 관계를 들어 말하면, 공부는 넓게 하고 학문은 좁게 시작하고, 학문을 점차 넓혀서 만년에는 공부한 전폭까지 확대하는 것이 바람직하다. 나는 지금 만년의 작업을 하고 있어, 세부적인 사항의 정밀한 이해보다 전체를 크게 보는 것이 더욱 소중하다고 여긴다.

❑ 문 : 세계예술사를 강의한다면 어떻게 해야 하는가?

❑ 답 : 취급해야 할 영역을 모두 다루는 것은 불가능하다. 많은 내용을 제공하려고 하면 깊이가 없고 이해하기 어렵다. 특히 중요하다고 생각하고, 상당한 전형성이 있다고 인정할 만한 사례를 적절한 수가 되게 선정해 스스로 이해하고 생각한 바를 설명하고 토론을 청하는 것이 최상의 대책이다. 넓게도 보고 좁게도 보는 양면을 다 갖추자는 말이다.

❑ 문 : 종교를 교리에 대한 학문적 탐구만으로 이해할 수 있는가? 신앙 체험이 있어야 하지 않는가?

❑ 답 : 종교의 교리는 서로 달라도 체험이나 실천에는 기본적인 공통점이 있다는 것이 성자전을 고찰해 얻은 결과이다. 그러나 각론 차원의 구체적인 이해를 갖추는 데도 힘써야 한다. 여러 종교의 신앙 체험을 모두 하지는 못하니, 체험한 것을 바탕으로 삼

아 체험하지 못한 쪽까지 미루어 알 수밖에 없다. 신앙 체험을 곁에서 지켜보는 것도 도움이 된다. 불교를 통로로 삼아 힌두교가지는 어느 정도 이해하겠으나 이슬람까지는 미치지 못해 고민이다. 중국에는 回族이라고 있는 무슬림이 있어 우리보다 나은 형편이다. 이슬람에 관해 알려고 많은 노력을 했으나 크게 부족하다는 것을 절감하고, 더욱 분발해야 한다고 다짐한다. 신앙의 현장에 들어가 보는 기회를 더 많이 만들어야 한다.

❑ 문 : 학문에도 존재하는 국경을 어떻게 하면 넘어설 수 있는가? 중국의 경우를 들어보니 국경을 넘어서서 인류 공동의 보편적 학문을 하는 것이 더욱 어렵게 생각된다.

❑ 답 : 주어진 여건에 말려들지 않으려고 학문하는 사람이 분투해야 한다. 정치적인 이해관계를 떠나 학문의 독자적인 의의를 살려야 한다는 사명감을 가지고 실행해야 한다. 남들을 편견 없이 이해하려면 지식의 균형이 아주 소중하다. 스스로 노력해 지식의 균형을 갖추는 공부를 하고 새로운 연구를 진척시키면서, 그 성과를 교육을 통해 널리 알려야 한다. 인류 공동의 보편적 학문을 하려면 언어의 장벽을 넘어서야 한다. 영어를 교통어로 삼는 소극적인 대책에 머무르면 영어 패권주의를 키운다. 각자 자기 말을 하는 사람들끼리 서로 알아들을 수 있도록 노력하고 그 범위를 확대해 나가야 한다.

❑ 문 : 국제학술회의에 참가해 발표하고 토론한 경험을 말한 지금까지의 강의에서 어떤 결론을 도출할 수 있는가?

❑ 답 : 학문을 한다는 사람들이 자기중심주의에 사로잡혀 있고, 지식과 식견이 편벽되어 세계를 넓게 보지 못하고 인류 공동의 창조를 평가하지 못하고 있다. 역사의 전개는 계속 달라지는 줄 모르고 지금의 우열이 불변인 듯이 착각한다. 근대를 넘어서서 다음 시대의 학문을 이룩해야 하는 사명을 깨닫지 못한다.

우리는 뒤떨어져 세계 학문을 힘겹게 따라가야 한다는 것은 국내에 머물러 있는 탓에 생겨난 심한 착각이다. 나가보는 사람들이 늘어나고 있어도 한두 곳만 왕래하는 탓에 실상을 널리 파악하지 못하고 있다. 관중 노릇이나 하고 선수로 뛰지 않아, 훌륭하다고 알려진 선수를 존경하는 데 한 몫 끼기나 하고 자기가 선두에서 나선 경험이 없다.

나는 특정 외국을 상대하지 않고 세계 곳곳을 돌아다니면서 별별 경기에 다 출전하면서 우리 학문이 뒤떨어지지 않고 앞서 나간다는 사실을 분명하게 확인했다. 한국문학사의 새로운 이해에서 얻은 성과가 세계문학사 이해를 정상화하는 지침이 된다는 지론을 다각도로 구체화해서 발표해 커다란 호응을 얻었다. 그 결과를 이번 학기 강의에서 보고하고 우리학문의 분발을 촉구했다.

제1세계는 헛된 자만으로 망한다. 제2세계의 대안은 설득력을 잃었다. 제3세계는 아직 깨어나지 못했다. 제3세계의 선두주자로 자처하고 동아시아문명의 정수를 재창조하면서 제1·2세계의 학문을 비판적으로 계승해 세계의 학문의 역사를 다시 이룩해야 한다. 그렇게 하려고 하는 나의 노력이 값지다는 것을 새삼스럽게 확인하고, 더욱 분발해야 한다고 다짐한다.

혼자 감당하기에는 너무나도 큰 과업이다. 많은 동참자가 있어야 한다. 더구나 나는 이제 학문을 미흡하기 이를 데 없지만 마무리하지 않을 수 없는 단계에 들어섰다. 미완투성이라 어수선하기만 일을 후진에게 넘기면서, 한층 뛰어난 식견으로 실수를 바로잡고 더 잘 해달라고 당부한다.

저자 조동일

1939년 8월 9일생. 경북 영양군 출신.
1962년 서울대학교 불어불문학과를, 1966년 동 대학 국어국문학과를 졸업했다. 1976년 동 대학원 국어국문학과에서 문학박사 학위를 얻었다. 계명대학교, 영남대학교, 한국정신문화연구원 교수를 지냈다. 이후 1987년 4월에서 2004년 8월까지 서울대학교 국어국문학과 교수를 지냈고, 2004년 9월부터 계명대학교 석좌교수로 재직 중이다.
주요저서로 서사민요연구, 한국문학통사(전6권), 한국문학과 세계문학, 우리 학문의 길, 인문학문의 사명 등이 있다.
홈페이지 : http://chodongil.x-y.net

세계 · 지방화시대의 한국학 3

국내외 학문의 만남

인쇄 | 2006년 2월 20일
발행 | 2006년 2월 25일

저 자 | 조동일
펴낸이 | 이진우
펴낸곳 | 계명대학교출판부
대구 달서구 신당동 1000번지
전화 053-580-6233
팩스 053-583-5213
등록 | 1970. 9. 1. (신고번호 제347-1998-1호)

ISBN 89-7585-343-8 03910

값 20,000원